근대계몽기 학술 잡지의 학문 분야별 자료
권7 지문·천문·철학·학문 일반

이 자료집은 한국학중앙연구원 '한국학 총서' 개발 사업 '근현대 학문 형성과 계몽운동의 가치'(AKS-2014-KSS-1230003)의 지원으로 이루어졌음.

〈근현대 학문 형성과 계몽운동의 가치〉 연구진

허재영(연구 책임자, 단국대)
김경남(공동 연구원, 단국대)
김슬옹(공동 연구원, 인하대)
강미정(공동 연구원, 서울여대)
김정애(공동 연구원, 건국대)
서민정(공동 연구원, 부산대)
고경민(공동 연구원, 건국대)
김혜련(공동 연구원, 성신여대)
정대현(공동 연구원, 협성대)

근대계몽기 학술 잡지의 학문 분야별 자료
권7 지문·천문·철학·학문 일반

© 허재영, 2017

1판 1쇄 인쇄__2017년 06월 20일
1판 1쇄 발행__2017년 06월 30일

엮은이__허재영
펴낸이__양정섭

펴낸곳__도서출판 경진
　　　　등록__제2010-000004호
　　　　블로그__http://kyungjinmunhwa.tistory.com
　　　　이메일__mykorea01@naver.com

공급처__(주)글로벌콘텐츠출판그룹
　　　　대표__홍정표　편집디자인__김미미 노경민
　　　　주소__서울특별시 강동구 천중로 196 정일빌딩 401호
　　　　전화__02) 488-3280　팩스__02) 488-3281
　　　　홈페이지__http://www.gcbook.co.kr

값 23,000원
ISBN 978-89-5996-546-5 94000
ISBN 978-89-5996-539-7 94000(세트)

근대계몽기 학술 잡지의 학문 분야별 자료

권7 지문·천문·철학·학문 일반

허재영 엮음

경진출판

근대 학술 잡지의 학문 분야별 자료

1880년대 이후 한국의 학문은 급속도의 변화를 보인다. 황준헌의 『조선책략』, 정관응의 『이언』을 비롯하여 서양 학문과 접촉한 중국인들의 저서가 국내에 유입되고, 『한성순보』, 『한성주보』와 같은 신문 매체가 등장했으며, 각종 근대식 학교가 설립되기 시작했다.

이러한 흐름에서 1894년 갑오개혁과 1895년 근대식 학제의 도입, 재일 유학생의 출현, 독립협회 조직, 『독립신문』 발행 등 일련의 근대화 과정은 사상뿐만 아니라 각 분야별 학문 진보에도 큰 영향을 미친다. 특히 1896년 재일 관비 유학생 파견과 독립협회 조직에 따라 『대조선재일유학생 친목회회보』와 『독립협회회보』가 발행된 것은 비록 잡지 형태이기는 하지만, 학술 담론에도 큰 변화를 가져왔다.

이로부터 일제에 의해 국권이 상실되기까지 이른바 '애국계몽시대'에 발행된 학술 잡지가 대략 40여 종에 이른다. 이는 이 시기 조직된 학술 단체의 활동과 밀접한 관련이 있는데, 『만세보』 1907년 3월 30일 자 '논설'을 참고하면 이 시기 활동한 각종 학회와 단체가 대략 40개 이상에 이르는 것으로 보인다. 이들 단체의 명칭을 살펴보면 다음과 같다.

1907년 당시의 각종 단체

(…전략…) 近日 我國 民族의 智識이 漸次 開進ᄒᄂᆞ는 現狀이 有ᄒᆞ야 各般 社會를 組織홈이 雨中竹筍과 如ᄒᆞ니 其名目을 略擧ᄒᆞ건ᄃᆡ

自彊會, 一進會, 國民敎育會, 東亞開進敎育會, 萬國基督靑年會, 憲法會,

西友學會, 漢北學會, 同志親睦會, 法案研究會, 普仁學會, 大東學會, 天道
敎會, 天主敎會, 基督敎會, 淨土敎會, 佛宗會, 神籬敎會, 眞理敎會, 神宮敬
奉會, 婦人學會, 女子敎育會, 國債報償會(各種), 養正義塾討論會, 普專親
睦會, 實業硏究會, 殖産奬勵會, 商業會議所, 手形組合, 農工銀行, 漢城銀
行, 天一銀行, 韓一銀行, 合名彰信會社, 湖南鐵道會社, 東洋用達會社, 紳
商會社, 少年韓半島社, 夜雷雜誌社, 朝陽雜誌社, 大東俱樂部, 官人俱樂部
(…하략…)

—『만세보』, 1907.3.30

한국 근현대 학문 형성과 계몽운동의 가치를 연구하는 과정에서 학술 잡지는 매우 귀중한 자료가 된다. 〈부록 1-1〉에 제시한 바와 같이, 이 시기 학술 잡지(또는 격주 신문 형태 포함)는 대략 55종 정도로 파악된다. 이 가운데 일부 자료는 원자료를 보기 어려운 경우도 있고, 일부 자료는 발굴되지 않은 경우도 있다. 근현대 학술 담론을 좀 더 철저히 규명하기 위해서는 이와 같은 자료를 좀 더 체계적으로 수집하고 분류할 필요가 있다. 구장률(2012)의 『근대 초기 잡지와 분과 학문의 형성』(케이포북스)과 같은 분류 시도가 없었던 것은 아니나, 분과 설정이나 자료에 대한 전수 조사가 이루어진 것은 아니기 때문에, 이 시기 학술 담론의 전모를 파악하는 데는 어려움이 따른다.

이 자료집은 2014년 한국학중앙연구원 '근대 총서 개발' 사업 가운데 '근현대 학문 형성과 계몽운동의 가치'(AKS-2014-KSS-1230003)를 연구하는 과정에서 수집·분류한 자료를 모은 것이다.

작업을 처음 시작할 때에는 온라인상 자료 공개가 활발하지 않았던 데 비해, 현재 일부 자료는 '한국사데이터베이스'(db.history.go.kr) 근현대 잡지 자료나 빅카인즈(www.bigkinds.or.kr), 네이버 뉴스라이브러리 등에서 자료를 확인할 수도 있다. 일부 자료는 국립중앙도서관의 디지털 라이브러리에서도 전자문서 형태로 열람할 수 있다. 그렇지만 각각의 자료를 수집하고 분류하는 작업은 쉬운 일이 아니다.

처음에는 각 자료를 수집·분류하고 가급적 현대어로 번역하고자 하였으나, 분량이 방대하여 짧은 연구 기관에 번역 작업을 수행하기 어렵다는 판단 아래, 분류 작업만 진행하기로 의견을 모았다. 특히 총서 7권을 개발하는 과정에서 다수의 통계 자료가 산출되었는데, 이를 총서에 싣기 어려워 자료집의 부록 형태로 수록한다.

이 자료집이 나올 수 있도록 연구를 지원해 주신 한국학중앙연구원의 한국학진흥사업 관계자 여러분과 묵묵히 작업을 수행해 준 연구원, 그리고 수익 사업과는 전혀 무관한 자료집 출간을 결심해 주신 도서출판 경진 양정섭 대표님께 감사의 말씀을 드린다.

2017년 2월 13일
'근현대 학문 형성과 계몽운동의 가치' 연구책임자 허재영

이 자료집은 '근현대 학문 형성과 계몽운동의 가치'를 연구하는 과정에서 근대 학술지에 수록된 글을 학문 분야별로 분류하여 편집한 것이다. 1896년 『대조선독립협회회보』와 재일유학생 친목회의 『친목회회보』 이후 1910년까지 발행된 근대 학술지(잡지 형태 포함)는 55종이 발견된다. 이 자료집에서는 현재까지 발굴된 학술지를 전수 조사하고, 그 가운데 필요한 자료를 모아 분야별로 분류하고자 하였다. 자료집의 편집 원칙은 다음과 같다.

1. 학문 분야별 분류 기준은 『표준국어대사전』의 전문 용어 분류 원칙을 따르고자 하였으며, '격치(格致)', '이과(理科)', '지문(地文)', '학문일반(學問一般)', '해외 번역 자료(海外飜譯資料)'는 근대계몽기의 학술상의 특징을 고려하여 별도로 분류하였다.
2. 분류 항목은 '가정, 격치, 경제, 광물, 교육, 농업, 동물, 문학, 물리, 법, 사회, 생물, 수산, 수학, 식물, 심리, 언어, 역사, 윤리, 이과, 정치, 종교, 지리, 지문, 천문, 철학, 학문 일반, 화학, 해외 번역 자료' 등 29개로 하였다.
3. 분류 항목의 배열은 가나다순으로 하였으며, 부록의 분류표를 포함하여 총 9권으로 발행한다.
4. 각 항목마다 수록한 글의 분류표(순번, 연도, 학회보명, 필자, 제목, 수록권호, 분야, 세분야)를 실었다.
5. 한 편의 논문이 여러 차례 연재될 경우, 한 곳에 모아 편집하였다.

일부 논문은 학술지 발행이 중단되거나 필자의 사정으로 완결되지 못한 것들도 많다.

6. 현토체의 논문과 한문체의 논문 가운데 일부는 연구 차원에서 번역을 하였으나, 완결하지 못한 상태로 첨부한 것들도 있다.

7. 권9의 부록은 근대 학회보 목록(총 55종), 학문 담론 관련 분야별 기사 목록, 일제강점기 발행된 잡지 목록, 근대 교과서 목록, 일제강점기 교과용 도서 목록, 일제강점기 신문의 서적 광고 목록 등 연구 과정에서 산출한 목록을 별도로 구성하였다.

이와 함께 근현대 학문 형성과 계몽운동의 가치를 연구하는 과정에서 살펴본 지석영의 상소문, 논학정(論學政), 박영효의 '건백서', '동문학', '원산학사', '육영공원' 관련 한문 자료와 조사시찰단 보고서인 조준영의 『문부성소할목록』을 번역하여 별도의 책으로 구성하였다.

총 7권의 학술 교양서를 집필하고 10여 권의 자료집을 발행하기까지 어려움이 많았다. 특히 방대한 자료를 체계적으로 다루는 일은 결코 쉽지 않았는데, 자료 편집상의 오류, 번역상의 오류가 적지 않을 것으로 판단된다. 이러한 잘못은 모두 편자의 책임이다.

목차

10

24.
지문

순번	연대	학회보명	필자	제목	수록 권호	분야	세분야
1	1896	대조선독립협회회보	편집국	인간 인의 삼종이라	제2호	지문	인종론
2	1896	대조선독립협회회보	피제손(서재필)	공기	제1, 2호	지문	지구과학
3	1896	친목회회보	지원준	지진의 원인	제5호	지문	지구과학
4	1896	대조선독립협회회보	남순희	지리 인사지 대관	제7호	지문	지리
5	1906	대한자강회월보	심의성	역사 급 지리의 개론	제11호	지문	역사지리
6	1906	서우	김달하	설지빙천	제3호	지문	지구
7	1906	태극학보	홍정수	염	제2호	지문	지구
8	1906	태극학보	장지태	석탄	제1호	지문	지구과학
9	1906	태극학보	신성호	석유	제1호	지문	지구과학
10	1906	태극학보	장응진	화산설	제2호	지문	지구과학
11	1906	태극학보	박상락	지진설	제9호	지문	지구과학
12	1906	태극학보	김낙영	수 이야기	제11호	지문	지구과학
13	1906	태극학보	연구생	지중의 온도	제15호	지문	지구과학
14	1906	대한자강회월보	이종일	동서문답	제1호, 제2호, 제3호	지문	지리
15	1906	대한자강회월보	장지연	지리	제3~6호(4회)	지문	지리
16	1906	대한자강회월보	유근	산경문헌비고	제11, 12, 13호(3회)	지문	지리
17	1906	소년한반도	원영의	地理問答	제1~6호	지문	지리
18	1906	소년한반도	박정동	地文論	제1~6호	지문	지리
19	1906	태극학보	연구생	지문학 강담	제13, 14호(2회)	지문	지리 지구
20	1906	대한자강회월보	여병헌	본국 지질을 유한 물산론	제12호	지문	지질학

순번	연대	학회보명	필자	제목	수록 권호	분야	세분야
21	1906	태극학보	연구생	전세계의 연구	제18호	지문	지질학
22	1906	태극학보	학해주인	해의 담	제19호	지문	지질학
23	1907	공수학보	이상욱	대기의 성질 급 작용	제1호	지문	지구과학
24	1907	공수학보	장윤원	대기의 수열과 기후의 변이	제2호	지문	지구과학
25	1907	공수학보	이상진	공기의 조성	제2호	지문	지구과학
26	1907	공수학보	유병민	지진설	제4호	지문	지구과학
27	1907	대한유학생회 학보	김기옥	공기총론	제3호	지문	지구과학
28	1907	공수학보	이강현	지문학 문답	제4호	지문	지문학
29	1907	낙동친목회학보	앙부생	지문학	제2, 3, 4호(3회)	지문	지문학
30	1907	공수학보	김만규	지각 발달을 논함	제1호	지문	지질학
31	1907	공수학보	이은덕	지사	제3호	지문	지질학
32	1908	대한협회회보	천연자	지구학설	제8호	지문	지구
33	1908	기호흥학회월보	박정동	지문약론	제1, 2, 3, 4, 6, 8호(6회)	지문	지구
34	1908	기호흥학회월보	홍정유	지문문답	제11, 12호	지문	지구
35	1908	소년	집필인	地理學 硏究의 目的	제2권 제10호	지문	지리학
36	1908	소년	집필인	長마는 왜 지난가	제2권 제7호	지문	지문학
37	1908	소년	집필인	節序循環과晝夜長短의理(上)	제2권 제7호	지문	지문학
38	1908	소년	집필인	節序循環과晝夜長短의理(下)	제2권 제10호	지문	지문학
39	1908	대한학회월보	강번	해수의 결빙	제6호	지문	지질학
40	1909	대한흥학보	악예	지리와 인문의 관계	제10, 11호(2회)	지문	지리

순번	연대	학회보명	필자	제목	수록 권호	분야	세분야
41	1909	대한흥학보	려생	지문학 문답	제11호	지문	지리
42	1909	대한흥학보	홍주일	지문학	제3, 4, 5, 6호(4회)	지문	지문학

〈대조선독립협회 회보〉 제2호, 1896.12.15. (국한문)

人間에 智愚强弱이 色色이 異ᄒ야 ᄯᅩ혼 人類로 싱각지 못홀 人物도 잇스나 然이나 社會經濟上으로 見ᄒ면 三種에 分홀지라. 半身不遂 廢疾 人 外에 身軀를 自由로 屈强ᄒᄂᆞᆫ 者로 論ᄒ건ᄃᆡ 아모 才能도 업고 惟 安閑히 飮食만 ᄒ며 甚至於 放蕩無賴ᄒ야 動ᄒᄆᆡ 他人의 害만 식히랴 ᄒ고 제 慾心만 치우려 ᄒᄂᆞᆫ 거슨 最下等이니 社會 全般을 爲ᄒ야 謀ᄒ 건ᄃᆡ 이런 種類ᄂᆞᆫ 有害無益이라. 一人이라도 死ᄒ야 戶籍數를 減홀 디 경이면 참 國의 慶事요, 其次ᄂᆞᆫ 他人의게 身勢ᄭᅵ치잘 것도 업고 父母妻 子와 ᄀᆞᆺ치 湛樂락(담락)케 衣食만 ᄒ고 일즉 戶外事를 關係치 아니ᄒ야 사ᄅᆞᆷ의게 ᄀᆞᄅᆞ침을 밧잘 것도 업고 人의 是非에 相關이 無ᄒ야 一年 得혼 거노 一年의 衣食을 다ᄒ고 老後 死後의 일ᄭᆡ지 謀ᄒ야 違치 못ᄒ 고 제의 집을 天地로 알고 다만 제의 집에셔만 살다가 죽ᄂᆞᆫ 此 人種은 一國의 良民이라. 비록 社會上에 大有益은 無ᄒ나 害롭거잘 거슨 업스 니 中等人物이요, 敎育을 밧은 天賦의 才力으로 活潑히 立ᄒ야 一身一 家의 獨立이 임의 成ᄒ고 他人과 相談相議ᄒ야 社會 利害를 引導ᄒ고 自身 地位 才力을 省ᄒ야 事를 善히 當ᄒ야 或 商賈 工業을 企ᄒ고 或 政治上에 關係ᄒ며 或 地方 民利를 謀ᄒ며 或 宗敎 敎育의 先導되ᄂᆞᆫ 者 되야 一身으로 一은 家道에 處ᄒ고 一은 世務에 處ᄒ야 公私 兩役의 力을 盡ᄒᄂᆞᆫ 者 最上等人이라. 以上 三等의 區別은 其人 貧富貴賤에 由 홈이 아니니 富貴者도 爲害者 有ᄒ고 貧賤ᄒ야도 重寶ᄀᆞ혼 者 有ᄒᆫ지 라. 그 詳細함을 엇지 筆端으로 紀錄ᄒ리요. 假令 一國 一邑 一村人으로 死亡ᄒ얏다 ᄒ면 傳聞ᄒᄂᆞᆫ 者 其 不幸을 悲치 아니ᄒ리 無홈은 盖 人의 常情이나 然이나 若 人이 死홈을 聞ᄒ고 皆 言曰 其人의 死홈은 안니되 얏스나 實노 遠近을 爲ᄒ야 一害를 除ᄒ고 爲先 其親戚들이 安心되겟 다고 云云ᄒᄂᆞᆫ 者 下等人物이요, 病死흔 報를 接ᄒ고 各各 會葬에 參ᄒ 야 不幸ᄒ다는 말이 當日ᄭᆞ지는 끈치지 아니ᄒᄂᆞᆫ 者 中等人物이요, 病

中으로 憂慮ㅎㄴ 者 多ㅎ고 不幸ㅎ 消息을 聞ㅎ민 슬어ㅎ지 아니홀 이 업셔 或 呼泣ㅎ며 狼狽를 當ㅎ 것又치 넉이ㄴ 者도 有ㅎ야 數年間 世上 人의 口端에 嘖嘖嗟嗟(책책차차)히 其名이 消滅치 앗ㄴ 者ㄴ 上等人이라. 嗚呼라. 人이 世에 偶然히 降生ㅎ야 其一身의 行狀과 居家處世의 法을 上等으로 홀지 中等으로 홀지 抑下等으로 홀지 其 上中下 差別에 好惡ㄴ 學者가 先生의게 質問ㅎ잘 게 업스니 近케 世間 人心의 向背를 視察ㅎ야 推知홈이 可홀 듯.

右 十月 二十五日 時事新報 福翁百話

이런 말을 보ㄴ 사름마다 제 處身을 對ㅎ야 幾分間 感動이 되어 勉勵의 一材料가 될 듯ㅎ기로 玆의 記載ㅎ옴.

(출처: 〈시사신보〉福翁 百話)

◎ 공긔, 피 제손, 〈대조선독립협회 회보〉 제1호, 1896.11.30.

학문이라 ㅎㄴ 거시 별 거시 아니라 셰게 잇ㄴ 물건과 각싴 천연ㅎ 리치을 자셔히 공부ㅎ여 그 물건이 엇던 거신지 무어셰 쓰ㄴ 거신지 사름의게 관계가 엇지 잇ㄴ지 그런 거슬 궁구ㅎ여 쓸 거슨 쓰고 못 쓸 거슨 나여바리고 ㅎㄴ 싇닭에 문명지보ㅎㄴ 나라에셔들은 인민 교휵을 졔일 사무로 아ㄴ지라. 미기화ㅎ 인민은 천연ㅎ 리치와 셰계 물종을 공부ㅎㄴ 일이 업ㄴ 고로 소견이 어둡고, 소견이 어두은즉 의심이 싱기고 의심이 싱기즉 홀 만ㅎ 일도 못ㅎ고 안홀 일도 ㅎㄴ지라. 그러ㅎ기에 그 빅셩이 어리셕고 나라히 약ㅎ고 가난ㅎ여 외국에 대졉을 못 밧고 국늬에 불편ㅎ 일이 만흔지라. 늬가 늬칙에 긔지ㅎ랴ㄴ 거슨 우리가 날마다 보고 듯고 쓰ㄴ 물거(물건)들을 죠션 인민이 엇더ㅎ 거신지 모

16

로는 고로 그런 물건을 차차 설명ᄒ려 ᄒ노라.

공긔라 ᄒᄂ 거시 세계에 뎨일 혼ᄒ고 우리가 어듸을 가든지 공긔 업ᄂ 데ᄂ 업ᄂ지라. 공긔ᄂ 사름과 금슈와 초목이 다 쓰ᄂ 물건이요 공긔가 업스면 아모 것도 살 슈가 업ᄂ지라. 음식이 사름의게 소즁ᄒ나 음식은 믹일 두셔너 번만 먹어도 스름이 살고 의복이 잇셔야 견듸나 몃 분 동안 의복 업다고 사름이 죽을 일이 업스되 공긔ᄂ 다만 잠간만 업서도 우리가 모도 죽을 터인즉 공긔가 엇지 음식이나 의복에셔 더 즁치가 아니ᄒ리요. 공긔을 우리 가 쟝(잠) 자나ᄭ나 마시나 우리가 음식 먹덧기[1] 일부로 마시ᄂ 거시 아니라 부와가 져졀오 넓폐다 죠랏다[2] ᄒ여 자명죵에 달인 츄 모양으로 왓다 갓다 ᄒᄂ듸 부와가 넓버질 ᄯᄂ 숨을 드려 쉬여 공긔가 드려가고 죠펴질 ᄯᄂ 숨을 늬여 쉬여 더려운 공긔을 늬여 보닌 거시라. 잘 ᄯ나 ᄭ여슬 ᄯ나 셩ᄒ나 병이 잇스나 거려다니나 안져슨나 숨은 쟝 쉬으니 숨 귀게 말연ᄒ 거슨 공긔을 마시게 홈이라. 잠간이라도 공긔가 부아로 드러가지 아니ᄒ면 목슘이 업셔 지ᄂ 법이라. 그러ᄒᄋ즉 우리가 공긔란 거시 엇더ᄒ 거신지 자연이 알고 십은 ᄆᄋ음이 엇지 업스리요. 공긔가 유리ᄀᆞᆺ치 면빅ᄒ고 빗도 업고 볼 수도 업고 가부업고 냄ᄉᆡ도 업ᄂ 물인듸 우리 가슴 속에 드러가기는 우리 부아가 밧다드려 거긔셔 우리 피을 묽게도 ᄒ고 불게도 ᄒ며 우리 피가 묽고 불근 ᄉᆞ듥에 우리가 목슘을 보존ᄒᄂ지라. 물속에 잇ᄂ 싱션 은 이 공긔을 아니 마시고 사ᄂ ᄉᆞ듥에 물고긔 피ᄂ 륙지에서 사ᄂ 김 승에 피보다 덜 불근 법이라. 공긔가 우리 부아 속에서 피을 악시진[3]이 ᄂ 약을 쥬고 피 속에 잇ᄂ 카본익 익싯 긔스[4]란 독물을 쏫바가지고 가슴에 잇ᄂ 힘줄이 졸아지면 우리가 숨을 늬여쉬여 그 독ᄒ 긔운을 코와 입으로 늬여 보닌ᄂ 거시라. 그러ᄒ기에 방에 문을 쏙 다치고 여

---

1) 먹덧기: 먹듯이.

2) 부와가 져졀오 넓폐다 죠랏다 ᄒ여: 부아가 저절로 넓혀졌다가 좁아졌다가 하여.

3) 악시진: 산소(oxygen).

4) 카본익 익싯 긔스: 이산화탄소(carbonic acid gas).

러시 그 방에 잇스면 얼마 아니되야 그 방안에 잇는 공긔가 독ᄒᆞ여 그 방에 잇는 사ᄅᆞᆷ들이 졍신도 업셔지고 혹 머리가 아푸기도 ᄒᆞ고 이런 독ᄒᆞᆫ 공긔을 오리 마시면 그 사ᄅᆞᆷ들이 병이 나셔 죽기갓지 ᄒᆞᆯ 터이라. 그려기에 우리 잇는 쳐소에 치운 ᄯᅢ라도 문을 죠금 여러 노아야 숨 쉬여 늬흔 독ᄒᆞᆫ 공긔는 나가고 밧긔 잇는 졍ᄒᆞᆫ 공긔가 우리 피을 묽게 ᄒᆞᆫ는이라. 만일 죠븐 방에서 ᄉᆡ 공긔가 못 드러오게 ᄒᆞ고 그 숨 쉬여 늬흔 공긔을 여허번 겹쳐 마시면 그 사ᄅᆞᆷ은 중병이 들든지 죽든지 ᄒᆞᄂᆞᆫ 법이라. 공긔가 무긔5)가 업다 ᄒᆞᄂᆞᆫ 거슨 학문이 업는 말이라. 공긔가 가부엽다 ᄒᆞᄂᆞᆫ 거슨 가커니와 무게가 아죠 업다고 ᄒᆞᄂᆞᆫ 거슨 도모지 공긔가 무어신지 모로는 사ᄅᆞᆷ에 의론이라. 만일 공긔 ᄒᆞᆫ거번네 ᄒᆞᆫ 편으로 왈칵 몰니면 그 무게가 여러 쳔근이 된 ᄯᅢ가 잇기로 대풍이 불면 큰 나무도 ᄲᅢ리치 ᄶᅦ여 너머ᄯᅳ리고 큰 집도 무너ᄯᅳ리는 일이 죵죵 잇스며 바다에셔 큰 비을 업지르는 일이 각금 잇스니 이런 거슬 보면 공긔에 무긔가 힘이 쟝ᄒᆞᆫ 거슬 가히 알 듯ᄒᆞ더라. 공긔가 무게 잇는 거슬 학교에셔 학도들으게 뵈이랴면 유리병 ᄒᆞ나을 어더 쪽 맛는 병 마기로 막고 병 마기 가운ᄃᆡ 죠곰만ᄒᆞᆫ 구먹6)을 ᄯᅳᆯ코 그 구먹으로 죠곰만ᄒᆞᆫ 무자위 긔게 ᄀᆞᆺ흔 긔게를 너어 그 병 속에 잇는 공긔를 다 ᄲᅩᆯ바ᄂᆡ고 져울에 달아보면 그 병과 병 막기 무게을 알지라. 병 마기을 잠간 열어 공긔가 병 속에 다시 드러가게 ᄒᆞ고 다시 병 마기을 막고 ᄯᅩ 져울에다 다라보면 그 ᄯᅢᄂᆞᆫ 그 병이 더 묵어울 터이니 그 무게ᄂᆞᆫ 병 무게와 병 마기에 무게와 병 속에 든 공긔에 무게라. 공긔 업시 달 ᄯᅢ보다 ᄆᆡ 팔방 일쳑 ᄉᆡ이에 오빅류십오 푼 즁이 더ᄒᆞᆯ 터이니 그 무게ᄂᆞᆫ 공긔에 무게라. 그런 고로 이쳔칠빅십 쳑 팔 방 ᄉᆡ이에 잇는 공긔의 무게가 ᄒᆞᆫ 돈이 될 터이라. ᄒᆞᆫ 돈은 영국 근슈로 이쳔ᄒᆞᆫ빅 근이요 죠션 근슈로 일쳔칠 빅여 근이라. 공긔가 ᄯᅡ에셔 시작ᄒᆞ여 영국 니슈로 오십니 우희ᄭᅡ지

---

5) 무긔: 무게.
6) 구먹: 구멍.

잇고 조선 니슈로 일빅오십 니 가량 우희신지 잇스니 사방 흔 치 우희 눌이는 공긔 묵게가 영국 근슈로 십오 근이라. 공긔나 물이나 눌으는 힘이 좌우나 샹하가 쏙 맛챵가지7)라. 그런 고로 묵어운 쇠뎡이를 대양 속에 집어던지면 그 쇠뎡이가 물 밋히 나려가지를 아니ᄒ고 얼마큼 나려가다가 물에 쓴니 그거슨 다름이 아니라 물이 나려 눌으는 힘이나 우희로 치바치는 힘이나 맛찬가진 고로 그 뎡이 득에틔로는 가란다가 그 밋히셔 밧치는 물에 힘이 그 묵에보다 더흔 신닥에 다시 나려가지 못ᄒ고 즁간에 써셔 잇는 거시라. 공긔도 물과 굿ᄒ 물으는 힘이 샹하 좌우가 쏙 굿흔 고로 샹하좌우 돌몽이를 공즁에 더지면 곳 ᄯ에 써러지거니와 가부야온 죠의 죠각이나 신 깃 굿흔 거슬 공즁에 더지면 공즁에 써 가기도 ᄒ고 ᄯ에 써러진 틔도 돌보다 더듸 써러지니 그 이치는 다름이 아니라 돌몽이가 공즁으로 올나갈 써에는 그 더진 사름의 팔 힘으로 인연ᄒ야 얼마큼 공긔를 뚤코 올나가다가 그 팔 힘이 다 지내면 우희셔 나려 눌으는 힘이 잇는 신닭에 돌몽이에 묵에를 좃차 나려오되 돌몽이 묵에가 밋히셔 밧친 공긔의 힘보다 묵어운 고로 ᄯ에 써러지거니와 죠의 죠각이나 신 깃슨 공즁에 올나가기는 밋히셔 더진 힘을 인연ᄒ야 얼마큼 공긔 쇽으로 올나 갓거니와 즉시 돌몽이와 굿치 써러지지 못ᄒ는 거슨 그 묵에가 밋히셔 치밧치는 공긔의 힘만 못흔 고로 더듸 나려오고 혹 밧치는 힘이 졍 강ᄒ면 공즁으로 써다니는 거시라. 학교에셔 공긔가 샹하좌우로 눌으는 힘이 굿흔 거슬 보이랴면 류리 잔에다 물을 붓고 그 류리 잔을 열분 죠의 죠각으로 우희를 덥고 그 류리잔을 가만히 뒤집으면 류리잔 쇽에 잇는 물이 쏘다지지를 아니ᄒ고 그 죠의 죠각이 물을 막으니 그 죠의가 물 나오는 거슬 막을 힘이 잇셔 막은 거시 아니라 방 안에 잇는 공긔가 우희로 눌으는 힘이 잇는 연고라. 그러흔즉 사름의 몸에 잇는 견면이 평균ᄒ야 이쳔 방촌 가량이니 미촌에 눌니는 공긔 힘이 십오근식이니 이쳔 촌 우희 눌니는 공긔의 힘이

---

7) 맛챵가지: 마찬가지.

삼만 근이라. 그러ᄒ되 우리가 모로ᄂ 거슨 우리가 공긔가 업스면 살 슈가 업ᄂ 거시오 ᄯ 그 공긔가 밧쯰로만 눌리ᄂ 거시 아니라 우리 몸 안에 잇ᄂ 공긔의 묵에가 ᄯ 삼만 근 가량이나 되ᄂ 고로 밧쯰셔 눌으ᄂ 힘을 안히셔 샹반케 ᄒᄂ 거시라. (미완)

◎ 공긔, 피 졔손, 〈대조선독립협회 회보〉 제2호, 1896.12.15.

공긔가 물과 다론 거시 물은 무슴 통에다가 너셔 통이 가득ᄒ 후에 다시 물을 더 너흐면 물이 통 밧그로 넘거니와 공긔ᄂ 통에 너흔 후 그 통을 덕긔8)을 쏙 닷고 덕긔 우희 조곰만ᄒ 구멍을 쑬코 그 구멍에다 가 공긔 넛ᄂ 긔계을 쏙 맛게 ᄭ이고 공긔를 얼마큼 더 너허도 그 속에 잇ᄂ 공긔가 ᄲᄲᆨ히 다 졋ᄂ 고로 새로 공긔를 얼마큼은 더 너허도 그 통이 ᄭ여지지 아니ᄒ니 이 거슬 보거드면 공긔를 능히 ᄲᄲᆨᄒ게 다질 도리가 잇고 ᄯ 물과 다른 셩미ᄂ 물은 줄여지지도 아니ᄒ거니와 느릴 슈도 업지마ᄂ 공긔ᄂ 느리기도 흘지라. 쇠로 통을 길게 ᄆᆫ들되 왕대 모양으로 ᄆᆫ드러 ᄒ 쯋슨 단단히 막고 ᄯ ᄒ 쯋슨 긴 막이을 ᄆᆫ드러 막은 후 그 막이을 차차 ᄲᆨ되 아조 ᄲᆨ지ᄂ 말고 첫 번보다ᄂ 얼마큼 더 올나오게 ᄒ면 그 막이 밋히 잇던 공긔가 졈졈 느러 그 막이 올나가 ᄂ 듸로 그 막이 ᄭ엿던 틈을 모도 차지ᄒ니 이 거슬 보거드면 공긔가 늘기도 ᄒ고 줄기도 ᄒᄂ 거슬 가히 알지라. 이왕에 말ᄒ엿거니와 공긔 가 ᄯᅡ셔 시작ᄒ여 일빅오십 리를 우희로 올나가며 잇ᄂ 듸 졈졈 놉히 올나갈쇼록 공긔가 셕그러지ᄂ 고로 놉혼 산 우희를 사ᄅᆷ이 올나가면 숨 쉬기가 어려운 거시 공긔가 셕그러 그러ᄒ고 ᄯ 공긔에 누르ᄂ 힘이 감ᄒ 신ᄃᆰ에 사ᄅᆷ의 가족 밋히 잇ᄂ 피가 가족 밧그로 나오기를 하며 코에셔도 피가 나고 몸이 퉁퉁히 부어지ᄂ 거시라. 그거슨 다름이 아니 라 공긔 누르ᄂ 힘에 지금 우리 몸이 셩ᄒ게 잇지 만일 그 공긔에 누르

---

8) 덕긔: 덮개.

20

는 힘이 감흔즉 우리 몸에 잇는 피와 다른 물이 가족 밧그로 곳 나올지라. 공긔라 물이라 불이라 ㅎ는 거슬 녯적 사름들이 학문이 업는 고로 흔가지 물건으로 싱긴 물건인 줄노 알앗더니 근년에 학문이 진보흔 후 다 분석을 ㅎ여 본즉 공긔는 빅분에 팔십분은 나이트로진[9]이라 ㅎ는 화학 약이요, 이십본은 악씨진이라 ㅎ는 약이며, 물은 삼분에 이는 하이드로진[10]이라는 약이요, 삼분지 일은 악씨진이란 약이며, 불이라 ㅎ는 거슨 무슴 물건이 아니라, 카본이라 ㅎ는 약과 하이드로진이란 약과 악씨진과 나이트로진과 그 외 다른 화학 약들이 흔겁에 터져 더운 긔운을 대단히 공긔 속에 내보내면 비시 혹 붉기도 ㅎ고 눌으기도 ㅎ야 그 빗과 더운 긔운을 우리가 보거드면 불이라 ㅎ는 실샹인즉 불이 물건이 아니고 다만 여러 화학약이 터지면 그 형용을 우리가 말ㅎ는 거시라. 공긔 속에 뎨일 사름의게 유조흔 약인즉 악씨진이라 ㅎ는 약인듸 악씨진이 업시면 우리가 살 수가 업고 만일 그 공긔 속에 더러운 긔운이 잇스면 그 긔운을 우리가 마시고 몸이 약히지며 만일 몸이 약흔 즉 아모 병이나 나기가 쉽고 병이 자죠 나면 그 사름의 목숨이 길지 못ㅎ고 그 사름의 싱각이 활발치가 못흔지라. 그리ㅎ기에 외국셔는 빅셩이 병이 아니나게 ㅎ너라고 사는 동리에 공긔를 묽게 ㅎ기를 힘쓰며 먹는 물을 졍케 ㅎ는 거시라. 이 두 가지를 졍케 ㅎ랴면 셕은 풀과 더러운 물건과 죽은 짐승들을 아모디나 내여버리지 안코 불에 살나버리던지 사름 사는 듸셔 먼 공흔 짜에 파뭇던지 강이 갓가오면 강 속에 집어너 버리던지 이런 일이 돈이 만히 들어 그러ㅎ되 불가불 인민의 위싱을 보호ㅎ는 거시 국가에 즁흔 일인즉 돈이 들고 거폐시럽드릭도 긔화흔 나라에셔들은 마시는 공긔와 먹는 물을 기여히 졍ㅎ게 ㅎ는 거시 그 연고라. 공긔에 인연ㅎ야 흘 말이 무슈ㅎ나 자셔흔 학문샹 이야기는 지금 내가 ㅎ여도 이 칙 보는 사름 중에 알아볼 사름이 대강 공긔가

---

9) 나이트로진: 질소(nitrogen).
10) 하이드로진: 수소(hydrogen).

엇더타는 것만 말ᄒ노라.

◎ 地震의 原因, 池元浚, 〈친목회 회보〉 제5호, 1897.9.26.

(자연과학)

◎ 地理人事之大關,
南舜熙, 〈대조선독립협회 회보〉 제7호, 1897.2.28. (국한문)

大蓋 地球라 稱ᄒᄂ 거슬 太陽의 周圍를 運行ᄒᄂ 一個 團體의 行星
이라. 其 運動이 二別이 有ᄒ니 一은 自轉이오 二ᄂ 公轉이라. 自轉이라
云ᄒᄂ 거슨 地軸에 賴ᄒ야 一晝夜에 西로 自ᄒ야 東에 回傳홈을 云홈
이니 卽 晝夜의 長短을 生ᄒ고 公轉이라 云ᄒᄂ 거슨 自轉을 不絶ᄒ고
三百六十五 時 四十分間에 軌道를 從ᄒ야 太陽회 回轉홈을 云홈니 卽
四季의 變更을 生홈이라. 此ᄂ 自然의 成蹟을 示홈이오 其現在의 成蹟
을 擧컨딘 大凡陸이라 稱ᄒᄂ 거슨 全地球 四分의 一을 占ᄒ고, 水라
稱ᄒᄂ 거슨 四分의 三을 占ᄒ지라. 此의 陸을 分ᄒ야 六大洲ㅣ라 稱ᄒ
니 卽 亞細亞, 歐羅巴 亞弗利加, 北亞米利加, 南亞米利加, 濠太利島를
云홈이오, 水를 分ᄒ야 五大洋이라 稱ᄒ니 卽 太平洋, 印度洋, 大西洋,
南極洋, 北極洋을 云홈이라.

(지구의 자전과 공전, 육대주, 오대양)

嗚呼라. 人이라 稱ᄒᄂ 動物이 此에 生ᄒ고 此에 長ᄒ야 其類를 分ᄒ
되 五種이라 稱ᄒ니 卽 黃人種, 白人種, 黑人種, 馬來人種, 銅色人種을
云홈이라. 此의 代表와 人數를 擧컨딘 黃人種은 卽 朝鮮, 日本, 淸國,

土耳其, 匈牙利人의 五億 八千萬口를 稱흠이오, 白人種은 英國, 米國, 獨逸, 佛蘭, 伊太利, 露西亞, 希臘, 埃及, 我拉比亞人의 六億 四千萬口를 稱흠이오, 黑人種은 中央亞弗利加의 住民과 黑奴의 一億 九千萬口를 稱흠이오, 馬來人種은 마당아스갈 島, 마랏가 半島, 東印度 諸島, 太平洋 羣島 住民의 五千萬口를 稱흠이오, 銅色人種은 南北 亞米利加 土種과 印度人의 千五百萬口를 稱흠이라.

(인종: 5대 인종과 인구 수)

此의 人種이 生흔 後 自然의 應用이 四가 有ᄒ니 一은 物質의 需用이오, 二ᄂ 開化의 現象이오, 三은 宗敎의 信行이오, 四ᄂ 政治의 權用이니 物質의 需用은 食과 衣와 住와 器의 區別을 稱흠이오, 開化의 現象은 野蠻과 半開와 開明을 區別흠이오, 宗敎의 信行은 儒敎와 佛敎와 婆羅門敎와 回回敎와 基督敎를 區分흠이오, 政治의 權用은 君主專制와 立憲專制와 共和를 稱흠이니 卽 淸露의 君主專制와 日英의 立憲專制와 米佛의 共和ㅣ 是也라.

(의식주, 개화, 종교, 정치제도)

大抵 事ᄂ 無人의 事가 無ᄒ고 人은 無國의 人이 無ᄒ고 國은 無地의 國이 無흔 故로 地가 有ᄒ면 國이 有ᄒ고 國이 有ᄒ면 人이 有ᄒ고 人이 有ᄒ면 事가 有ᄒᄂ니, 人은 庶事를 以ᄒ야 關흔 바ㅣ오, 國은 衆人을 依ᄒ야 成흔 바ㅣ라. --

(국가, 의회제도, 조선의 상황)

◎ 歷史 及 地理의 槪論, 沈宜性 譯述, 〈대한자강회월보〉 제11호,
  1907.5. (지리역사학)

*6대주의 한자(漢字) 한음(韓音) = 영음(英音) 한문(韓文) 대역
  예) 아세아주(亞細亞洲) 에시아
*방리(方里)
*6대주의 국가명 한역과 영음 대조

六大洲의 區域

全地球를 分ᄒ야 二로 作ᄒ얏시니 卽 東半球와 西半球가 是라. 然則
東西 各半球에 羅列ᄒᆫ 區域을 明示ᄒ건딕 亞細亞洲, 歐羅巴洲, 阿弗利
加洲 及 大洋洲의 四大洲ᄂᆫ 東에 屬ᄒ고 北亞美加洲와 南阿美利加洲의
二大洲ᄂᆫ 西에 屬ᄒ얏시니 此를 中分ᄒ야 半球라 稱ᄒᆷ은 地形이 本來
二片이 아니라 區域의 便利를 爲ᄒ야 人作ᄒᆫ 者이니라.
  東半球의 長廣은 大洋洲를 除ᄒᆫ 外에 細歐弗 三洲로 言ᄒ면 東西가
二百七經度니 阿弗利加의 西極點으로 亞細亞의 東極點에 至ᄒ고 南北
은 一百一緯度니 亞細亞 極北으로 阿弗利加 極南에 至ᄒ야 三大洲의 地
勢가 相連ᄒ나 阿弗利加에 至ᄒ야ᄂᆫ 近日 蘇西運河의 通行으로 由ᄒ야
界分ᄒᆫ 者이라.
  大洋洲의 長廣은 東西가 四十經度오 南北이 三十緯度에 不滿ᄒ니 六
大洲中에 最小ᄒᆫ 者이라 西半球의 長廣은 東西가 一百三十經度에 過ᄒ
니 東으로 排仍海를 臨ᄒ고 西으로 茜鹿海嘴에 抵ᄒ며 南北이 一百二十
六緯度니 北은 裴魯의 地嘴를 盡ᄒ고 南은 馬質蘭의 海峽을 壓ᄒ지라
南北阿美利加洲의 地形이 缶의 樣과 同ᄒ야 其 南北이 廣ᄒ고 中間에
波羅馬의 地腰에 至ᄒ야 相連ᄒ니 其廣이 九十里에 不滿ᄒ니라.
  此 六各洲外에 星羅碁布ᄒᆫ 大小島嶼가 有ᄒ딕 其 稱號를 別立ᄒᆷ이 無
ᄒ고 各其 附近ᄒᆫ 大洲의 名을 從ᄒ야 亞細亞洲에 附近ᄒᆫ 者ᄂᆫ 亞細亞

洲의 島라 稱ᄒ며 阿弗利加洲와 歐羅巴洲에 附近ᄒᆫ 者ᄂᆞᆫ 其 二大洲의
名을 從ᄒ야 稱ᄒ며 其他 諸島가 亦然ᄒ니 此ᄂᆞᆫ 區別ᄒ기 便利흠을 要
흠이라. 且 六大洲의 大小ᄅᆞᆯ 方里로 擧ᄒ야 表示ᄒᆫ딕 左에 列흠.

六大洲의 大小ᄅᆞᆯ 方里로 擧ᄒ야 表示

漢字韓音	英音韓文
아세아주 亞細亞洲	에시야
구라파쥬 歐羅巴洲	유롭프
아불이가주 阿弗利加注	입흐리카
듸양주 大洋洲	어스트뤨늬야
북아미리가주 北阿美利加洲	노트아메리카
남아미리가주 南阿美利加洲	사우프아메리카

方里(英里)

亞細亞洲 一億八千二百六十四萬二千一百三十方里

歐羅巴洲 三千三百三十三萬三千六百八十方里

阿弗利加注 一億二千二百六十七萬九千四百八十八方理

大洋洲 一千五十七萬三千四十六方里

北阿美利加洲 九千二百四十萬方里

南阿美利加洲 八千九百十萬方里

此 六大洲地面의 方里ᄂᆞᆫ 海水의 面積은 不計ᄒᆫ 者니 此ᄅᆞᆯ 考ᄒᆫ딕
亞細亞洲가 最大ᄒᆫ 者ㅣ니라.

邦國의 區別

今此 六大洲中에 割據호 諸國은 各其 大洲를 從호야 區別호건디

亞細亞洲

漢譯	英音
大韓	코리야
淸國支那	창이나시나
日本	잡판
安南	아남
暹羅	사이암
緬甸	버마
阿富汗	입흐기스탄
印度	인듸야
禮八	네팔
西藏	팁벳트
波斯	퍼시야
合	十一國

歐羅巴洲

漢譯	英音
大不列顚 英吉利	끄뤳트브뤠텐
佛蘭西	프란쓰
丁抹	썬막크
安遺羅	안도라
日耳蔓	져만에
墺地利	어스트뤼야
匈牙利	항가뤠
伊太利	이틸에

荷蘭	할난드
白耳義	벨지암
山馬利路	산마리노
樓稱尼亞	루메니야
俄羅斯	라시야
葡萄牙	포쥬걸
瑞西	스위든
諾威	노어웨
西班牙	스페인
土耳基	터계
希臘	끄뤼쓰
瑞典	스웻젼난드
西比亞	셔비야
合	二十一國

阿弗利加洲

漢譯	英音
埃及	이집트
摩洛哥	모록코
杜尼斯	투니스
阿排時尼亞	이베시니야
杜立八利	트립플늬야
土蘭斯拔	트란스바알
馬哥塞	미다가스가
烏滿	오만
孱支排	젼지바
蘇丹	수단
羅伊比賴亞	나이베뤼야
合	十一國

南北阿美利加洲

漢譯	英音
合衆國 英花旅國	유나이테드스테잇스
墨西哥 麥時古	멕시코
瓜多磨羅	귀테멜나
混斗羅斯	혼듀라스
聖撒排多	산살베다
尼可羅果	니카라가
巴西	브라질
哥倫	칼남비야
彬崖朱越那	벤에쥬멜나
高斯太樓哥	코스타뤼가
厄瓜多	이퀘더
秘魯	피루
拔利比亞	볼니비야
智利	칠늬
亞然丁	아젠텬
猶羅貴	유라궤
許太伊	허틔리
山道明澳	산쏘밍오
把羅貴	파라궤
合	十九國

大洋洲

此洲ᄂᆞᆫ 立國ᄒᆞᆫ 者ㅣ 無ᄒᆞ고 其 地方은 英吉利에 全屬ᄒᆞᆫ 故로 其 州郡 島嶼를 枚擧키 難ᄒᆞᆷ으로 其中 立國ᄒᆞᆫ 者를 擧ᄒᆞ건ᄃᆡ

漢譯	英音
布喹	허웨이

28

現世界의 占據훈 邦國의 名稱과 合數가 大槪 右記와 如훔이라.

次號에는 世界에 羅列훈 山川을 揭載훔으로 讓ㅎ노라. (未完)

(실제로는 더 이상 수록되지 않음)

◎ 雪地氷天, 金達河, 〈서우〉 제3호, 1907.2. (지문학, 지구과학)

　　*적설 = 세계의 적설 지방 소개

氷雪이란 것이 都是 寒氣가 凝結ㅎ야 成훈 것이라. 氷은 是 水가 凝結
ㅎ야 成훈 것인딕 氷이 도로여 水보다 輕ㅎ니 大約 水가 重이 一千分이
면 氷은 重이 九百三十分에 不過훈지라. 全球 各國에 惟 俄京 聖彼得
堡[11] 地方이 結氷이 最厚ㅎ니 氷上에 積雪이 有훔을 因ㅎ야 雪이 化ㅎ
야 水를 成ㅎ고, 水가 坐 氷을 成ㅎ기로 俄國에 氷河가 多훈지라. 氷狀
氷鞋로 往來하난 이 多ㅎ고, 又 氷塊를 用ㅎ야 房屋을 成ㅎ고, 內에 燈
火를 掛훔매 琉璃 世界에 遊훔과 如ㅎ고 兵丁이 躁然훔매 氷上에셔 蹈
舞ㅎ고 春天에 到ㅎ야 河氷이 開解훔매 聲震如雷ㅎ고 有時로 船을 破ㅎ
며 橋를 塌(탑, 떨어뜨림)ㅎ야 力의 大훔이 比훌딕 無ㅎ고, 北氷洋 一帶
에 至ㅎ야는 氷의 形狀이 更히 奇怪ㅎ야 或 高훔이 山峰과 如ㅎ며 或
大ㅎ기 島嶼와 如ㅎ니라.

雪이 本是 旱濕의 汽가 上騰ㅎ야 化훈 것이라 高山을 遇ㅎ면 阻力이
便生ㅎ야 容易히 下降ㅎㄴ니 所以로 高嶺上에 積雪이 必多ㅎ야 雪이
積훈 六十年에 不化함이 有훔에 至ㅎ니 此는 山上에 空氣가 稀薄ㅎ고

---

11) 피득보(彼得堡): 러시아 옛날 수도 상트 페트르부르크.

冷度가 增高함을 因ᄒ야 積雪이 不化홈이라. 然ᄒ나 這等 高山上에 却亦動植物이 有ᄒ니 動物에 野山羊과 植物에 松樹와 如혼 것이 是也라. 此二物이 都是 耐寒을 能히ᄒᄂ니라.

山嶺이 이믜 高함이 日光이 비록 有時로 能히 射到ᄒ나 夜에 倒ᄒ야 却又氷凍ᄒᄂ니 北俄某山에 每年마다 一層 氷이 必結ᄒ야 現今에 五六十層氷이 己有ᄒ야 疊疊히 高ᄒ니 五六十年己過함을 可知할지라. 氷色이 或靑或藍ᄒ야 可觀홀 만ᄒ고 有時로 積氷이 過重ᄒ야 上이 重ᄒ고 下가 輕ᄒ야 山頂上으로 從ᄒ야 倒下홈매 山下의 人과 一切 房屋까지 壓壞함을 都被ᄒᄂ니 瑞士國에도 此患이 常有ᄒ니라. 今에 世界積雪의 地方을 將ᄒ야 列表如左ᄒ니

(甲) 凡 北極 八十二度 以內에난 高處던지 平處던지 積雪이 皆有ᄒ니라.
(乙) 美洲靑島가 北緯 七十一度에 在ᄒ니 山이 高하기 八九百邁當處에 至하야 積雪이 多ᄒ니라.
(丙) 比玆卑爾島난 北緯 七十七度에 在ᄒ니 山이 高ᄒ기 三四百邁當處에 至하야 積雪이 多ᄒ니다.
(丁) 諾威東北 一帶난 山이 高ᄒ기 九百邁當에 至하며 東南一帶난 山이 高ᄒ기 一千三百邁當에 至ᄒ며 西南一帶난 山이 高ᄒ기 一千邁當에 至ᄒ며 西南一帶난 山이 高ᄒ기 一千七百邁當에 至ᄒ야 積雪이 皆有ᄒ니라.
(戊) 歐洲中路난 北緯 四十七度에 在ᄒ니 高혼 處ㅣ 二千八百邁當에 至ᄒ야 積雪이 多ᄒ니라.
(己) 亞洲倚馬山은 北緯 二十八度에 在하니 高한 處ㅣ 四千九百邁當에 至ᄒ야 積雪이 多ᄒ니라.
(庚) 非洲幾里瑪山은 高度가 五千邁當에 至ᄒ야 積雪이 多ᄒ니라.
(辛) 希臘은 北緯 三十度에 在ᄒ니 高度가 四千五百邁當에 至하야 積雪이 多ᄒ니라.

(壬) 麥折倫은 高度가 一千一百邁當에 至ᄒᆞ야 積雪이 多ᄒᆞ니라.

(癸) 波利米난 赤道南 十六度에 在ᄒᆞ니 高度가 五千邁當에 積雪이 多ᄒᆞ니라.

此 表를 據ᄒᆞ야 看ᄒᆞ건딕 赤道熱處에 在ᄒᆞ얀 山이 高ᄒᆞ기 五六千 邁當에 至ᄒᆞ라야 積雪이 方有ᄒᆞ고 南北極冷處에 至ᄒᆞ야난 雖 平地라도 積雪이 亦有ᄒᆞ니 高處난 更히 說할것이 無ᄒᆞ니라.

◎ 鹽(소금), 會員 洪正求, 〈태극학보〉 제2호, 1906.9. (지문학)

吾人이 生活上 日常 需要ᄒᆞ난 諸般 物品中에 一日이라도 可히 缺치 못할 者난 食鹽이니 此난 油炭보다 最要ᄒᆞ며 粢糧에 次ᄒᆞᆫ 重要ᄒᆞᆫ 者니라. 此로써 各般食物의 腐敗를 預防ᄒᆞ고 或 製藥에 用ᄒᆞ며 或 소다도 製造ᄒᆞ야 洗濯用에 供ᄒᆞ느니라.

鹽은 其色이 白ᄒᆞ며 其味가 鹹ᄒᆞ야 海水中에 多量히 含有ᄒᆞ니 海水의 鹹흠이 實로 此로 因흠이로다. 我韓과 日本淸國 等地에서난 鹽을 海水로써 製ᄒᆞ느니 其法은 海濱多砂ᄒᆞᆫ 處에 鹽田을 設置ᄒᆞ고 海水를 多汲ᄒᆞ야 此를 日光에 撒布ᄒᆞ며 其 水分을 蒸發ᄒᆞ야 濃厚ᄒᆞᆫ 鹽水를 得ᄒᆞᆫ 後에 此를 다시 釜中에 注入ᄒᆞ고 蒸煮ᄒᆞ면 溫度의 高흠을 從ᄒᆞ야 水分은 漸次 蒸發ᄒᆞ고 食鹽은 粒形으로 結晶ᄒᆞ야 釜底에 殘留ᄒᆞ느니라.

西洋에 德國괴 墺太利 等地에난 食鹽이 多量히 地中으로 出ᄒᆞ니 其 塊形은 岩石과 恰如ᄒᆞ고 數種雜鹽을 混有ᄒᆞ도다. 德國소닷스후-루도 地方에 有ᄒᆞᆫ 岩鹽은 其 層鹽의 厚가 五百尺으로부터 三千尺에 達ᄒᆞ다 ᄒᆞ니 其 鹽量의 豊富를 可想홀지라.

岩鹽의 不純ᄒᆞᆫ 者난 赤褐靑 三色이 有ᄒᆞ고 純粹ᄒᆞᆫ 者난 無色透明ᄒᆞ야 氷과 갓치 淸潔ᄒᆞ며 此를 打破ᄒᆞ면 一定ᄒᆞᆫ 方向으로 割ᄒᆞ야 四角形이 되고 其 性質은 硬固치 아니ᄒᆞ니라.

東洋에난 岩鹽의 出ᄒᆞ난 處所가 別無ᄒᆞ나 日本信濃岩代等地에 鹽水

가 泉水갓치 地中으로 湧出ᄒᆞᆷᄋᆡ 此를 鹽井이라 稱ᄒᆞ고 村民 等은 此를 汲取ᄒᆞ야 食用에 供ᄒᆞᄂᆞ니라.

岩鹽層上에ᄂᆞᆫ 흔이 石膏層이 有ᄒᆞ니 其色이 白ᄒᆞ며 或 黃褐色을 帶ᄒᆞ고 或 硝子와 갓치 無色透明ᄒᆞᆫ 者도 有ᄒᆞ니 其質은 岩鹽과 갓치 不硬ᄒᆞ고 鹹味가 無ᄒᆞ며 燒ᄒᆞᆯ 時에ᄂᆞᆫ 白色의 粉末을 生ᄒᆞ며 此를 水와 混合ᄒᆞ야 乾ᄒᆞ면 다시 强固ᄒᆞᆫ 形體를 成ᄒᆞᄂᆞ니라.

◎ 石炭, 장지태, 〈태극학보〉 제1호, 1906.8. (지문학, 지구과학)

석탄의 효용

石炭은 大槪 其色이 黑ᄒᆞ며 其質이 脆(취, 무르다)ᄒᆞ야 能히 燃料가 되ᄂᆞᆫ 故로 此世에 第一 廣用이 되야 諸所工場에 機械 運轉과 汽車 汽船에 快走ᄒᆞᄂᆞᆫ 것이 다— 此로 從出흠이니 今日 文明에 一部ᄂᆞᆫ 此 石炭에 所賜라 홀 만ᄒᆞ도다.

石炭의 用途가---

◎ 石油, 신성호, 〈태극학보〉 제1호, 1906.8. (지문학)

석유의 성질

石油ᄂᆞᆫ 臭氣가 有ᄒᆞᆫ 一種 液體니 此를 椀中에 注入ᄒᆞ고 正面으로 透見ᄒᆞ면 其色이 紫藍을 묻ᄒᆞ며 또 比重이 水보다 輕ᄒᆞ야 水中에 混入ᄒᆞ면 直히 分離ᄒᆞ야 水面에 浮上ᄒᆞ고 또 引火ᄒᆞ기 쉬온 性質이 有ᄒᆞ니라.

石油ᄂᆞᆫ 原油로써 一層 精製ᄒᆞᆫ 者니 原油ᄂᆞᆫ 其質이 甚히 濃厚ᄒᆞ고 其

臭가 甚히 强ㅎ며 數種에 雜油를 混有흔 者니라. --

◎ 火山說, 編輯人 張膺震, 〈태극학보〉 제2호, 1906.9. (지문학)

　地中에 熱이 有홈은 吾人이 經驗으로도 多少知得ㅎ는 비니 冬天氷雪이 凍沍홀 時에라도 地下를 幾尺穿入ㅎ면 漸次 溫暖홈을 感홀지라. 今日 一般學說을 從흔則 地下의 熱은 地中에 深入홈을 從ㅎ야 漸漸 增加홈을 見ㅎ면 二三百里 地下에는 非常흔 高熱에 達ㅎ야 含有흔 萬物이 다 熔解ㅎ야 地球의 內部는 完然히 一火液體의 球를 形成ㅎ여스리니 此는 卽 我의 地球가 太初에 赤熱흔 瓦斯體(氣體)로 漸次 冷却ㅎ야 液體가 되고 此 液體의 表面이 다시 冷却ㅎ야 今日 吾人人類의 住居ㅎ는 地殼 卽 地面을 生成ㅎ엿스니 其 內部는 아즉 冷却치 아니ㅎ여 非常 高熱의 液體를 保有홈이라. 火山은 地球內部의 火力으로 因ㅎ야 其 內部에 包含흔 水蒸氣 瓦斯熔岩 等物을 地球表面으로 噴出ㅎ미 其 熔岩塵灰 等이 堆積ㅎ야 山岳을 成ㅎ는 者와 또는 曾前에 噴出흔 形迹이 有흔 山岳을 火山이라 總稱홈이니 現時에 此等 山頂 或 山側으로 火烟을 吹上ㅎ며 灰石을 飛揚ㅎ고 熔岩을 噴出ㅎ는 者를 活火山이라 稱ㅎ고 有史 以來에 아즉 一次도 噴出홈이 無흔 者를 死火山이라 稱ㅎᄂ니라. 또 活火山中에는 晝夜間 斷이 無ㅎ고 噴出ㅎ는 者 有ㅎ며 數年 或 數百年間 噴出을 休止ㅎ엿다가 活動을 再始ㅎ는 者 有ㅎ니 日本信濃의 淺間山岩代의 盤梯山等은 前者에 屬ㅎ고 日本駿河의 富士山伊太利國비스뷔아山 等은 後者에 屬ㅎ도다. 火山이 地球上에 配布흔 것은 一定흔 規則이 無ㅎ야 廣大흔 平地이며 大陸 沙漠 等地에는 別無ㅎ고 海岸과 島嶼 等地에 多有홈은 著明흔 事實이라. 火山의 起因을 攻究ㅎ면 種種의 原因이 有ㅎ기스ᄂ 太初地球가 冷却홀 時에 收縮凝結의 度가 不同ㅎ고 또는 地中의 攪動홈으로 因ㅎ야 地殼의 厚薄이 不一ㅎ며 巨大흔 洞穴과 隙裂을 生ㅎ미 地上의 水가 此 隙裂을 透入ㅎ야 地球內部에 達ㅎ면 其

內部炎燄의 作用으로 蒸氣와 數多의 氣體를 變成ᄒᆞᄆᆡ 容積이 膨脹ᄒᆞ고 張力이 甚히 强大ᄒᆞ야 地震攪動을 發흠도 有ᄒᆞ고 或 隙裂洞穴을 通過ᄒᆞ야 地外에 噴出흠도 有ᄒᆞ며 熱泉 或 溫泉이 되야 地上으로 湧出흠도 有ᄒᆞ고 地殼의 薄弱ᄒᆞᆫ 處를 遇ᄒᆞ면 此를 破裂ᄒᆞ고 可驚의 熱力으로써 蒸氣와 熔岩 等物을 噴出흠이니 地質學者의 說을 從ᄒᆞ면 海岸과 島嶼 等地ᄂᆞᆫ 大陸에 比ᄒᆞ면 地盤이 薄弱ᄒᆞ고 隙裂이 多ᄒᆞ야 火山破裂의 原因을 造成흠이라더라.

火山이 噴火ᄒᆞᆯ 時에 或 熔岩만 噴出흠도 有ᄒᆞᄂᆞ 大槪ᄂᆞᆫ 熔岩과 輕石, 火山砂, 火山灰, 水蒸氣, 瓦斯 等物을 混合噴出ᄒᆞᄂᆞ니 大火山이 破裂ᄒᆞᆯ 時에ᄂᆞᆫ 地盤이 震動轟鳴ᄒᆞ야 附近地方 數百里 內外에 地震도 發흠이 有ᄒᆞ고 ᄯᅩ 其 噴出ᄒᆞ는 赤熱ᄒᆞᆫ 岩礫塵灰 等은 空間 非常ᄒᆞ 高際에 上昇ᄒᆞ야 白晝를 黑夜로 변ᄒᆞ고 四面으로 傘狀갓치 降下ᄒᆞ야 火雨를 注下ᄒᆞᄆᆡ 此內에 包圍ᄒᆞᆫ 地面은 焦土를 變成ᄒᆞ야 數多生命과 華麗宏大ᄒᆞᆫ 市街村落이 一朝熱灰中에 埋葬흠은 古今에 其 例證이 甚多ᄒᆞ니 日本에도 明治以後로만 盤梯山淺間山 等의 破裂로 村落과 人命의 破喪이 甚히 不少ᄒᆞ엿고 伊太利國에 有名ᄒᆞᆫ 비스뷔아火山은 自今으로 一千九百餘年前에 大破裂이 되여 壯麗를 極ᄒᆞ엿든 폼베이 全市가 一朝火灰中에 埋葬된 것은 迄今토록 歷史上 著名ᄒᆞᆫ 事實이오. 今年 四月頃에도 此 火山이 ᄯᅩ 大破裂을 生ᄒᆞ야 數多人命의 死傷과 巨大의 損害를 被ᄒᆞ엿슴은 當時 內外新紙의 喧傳ᄒᆞᆫ 바로다. ᄯᅩ 火山이 噴出ᄒᆞᆯ 時에 灰石等과 갓치 混出ᄒᆞᆫ 水蒸氣ᄂᆞᆫ 其量이 非常히 多ᄒᆞ야 風을 喚ᄒᆞ며 雨를 起ᄒᆞ고 電光雷鳴을 誘發ᄒᆞᄂᆞ니라.

世界火山脈의 大部分은 日本諸島를 經ᄒᆞ야 東으로 布哇群島를 經ᄒᆞ야 南北兩美西岸附近에 至ᄒᆞᆫ 者와 西으로 臺灣을 經ᄒᆞ야 菲律賓群島 馬來半島伊太利半島에 至ᄒᆞᆫ 者니 火山이 往往 海中에셔 破裂ᄒᆞ야 其 噴出物이 次第로 積堆ᄒᆞ여 海面上에 露出ᄒᆞ면 島新도 形成現出흠이 有ᄒᆞ고 此 爆發ᄒᆞ는 作用으로 或 島嶼가 崩壞ᄒᆞ면 海底에 沈沒消滅흠도 有ᄒᆞ니라.

◎ 地震說, 朴相洛 譯, 〈태극학보〉 제9호, 1907.4.

地震은 地殼 中의 造山力 卽 地球의 收縮으로 生ᄒᄂᆫ 力과 大關係가
有ᄒ니 一地方에 地震이 有ᄒ면 其 全大陸에 波及홀 ᄲ 아니라 近來
發見ᄒᆫ 精密ᄒᆫ 器械로 試見ᄒ면 我東亞의 地震이 歐洲 西岸地方ᄭ지
感ᄒᆫ다 ᄒ니 其影響의 大ᄒᆫ 것을 可想홀지니라.

地震의 記錄은 太古 歷史 中에도 往往 記載ᄒ여 이스나 此等 記錄은
地震 中 最大ᄒᆫ 者에 止홀 ᄲ이오, 其微震에 至ᄒ야ᄂᆫ 毋論 太古人의
感知홀 바이 아니라. 今日은 緻密ᄒᆫ 器械로 因ᄒ면 人의 通常 感得치
못홀 微動이라도 此를 知키 能ᄒᄂᆫ니 吾人이 通常 不動ᄒᄂᆫ 줄로 思惟
ᄒᄂᆫ 地盤은 恒常 多少의 震動을 不息ᄒᄂᆫ 것이라.

地震의 大ᄒᆫ 者ᄂᆫ--

◎ 水 니야기, NYK(김낙영), 〈태극학보〉 제11호, 1907.6.
　(지문학, 지구과학)

水의 性質 及 狀態

諸君이여, 淨潔ᄒᆫ 琉璃盃에 淸水를 盛看ᄒ시오. 그져는 色도 업고 臭
도 업스며 飮嘗ᄒ여 보아도 甘味도 아니오, 酸味도 아닌 一盃 淸水ᄲ이
지오마ᄂᆫ 他物 染色을 混入ᄒ면 靑黃赤黑色으로 隨變ᄒ며 ᄯᅩ 만일 他
物質을 混入ᄒ면 其臭其味가 易變ᄒᄂᆫ니 假令 麝香을 溶入ᄒ면 香水가
되고, 암모니움이라ᄂᆫ 化學藥을 割入ᄒ면 小便 비슷한 惡臭를 生ᄒ며
砂糖을 溶入ᄒ면 甘飴水(감이수)가 되고, 食鹽(식염)을 溶入ᄒ면 鹹水
(함수, 짠물)가 되어 色과 味와 臭가 여러 번 變更도 ᄒ고, 幻化도 ᄒ여

吾人의 食物上에 新鮮ᄒᆫ 약렴도 되엿스며 華麗ᄒᆫ 粧具와 奇麗ᄒᆫ 玩物도 되엿도다.

--

◎ 地中의 溫度, 연구생, 〈태극학보〉 제15호, 1907.11.
　(지문학 = 지구과학)

　大抵 學問의 主義는 몬져 正確無疑ᄒᆫ 知識 範圍를 廣博히 ᄒᆫ 然後에 此를 各種 方面으로 利用ᄒᆞ야 人生 社會의 幸福을 圖劃ᄒᆞᄂᆞ니 己爲透得ᄒᆫ 槪要가 此에 至ᄒᆫ 以上에ᄂᆞ 一步를 更進ᄒᆞ야 實行ᄒᆞᆷ으로써 目的을 ᄒᆞᆷ을지라. 只今 地下의 溫度를 擧ᄒᆞ야 讀者 諸君과 共究코져 ᄒᆞ노니, 小委 溫度라ᄂᆞ 거슨 諸君의 熟知ᄒᆞᆷ과 ᄀᆞ치 當初에 太陽熱을 受ᄒᆞ야 支配ᄒᆞᆷ이라. 故로 晝夜를 從ᄒᆞ야--

◎ 東西問答, 李鍾一, 〈대한자강회월보〉 제1호, 1906.7.
　(지리, 정치 문답)

▲ 제1호

(東) 近日 閭巷 常談에 洋人 洋服 洋料理 其他 百般 文物에 洋字를 冠ᄒᆞ 名詞가 頗多ᄒᆞ니 地球上 何國을 指ᄒᆞ야 洋國이라 稱ᄒᆞ나뇨.
(西) 歐羅巴洲及 南北亞米利加洲를 指ᄒᆞ야 西洋이라 稱ᄒᆞᄂᆞ 故로 歐米로 從ᄒᆞ야 來ᄒᆞᄂᆞ 人與物에 西洋 二字를 冠ᄒᆞ면 宂長之嫌이 不無ᄒᆞ야 西字를 刪ᄒᆞ고 單稱洋이라 ᄒᆞᆷ은 簡略ᄒᆞᆷ을 取ᄒᆞᆷ인 듯ᄒᆞ나 東洋과 西洋이 洋은 一般이어늘 單稱洋이면 東西를 難分이니 有識之士ᄂᆞ 訛語의

舊套를 改홈이 可호오.

(東) 歐羅巴를 「구라파」라 讀호나 我國 玉篇을 考호즉 歐의 音은 「우」라 호고 康照字典를 據호즉 歐는 於口로 切이라 호고 且 烏后로 切이라 호얏스니 歐의 音은 「우」라 讀홈이 可치 안이호뇨.

(西) 英語로 「유롭」이라 호는 것을 支那人이 漢字로 譯홀 時에 歐羅巴라 호엿슨 즉 大韓에셔도 君의 言과 又치 正音을 從호야 「우라파」라 讀홈이 可호거니와 歐字의 正音을 失호고 古人 歐陽修를 「구양슈」라 讀호며 歐陽洵을 「구양슌」이라 讀호니 엇지 卒然히 改正호리오 姑從俗호고 日 後 小學讀木 及 其他 敎科書를 編纂호는 者ㅣ 歐의 音은 「우」라 懸註 호야 後進子第로 호야곰 正音을 學習케 홈이 可호오.

(東) 世界 各 國에 現行호는 政體가 各自 不同云호니 其 名稱과 種類ㅣ 何如호뇨.

(西) 曰 專制 政治 曰 立憲政治 曰 共和政治 三種이 有호오. 以下次號

▲ 제2호 東西問答, 李鍾一

(東) 東洋人은 賓客을 迎送홀 時에 冠을 必着호고 他家에 往홀 時에 長 大훈 外衣를 必穿호나니 此는 人을 對호는디 冠과 外衣를 脫호면 疎忽 홈을 嫌홈이오.

(西) 西洋人은 賓客을 迎送호는 時에 冠을 必免호고 他家에 入홀 際에 長大훈 外衣를 必穿호나니 此는 人을 對호는디 頭에 高峨훈 物을 戴호 고 身에 煩衍훈 衣를 穿홈이 倨傲호다 홈이오.

(東) 東洋婦人의 地位는 男子에 居下호야 待遇에 卑賤홈이 奴隷에 幾近 호니 此는 婦人의 學識이 卑賤훈 緣故인지 婦人이 男子보다 多數훈 緣 故인지.

(西) 西洋婦人의 地位는 男子보다 倍勝호야 婦人의 前에 男子가 吸烟홈 을 不敢호고 宴會席에 婦人이 下箸호기 前에 男子가 飲食홈을 不得호는 니 此는 婦人의 學識이 有홈인지오. 淫風을 禁除홈인지오.

(東) 東洋人民은 官吏를 供養ㅎ기 爲ㅎ야 生世훈 줄노 知ㅎ야 天然훈 自由를 失ㅎ고 官吏의 無理훈 壓制를 受ㅎ야도 當然훈 義務로 知ㅎ나니 此는 專制政治에 慣흠이오.

(西) 西洋官使는 人民의 代表者되야 人民保養ㅎ는 義務에 僕役ㅎ고 其 代勞를 報酬ㅎ기 爲ㅎ야 租稅를 徵收ㅎ는 者로 認ㅎ나니 此는 憲法政治에 慣흠이로다.

▲ 제3호, 東西問答

(東) 三種政治의 利害得失이 何如ㅎ뇨.

(西) 現今世界에 專制政治를 行ㅎ는 邦國은 亞細亞에 大韓, 淸國, 波斯, 暹羅, 阿富汗斯坦, 오만, 네폴 諸國이오 歐羅巴에 俄羅斯, 土耳其오 阿非利加에는 「모락코」이니 凡十箇國이오 立憲政治를 行ㅎ는 邦國은 亞細亞에 日本이오 歐羅巴예 英國, 德國, 墺地利, 伊太利, 西班牙, 瑞典, 諾威, 白耳義, 萄牙, 和蘭, 希臘, 丁抹, 羅馬尼, 塞爾維諸國이오 阿非利加에 「아베시늬아」이니 凡十六箇國이오 共和政治를 行ㅎ는 邦國은 歐羅巴에 法國, 瑞西오 北亞米利加에 北米合衆國, 墨西哥以外 數箇國이오 南亞米利加에 붓라실, 칠니, 피루外 數箇國이니 其 利害得失은 以上 諸國의 現勢를 察ㅎ야 推知흠이 可ㅎ오.

(東) 頂天立地훈 人類에 幾種이 有ㅎ뇨.

(西) 黃色, 白色, 黑色, 棳色, 紅色 五種이 有ㅎ오.

(東) 五種 人種의 優劣이 各何如ㅎ뇨.

(西) 黃白 兩人種이 優劣을 相爭흘 섇이오 外他는 不足論이어니와 目今 白色人種이 優等人種으로 自居ㅎ나 黃色人種이 舊習을 快去ㅎ고 進取之道를 講ㅎ면 엇지 讓頭흠이 有ㅎ리오.

(東) 入人之國ㅎ야 其國의 開未開를 知ㅎ랴면 何를 先察이 可ㅎ뇨.

(西) 山林이 繁茂ㅎ며 道路가 淸潔훈 者는 文明國이오 山林이 濯童ㅎ며 道路가 汚穢훈 者는 野蠻國이니 許多無形制

*제3호~제6호까지

▲ 제3호

我國은 亞細亞 東部의 一半島國이라. 西北은 滿洲와 遼東과 土壤을 接ᄒ고 西는 黃海를 限ᄒ야, 淸國의 山東省과 隣ᄒ고, 南은 朝鮮海峽을 臨ᄒ고, 東은 日本海와 接ᄒ고, 東北은 土門江을 限ᄒ야 淸國의 吉林省 과 俄領 海蔘威 地帶와 近ᄒ야 三面에 環海흠이 島國과 如흠으로 半島 라 稱ᄒ나니라. 起北緯 三十三度 三十五分ᄒ야 止 四十二度 二十五分ᄒ 고, 起 東經 百二十四度 三十分ᄒ야 止百三十度 三十五分ᄒ니, 面積이 約 八萬二千方 英里오, 南北의 長은 三千六百 餘里오, 東西의 廣은 或 千餘里 或 六七百 里니 此는 現今 疆土之大略也라.

今에 地理를 試論흘진딘 不可不 歷代의 疆土 沿革을 先擧ᄒ야 歷史의 一部를 補코져 ᄒ노니.

檀君의 疆域은 考據키 難ᄒ되 地志에 江華摩尼山塹城檀은 卽 檀君의 祭天ᄒ던 壇이오 且 傳燈山은 三郎城이라 稱ᄒ니 檀君이 三子로 ᄒ야 곰 築흠이라 世傳흔 則 漢水까지 疆界가 延長흠을 可知오 古記에 云北 夫餘는 檀君之後라 ᄒ니 北夫餘는 今盛京省開原縣이라 距 鴨綠이 千餘 里 則 北界를 推知흘지라.

箕氏의 疆域은 唐書에 云遼東은 本箕子의 所封흔 地라 ᄒ고 魏略에 曰 箕子의 後孫이 驕虐흠으로 燕將奏開가 其 西方을 攻ᄒ야 二千餘里 地를 取ᄒ고 滿潘汗으로 爲界라 ᄒ니 遼河以西도 皆箕氏의 封域이라. 明一統志에 云朝鮮城은 永平府에 在ᄒ니 箕子受封之地라 後魏가 置縣 ᄒ야 北平郡에 屬ᄒ고 北齊는 新昌縣에 屬入이라 ᄒ고 盛京志에 云遼西

廣寧縣이 周時에 爲朝鮮界ᄒ고 遼東의 海城蓋平金州도 皆箕子朝鮮地라 ᄒ니 當時 箕氏의 疆域이 遼東遼西를 遠過ᄒ야 鴨綠以西로 數千餘里를 版圖에 入ᄒ얏다가 燕將秦開의게 數千里를 失ᄒ얏스나 猶且滿潘汗으로써 界를 劃ᄒ얏다가 衛滿以後에 漢四郡에 入ᄒ니라.

四郡은 樂浪, 臨屯, 玄菟, 眞番, 四郡이니 本朝鮮의 地라. 後에 皆高句麗의 呑倂ᄒ 바 되고 三韓은 馬韓, 辰韓, 弁韓이니 今 漢江 以南의 地라. 後에 馬韓은 百濟의 地가 되고 辰弁 二韓은 新羅 伽耶 兩國의 地가 되니라.

濊貊은 卽 夫餘의 種族이니 北夫餘로 붓터 東徙ᄒ야 東海濱迦葉原(今江陵)에 處ᄒ더니 衛右渠時에 至ᄒ야 濊君南閭가 男女二十八萬口를 率ᄒ고 遼東에 詣ᄒ야 漢에 內附ᄒ니 漢武帝가 其地로써 滄海郡을 置ᄒ얏다가 越二年에 乃罷ᄒ니라. 後新羅南解王 十六年에 北溟人이 耕田ᄒ다가 濊王印을 得ᄒ야 獻ᄒ니라. (晉書云夫餘王印文稱濊王之印卽此) 後漢書에 濊ᄂ 北은 高句麗沃沮와 與ᄒ고 南은 辰韓과 接ᄒ고 東은 大海를 窮ᄒ고 西至樂浪이라 ᄒ니라.

沃沮ᄂ 有二ᄒ니 東沃沮ᄂ 今咸鏡南道에 地라 後漢書에 云東沃沮ᄂ 蓋馬大山의 東에 在ᄒ니 東은 大海를 濱ᄒ고 北은 把婁와 接ᄒ고 南은 濊貊과 接ᄒ니 其地ㅣ 東西ᄂ 狹ᄒ고 南北은 長ᄒ야 折方千里니 土肥美ᄒ야 五穀이 宜라 ᄒ고 又云武帝ㅣ 朝鮮을 滅ᄒ고 沃沮로 玄菟郡을 置ᄒ얏다가 後에 夷貊이 數侵ᄒᆷ으로 徙郡ᄒ고 更以沃沮爲縣ᄒ야 樂浪에 屬ᄒ니라. 北沃沮ᄂ 今 咸鏡北道 六鎭의 地方이니 後漢書의 北沃沮의 一名은 買溝婁니 南沃沮와 相去가 八百餘里오 其 俗도 相同ᄒ며 北은 挹婁와 接ᄒ니 挹婁人이 乘船寇鈔ᄒᆷ을 喜ᄒᆷ으로 北沃沮가 畏之ᄒ야 每夏에ᄂ 岩穴에 藏ᄒ얏다가 冬期에 船道가 不通ᄒ여야 邑落에 乃下라 ᄒ니 挹婁ᄂ 卽 靺鞨이오 船道ᄂ 今 豆滿江 流니라.

夫餘ᄂ 後漢書에 夫餘國이 玄菟北千里에 在ᄒ니 南은 高句麗와 東은 挹婁와 西ᄂ 鮮卑와 接ᄒ야 地方이 二千里니 本濊地라 最平敞ᄒ야 五穀이 宜라 ᄒ니 其王은 蓋檀君의 後孫이 北遷ᄒᆷ이라.

新羅의 彊域은 辰韓地에 始起ᄒ니 今 慶州가 卽 肇基ᄒᆫ 地라. 後에 辰弁諸國을 稍稍併呑ᄒ야 彊土를 漸拓ᄒ니 西ᄂ 智異山에 至ᄒ야 百濟와 接ᄒ고 西北은 漢水에 至ᄒ며 北은 井泉郡(今 德源)에 至ᄒ야 高句麗와 接ᄒ고 東南은 大海를 隔ᄒ야 日本과 隣ᄒ나 互相侵奪ᄒ야 得失이 無常ᄒ니 訖解王이 碧骨堤(今 金堤)를 開ᄒ고 眞興王이 完山州(今 全州)를 置ᄒᆫ 則 百濟의 郡邑이 新羅에 多入ᄒᆷ을 可知오 眞興王이 北漢山州(今 漢城)를 置ᄒ고 善德王이 七重城(今 積城)을 己有ᄒᆫ 則 句麗의 土地도 新羅에 多入ᄒᆷ을 可徵ᄒᆯ지라. 文武王이 麗濟를 併有ᄒᆷ이 三面은 際海ᄒ고 西北은 浿江以南의 地를 有ᄒᆫ지라. 句麗의 西東北界ᄂ 渤海의 有ᄒᆫ 비 됨으로 通考에 渤海와 新羅ᄂ 泥河로 爲界라 ᄒ나 黃草嶺碑文으로써 觀ᄒ건딕 新羅의 北界가 ᄯ흔 咸興까지 至ᄒ얏다가 後에 渤海가 漸强ᄒᆷ이 侵占ᄒᆫ 비 되야 遂以泥河로 爲界ᄒ니라.

▲ 제4호 地理二(續), 南嵩山人 張志淵

○ 高句麗의 彊域은 遼左卒本의 地에셔 始起ᄒ니 卽渤海率賓府오. 今興京의 界라. 後에 國內城尉那岩城에 徙都ᄒ니 今楚山江北兀剌山城이 是也오. 後에 又丸都城에 徙都ᄒ얏다가 東川王卄一年에 平壤城을 始築ᄒ고 移都ᄒ니 此ᄂ 平壤定都의 始라. 其初에ᄂ 東北으로 靺鞨과 沃沮와 東南으로 濊貊과 南으로 樂浪과 西으로 遼東과 玄菟와 北으로 夫餘와 接ᄒ얏다가 傍近小國의 沸流, 荇人, 蓋禹, 句茶, 沃沮, 黃龍等을 倂呑ᄒ고 又北으로 夫餘를 取ᄒ며ㅕ 南으로 樂浪을 侵ᄒ더니 中葉에 至ᄒ야 樂浪, 帶方, 玄菟, 遼東, 諸地를 取ᄒ고 遼西에 至ᄒ니 彊土의 開拓ᄒᆷ이 全盛타 謂ᄒᆯ지라. 其後에 稍稍히 羅濟의 郡縣을 侵有ᄒ야 漢城에 南平壤을 置ᄒ고 國內, 平壤과 倂히 三京이라 稱ᄒ니라. 及其衰季에 至ᄒ야 新羅의 侵奪ᄒᆫ 비되고 鴨綠以西ᄂ 唐國의 版圖에 屬ᄒ얏더니 後에 渤海의 占有ᄒᆫ 비되고 新羅ᄂ 其南境을 僅有ᄒ야 漢溟朔三州를 置ᄒ니라. 惰書에曰 句麗ᄂ 至隋에 漸大ᄒ야 東西가 六千里니 東距新羅ᄒ고 南距

百濟ᄒ고 西北은 遼河를 過ᄒ야 營州에 接ᄒ니 今에 安東都護府로써 考ᄒ건디 唐高宗摠章二年에 李勣이 高句麗를 平ᄒ고 百七十六城을 得ᄒ야 九都督府를 分置ᄒ니 曰新城州, 遼城州, 哥勿州, 衛樂州, 舍利州, 居素州, 越喜州, 去朝州建安州, 四十二州百縣이나 安東都護府를 平壤에 置ᄒ야써 統케ᄒ다가 餘衆이 數叛흠으로 儀鳳二年에 遼東城으로 徙府ᄒ고 明年에 新城으로 又移ᄒ고 開元二年에 平州盧龍縣으로 又移ᄒ얏다가 旋廢ᄒ니라. 當時 李勣의 表文을 據흔 則 鴨綠以北에 未降城이 十一이오. 己降城이 十一이오 逃城이 七이오 打得城이 三이나 其地名은 多不可考로다.

按遼東諸郡은 原屬我地라. 高句麗亡에 爲渤海의 所有ᄒ고 渤海大氏가 稱王二百三十五年而亡흠이 其地ㅣ 契丹에 入ᄒ야 号를 東平이라 ᄒ더니 尋에 陞爲南京ᄒ고 遼亡에 女眞이 占有ᄒ얏다가 元初에 遼陽行中書省을 改置ᄒ얏더니 及明興에 我 太祖ㅣ 東寧府를 攻拔ᄒ시미 此時에 兵威가 己振ᄒ니 其勢ㅣ 맛당히 遼瀋을 收定ᄒ야 舊疆을 恢復흠이 不難ᄒ거늘 國內多故ᄒ야 外略에 未遑흠으로 時에 北元의 遼陽行省平章劉益이 遣使請命ᄒ야 曰 遼陽은 本貴國의 地故로 歸附ᄒ깃다 ᄒ거늘 朝廷이 所報가 未有흠으로 益이 明國에 遂歸ᄒ니 嗚呼 惜哉로다.

百濟의 疆域은 馬韓의 地니 初에 慰禮城에 都ᄒ얏다가 尋에 漢山下에 移ᄒ고 疆域을 遂定ᄒ니 南은 熊川을 限ᄒ고 西ᄂ 大海를 窮ᄒ고 東은 走壤에 至ᄒ고 北은 浿河에 界ᄒ얏다가 後에 又諸小國을 倂ᄒ야 疆土가 稍拓ᄒ더니 盖鹵王時에 北漢州를 高句麗長壽王의게 失ᄒ고 文周王이 熊津에 南遷ᄒ얏다가 又南扶餘로 徙都ᄒ야 疆土가 日蹙ᄒ더니 義慈王이 荒淫ᄒ야 新羅와 唐兵의 滅흔 비되고 其地七十六城으로 五都督府를 置ᄒ니 曰熊津, 馬韓, 東明, 金連, 得安이오 又帶方州를 今羅州에 置ᄒ얏더니 後에 新羅의 占有에 歸ᄒ니 其地ㅣ 東은 新羅에 接ᄒ고 西南은 大海에 限ᄒ고 小海南(小海今忠淸黃海道)에 處ᄒ야 東西가 五百里요 南北이 九百餘里라 ᄒ니라. (未完)

○ 我韓의 人種은 亞細亞의 黃色人種이니 上古난 九種의 部落이 有ᄒ더니 文化의 闢홈을 隨ᄒ야 各地의 移住民이 混雜ᄒ지라 大槪其區別이 三族이 有ᄒ니 曰朝鮮本族曰漢族曰夫餘族이라.

一朝鮮本族은 卽古初土着의 民族이니 今平安或鏡道로붓터 東南으로 漸次蔓衍ᄒ야 蕃殖ᄒ 者오.

一漢族은 支那에셔 移住ᄒ 者니 距今三千餘年前에 殷太師箕子가 東來ᄒ심이 殷人의 隨來ᄒ 者ㅣ 五千餘餘人에 達ᄒ고 及戰國의 末에 至ᄒ야 支那가 大亂홈이 燕齊韓趙의 民이 秦의 苛役을 避ᄒ야 朝鮮에 亡歸ᄒᄂ 者ㅣ 數萬口오 燕人衛滿이 其黨數千을 率ᄒ고 亦朝鮮에 歸化ᄒ니 殷周以來로붓터 漢族의 移住ᄒ 者ㅣ 甚多ᄒ야 西北으로 遼河鴨綠大同의 沿岸에 繁殖ᄒ고 東南으로 洌水熊津洛東의 沿岸에ᄂ 支那의 齊魯淮濟(今 山東省)의 人이 渡海移投者ㅣ 衆홈으로 秦韓이라 謂ᄒ고 又箕王準이 民族을 率ᄒ고 南으로 韓에 至ᄒ야 馬韓이 되니 今忠淸全羅等道의 地方에 亦此族이 移殖ᄒ얏고 辰韓의 地에도 亦箕王에 遺民이 移住ᄒ야 六部에 分ᄒ니 後에 新羅의 始祖赫居世가 此族에 起ᄒ지라 盖我韓이 西北으로 支那와 大陸을 相接ᄒ고 西南으로도ᄂ 支那의 山東江蘇諸省과 一葦海를 僅隔홈으로 自古로 民族의 來往에 複雜ᄒ야 漢族의 移殖이 最多ᄒ 바ㅣ라.

一夫餘族은 古濊種이니 北夫餘王解夫婁가 朝鮮東北의 海濱[今咸興江陵之間]으로 徙ᄒ야 東夫餘(卽末耐濊)가 됨이 漸次蕃殖ᄒ더니 濊君南閭가 男女二十八萬口를 率ᄒ고 遼東에 詣ᄒ야 漢에 內屬ᄒ얏고 後에 高句麗와 百濟가 亦夫餘의 族으로 朝鮮과 馬韓의 地에 蕃殖ᄒ다가 後에 唐의 滅ᄒ빈 되야 百濟의 男女萬二千八百餘口와 高句麗의 男女二十餘萬口로써 唐에 遷ᄒ고 又百濟民族數萬口난 日本에 移住ᄒ야 至今蕃盛ᄒ고 高句麗의 遺族은 北으로 長白山(今淸國吉林省) 東에 依ᄒ야 渤海國을 建ᄒ얏더니 後에 契丹의 滅ᄒ바ㅣ 됨이 則民族이 高麗에 投歸ᄒ야

今咸鏡南北道와 黃海京畿等地方에 多住ᄒᆞ니라.

其外에 又沃沮族 靺鞨族 數種이 有ᄒᆞ니 豆滿江以南과 咸興以北은 皆古代東北沃沮의 民族이나 其實은 亦朝鮮本族과 同一한 者오 高麗初에 至ᄒᆞ야 靺褐(古肅愼挹婁)의 民族이 其地에 移住ᄒᆞ 者ㅣ 甚蕃ᄒᆞ야 號를 女眞이라 改ᄒᆞ니 咸鏡道에 處ᄒᆞᆫ 者난 日東女眞(亦曰熟女其)이라 ᄒᆞ고 平安北道에 處ᄒᆞᆫ 者난 西女眞 亦曰生女眞이라 ᄒᆞ더니 後에 漸加繁盛ᄒᆞ야 東女眞의 完顏氏가 遼와 北宋를 滅ᄒᆞ고 支那에 入帝ᄒᆞ야 國號를 金이라 改ᄒᆞ얏다가 後에 蒙古의 滅ᄒᆞᆫ 바ㅣ 되고 西女眞의 族愛新覺羅氏난 明을 滅ᄒᆞ고 今淸國이 되니라.

又蒙古族日本族도 有ᄒᆞ니 高麗末年에 蒙古의 族이 往往히 西北에 移住ᄒᆞᆫ 者ㅣ 有ᄒᆞ며 日本의 族도 古代로부터 歸化ᄒᆞᆫ 者ㅣ 多ᄒᆞ야 慶尙道東萊金海熊川等의 沿海地方에 頗有ᄒᆞ더니 近日에 至ᄒᆞ야는 日로 幾百이 移住ᄒᆞ야 迨屢百萬에 及ᄒᆞ니 若幾年을 增加ᄒᆞ면 日本의 殖民이 千萬以上에 達ᄒᆞᆯ지니 全國의 地面에 容接키 不能ᄒᆞᆯ가 慮ᄒᆞ노라. 大抵 我韓의 人種은 各地의 移住ᄒᆞᆫ 者ㅣ 甚混雜ᄒᆞ야 單純ᄒᆞᆫ 一種族으로 言키 不能ᄒᆞᆫ 故로 其 性質 習尙이 南北의 殊異ᄒᆞᆷ이 不無ᄒᆞ나 大槪ᄂᆞᆫ 其天性이 柔順ᄒᆞ야 好善의 風이 有ᄒᆞᆷ은 全國이 同然ᄒᆞᆷ으로 此東万의 君子國이라 稱ᄒᆞᆫ 所以로다.

大韓의 民族은 新羅時에 王族은 曰聖骨 曰眞骨이라 ᄒᆞ고 貴族은 貴骨이라 稱ᄒᆞᆯ 而已오 特別ᄒᆞᆫ 階級은 未有ᄒᆞ고 高麗時에난 但文班虎班(卽武班) 兩班의 區別이 有ᄒᆞᆯ 뿐이러니 國朝에 至ᄒᆞ야 遂兩班으로써 貴族의 名詞를 作ᄒᆞ야 無上의 勢力을 有ᄒᆞ고 其次난 中人(亦曰中露)이니 高麗의 士族이 不服ᄒᆞᆫ 者를 抑ᄒᆞ야 中等階級에 置ᄒᆞ니 盖勝國의 遺民이 永久히 我朝에 不仕ᄒᆞᆫ 者라. 是故로 其 仕宦ᄒᆞᆷ을 不許ᄒᆞ야 兩班에 不齒ᄒᆞ고 中人이라 謂ᄒᆞᆷ이오 其次난 常民이니 卽普通平民을 稱ᄒᆞᆷ이라 此三種의 階級外에도 又七班의 賤級이 有ᄒᆞ니 曰吏胥(俗稱衙前) 曰僧尼(卽僧釋道流) 曰驛卒(卽各驛服役者) 曰奴婢(有公私賤分別) 曰巫覡(卽巫祝卜筮之流) 曰倡優(卽演戲雜技娼妓之流 曰屠漢 俗稱白丁卽屠宰之流)이

是라 此等民族은 平民에도 不齒ᄒ고 賤待홈이 殊甚ᄒ야 雖高才異行이
有ᄒ야도 仕宦을 不許ᄒ고 屢百年痼習을 成ᄒ여얏더니 今
　皇上陛下三十一年에 政治를 更張ᄒᆯ 時에 班常의 階級을 劈破ᄒ고 七
班의 差等을 平夷ᄒ야 各其材格의 高下를 隨ᄒ야 仕宦을 許通ᄒ며 束縛
을 釋ᄒ야 苛虐의 待遇를 革除케 홈으로 近日에 至ᄒ야ᄂ 其習慣이 稍
變改ᄒ야 自由平等의 福利를 亨有케 홀 ᄲᆫ더러 國權의 先墜홈을 由ᄒ
야 一般國民이 奴隸의 悲境에 陷ᄒᆫ 則爾我가 無히 皆他族의 賤待홈을
未免ᄒᆯ지라 豈自國의 民族에서 貴賤의 差等을 區別홈이 可ᄒ리오 從玆
로 吾儕의 國民된 者ᄂ 一視平等ᄒ야 此奴隸의 恥를 免脫홈이 正當ᄒ
義務로 認ᄒ노라.

◎ 山經文獻備考,
　柳瑾 抄譯, 〈대한자강회월보〉 제11호, 1907.5. (大韓地誌)

▲ 제11호

　國內에 祖宗되ᄂ 山이 十二가 有ᄒ니 曰白頭, 圓山, 狼林, 豆流, 分水,
金剛, 五臺, 三角, 大白, 俗離, 長安, 智異라.

　白頭山은 一名은 不咸山이오 又ᄂ 太白山이니 鴨綠, 土門 兩江間으로
由ᄒ야 南으로 臙脂峰과 虛項嶺에 至ᄒ야ᄂ 環ᄒ야 天坪이 되고 東南
으로 迤ᄒ야 寶多, 沙伊, 緩項, 漁隱等 嶺이 되고 圓山에 至ᄒ니라.

　圓山은 西北으로 馬騰, 掛山等 嶺에 至ᄒ며 南으로 南土, 天秀, 趙哥
等 嶺에 至ᄒ며 西으로 厚致, 香嶺과 太白山에 至ᄒ고 又 西南으로 赴戰
嶺과 大白 亦 小白 亦 山黃草, 麝香嶺에 至고 又 西北으로 雪寒嶺에 至
ᄒ며 東南으로 狼林山에 至ᄒ니라.

圓山 東北 次의 山은 曰 長白山이니 東으로 馬蹄, 巨門, 契陽, 偵探, 車蹄, 梨峴, 茂山, 加應, 巖明, 葛坡嶺과 松眞, 白岳山이 되며 造山에 至ᄒ야ᄂ 豆滿江이 其 東南으로 經ᄒ나니라.

狼林山은 南으로 上劍, 中劍, 下劍山과 馬蹄, 橫天嶺과 頭蕪, 艾鐵, 甕吳, 江山되고 東南으로 雲嶺과 亐羅山에 至ᄒᄒ 東으로 巨次山에 至ᄒ고 東北으로 土嶺, 莊佐嶺에 至ᄒ고 東南으로 大莪, 竹田, 猈獜, 載靈에 至ᄒ고 東으로 花餘, 豆流山에 至ᄒ니라.

狼林西 次에 山은 曰 太白山이니 西으로 甲峴, 道場, 狄蹄嶺과 白山, 狗峴, 梨坡嶺에 至ᄒ며 梅花, 棘城으로 牛峴의 阨에 至ᄒ며 車嶺, 丫號로 月隱嶺과 昌城街에 至ᄒ고 西北으로 甫里외 阻와 大小九階嶺에 至ᄒ고 南으로 宋洞과 緩項의 阻와 大小東沙의 阨에 至ᄒ고 西으로 大小防墻嶺에 至ᄒ고 西南으로 大小城嶺과 天磨山에 至ᄒ고 西으로 靑龍山과 蘆洞嶺에 至ᄒ고 西南으로 長峴, 梨峴, 勿嶺과 北松, 普光, 華岳東顧, 白雲, 望日의 山에 至ᄒ고 南으로 長化山에 至ᄒ야 西林의 阻가 되고 西으로 龍骨, 法興, 彌羅, 彌貫의 山에 至ᄒ야 大摠入海의 口에 當ᄒ니라.

狼林西南의 山은 曰 只幕山, 廣城嶺이니 西南으로 牲川, 同茂, 玅香의 險山에 至ᄒ며 東南으로 謁日, 長安山에 至ᄒ며 又 西南卯結, 白雲, 姑射, 墨方山과 都會峙에 至ᄒ며 又 南으로 西山, 馬頭, 悟道, 法弘, 虎田, 於把, 都延에 至ᄒ고 南으로 靈川, 米豆, 鎭望, 獨子山에 至ᄒ고 西南으로 豆登, 國靈山에 至ᄒ며 望海, 儉巖으로 虎頭, 牙善山에 至ᄒ며 窟靈, 鳳谷山으로 烏石, 花精山에 至ᄒ고 石骨, 甑覆으로 慈正山에 至ᄒ고 南으로 甑岳山과 廣梁의 險에 至ᄒ야 南으로 許沙의 琵琶山을 望ᄒ니라.

豆流山은 東南으로 蘆洞峴과 盤龍山에 至ᄒ고 南으로 馬息峴과 老人峙에 至ᄒ며 又 南으로 朴達, 白鶴, 洩雲, 雪呑, 分水嶺에 至ᄒ니라.

豆流西次의 山은 曰 灰嶺과 袈裟山이니 西南으로 高達, 開蓮山에 至호며 開蓮南次의 山은 曰 箕達山이니 天蓋, 華蓋로 鶴峰과 首龍山에 至호며 白峙牛耳로 聖居, 天摩山에 至호며 又 扶蘇岬에 至호야 南으로 松京이 有호며 開蓮西次의 山은 曰 德業山이니 西으로 大隴坡에 至호고 北으로 甑擊 彦眞山에 至호고 南으로 逶호야 嶺蔓에 至호고 西으로 明月, 天子山에 至호고 南으로 梁坡, 造山, 勃隱峙와 五峯山과 葛峴에 至호고 西南으로 黃龍山과 車踰嶺에 至호고 南으로 滅惡山에 至호며 滅惡南次의 山은 曰 成佛, 雲達山이니 南西로 吹螺, 唱金, 佛足, 北嵩山에 至호고 西北으로 文山, 天奉山에 至호고 西으로 達摩山에 至호고 北으로 龍門山에 至호며 又 北으로 錐山이 되야 廣大, 九月山에 至호며 又 文山으로븟허 西南으로 逶호야 長登峴이 되야 壽大, 紫丹山에 至호고 西으로 靑岩, 錢山, 開龍山에 至호며 又 達摩로븟허 西으로 鶴嶺, 圓通, 極樂, 佛陀山에 至호며 又西으로 彌羅, 長山, 醢甕의 險에 至호고 西南으로 白翎島를 望호고 東北으로 許沙의 戍를 望호니라.

分水嶺은 北東으로 靑霞, 楸浦, 風流, 鐵嶺의 阨에 至호며 又 東板, 機騎, 竹嶺에 至호고 南으로 猪踰, 楸池, 板幕, 酒嶺에 至호고 東南으로 溫井嶺에 至호며 又南으로 金剛山이 되니라.

分水嶺東次의 山은 曰 白氷, 雙嶺山이니 南으로 箭川, 水于山에 至호며 餘破, 五甲으로 忠峴에 至호고 佛頂, 大成으로 白雲, 望國山에 至호며 雪岳, 注葉으로 祝石峴에 至호고 西으로 佛谷, 弘福山에 至호고 南으로 道峯, 三角山에 至호니라.

三角山은 京都의 鎭山이라 南으로 文殊에 至호야 白岳, 鷹峰, 仁王山이 되야 皇宮이 在호니 駱山이 其左에 峙호고 白岳이 其右에 劇호며 木覓이 其前에 拱揖호고 漢江이 其南에 經호니라.

47

▲ 제12호

金剛山은 南으로 檜田, 珍富, 磨耆, 屹里, 彌時山에 至ᄒ고 西으로 雪岳에 至ᄒ고 東南으로 五色, 連水, 曹枕山에 至ᄒ며 又 南으로 九龍嶺과 五臺山에 至ᄒ니라.

五臺山은 東南으로 大關, 揷當, 百福嶺에 至ᄒ야 頭陀, 靑玉山에 至ᄒ고 西으로 竹峴, 律儀嶺과 大朴, 太白山에 至ᄒ니라. 五臺西次의 山은 曰 銀頭嶺과 燕方, 淸凉, 泰岐山이니 北으로 孔雀山에 至ᄒ고 南으로 五音山에 至ᄒ고 西南으로 三馬, 不動, 上元, 龍門山에 至ᄒ고 馬遊, 馬峴으로 月溪의 遷과 簇尺島에 至ᄒ야 北江, 南江이 其 西의 會ᄒ니라.

太白山은 西으로 水多, 白屛山에 至ᄒ며 又 西으로 馬兒, 串赤山에 至ᄒ고 又 西으로 小白山에 至ᄒ야 竹嶺에 陀이 되고 又 西南으로 兜率, 鵲城山과 黛眉, 鷄立嶺에 至ᄒ야 鳥嶺에 陀이 되고 伊火, 曦陽에셔 南으로 周峴, 大耶山과 佛日, 華山에 至ᄒ야 俗離에 至ᄒ니라. 太白東次에 山은 曰 楡峙니 東南으로 麻邑, 末欣, 白屛山에 至ᄒ고 南으로 高草, 劍磨, 白岩, 德峴, 西楫嶺야 至ᄒ고 東南으로 龍頭山에 至ᄒ며 西北으로 林勿視에 至ᄒ며 西南으로 弁峴, 周方, 於火山에 至ᄒ고 西으로 普賢山에 至ᄒ고 南東으로 鷹峯, 六峴, 馬北, 雲注山에 至ᄒ야 成峴, 舞鶴山에 至ᄒ고 朱砂, 四龍으로 只火, 斷石山에 至ᄒ고 雲門, 迦智로 穿火峴에 至ᄒ고 東南으로 鷲栖, 圓寂山에 至ᄒ고 南으로 金井, 花池, 嚴光山에 至ᄒ야 沒雲의 勝에 迤至ᄒ니라.

俗離山은 南으로 九峰, 鳳凰山에 至ᄒ야 熊峴, 熊耳로 高山에 至ᄒ야 東으로 黑雲山에 至ᄒ며 西으로 秋風嶺에 至ᄒ며 南으로 掛榜, 黃岳, 三聖, 牛頭, 三道, 大德山에 至ᄒ고 西南으로 德裕의 三峰과, 白巖, 鳳凰峰에 至ᄒ며 南으로 六十峙와 長安山에 至ᄒ니라. 俗離西次의 山은 曰 回

踰峙, 龜峙, 燕峙皮盤嶺과 仙到山에 至ᄒ고 北으로 巨竹嶺, 上岑山에 至
ᄒ야 上薰의 阻가 되고 東으로 粉峙, 坐龜山에 至ᄒ고 北으로 普光, 鳳
鶴山에 至ᄒ고 又 西北으로 甀, 山麻谷, 普賢, 小俗離, 望夷山에 至ᄒ야
西으로 周傑, 七賢山이 되니라. 七賢北次의 山은 曰 白雲, 九峯山이니
北으로 大曲屯, 小曲屯峴에 至ᄒ며 西南으로 聖崙山에 至ᄒ며 又 北으
로 水踰, 負兒寶盖, 石城山에 至ᄒ고 西南으로 各望峴에 至ᄒ고 西北으
로 光敎山에 至ᄒ고 又 北으로 鶴峴, 淸溪山에 至ᄒ며 西으로 冠岳에
至ᄒ야 北으로 京城에 朝ᄒ니라. 七賢西南次의 山은 曰 靑龍山이니 西
南으로 聖居, 望日峙에 至ᄒ며 南으로 月照, 義郎峙에 至ᄒ며 西으로
車嶺에 至ᄒ고 西北으로 雙嶺에 至ᄒ고 又 北으로 廣德山과 角屹峙에
至ᄒ고 又 西으로 松岳, 納雲峙에 至ᄒ고 南으로 車踰嶺과 獅子山에 至
ᄒ고 西南으로 牛山, 九峰, 白月, 星台山에 至ᄒ며 西北으로 烏棲, 寶盖
山에 至ᄒ고 月山, 修德으로 伽倻山과 聖王八峰에 至ᄒ고 西으로 白花,
知靈山에 至ᄒ야 安興의 險이 되니라.

長安山은 南으로 本月峙와 白雲山에 至ᄒ야 箕峙, 柳峙, 女院峙로 智
異山에 至ᄒ니라. 長安西次에 山은 曰 蘆峙, 水分峴이니 西北으로 聖,
踰, 八公山에 至ᄒ고 又 北으로 聖壽, 中臺馬耳山에 至ᄒ니라. 馬耳西北
次의 山은 曰 積川, 熊峙, 니 南으로 獅子山에 至ᄒ고 西으로 白雲, 正覺
山에 至ᄒ고 鍮峙, 塞墻으로 雲南山에 至ᄒ야 南으로 墨方, 雲住山에
至ᄒ고 西으로 屈峙, 七寶, 屯月, 葛峙에 至ᄒ고 又 南으로 藏山에 至ᄒ
니라. 馬耳西北次山은 曰 積川, 珠崒山이니 北으로 王師, 屛山, 炭峴, 梨
峴에 至ᄒ고 西北으로 大屯, 兜率, 黃嶺, 開泰山에 至ᄒ며 又 鷄龍山에
至하야 西으로 板峙에 至ᄒ고 又 西南으로 望月, 扶蘇山釣龍, 落花의
勝에 至ᄒ니 白馬江이 其 西南에 經ᄒ니라. 內藏東南次의 山은 白岩山
이니 曲道, 滅峙에서 東으로 秋月, 龍川山에 至ᄒ고 南으로 金城에 阻가
되고 南으로 果實, 玉泉山에 至ᄒ고 西南으로 萬德, 無等에 至ᄒ고 東南
으로 景山, 九峰山에 至ᄒ고 西으로 天雲山에 至ᄒ고 南迤ᄒ야 中條, 呂

岾山에 至ᄒ고 西으로 華岳, 鳳尾, 雙溪山과 加音, 屯德峙에 至ᄒ고 西南으로 火峙, 月出山에 至ᄒ고 南으로 駕鶴山에 至ᄒ고 東으로 瑞鳳山에 至ᄒ며 又 南으로 馬山에 至ᄒ며 又 南으로 玉泉, 頭輪, 達馬山에 至ᄒ야 南으로 耽羅의 漢拏山을 望ᄒ며 又 華岳으로브터 南으로 龍頭, 億佛山에 至ᄒ고 東北으로 獅子, 伽倻舟越, 金華, 周路, 金錢山에 至ᄒ며 又 北東으로 分界峙와 曹溪山에 至ᄒ며 又 東으로 侗裏, 松峴, 鷄足, 兜率, 白雲에 至ᄒ야 智異山으로 더부러 蟾江南北에 對ᄒ니라, 內藏西南次의 山은 笠岩山이니 東으로 蘆嶺, 半登山에 至ᄒ고 北으로 栗峙, 小蘆嶺에 至ᄒ고 西北으로 墨方, 邊山에 至ᄒ니라.

智異山은 國의 極南에 居ᄒ야 極히 高大ᄒ니 白頭山에 靈叔ᄒ 氣가 玆에 流蓄ᄒ 故로 亦曰 頭流라, 南으로 鷲嶺에 至ᄒ고 東으로 黃峙가되야 玉山, 素谷, 玉女, 望晋, 八音, 千金山에 至ᄒ고 東南으로 無量山에 至ᄒ고 東北으로 餘航, 匡廬, 斗尺, 靑龍山에 至ᄒ고 東으로 九龍, 旃檀, 飛音, 佛母, 龜旨峰에 至ᄒ야 南으로 沒雲臺를 三又河의 北에 對ᄒ니라.

▲ 제13호

水經

國內의 祖宗되는 水가 十二가 有ᄒ니 曰漢江, 禮成, 大津, 錦江, 沙湖, 蟾津, 洛東, 大同, 淸川, 龍興, 鴨綠, 豆滿이라.

漢江은 其源이 三이니 一은 江陵五臺山于筒에셔 出ᄒ고 一은 淮陽金剛山萬瀑洞에셔 出ᄒ고 一은 報恩俗離山文藏臺에셔 出ᄒ니 其 干筒에셔 出ᄒᄂ 者ᄂ 南流ᄒ야 金剛淵이 되고 珍富西에 至ᄒ야ᄂ 折而東流ᄒ야 左로 橫溪를 過 大水合小水曰過他倣此 ᄒ야 紬川이 되고 左로 竹川 源出長達則別附大文之下他倣此과 蠱川을 過ᄒ야 桐江이 되야 旌善郡西에 環ᄒ고 右로 碧灘을 過ᄒ야ᄂ 折而南流ᄒ야 淨岩, 源出旌善花折峙

50

地居, 平安川 源出平昌斗滿山을 過ᄒ야 三仙岩을 經ᄒ야 錦障江이 되고 寧越郡西에 經ᄒ야 金鳳淵이 되고 右로 淸冷浦를 過ᄒ야 南流ᄒ야 太華山에 至ᄒ고 左로 義豊川을 過ᄒ야 龍穴, 赤壁, 古城山을 經ᄒ고 左로 永春郡의 南川源出順興紫蓋山을 過ᄒ야 臺岩, 石門을 經ᄒ고 右로 車衣川을 過ᄒ야 香山의 遷에 至ᄒ고 左로 代海川을 過ᄒ며 右로 伽倻川을 過ᄒ야 西南으로 流ᄒ야 隱舟岩을 經ᄒ야ᄂ 匯ᄒ야 島潭이 되고 右로 靈川을 過ᄒ며 左로 雲溪, 羽化川 源出丹陽兜卒山을 過ᄒ야 玉筍蜂에 至ᄒ고 右로 玉溪 源出忠州黛眉山를 過ᄒ야ᄂ 折而北流ᄒ야 錦屛의 陽에 至ᄒ고 右로 高橋川을 過ᄒ야 嚴城의 遷을 經ᄒ고 西南으로 流ᄒ야 惶恐灘이 되고 右滄川 源出原州白雲山을 過ᄒ야 黃江이 되고 右로 月川을 過ᄒ야 西流ᄒ야 金灘에 至ᄒ야ᄂ 達江이 南으로브터 來會 兩水勢均相入曰會他倣此 此니 乃文藏臺에셔 出ᄒᄂ 者라 西流ᄒ야 月落玉江의 渡가 되며 又西北을 流ᄒ야 木溪가 되고 右로 嚴政川을 過ᄒ야 荷潭과 莫喜, 固有, 禹至灘이 되고 興元津에 至ᄒ야ᄂ 蟾江이 北으로브터 來會ᄒ고 白岩에 至ᄒ야 左로 天民川을 過ᄒ며 丹岩에 至ᄒ야 右로 金堂川 源出砥平墨方山을 過ᄒ고 西流ᄒ야 驪州의 北을 經ᄒ고.

(이하 연재물이 없음)

◎ 地理問答: 지리에 대한 문답식 해설, 元泳義

*지리학 교과서는 1895년 학제 도입 이후 지속적으로 편찬되었다. 학부(1895)
의 〈조선지지〉(학부), 학부(1896)의 〈여재촬요〉(학부, 한문), 학부(1896)의
〈지구약론〉(학부, 한문부속체 문답식), 학부(1896)의 〈만국지지〉(학부)를 비
롯하여, 현채(1899)의 〈대한지지〉(광문사), 주학환/노재연(1902)의 〈중등만
국지지〉(학부), 장지연(1909)의 〈재한신지지〉(휘문관), 이원경(1907)의 〈대
한지지〉(현공렴), 대동서관(1908)의 〈대한지지교과서〉(대동서관), 박문서관

편집부(1908)의 〈문답 대한신지지〉(노익형), 민대식(1907)의 〈신찬 지문학〉(휘문관), 김건중 역술(1907)의 〈신편 대산지리〉(보성관), 김동규(1907)의 〈정선 지문 교과서〉(의진사), 윤태영 역술(1907)의 〈중등 지문학〉(보성관), 안종화(1907)의 〈초등 대한지지〉(광학서포), 조종만(1908)의 〈초등 디한디지〉(한양서관), 박정동(1909)의 〈초등본국지리〉(동문관), 국민교육회(1907)의 〈초등본국지리〉(동문관), 밀러(1906)의 〈초학디지〉(대한예수교셔회), 정인호(1909)의 〈최신 초등 대한지지〉(정인호), 학부편집국(1909)의 〈한국 지리교과서〉(학부), 황윤덕(1907)의 〈만국지리〉(보성관), 김홍향(1907)의 〈신정 중등만국 신지지〉(광학서포), 송헌석(1910)의 〈신정중등만국지지〉(유일서관), 진희성(1907)의 〈신찬외국지지〉(일신사), 김홍향(1907)의 〈중등 만국신지지〉(광학서포), 주영환/노재연(미상)의 〈중등만국신지지〉(학부인쇄), 유옥겸(1908)의 〈중등 외국지리〉(보성중학교), 안종화(1909)의 〈초등 만국지리대요〉(휘문관), 유옥겸(1910)의 〈초등 외국지리〉(미상), 정운복(1908)의 〈최신 세계지리〉(일한서방) 등이 발행된 것으로 알려져 있다.

▲ 제1호

地理ᄂᆞ 何謂오, 地球의 推論ᄒᆞᄂᆞ 科學이니 吾人의 居住ᄒᆞᄂᆞ 世界가 卽 地球星이니라.

星이라 謂흠은 何오. 太虛의 森羅ᄒᆞᆫ 現象을 謂흠이니 其體가 圓ᄒᆞ고 其距離가 或遠或近ᄒᆞ나 一秒間에 十八萬千 英哩를 達ᄒᆞᄂᆞ 光이 五六年을 歷ᄒᆞᆫ 後에 吾人의 地球에 照흠이 有ᄒᆞ니 其熱이 甚大ᄒᆞ야 液體와 氣體가 有ᄒᆞ디 位置를 或變ᄒᆞ며 或光體가 太陽을 受ᄒᆞ야 明亮흠을 呈ᄒᆞ고 其位置를 變ᄒᆞᄂᆞ 者를 八遊星이라 謂ᄒᆞᄂᆞ니 地球가 卽 其一이오, 恆常 一處에 在ᄒᆞ야 位置를 不變ᄒᆞᄂᆞ 者를 恆星(긍성)이라 謂ᄒᆞᄂᆞ니 太陽이 亦 其一이라. 一個 太陽과 八遊星과 二十個 衛星과 二百四十餘個 小星과 流星 彗星을 合ᄒᆞ야 名曰 太陽系라. 衛星은 遊星을 繞行(요행)ᄒᆞᄂᆞ니 月球가 卽其一이라. 小遊星은 木星 火星 間에 在ᄒᆞ니 其 直徑이 三百

英哩니라.

科學은 何如오. 地理를 講究ᄒᄂᆞᆫ 學問이 三科로 區別ᄒᆞ니 日 數理地理學과 自然地理學과 政治地理學이 是니라.
數理地理ᄂᆞᆫ 何如오. 地球의 形體 運動과 風雨 寒暑의 異同과 經緯度數의 幾何 等類를 知ᄒᆞᆷ이니라.
自然地理ᄂᆞᆫ 何如오. 各國 山川 海陸 形勢와 土品地質의 燥濕 肥瘠 等類를 知ᄒᆞᆷ이니라.
政治地理ᄂᆞᆫ 何如오. 各國 境界 沿革과 人民 種族과 風俗 物産 等類를 知ᄒᆞᆷ이니라.

▲ 제2호

凡 此三科의 變否가 何如오. 數理 地理ᄂᆞᆫ 不變ᄒᆞᆫ 者오, 自然地理ᄂᆞᆫ 隨時小變ᄒᄂᆞᆫ 者오, 政治地理ᄂᆞᆫ 大變ᄒᄂᆞᆫ 者라. 盖數理ᄂᆞᆫ 混沌肇判에 赤黃黑道의 界限과 旋轉循軌의 理氣가 自有一定ᄒᆞ야 終始無窮ᄒᆞᆫ 故로 日不變이오, 自然은 亦自剖判以來(부판이래)로 高下燥濕(고하조습)과 長短廣狹과 大小險夷(대소험이)가 各有定位호ᄃᆡ 或時에 地震 海溢과 山崩川渴과 陵移谷遷ᄒᆞᆷ이 有ᄒᆞᆫ 故로 日 小變이오, 政治ᄂᆞᆫ 區域 名稱이 或分或合ᄒᆞ며 或因或改ᄒᆞ고 世界生民이 或徙或着(혹사혹착)ᄒᆞ며 或散或聚(혹산혹취)ᄒᆞ고 古今習俗이 或存或易ᄒᆞ며 或染或新ᄒᄂᆞ니 此類ᄂᆞᆫ 一時의 觀記ᄒᄂᆞᆫ 바로 指的키 不能ᄒᆞᆫ 故로 日 大變이니라.

地球ᄂᆞᆫ 何謂오. 其全體의 圓ᄒᆞᆷ이 球와 如ᄒᆞᆫ 故로 日 地球니라.

其圓을 何以知오. 其證이 有四ᄒᆞ니 海面 船帆의 隱見과 五洋 航路의 環回와 天涯 周圍의 環繞(환요)와 月蝕 黑影의 圓樣이 是라. 假令 海客이 有ᄒᆞ야 此洋에 發船호ᄃᆡ 定向이 初無ᄒᆞ고 渺然泛流(묘연범류)ᄒᆞ야

只去無窮ᄒ면 自然히 本洋에 竟回ᄒᄂ니 其證이 一이오, 海岸에 立ᄒ야 遠來ᄒᄂ 船舶을 望ᄒ면 其帆檣(범장)을 微見ᄒ다가 漸近ᄒ면 其船身을 幷見ᄒ니 其證이 二오, 或茫茫大野에 行ᄒ며 或高高絕頂에 登ᄒ야 極目四望ᄒ며 天包의 周回가 如環ᄒ니 其證이 三이오, 月蝕時에 地球의 黑影이 月面을 掩覆(엄복)ᄒᆷ이 必圓ᄒ니 其證이 四라. 凡此四證을 依ᄒ야 排究ᄒ면 古人의 鷄子之說이 徒然치 아니ᄒ니라.

舊學問에 天圓地方이라 ᄒᆷ은 何謂오. 俗士의 誤解라. 盖其方은 萬物의 賦形ᄒᆷ이 有定ᄒ 方이오, 其體를 言ᄒᆷ이 아니라. 昔에 單居離가 天圓地方을 問ᄒ되 曾子曰 天圓地方이면 是ᄂ 四角之不掩이라 ᄒ시니라.

地球ᄂ 何依오. 空虛에 依ᄒ야 太陽의 求心力과 自身의 遠心力으로 互相 牽引ᄒ야 四時 晝夜에 運動不已ᄒᄂ니라.
  (이 문답은 중복 인쇄되었음)

舊學問에 天動地靜이라 ᄒᆷ은 何謂오. 此亦俗士의 未達이라. 盖 其靜은 依着ᄒ 物象의 靜止ᄒᆷ을 指ᄒᆷ이라. 周子曰 靜極則動이라 ᄒ고, 朱子曰 安知天運於外 而地不隨之而轉耶아 ᄒ고 程子曰 未有乾行而坤止라 ᄒ니라.

其運動이 如何오. 公轉과 自轉이 有ᄒ니 公轉은 太陽 軌道를 循環一周ᄒ야 四季를 成ᄒ고 自轉은 自身을 回旋ᄒ야 太陽을 面ᄒ면 晝를 成ᄒ고 背ᄒ면 夜를 成ᄒᄂ니 惟南北極이 不動ᄒ니라.

▲ 제3호

其 不同의 證이 如何오. 南北極은 地球의 樞軸이라 冬至 夜初에 試察ᄒ면 衆星이 漸升漸沒ᄒ되 正北 一星은 轉動치 아니ᄒ니 此ᄂ 北極星이

니라.

轉動의 方向이 如何오. 其轉動홈이 自西租東ᄒᄂ니 世人이 日月의 西行홈을 見ᄒ고 地球의 東轉홈을 不知ᄒᄂ니 譬컨딕 快船에 坐ᄒ야 岸移山往홈만 只覺홈이니라.

轉動의 理由ᄂ 何如오. 太陽과 地球의 牽引力을 由ᄒ야 不轉키 不能ᄒᄂ니 譬컨딕 繩을 竿頭에 繫(계)ᄒ고 石子를 繩端에 繫ᄒ야 把定 一麾(일휘)ᄒ면 石自環回홈과 如호딕 太陽 光線이 球面에 倒着홈이 摩擦電氣를 生ᄒ야 光線의 先到處ᄂ 反撥ᄒ고 後到處ᄂ 吸引ᄒ야 回回不己ᄒᄂ니라.

光線은 何如오. 東窓에 數三 孔隙(공극)이 有ᄒ면 朝陽光의 入射ᄒᄂ 現象이 線과 如ᄒ니라.

球體의 大小가 何如오. 太陽보다 小홈이 一百二十五萬 倍오, 南北極의 距離 直徑이 七千八百九十餘 英哩오, 赤道의 距離 直徑이 七千九百二十五 英哩오, 周圍가 二萬四千八百九十 英哩오, 面積이 一億九千七百萬 英哩오, 體積이 二千六百億萬 英哩오, 比重은 相等ᄒ 水土를 比較ᄒ면 土가 水의 五倍니 表面은 土가 水의 二倍오, 裏面은 土가 水의 三倍니라.

表面에 土가 水보다 三倍 重홈은 何故오. 地中에 金銀銅錫鐵石을 含有ᄒ 故라. 最初에 全體 熱液이 沸騰ᄒ다가 其殼이 漸冷ᄒ야 固體를 成ᄒ나 表面 二百五十 英哩로붓허 深入ᄒ야 二百五十 英哩ᄭ지 至ᄒ야ᄂ 熱氣가 依然ᄒ야 融液이 有ᄒ니라.

地殼은 何狀고. 其融液이 冷縮홈이 乾柚(건유)의 凹凸과 如히 山水를

成ㅎ며 南北의 平匾(평편)ㅎ고 東西는 膨脹ㅎ니 盖其地軆가 常轉홈으로 南北極 近方의 土가 漸次 流來ㅎ야 周圍의 稍大홈을 成ㅎ니라.

地中에 熱氣는 何證이 有ㅎ뇨. 其證이 有三이라. 一은 噴火山이니 其穴口에 火烟에 相雜發出ㅎ고 其噴이 極烈홀 時는 汁液이 湧出ㅎᄂ니 此山이 島國에 最多ㅎ고, 一은 鑛産이니 地質을 分析ㅎ기 爲ㅎ야 掘地홈이 五十三 英呎에 至ㅎ면 華氏 寒暖計가 熱을 因ㅎ야 一度에 忽升ㅎ고, 一은 溫井이니 水가 地中에 入ㅎ야 被熱沸出(피열비출)홈이니라.

經緯度數는 何謂오. 南北 直線曰 經이오, 東西 橫線曰 緯니, 其經緯를 英國 司天臺(사천대)에셔 測定혼 故로 司天臺의 東半球 直線은 曰 東經線이오, 西半球 直線은 曰 西經線이라 ㅎ며, 緯度의 五道 中央 곳 赤道에셔 北半球 橫線은 曰北緯線이오, 南半球 橫線은 曰 南緯線이라 ㅎᄂ니, 經은 一百八十度오, 緯는 三百六十度니라.

緯度의 五道는 何謂오. 南北 兩極間에 正中圈線은 曰 赤道니 兩極을 離홈이 各九十度라. 赤道 北은 曰 北黃道오, 再北은 曰 北黑道오, 赤道 南은 曰 南黃道오, 再南은 曰 南黑道ㅣ니 凡此 五道에 北黃道는 夏至에 太陽이 至此ㅎ얏다가 南으로 回歸ㅎᄂ 故로 又曰 南回歸線이라 ㅎ고, 南黃道는 冬至에 太陽이 至此ㅎ얏다가 北으로 回歸ㅎᄂ 故로 又曰 北回歸線이라 하고, 黃道와 赤道의 交點은 曰分點이니 太陽이 至此ㅎ면 卽 春秋分이라. 太陽의 直照와 斜照를 因ㅎ야 氣候의 五帶가 有ㅎ니라.

五帶는 何謂오. 赤道로붓허 南北으로 各二十三度 二十八度ᄭ지 合 四十六度 五十六分은 曰 熱帶니 太陽이 直照홈으로 極熱ㅎ고, 熱帶 北으로 四十三度 二分ᄭ지는 曰 北溫帶오, 熱帶 南으로 四十三度 二分ᄭ지는 曰 南溫帶니 此 兩帶는 太陽이 斜照홈으로 寒熱이 平均ㅎ고, 兩溫帶로붓허 兩極ᄭ지 各二十三度 半은 太陽光이 逾遠逾斜(유원유사)ㅎ야

極寒혼 故로 北曰 北寒帶오, 南曰 南寒帶라 ᄒᄂ니라. (未完)

▲ 제4호

我大韓國은 經緯 幾度에 在ᄒ뇨. 我韓國 位置는 北緯線 三十三度 十五分에서 起ᄒ야 四十二度 二十五分에 至ᄒ니 南北이 凡九度 十分이오, 東經線 百二十四度 三十分에셔 起ᄒ야 百三十度 三十五分에 至ᄒ니 東西가 凡六度 五分이니라.

然則 我大韓이 北溫帶 幾度에 當ᄒ뇨. 我韓이 熱帶北 九度 五十八分에 在ᄒ니 卽 北溫帶 內 九度 五十二分이니라.

一度가 幾里에 當ᄒ며 我韓 面積에 較ᄒ야 幾何오. 算學正義에 云호딕 在天 一度가 在地 二百五十里라 ᄒ니, 此는 支那 里法을 依倣홈이라. 海陸의 直方形으로 推測ᄒ면 南北 直徑이 二千五百里 零六分之四오, 東西 直徑이 一千五百二十里 零六分之五ㅣ니 面積이 朝鮮海를 幷ᄒ야 三百四十九萬 六千零九分之五 方里가 되나니라.

我國을 半島라 稱홈은 何義오. 北으로 陸地를 連ᄒ고 三面으로 海水를 環혼 故로 其地形이 半島國이라 稱ᄒᄂ니 海底도 卽 土地 凹處(요처)라. 是故로 全地球가 都是 茫茫下土니라.

古者에 岩石 構成혼 實據가 如何오. 上古에 海水가 地面에 汎濫ᄒ다가 其後에 變化를 多經홈으로 北極 近地에 動植物이 埋沒 變化ᄒ야 地中에 草木 鳥獸 虫魚의 遺跡이 例多ᄒ니 此는 理學上에 可考홈이 有혼지라. 盖 岩石은 地体가 凝固홀 時에 各各 其 形體가 生홈이니 其區別를 論ᄒ면 四種의 岩類가 有ᄒ니라.

四種의 岩은 何謂오. 一曰 火成岩이니 又名은 無層岩이며 其脉理가 一定혼 方向이 無ᄒᆞ야 四面 層疊혼 者ㅣ니 此 脉內에 花崗石과 輕石이 多ᄒᆞ고, 一曰 水成岩이니 又名은 成層岩이라. 水底에 岩을 成홈이 層疊ᄒᆞ되 柔脆(유취) 不固홈이 粘土와 如ᄒᆞ니 此脉內에 石灰岩과 砂岩이 多ᄒᆞ고, 一曰 含化石岩이니 太古의 動植物이 化成혼 者오, 一曰 變狀岩이니 水成岩의 變成혼 者라. 鑛師가 此脉을 從ᄒᆞ야 開採ᄒᆞ면 各其 變狀을 隨ᄒᆞ야 各物을 得ᄒᆞᄂᆞ니 以上 諸岩은 地球의 變化를 因ᄒᆞ야 三時代紀岩이 有ᄒᆞ니라.

▲ 제5호

三紀岩은 何謂오. 一曰 太古紀岩이니 一代ᄂᆞᆫ 珊瑚와 海綿과 貝殼 等 類가 生ᄒᆞ고, 二代ᄂᆞᆫ 有骨혼 魚類가 生ᄒᆞ고, 三代ᄂᆞᆫ 虫族이 生ᄒᆞ며 石炭도 太古代에 洪水가 植物을 掩覆혼 者오.

一曰 中古紀岩이니 中古 初에 龜와 鰐魚와 蜥蜴 等類(철탕등류)가 生ᄒᆞ며 其後에 有腸혼 物이 生ᄒᆞ니 其体가 甚大ᄒᆞ고 近古代에 哺乳ᄒᆞᄂᆞᆫ 物이 多生ᄒᆞ고, 一曰 三紀岩이니 此時代에 人民이 始生혼지라. 今에 伊太利와 佛蘭西와 等地를 採掘ᄒᆞ면 人과 禽獸의 骨骼이 交錯ᄒᆞ니 此ᄂᆞᆫ 古人이 愚蠢(우준)ᄒᆞ야 他動物과 雜處혼 故이라. 以上 三紀岩은 撮土(찰토)의 積累와 動植物의 化生次序가 採礦者의 証據를 經ᄒᆞ야 現象 地球됨을 知得홈이니라.

現象地球의 面積이 幾何오. 全面積이 一億九千七百萬方 英哩니 島面積이 三百萬方 英哩요, 陸面積이 五千三百萬方 英哩요, 水面積이 一億四千四百萬方 英哩니 此를 分ᄒᆞ야 六大洲와 五大洋의 名稱이 有ᄒᆞ니라.

六大洲ᄂᆞᆫ 何謂오. 亞細亞와 歐羅巴와 亞弗利加와 濠太利亞와 南亞米利加와 北亞米利加를 六大洲라 稱ᄒᆞᄂᆞ니, 亞歐弗濠 四洲ᄂᆞᆫ 東半球에 屬

ᄒ니, 陸地가 水의 三分二요, 南北米 二洲ᄂ 西半球에 屬ᄒ니 陸地가 水의 三分一이니라.

五大洋은 何謂오. 太平洋과 太西洋과 印度洋과 南氷洋과 北氷洋을 五大洋이라 稱ᄒᄂ니 太平洋이 最大ᄒᆷ으로 赤道를 據ᄒ야 南太平洋 北太平洋이라 稱ᄒ고 子午線을 據ᄒ야 東太平洋 西太平洋이라 稱ᄒ며 南北氷洋은 兩極 近地에 在ᄒ고 印度洋은 印度 前三面에 環繞ᄒ니라.

陸地 表面은 如何오. 山이 有ᄒ야 其面이 不平ᄒ지라. 山脉의 連絡 羅列ᄒᆫ 者를 山系라 稱ᄒᄂ니 高平ᄒᆫ 者ᄂ 高原이오, 廣濶ᄒᆫ 者ᄂ 平原이오, 稍高ᄒᆫ 者ᄂ 高地니 此로 由ᄒ야 陸地 構造의 槪則을 成ᄒ니라.

構造의 槪則이 如何오. 第一은 中低邊高ᄒᆷ이 器形과 如ᄒ고 第二ᄂ 山系를 隨ᄒ야 漸次 廣濶ᄒ고, 第三은 地形이 大蒜(대산)과 如ᄒ야 三角이 多ᄒ고 第四ᄂ 世界 大山이 大洋을 多對ᄒ고, 第五ᄂ 世界大山이 熱帶近方에 多在ᄒ니라.

山의 構造ᄂ 如何오. 山은 水成岩에 屬ᄒ니 太古에 有物이 水에 入ᄒ야 他樣으로 變ᄒ야 各其 層級을 成ᄒᆫ 故로 山根에 海痕(해흔)이 多有ᄒ야 深鑿(심착)ᄒ면 貝殼의 類가 或有ᄒᄂ니 地体가 本是 變液成固ᄒᆷ으로 乾袖(건수)의 凹凸과 如ᄒ니라. (未完)

▲ 제6호

高山이 熱帶에 多ᄒ고 寒帶에 小ᄒᆷ은 何故오. 寒帶의 山은 冬에 積雪이 有ᄒ얏다가 夏에 至ᄒ야 融解ᄒᄂ 故로 山土가 隨滌隨損ᄒ야 比古 稍減ᄒᄂ니 盖雨雪의 磨洗로 由ᄒᆷ이니라.

山의 位置ᄂᆫ 如何오. 山의 起脉이 自北至南홈이 多ᄒ니 米洲 山이 北米 白嶺海峽으로붓터 南北米界에 至ᄒ야 巴拿馬 地峽12)이 되고 南米 浩恩岬13)에 止ᄒ며 山의 大ᄒᆫ 者ᄂᆫ 大陸에 多在ᄒ니 亞洲ᄂᆫ 全地球의 最大陸이라. 喜馬拉山14)이 西藏과 印度 間에 在ᄒ니라.

山의 效用이 如何오. 雨澤을 能降ᄒ며 水流를 能排ᄒ며 地方 氣候의 關係가 有ᄒ지라. 地의 有山이 人의 有骨홈과 如ᄒ니 若 山脉이 無ᄒ면 海水가 陸地에 漲溢(창일)홈이 有홀 故로 山系를 大陸의 軸이라 稱ᄒᄂ 니라.

山系의 大者ᄂᆫ 何如오. 北米의 落機山系15)와 安的斯山系16)가 北으로 阿拉斯喀17)붓터 바나고니아18)ᄭ지 至ᄒ야 五十餘山이 되니 此系의 長

---

12) 파나마 지협: 파나마 해협.
13) 남미 호은갑: 남미의 끝인 케이프 혼. 혼 곶(Cape Horn, 네덜란드어 Kaap Hoorn, 스페인어 Cabo de Hornos)은 남아메리카 대륙 최남단에 위치한 곶이다. 칠레의 티에라델푸에고 제도에 위치하며, 지명은 네덜란드의 도시인 호른(hoorn)에서 유래하였다. 이 지역은 남아메리카 최남단으로 널리 인식되고 있으며, 세 개의 그레이트 케이프들(Great capes, 아프리카의 희망봉, 오스트레일리아의 루윈 곶, 남아메리카의 혼 곶) 중 가장 남쪽에 위치한다. 또한 드레이크 해협(Drake Passage)의 북쪽 경계를 이루고 있다. 이 곳은 오랫동안 세계를 돌며 무역을 행했던 범선들이 이용하던 클리퍼 루트(clipper route)의 이정표가 되었다. 〈다음백과〉
14) 희마납산(喜馬拉山): 히말라야 산.
15) 낙기산계(落機山系): 로키 산맥.
16) 안적사산계(安的斯山系): 안데스 산맥.
17) 아납사객(阿拉斯喀): 알래스카.
18) 바다고니아: 파타고니아. 면적 67만 3,000㎢이며, 아메리카 대륙에서 가장 큰 건조지대로 덤불로 덮여 있다. 북쪽은 콜로라도 강, 동쪽은 대서양, 남쪽은 코이그 강, 서쪽은 안데스 산맥과 경계를 이룬다. 파타고니아 탁상지는 광대한 스텝형 초원지역이다. 부에노스아이레스 호와 푸에이레돈 호 동쪽의 탁상지는 현무암질 암상으로 덮여 있다. 동서로 탁상지에 형성된 높은 골짜기로 둘러싸인 깊고 넓은 골짜기에 안데스 산맥에서 대서양 쪽으로 흐르는 콜로라도·네그로·추부트 강 등이 흐른다. 북부지역은 반건조성기후이고 남부지역의은 차고 건조하다. 서양자두·아몬드·알팔파 등의 관개작물이 계곡에서 재배된다. 구아나코·라마·여우·스컹크·살쾡이·퓨마·독수리 등의 다양한 야생동물들이 서식한다.

이 一萬一千 英哩니라.

山嶺의 高者는 何如오. 몬도 에베슈도嶺[19]이 印度 喜馬拉山脉에 在ᄒ니 其高가 海面으로붓터 隆起홈이 二萬九千 英哩이니라.

陸地의 高原은 何如오. 每山脉間에 在ᄒ니 北米 브레이도메이쥰[20]은 落機系 시이라네바다[21] 山脉의 間에 在ᄒ고, 西藏은 喜馬拉脉 崑崙山[22]의 間에 在ᄒ니 大抵 高原은 地勢가 磽确(교학)ᄒ야 人居에 不便ᄒ되 礦産에 利ᄒ니라.

高地와 低地의 比較는 如何오. 亞洲는 高地가 七分의 四요, 低地가 七分의 三이며, 歐洲는 高地가 三分의 一이요, 低地가 三分의 二며, 弗洲는 高地가 七分의 六이오, 低地가 七分의 一이며, 濠洲는 高地가 六分의 一이오, 低地가 六分의 五며, 北米는 高地가 五分의 三이오, 低地가 五分의 二오, 南米는 高地가 六分의 一이오, 低地가 六分의 五니라.

平原은 何如오. 高地 低地의 間에 在ᄒ니 海面으로붓터 出홈이 一千 呎 以內에 起原이 有호되 其形狀은 二種이 有하니 曰 河生平原이오 曰 海生平原이니라.

河生平原은 何如오. 山水가 沙土를 流汰ᄒ야 聚成ᄒᆫ 者인 故로 每河

주요 천연자원으로는 석유·철광석·구리·우라늄·망간 등이 있다. 〈다음백과〉
19) 몬도 에베슈도 嶺: 마운틴 에베레스트. 에베레스트 산. 히말라야의 가장 높은 산.
20) 브레이도 메이쥰: 그레이트베이슨(Great Basin)은 미국의 건조한 분지이다. 위새치 산맥과 시에라네바다 산맥 사이에 놓여 있다.
21) 시이라네바다: 시에라네바다.
22) 곤륜산: 서쪽으로 파미르 고원에서 시작하여 동쪽으로 청해성[淸海省]에서 사천성[四川省] 서북부를 거쳐 신강[新疆]과 티베트를 관통하는 산. 고대의 신화전설에 따르면 곤륜산에는 요지[瑤池]와 낭원[閬苑] 등의 선경[仙境]이 있다고 함.

邊에 多在호니 南米의 亞馬孫[23]과 鳥拉乖[24]와 拉巴拉他[25]와 亞洲의 支那와 印度 等 平原이 皆河生이니라.

海生平原은 何如오. 海邊 沙土가 波濤의 升降을 隨호야 積聚호니 皆鹽分과 及 못다쑤 元素를 含有혼 者ㅣ라. 東球 비루지구 海[26]와 裏海의 間에 此原이 亦有하고 歐洲 露西亞와 亞洲 露西亞의 間에 平原은 本是 海生이러니 今에는 漸漸 山岳과 *陸을 成호니라. (未完)

(이하 소년한반도 더 이상 발행되지 않음)

---

23) 아마손(亞馬孫): 아마존.

24) 조납괴(鳥拉乖): 남미의 지명. 이 지명은 1888년 박문국 출판의 〈만국정표(萬國政表)〉(규장각 소장)에 등장하는 지명임. 1886년(高宗 24)에 金允植·鄭憲時 등이 주선하여 博文局에서 1886년 영국에서 간행한 政治年鑑을 번역·편집한 세계 51국의 정치·경제 등에 대한 개설서이다. 소장본 가운데 〈奎 7625〉本은 제 2·4책이, 〈奎 7626, 7627〉本은 제 1책이 각각 빠져 있다. 체재는 序(金允植·鄭憲時), 凡例(5則), 總論, 略說, 地球全圖, 目錄, 本文 순이다. 凡例에는 1886년간 영국의 정치연감을 초역해서 편집하고 조선과 중국은 양국의 典獻을 참고하여 편하며, 陰曆·陽曆의 사용기준과 總論에서 각 국의 국명과 屬地를 밝힌다는 것, 略說에서 歐州各國의 政敎를 槪論한다는 것과 도량형의 기준 등이 설명되어 있다. 내역은 각국의 歷代(王室) 政治, 宗敎·敎育, 財政, 兵制(陸軍·海軍), 面積·人口, 通商·工業, 貨幣, 曆書 등 항목이 설정되어 설명되어 있다. 각 권별로 수록된 각국은 다음과 같다. 제1책 권1 亞細亞洲: 朝鮮, 中國, 日本, 暹羅, 波斯. 제2·3책 권2·3 歐羅巴洲: 荷蘭, 比利時, 瑞西, 法蘭西, 西班牙, 葡萄牙, 伊太利, 希臘, 蒙底尼, 塞爾維, 羅馬尼, 伯布里, 土耳古. 제4책 권4 亞非利加洲: 埃及, 三給波爾南亞非利加共和國, 岣聯珠自由邦 公額 利比里亞摩洛哥. 北亞米利可洲: 海地, 三土民各, 美利堅, 墨士哥, 開都拱狀, 瓜他馬拉, 三薩瓦多, 尼加拉加, 古修都理加. 南亞米利加洲: 古倫比, 委內瑞拉, 巴西玻拉乖, 鳥拉乖, 亞然丁 合衆國, 智利 玻里非, 秘魯厄瓜多. 大洋洲: 布哇. 〈서울대 규장각 해설〉

25) 납파납타(拉巴拉他): 남미의 지명.

26) 비루지구 해: 미상.

◎ 地文論, 朴晶東

▲ 제1호 지문의 중요성 ▲ 제2호 지문학의 개념 第一編 第一章 地球
의 沿革 ▲ 제3호 地殼의 三大跡 第一 近古大跡 第二 中古大跡 第三
上古大跡 ▲ 제4호 北極星 / 地軸 及 赤道 ▲ 제5호 經度 及 緯度 ▲
제6호 磁石 及 磁針 / 偏角

[참고] 이 시기 지문학 교과서는 尹泰榮(1907)의 〈중등 지문학(中等 地文學)〉
(보성관)이 있음 - 이 자료는 국립중앙도서관 피디에프로 출력할 수 있음.

▲ 제1호

夫天地의 文은 人文의 開明홈을 隨ᄒ야 坯혼 開明하나니라. 上古 未
開혼 時代에 在ᄒ야ᄂ 或曰 天圓地方이라 하며 或曰 天動地靜이라 하며
或曰 地在積水中하야 與氣浮沈이라 하며 或曰 天地ᄂ 鷄子와 如ᄒ다
ᄒ야 一定혼 議論이 無ᄒ야 學者의 疑惑이 滋甚ᄒ더니 近代의 人文이
漸開홈이ᄂ 此를 實際에 觀測ᄒ며 實地에 踏驗ᄒ야 上으로 日月星辰의
消息과 下으로 海陸 山河의 源委를 一切 統括ᄒ야 地文이ᄅ 稱ᄒᄂ 一
學說을 起홈이 世界 學者ᄂ 此說을 一從ᄒ니ᄅ.

盖 大地球ᄂ 形으로 集合된 一大ᄅ 塊其表面에 發ᄒᄂ 引力은 極히
强大ᄒ야 地上 萬物을 引付홈이 磁石의 鐵針과 琥珀의 纖芥(섬개)와 如
ᄒ야 其周圍에 在혼 各物은 地心을 向ᄒ야 直立홈을 得ᄒᄂ지라. 所謂
東半球의 人立과 西半球의 人立이 其方向은 各殊ᄒ나 天을 戴ᄒ고 地를
履(리)홈은 同一ᄒ니라.

現今 東西洋 列國이 航路를 交通ᄒ야 往來홈이 如梭ᄒ고 電線을 相連

ᄒ야 纏絡(전락)홈이 如網ᄒ니 吾人 所謂 大塊ᄂ 今日에 包裹中에 在홈
과 如ᄒ야 一點의 海洋과 一片의 陸地도 測量案의 外에 在한 者가 無ᄒ
니라. 今에 地球의 圓形됨을 說明ᄒ건ᄃᆡ 其說이 數多ᄒ나 一實驗을 據
홀진ᄃᆡ

我邦 東萊에서 出船ᄒ야 太平洋으로 航海ᄒᄂ 海客이 一向 東行홈이
日本海를 經ᄒ며 米國을 過ᄒ며 大西洋을 涉ᄒ야 印度洋을 經ᄒ며 黃海
에 入ᄒ야 仁川港으로 渡泊ᄒᄂ 事實은 我等의 目擊홈이 常例되니 此
ᄂ 地球가 圓形의 證據니라.

▲ 제2호

此學說을 從ᄒ야 地球의 全體를 區分ᄒ야 北極이라 南極이라 ᄒᄂ
一點을 發現ᄒ며 中間 周圍 一帶를 赤道線이라 稱ᄒ니 此 赤道ᄂ 春分
과 秋分의 日光이 正照홈으로 氣候가 地球上에 最熱ᄒ 地方이라 赤道地
方을 熱帶라 稱ᄒ고 赤道를 離ᄒ야 南北으로 進行홀ᄉ록 氣候의 溫度
가 漸減ᄒ야 南極에 至ᄒ면 氷山이 堆積홀 ᄲᆞᆫ이라 南極과 地心을 貫通
홀 一直線 卽 兩極 直徑을 地軸이라 ᄒ며, 赤道로붓허 兩極에 至ᄒ기ᄭᆞ
지 赤道와 平行線으로 各其 九十度를 劃ᄒ야 緯線이라 稱ᄒ며, 北極에
서 地球 表面으로 從ᄒ야 南極에 至ᄒᄂ 線을 子午線 卽 經線이라 稱ᄒ
며 此와 如히 周圍로 三百六十度를 劃ᄒ니라.

赤道로붓허 南北 各二十三度에 至ᄒ면 此線은 日光의 回歸線이니 南
北回歸線은 夏至에 日光이 正照ᄒ고 南回歸線은 冬至에 日光正照ᄒ야
南北이 寒熱을 交換ᄒᄂ니라. 我國 位置ᄂ 北回歸線 以北에 近在홈으로
氣候의 溫度가 吾人에 適合ᄒ야 知識發達과 養育發展에 가장 充分이
適宜ᄒᄂ니라.

地文學은 地球 創造 初로붓터 其沿革과 水火의 相戰과 太陽系의 關係와 引力 等의 諸般 狀態를 摠括ᄒ야 地文學이라 稱ᄒᄂ니 此書는 地球의 諸般 事實과 數多 現狀을 區別ᄒ야 四編에 分ᄒᆷ이니 第一編은 地球의 沿革이오, 第二編은 水火의 相戰이오, 第三編은 球形 表面의 引力이오, 第四編은 天體의 關係라.

第一編

第一章 地球의 沿革

地球는 上古 創造初에는 無量ᄒᆫ 太虛의 間에 一個 團體 氣類가 衆合ᄒ야 巨大ᄒᆫ 球形을 成ᄒᆷ인딕 其熱度는 非常히 高하며 其物質은 現今 發現ᄒᆫ 바 七十餘種 原質 等이라. 外面 周圍의 熱이 漸次 減損ᄒ야 全體가 液化ᄒᆷ으로 因ᄒ야 容積이 亦減ᄒ얏스며 伊後로붓허 其面의 熱度가 又減ᄒ야 外皮가 凝固ᄒ야 所謂 地殼이라 ᄒᄂ 皮殼을 成ᄒ니 卽 土地가 是라. 此 地殼은 無限히 厚ᄒᆫ 者 아니오, 海邊 平地에셔 地面을 向ᄒ야 穿入(천입)ᄒᆯ지면 五十哩에 不過ᄒ며 其下는 無量ᄒᆫ 高熱이 有ᄒᆫ 液體일 ᄯᆞᆫ이니라. (未完)

▲ 제3호 地殼의 三大跡

地殼은 上述ᄒᆷ과 如히 無限히 厚ᄒᆫ 者 아니오, 其內에 熱液을 包藏ᄒᆫ 一個 球子와 如ᄒᆫ 者라. 然ᄒ나 地殼의 組織은 甚히 複雜ᄒ야 七十餘種의 元質과 又 各元質의 化合物로 集成ᄒ얏스며 且 地殼의 上部에는 往往 動植物의 形跡이 存在ᄒ니라. 今에 地殼을 探查ᄒ기 爲ᄒ야 上中下 三部에 分ᄒ니 外面으로붓허 直下ᄒ야 韓里 約 五十里를 地殼의 上部라 ᄒ고, 此에셔 又直下ᄒ기 五十里를 地殼의 中部라 ᄒ고, 此에셔 又 直下ᄒ기 五十里를 地殼의 下部라 ᄒᆷ이니, 地殼의 上部는 探查ᄒᆷ이 詳悉ᄒ

야 探査客이 發見호 바가 往往 相孚(상부, 서로 믿븜)호며 其外二部도 探査홈이 有호니라.

上部는 地面 最近호 層帶에셔 動植物의 形跡을 發見호니 此를 三層으로 區分호야 上層은 近古大跡이라 호고, 中層은 中古大跡이라 호고, 下層은 上古大跡이라 호느니라.

第一 近古大跡

近古大跡은 人體가 石을 成호야 骨格이 宛如호 者와 獸類의 全体도을를 成호야 形狀이 自若호 者를 往往이 發見호느니 此는 人類와 獸類가 地中에 埋沒홈이 極深호야 泄氣(설기)홈이 少無한즉 該體 中에 素有호 灰質이 地熱을 受홈이 積久호야 凝固成石홈이오, 且漸入홀스록 近時에 所無호 大獸의 形跡과 其他 諸般 不識호 禽獸의 骨狀이 多호니라.

第二 中古大跡

中古大跡은 人類와 獸類의 形跡은 無호고 魚類의 形跡만 存在호야 石을 成호 者와 其他 昆虫의 形跡이 有홀 쑨이니 魚類와 虫類는 人類와 獸類보다 先히 生出홈이니 抑中古는 人類와 獸類가 無홈이니라.

第三 上古大跡

上古大跡은 動物의 形跡은 無호고 草木과 蘚苔의 形跡만 存在호야 石文이 다만 草木의 枝葉과 蘚苔의 形狀을 帶호며 此에셔 又深入호면 植物의 跡도 無호고 다만 砂磧(사적)쑨이라.

北極星
(北極之中央處는 星宿가 無ᄒ고 原天만 有ᄒ 故로 北辰이 居其所라 稱ᄒ)

冬日 晴夜에 仰하야 北方의 天을 見하면 北斗라 하는 七個星이 有하야 連絡形이 恰然히 柄을 付ᄒ 斗와 如ᄒ이라. 七星의 頭部에 在ᄒ 星을 連하야 一直線을 劃하고 更히 此를 內面으로 引長하야 二星 距離의 五倍處에 一聖이 有하니 卽 北極星이라. 北極星은 恒常 其 位置를 不變하고 北斗星과 其他 諸星은 每日 北極星의 周圍를 一周하야 回旋ᄒ과 如ᄒ되 但 北極星을 距ᄒ이 遠ᄒ 星은 其 行路의 一部가 地平線下에 隱沒ᄒ으로 東에서 出하야 西에 沒ᄒ과 如히 見하ᄂ니라.

宇宙의 廣大ᄒ은 實노 吾人의 想像 外에 在하니 盖 光線의 進行 速力은 一秒間에 十八萬 六千三百 英哩를 馳(치)ᄒ으로 太陽에서 發射하는 光線은 大凡 二十年에 地球에 到達하는 故로 地球를 此 距離에 比하면 渺渺(묘묘)ᄒ 一粟에 不過하니라.

北極星은 地球의 北極과 南極을 延長ᄒ 方向 卽 地軸 方向에 在하야 無量이 遠離ᄒ으로 北半球 上何部에서 見하든지 同一 方向으로 地軸線과 平行線이 될지라. 是故로 東半球의 赤道 以北에셔 北極星을 地球 北極 方向으로 見ᄒ 時는 西半球의 赤道 以北에서도 北極星을 地球 北極 方向으로 見ᄒ지니라.

北極星은 北半球 全部에셔는 皆見ᄒ을 得ᄒ지라. 故로 北極星을 向立하면 面의 方向은 北이오, 背의 方向은 南이며 右는 東이오, 左는 西이니라.

地軸 及 赤道

北極星의 直下點을 地球의 北極이라 稱하며 其反對흔 方向을 南極이라 稱흠이라. 地球 北極의 人이 立흔 方向은 頭上에 北極星이 在흘지니라. 自北極으로 地球의 中心을 經하야 南極을 貫할 者를 地軸이라 하며 地軸의 中位과 더부러 直角되는 平面을 赤道의 平面이라 稱흐고 其平面과 地面이 交接되는 線이 地球를 周하야 一大圈을 成하얏느니 此를 赤道線이라 稱하느니라.

▲ 제5호

經度 及 緯度

經度: 北極에 起흐야 南極에 止흔 圈線을 經線이라 或 子午線이라 稱흐고, 各其 相距흔 角度을 經度라 稱흐느니라.

經度를 計算흠에 何處에셔던지 起始흠도 不可흠이 無흐나 然흐나 本邦 開國 四百九十四年에 萬國會議를 由흐야 英國 그린위치(GREENWIOH) 天文臺를 通過흔 經線으로 零度를 定흐야 以東 一百八十度에 至흐기ㅅ지 東經이라 以西 一百八十度에 至흐기ㅅ지 西經이라 稱흐느니라.

緯度: 某地에셔 鉛直線과 赤道間의 角度를 其他의 緯度라 稱흐고 其 緯度의 地에 圈흔 線을 緯線이라 稱흐느니 緯線은 恒常 赤道와 平行흐는 者ㅣ라. 此를 計算흠은 赤道로 零位를 作흐야 以北 九十度에 至흐기ㅅ지 北緯라 稱흐고 以南 九十度에 至하기ㅅ지 南緯라 稱흐느니라.

六分儀를 用흐야 地平面과 太陽 或 北極星間의 角度를 得흐야 某地에 緯度를 求흐는 法이 有흐니 其法은 航海學 及 測量學에 詳示흐니라.

▲ 제6호

磁石 及 磁針

磁石은 天然 産出함도 有ᄒ고 人造홈도 有ᄒ니 人造 磁石은 天然 磁石에 依ᄒ야 造홈이니 一個 鐵棒을 天然 磁石面에 摩擦하든지 鐵棒을 天然 磁石과 密接케 ᄒ야 日久ᄒ면 鐵棒에 磁力이 生ᄒᄂ니라.

今에 磁鐵針을 自由로 回旋케 ᄒ야 其穩靜홈을 待ᄒ야 觀ᄒ면 磁針은 恒常 南北을 指홈이라. 磁針의 指南端을 磁石의 指南端에 近接ᄒ면 相反ᄒ며 磁石의 指北端에 近接ᄒ면 相合ᄒ야 同性端을 近接ᄒ면 相反ᄒ고, 異性端을 近接ᄒ면 相合ᄒ야 陰과 陽이 相和홈과 如ᄒᄂ니라.

地球ᄂ 一大 磁石이니 一極은 北米洲 北端 붓듸아에 在ᄒ니 此를 北磁極[27]이라 ᄒ고 一極은 南氷洋 中에 在ᄒ니 此를 南磁極이라 稱ᄒᄂ니 故로 地球上에 在ᄒ 磁針은 擧皆 此南極을 指ᄒᄂ니라.

偏角

磁極과 地球의 南北極이 完全히 同一 方位에 在홈이 아님으로 磁針의 示ᄒᄂ 바 方位를 眞正南北이라 謂치 못홀지라. 故로 某地에셔든지 其子午線과 磁針의 相違되ᄂ 角度를 其地의 偏角이라 稱ᄒ고 各其 位置를 隨ᄒ야 西으로 偏홈을 西偏이라 ᄒ고, 東으로 偏홈을 東偏이라 稱ᄒᄂ니 我國 地方은 偏角이 微少ᄒ야 針의 北端이 僅히 西偏홈이 五度라. 故로 針은 北極에 近홀사록 其偏角이 甚大ᄒ야 九十度 或 一百八十度에

---

27) 북자극(北磁極): [물리] 북반구에서 지구 자기(地球磁氣)의 복각(伏角)이 90도인 지점. 매년 약간의 이동이 있지만 주로 북위 73도, 서경 100도의 지점이 이에 해당한다.

至ᄒᆞᆫ 地方도 有ᄒᆞ니라.

(이하 발행되지 않음)

◎ 地文學 講談(一),
　　연구생, 〈태극학보〉 제13호, 1907.8; 13~14호(2회)

　　*라바누스 마우루스(9세기 프랑크 대주교)의 〈사물의 본성에 관하여〉 등의 저
　　작물에 소재한 이야기를 소개하면서, 중고 시대의 지문학의 한계를 논하고,
　　지문학의 본질을 설명함
　　*콜롬버스, 바스코 다 가마, 마젤란의 탐험기를 소개함

緒言

　地學이라ᄂᆞᆫ 學問은 古昔 希臘人 中에셔 開牖ᄒᆞ여 其一部分에 致ᄒᆞ여
ᄂᆞᆫ 大段 發展되엿더니 中古時代에 至ᄒᆞ여는 諸般 學問이 다 衰域에 陷
ᄒᆞ믹 地學도 其 運命에 構陷을 未免ᄒᆞ더라, 西紀 九世紀(百年으로 爲一
紀)에 至ᄒᆞ여 西班牙人 라바누스, 마울스[28]라 稱ᄒᆞᄂᆞᆫ 者의 著ᄒᆞᆫ 바 當

---

28) 라바누스 마우르스: (780경~856). 프랑크인. 대주교, 베네딕투스 수도원 원장, 신학자.
　Hrabanus Magnentius라고도 함. 그의 저술이 독일어와 독일문학 발전에 공헌하여 '독일
　인의 스승(Praeceptor Germaniae)'이라는 칭호를 받았다. 802년 프랑스 투르에 가서 저명
　한 수사 겸 학자 알비누스 밑에서 공부했으며 803년 마인에 있는 지금의 프랑크푸르트
　근처 풀다 신학교를 맡아 그곳을 유럽인의 탁월한 학문의 전당으로 발전시켰다. 그가
　모아놓은 원고와 예술품은 풀다를 서유럽에서 가장 풍부한 자료를 가지고 있는 학교로
　만들었다. 822년 풀다 수도원장으로 선출된 뒤 가난한 사람을 돕는 일을 확대하고 수도
　원 건물을 확장했으며, 미술 학생들과 수사들이 이 수도원을 꾸몄다. 풀다는 전독일을
　관장하는 그리스도교 선교기지가 되었다. 카롤링거 왕조의 황제 로타르 1세가 신성 로마
　제국의 권력을 잡기 위해 싸울 때 그의 정치 자문역할을 했기 때문에 840년 독일의 루트
　비히 왕이 로타르 세력을 제거했을 때 추방당해야 했다. 은퇴 후, 페터스베르크 근처에서
　저술활동과 금욕적인 생활에 몰두했고, 루트비히와 화해하여 847년 마인츠의 대주교에

時 諸般 學術에 關혼 書籍이 有호니 此를 據見호면 天然에 關혼 學術이 當時에 如何히 殘微호엿든 거슬 知홀지라. 故로 左에 該書 中 數節의 例를 揭호노라.

亞非利加 에시오비아에 一湖가 有호니 其 水가 每日 三度式 鹽水 或 淡水로 變호고 同洲 트리포리스 南에 泉이 有호니 其水가 晝間에는 凍氷보다 寒冷호여 飮키 不能호고 夜間에는 酷熱호여 手로 抵觸키 不能호고 希臘國에 빌나스에 泉이 有호니 其水는 能히 炬煒(거위)에 火를 燃혼다 호고,

潮汐水는 海底에셔 風을 呼吸호는 故로 因起호는 거시니 此는 即 海底風을 吹出홀 時에는 上호는 潮水가 되고, 吸入홀 時는 下호는 汐水가 되고,

---

임명되었다. 사목 활동에서 그의 사회에 대한 진지한 관심은 널리 알려졌으며 당시 사람들은 그가 850년 기근 때 수백 명을 굶주림에서 건져냈다고 기록하고 있다. 그는 라인강 동부의 독일인들에게는 예술과 학문이 그리스도교 신앙을 전하는 필수 수단이라고 생각하고 성직자와 평신도를 위해 많은 논문과 개론서를 썼다. 이것이 그의 독창적인 생각이나 글은 아니지만, 초대 그리스도교 저서 및 고전을 모아 이를 요약하거나 인용했다는 점에서 특히 중요하다. 그의 가장 방대한 저작은 〈사물의 본성에 관하여(De rerum naturis)〉(842~847)인데, 〈우주에 관하여(De universo)〉로 부르기도 한다. 이 책은 9세기까지의 지성사를 22권으로 엮어놓은 지식 백과사전이다. 아우구스티누스의 플라톤주의와 6세기 라틴 교회의 저명한 그레고리우스 교황을 인용하여 교육적인 논문 「성직제도의 형성에 관하여(De institutione clericorum)」(810경)를 썼다. 이 논문은 그리스도인의 인문과학 연구에 대한 변증이다. 〈문법학에 관하여(De arte grammatica)〉에서는 6세기의 저명한 라틴 수사 알비누스와 8세기의 앵글로색슨 수사 겸 학자이며 역사가인 비드의 글을 인용했는데, 이것은 중세 논리학 발전에 이바지하였다. 또한 성서의 거의 전권에 관한 주석을 썼다. 이중 특히 구약의 모세5경과 마태오의 복음서 주석이 주목을 받고 있다. 그는 그리스와 시리아의 복음서를 종합한 2세기 타티아누스의 라틴어판 〈4복음서(Diatessaron)〉를 풀다 학파가 독일어로 번역할 때 이를 감독함으로써 독일문학 발전에도 이바지했다. 또한 고대 색슨 서사시 〈헬리안드(Heliand)〉 번역도 감독했다. 그의 저술이 완벽하게 편집된 적은 없으나 아무런 비평을 곁들이지 않고 모은 글들이 〈라틴 교부학(Patrologia Latina)〉(J. P. 미뉴 편집, 제107~112권, 1864) 시리즈에 수록되었다. 에른스트 뒤멜러는 라바누스가 군주·교황·학자 들과 교환한 중요한 편지들을 편집했다(1898). 〈다음 백과사전〉

亞細亞에는 에던 園이라 稱호는 樂園이 잇셔 四時長春에 寒暑가 업고, 中央에 泉이 有호니, 其水가 流호여 四河가 되고, 園의 周圍에 絶壁이 圍立호고 暫時도 不絶호는 火焰을 吐燃혼다 호고,

--

호엿스니 以上은 마울스 記事 中 數節이라. 엇던 거시던지 原理原則은 조곰도 記說치 아니호고, 恰然히 幼稚園 兒孩들을 敎홈에 用호는 圖縮的 寫書와 ㅈ호니 如此혼 書說을 著行호든 時代와 今日과 如히 學術이 隆盛혼 時代를 互相 比較호면 其間의 懸隔이 實노 霄壤之別(소양지별)이 되리로다. <u>學術이 今日과 如히 進展된 事歷이 數百年에 僅過치 못호니 即</u> 컬넘버스가 亞米利加를 新發見호여 新世界를 此世에 紹介호고, 其次에 와스꼬, 싸, 싸마와 마젤울난 等 大航海者들이 여러 方面으로 世界를 乘廻호야 學術 勃興의 起運에 大刺激을 與혼 起因이라. 此等人 外에도 天文學 物理學 等 學問을 大發見혼 者가 不少호나 몬져 彼三人이 間接으로 學術 勃興을 督促 勸進케 호엿슨즉 實은 學界 三大 偉人이라 稱홈이 可호리로다.

컬넘버스가--

當時 葡萄牙 人 中에 컬넘버스의 發見혼 地가 東邊에 잇는 데 더욱 印度에 接近혼 地라는 거슬 疑訝혼 者가 有호니 何故뇨 호면 萬一 西班牙 人이 新地로브터 歸호면 칼카타(印度國京)와 밋 當時에 歐洲에ㅅ지 有名호던 印度國 地方 니야기가 有홀 터인디 조곰도 업슴은 必有혼 曲折이라 호여 葡萄牙 國 쫀 第二世가 亞弗利加 南角 希望峰을 回航호야 眞本의 印度를 探搜(탐수)코져 호다가 未果長逝호고 其次에 마누엘 王이 先王의 遺志를 繼호야 와스코 싸 싸마로 호여곰--

컬럼버스와 와스코 싸까마보다도 長路의 航海를 成就한 者가 有한니 此人은 原是 葡萄牙國 人으로 西班牙 政府에 致仕한던 쟈라. 西班牙 人 은 葡萄牙 人이 東路를 取한여 印度에 達한을 見한고, 西路를 取한여 往한여도 差違가 無할 줄을 知한고, 마졔울난으로 한여곰 遂行할식--

▲ 제14호=지문학 강담(2)/지구 구형설과 지구의 형체 설명

世界 文明이 發展됨을 좃차 今日은 三尺童子라도 地球의 形體가 球形 을 成한여 잇는 줄을 確信한거니와 暫間 古代를 溯憶한면 東西洋人이 거의 相同의 學說을 主唱한엿느니, 東洋인즉 曰 天圓地方이라 한고, 泰 西에도 希臘國 호-마와 밋 세혜숫드 時代에는 世界는 圓盤狀이 되어 잇고, 其 周圍에는 水가 卷圍한고 其上에 天球는 張幕 狀態로 廣張한엿 는 줄노 思解한엿더니 距今 二千餘年 前에 有名한 學士 피자글나스가 地球 球形說을 始唱한다가 多數의 僧侶들이 極히 反對홈으로 其後에는 多大한 排斥을 受한야 거의 全廢의 境에 過한엿스며--

◎ 本國 地質을 由한 物産論,
　　呂炳鉉, 〈대한자강회월보〉 제12호, 1907.6. (지질학)

　　　*지진에 대한 일본학자 고토분지로의 설을 소개함 / 금광 조사 중임을 밝힘 =
　　　조선의 광산물 산포 상태 조사 곧 공포할 예정 / 광물 산포

地質學은 殖産의 一大 關鍵이라. 現今 世界에 殖産으로 自任其務한 者ㅣ 大率 地質學을 硏究홈으로 由한야 功業을 成就한 者가 多홈은 不 容 贅論이어니와 至于我韓之地質한야는 學者의 多年 硏究홈을 經한얏 스나 實 無要領이러니 近日 外國 學者의 着意精査한 바를 據한 則 其 槪略이 如左,

第一은 自古로 大韓國은 決코 地震이 無혼 國이라 稱호나 其 傳說의 虛妄홈은 大學 敎授 小藤[29] 博士가 硏究혼 結果로 知호깃도다. 卽 大韓 國도 日本과 如히 地質의 層斷혼 線이 國土 中部를 通過호야 淸國의 該層線과 連接호야 所謂 亞細亞 邊層의 城壁이 된지라. 用是로 右地層 線 中에는 最恐혼 地震이 何時던지 起홀가 知치 못호겟도다. 又 長白山 은 死火山脈에 屬혼 高山인딕 某 林學 博士가 實地 踏査홀 時에 同山에 舊 噴火山口가 有홈을 發見혼지라. 雖然이나 前述과 如히 我韓國은 決 코 地震이 無혼 國이 아니오 將來 何時던지 地震이 起홀넌지 知치 못호 겟다 호고 又 一方으로 査考혼즉 火山脈도 有호며 **地中層斷線 石土 層 層 相間者도 有호야 十分 礦物의 種類가 多호고 國中 各地方에 種種 鑛 脈이 散布**호얏도다.

第二에 最有興味혼 事는 今日에 至호야 大韓國과 日本이 分離호야 中間에 朝鮮海峽이라는 大海가 介在호얏스나 上古時代에는 兩國이 連 陸호얏던 確證을 地質學者의 硏究혼 結果로 引出혼지라 此 問題가 二十 八九年前브터 學者의 注意를 惹起호얏는딕 日本各地에서 象骨 象牙 象 齒를 掘出혼 原因을 推究혼즉 元來 上古에는 北亞細亞大陸에 象이라는 動物이 繁殖호얏고 此 動物은 海中에 游泳치 못호는딕 其骨與齒를 日本 에서 掘出호얏슨 則 大韓과 日本이 連陸되엿던 것을 可知호겟도다. 且 日本人 岡村博士가 日本沿海의 海草를 硏究혼 則 太平洋 方面에는 海草 의 種類가 多호고 日本海方面에는 少홈을 發見혼지라.

此로 推見호더리도 日本海가 太平洋에 比較호면 海를 成혼 年度가 頗淺홈을 證明호겟고 又 太平洋方面은 水深이 六千尺에 達호는 處가 有호고 日本海方面은 一帶甚淺호야 平均 百尺에 過치 못호느니 以上海

---

29) 고토 분지로(小藤文次郎): 지질학자. 島根県しまねけん 출신. 東京大学とうきょうだいがく 교수. 일본의 고기암류(古期岩類)를 지대 구조 구분(地帯構造区分)하여, 화산 조사에 지도 적 역할을 다하고 일본의 화산학(火山学) 확립에 공헌. 濃尾のびじ지진에서 단층지진설(断 層地震説)을 주장하여 주목을 받았다. (1856~1935).

草와 海深의 二件을 依ᄒᆞ야 查考ᄒᆞ야도 最初에ᄂᆞᆫ 大韓과 日本一陸地를 成ᄒᆞ얏다가 後來에 滄桑이 一幾ᄒᆞ야 日本海가 出來ᄒᆞᆷ으로 兩國이 分離ᄒᆞ야 今日 地形을 成ᄒᆞᆫ것은 明瞭ᄒᆞ고 最近ᄒᆞᆫ 日本 農商務省 地質調査所에셔 調査ᄒᆞᆫ 바를 據ᄒᆞᆫ則 長門國最西北端에 在ᄒᆞᆫ 嶋嶼의 岩層은 老花岡巖層 中에 新時代의 靑石岩層과 類似ᄒᆞᆷ을 發見ᄒᆞ얏스니 此等 奇異ᄒᆞᆫ 現象이 大韓國南岸(卽 釜山附近 一帶沿岸)에 散在ᄒᆞᆫ 것을 見ᄒᆞ더리도 ᄯᅩᄒᆞᆫ 大韓과 日本이 古昔時代에ᄂᆞᆫ 連續되엿던 證跡이 分明ᄒᆞ고 韓日兩國이 上古時代에 果然連陸ᄒᆞ얏슬 것 ᄀᆞ트면 其 鑛物의 散布ᄒᆞᆫ 狀態가 類似치 아니타 홀 수 업ᄂᆞᆫ **故로 今日에 至토록 韓國의 鑛物 散布ᄒᆞᆫ 狀態를 硏究ᄒᆞ며 調査ᄒᆞᄂᆞᆫ 中인듸 其 調査表를 不遠間에 公佈ᄒᆞ려니와 其 槪略을 據ᄒᆞᆫ 則 大韓國 黃金과 石炭의 含有量은 日本에 比較ᄒᆞ면 非常히 多量ᄒᆞᆫ것신 確實ᄒᆞ도다.**

金鑛으로 言ᄒᆞ면 雲山과 如ᄒᆞᆫ 大鑛山이 定然히 星羅碁置ᄒᆞ얏슬 것이요 石炭鑛으로 言ᄒᆞ더리도 將來에ᄂᆞᆫ 大段히 繁榮ᄒᆞ야 不可勝用홀 것이라 抑 夫 石炭은 上古時代의 植物이 地中에 埋沒ᄒᆞ야 炭素를 殘留ᄒᆞᆷ인 故로 炭田 所在地에ᄂᆞᆫ 반다시 該 時代의 植物化石이 存在ᄒᆞ겟고 換言ᄒᆞ면 草類化石과 針葉樹 化石이 岩層 中에 發見된 地方에 炭田이 確有ᄒᆞᄂᆞ니 蓋 日本築豊炭田으로 推見ᄒᆞ면 世界萬國의 炭田이 皆然ᄒᆞ겟고 近日 平壤에 셔 採掘ᄒᆞᄂᆞᆫ 無烟炭田에도 同一ᄒᆞᆫ 結果로 岩層上 數尺地에 往往히 前記의 植物化石이 存在ᄒᆞ얏스니 其 炭田의 面積이 狹隘ᄒᆞ고 又 木浦群山 方面에도 前記의 植物岩石을 發見ᄒᆞᆫ 人이 有ᄒᆞ니 各 地方에 在ᄒᆞᆫ 炭田를 以 此 等 方法으로 注目ᄒᆞ면 將來에 盡爲發見ᄒᆞ려니와 特이 京釜線路 兩側으로 言ᄒᆞ면 其 東側에ᄂᆞᆫ 該 植物과 化石의 發見이 夥多ᄒᆞ야 其 範圍ᄂᆞᆫ 大凡 慶尙南道 全部를 包含ᄒᆞ얏고 又 北道一部ᄭᅵ지 犯入ᄒᆞ얏슨즉 慶尙南道ᄂᆞᆫ 一大 炭田이라 其 面積를 考ᄒᆞ면 日本의 築豊炭田브다 較大ᄒᆞ나 但 此를 試掘치 못ᄒᆞ얏고 又ᄂᆞᆫ 情密히 調査치 못ᄒᆞᆷ으로 同地에서 如何ᄒᆞᆫ 性質의 石炭이 如何ᄒᆞᆫ 狀態로 散布ᄒᆞ얏ᄂᆞᆫ지 尙 不明瞭ᄒᆞᆫ지라.

平壤地方의 無烟炭田과 同樣의 植物化石이 有한데셔 數尺下에 及한면 炭田이 有홀듯 한며 近日 慶州 附近에셔 一大 無炭田이 有한다고 傳한는 者ㅣ 有한니 此 言이 必非虛誕일듯 한며 以上의 硏究한 것과 昨今年中의 調査한 바를 據한더리도 慶尙南道는 將來의 炭田事業으로 由한야 有利有望한 一大富源이 될쥴노 確證을 立한노라. 大槪 各道의 主要한 鑛物을 調査한즉 左와 如한니라.

　　京畿道 玉石, 靑爛石, 銅, 鐵
　　忠淸道 鐵, 水晶, 金, 銀, 玉石, 綠礬
　　全羅道 金, 鐵, 鈆, 臘石, 硫
　　慶尙道 鐵, 金, 銅, 鈆, 雲母, 玉石, 水晶
　　黃海道 水晶, 硯石, 瑪瑙, 金, 鐵
　　平安道 砂金, 紫硯石, 石炭, 銅, 鐵, 金, 雲母, 瑪瑙, 水晶
　　江原道 金, 鐵, 水晶, 石膏, 磁石, 雲母, 紫硯石
　　咸鏡道 金, 砂金, 鐵, 銀, 鈆, 銅, 硯石, 礪石, 花斑石

◎ 前世界의 硏究, 연구생, 〈태극학보〉 제18호, 1908.2.
　（지질학 = 지구과학/지문학）

　　*지구, 지질, 지각 등에 대한 이론
　　*제13~14호의 '지문학강담'의 동일 필자일 것으로 추정됨

時間의 京科는 東流水와 如히 暫時도 不休홈으로 今日은 須臾間에 昨日이 되고, 明日은 忽焉間에 今日이 되야 靑春은 白髮을 變成한고 桑田은 碧海를 幻作한느니 未來도 本是 永久한 것이로되 過去도 亦是 長遠한 者ㅣ라. 廣博히 思度한쟈면 未來나 過去가 皆是 無限無窮한야 始初도 업고 終末도 업스나 然한나 吾人은 地球라 稱한는 一世界에 生來

혼 者인즉 過去나 未來를 言ᄒ쟈면 地球의 過去나 未來를 云흠인딕 地球의 過去 未來에는 始終이 本無ᄒ 바ㅣ 아니오, 더욱 過去에 至ᄒ여는 始初가 確有흘 것은 明瞭흔 事이로다.

大蓋 學說을 據ᄒ건딕 地球 始初에ᄂ 瓦斯의 球가 되어 其熱度ᄂ 現今 地球上의 所有物体를 足히 氣体로 變作흘 마큼 極熱極高ᄒ엿다 ᄒ니 直接으로 此를 證據키ᄂ 不能ᄒ되 間接으로 他世界의 狀態를 見察흠은 可爲의 事가 될지로다.

其後 漸次 年月의 經過흠을 從ᄒ야 瓦斯ᄂ 冷却ᄒ야 液体가 되고, 液体ᄂ 冷却ᄒ야 固体 卽 今日 地球의 現狀을 作ᄒ엿다 ᄒ니, 固体라 ᄒ면 地球의 中心ᄭ지 已爲 固体가 되엿ᄂ지 其邊은 未詳ᄒ딕 地底에 非常흔 高溫度로써 見ᄒ건딕 或은 中心ᄭ지 固結치 아니흔지도 未知흘지라. 左右間 地球ᄂ 表面만이라도 固体가 되어 漸次 水도 生ᄒ며 空氣도 出ᄒ야 以來 現世界에 至ᄒ기ᄭ지 其間의 時代를 前世界라 稱ᄒ야 專혀 地質學者의 研究흠이 되기 前에ᄂ 液体라, 瓦斯體라 云ᄒᄂ니, 此ᄂ 推測쑨이라. 直接의 證據는 아니며 此等 時代는 엇던 方面으로 言ᄒ면 亦是 前世界라 稱흘 터히나, 然ᄒ나 未分明의 時代인즉 地質學者의 云ᄒ 바 前世界브터는 全혀 除減흔 者ㅣ로다.

前世界라 云ᄒ면 誰某던지 其年數를 알고 십ᄒᄂ니 此ᄂ 其然흘 事實이ᄆ 地質學者 自身이라도 知悉ᄒ기를 願ᄒᄂ 바이나 種種히 研究흘지라도 아직 確知키 不能ᄒ고 但只 其 長所만 知得ᄒ엿스니 此를 年數로 言ᄒ쟈면 幾百萬年 或은 幾千萬年이나 될 거시며 쏘 吾人이 現世界라 稱ᄒᄂ 時代가 自今 三四萬年 以前으로 思度ᄒᄂ니 支那가 舊國이라, 埃及이 舊國이라 흘지라도, 其 歷史가 自今 五六千年 以上에 不過흔 則 此를 萬一 前世界 歷史에 比較ᄒ면 其長短이 九牛一毛에 不過흔 年月이 될진뎌.

五六千年 以來ᄂ 史家의 所謂 有史期니 何等 依據흘 만흔 記錄의 類

가 有한 時代로되 人類가 記述한 書는 아닌즉 其 以前의 前世界에는 無論 如此한 것도 無하엿스리로다. 地質學者는 如何히 此를 知得하느뇨. 無他라. 科學의 力이니 其 順序 方法은 大綱 左述과 如하니

地殼

地球가 已爲固体가 된 部分은 中心신지 結固되지 아니한 거스로 觀察하야 此를 地殼이라 稱하느니 其厚에 至하여는 勿論 分明치 못하나 如許히 淺薄한 者는 아니라 하는 學說이 잇서 四五十年 前신지는 鷄卵의 卵殼으로 比하야 其中에 赫灼(혁작)한 大熱의 (8행 인쇄 불량 생략)

몬뎌 地殼의 厚는 未定으로 숍고 *의 問題는 其成分이니 地殼도 其上部만은 已爲 調査한 바를 據하건되 到處에 岩石으로 成立하엿스미 或者는 普通 土砂로 成立한 것도 有하다 흘넌지 未知하거니와 元來 土에 二種이 有하니 一은 岩石의 崩壞로 된 者요, 一은 岩石터럼 固結치 아니한 者라. 前者는 無論 岩石의 變形이요, 後者는 將來 固結흘 者인즉

(3행 인쇄 불량)

水成岩 及 火成岩

岩石은 大別하야 二種을 作하니 一은 水成岩이요, 一은 火成岩인되 甲은 水中에셔 作成한 者ㅣ오 乙은 熱을 依하야 溶液되엿든 것이 成固한 者ㅣ니 川河가 土砂를 流去하야 海와 湖中에 注射하야 其底面에 沈澱홈은 吾人의 日常 目擊하는 事實이라. 뎌 河口 海峽에 洲가 漸生하여 畢竟 陸地가 되며 쏘는 河口쑨만 아니라 大洋의 底에도 成立흔 處가 有하느니 此는 川河의 流出흔 것이 아니오, 其近邊에 棲息하는 小動物의 皮殼으로 成흔 者도 有하니 假令 有孔蟲(유공충), 放散蟲(방산충),

海綿 等物인티 南洋으로브터 臺灣 附近에 連接ᄒ여 珊瑚로 島嶼를 作成된 거슨 일즉 吾人의 夙知ᄒᄂ 바로다.

(…중략…)

◎ 海의 談, 학해주인, 〈태극학보〉 제19호, 1908.3.
　(지질학, 지문학)

海ᄂ다 互相 連續ᄒ야 地球面의 凡四分의 三을 占據ᄒ 者이니 今日 全地球上의 陸地를 다 削取ᄒ야 此를 海底에 塡充(전충)ᄒ지라도 海水의 深은 別노히 減홈이 無ᄒ겟다 ᄒ니, 地球上 海水의 容量이 如何히 多大ᄒ 것을 可想ᄒ지라. 如此 多大ᄒ 水量은 生物의 生活上에 直接의 關係를 有ᄒ 者ㅣ니 萬一 水가 無ᄒ면 地球上에 生命이 有ᄒ 者 一日이라도 其生存을 保有키 不能ᄒ리로다.

近來 海의 探究ᄒ 結果를 依ᄒ면 海에ᄂ 實노 無數ᄒ 動物이 栖居ᄒᄂ데

海中의 鹽類

海水의 色

◎ 大氣의 性質 及 作用,
　　李相旭,〈공수학보〉제1호, 1907.01.31. (지문학, 지구과학)

　　大氣라 ᄒᆞᄂᆞᆫ 것은 地球를 包圍ᄒᆞ여 잇ᄂᆞᆫ 瓦斯體를 謂홈이라. 其 積層을 氣圈(기권)이라 稱ᄒᆞ니 氣圈의 形狀은 地球의 形狀과 同一ᄒᆞ야 回轉 橢圓体(타원체)를 模ᄒᆞ고 其 扁平의 度ᄂᆞᆫ 地球에 比ᄒᆞ면 頗甚ᄒᆞ고 地表를 距홀슈록 漸漸 稀薄ᄒᆞ며 太陽光線 屈折의 理를 因ᄒᆞ야 測ᄒᆞ여본즉 其 高가 三百二十 粁(천, 기로메돌)에 過치 못ᄒᆞᄂᆞ니라.

　　大氣ᄂᆞᆫ 無色 透明體ㅣ나 太陽光線의 屈折로 其厚層를 望ᄒᆞᆫ즉 靑色을 呈ᄒᆞ며 吾人 身邊에 在ᄒᆞᆫ 大氣ᄂᆞᆫ 肉眼으로 ᄒᆞ야곰 見치 못ᄒᆞᄂᆞ 扇子가 風을 作홈은 大氣의 存在을 表ᄒᆞᄂᆞ 實例오, 其 成分은 容積 百分 中 七十九은 窒素오, 二十一은 酸素오, 微量의 아루곤의 混合物이오, 其他 夾雜物을 混在ᄒᆞ니 其中 水蒸氣 炭酸瓦斯 砂塵(사진) 及 其 有機物과 黴菌(쌕데리아) 等이 其 主要ᄒᆞᆫ 成分이오 炭酸瓦斯ᄂᆞᆫ 全容積 一萬分 三 乃至 四가 되야 都市 工業地ᄂᆞᆫ 其量 最多ᄒᆞᄂᆞ니라. 大氣ᄂᆞᆫ 實樣 宇宙間에 一時라도 缺치 못홀 것이라. 萬若 一分이라도 大氣가 無ᄒᆞ면 活活 萬物이 一時 滅亡ᄒᆞᄂᆞ 境을 當홀 터이ᄂᆞ 吾人이 大氣의 存在홈을 知ᄒᆞᄂᆞ 것이 吾人의 身體와 精神이 此 宇宙間에 在홈을 認識ᄒᆞᄂᆞ 것보다 益加重大ᄒᆞ도다.

◎ 大氣의 受熱과 氣候의 變易,
　　張潤遠,〈공수학보〉제2호, 1907.4. (지문학)

　　　*대기, 기후의 개념어

　　氣溫의 原因은 太陽의 熱로 從來홈이니 太陽의 光線이 直射ᄒᆞᄂᆞ 途

에 溫케 흠은 微少ᄒ나 然이나 此 光線을 因ᄒ야 地面이 直接으로 熱을 受ᄒ야 其 熱을 地面에 接觸케 傳ᄒ면 空氣ᄂ 其熱을 受ᄒ야 上昇ᄒ고 同時 其附近에 在ᄒ던 寒冷ᄒ 空氣가 其代로 地面에 接觸ᄒ나니 何時든지 此樣으로 交替ᄒ야 所謂 對流을 作ᄒ야 熱흠이라.

--

◎ 空氣의 組成, 李相鎭, 〈공수학보〉 제2호, 1907.4.
　　(지문학, 지구과학)

　　*공기를 이루는 요소의 개념어

　空氣ᄂ 窒素 及 酸素가 主ᄒ야 成ᄒ 거시나 水蒸氣 無水炭酸 其他 種種之物質을 含ᄒ 거시라. 現今 空氣 中에--

◎ 地震說(Earth-Quake), 劉秉敏, 〈공수학보〉 제4호, 1907.9.
　　(지문학, 지구과학)

　大抵 地殼은 晝夜 二十四 時間에 震動흠을 不絶ᄒᄂ니 故로 其震動에 强弱을 因ᄒ야 如左히 區別ᄒ니

微震: 小震動을 謂흠이니 注意周到ᄒ 人이 아니면 能히 感치 못ᄒ고
弱震: 震動이 稍强ᄒ 者이나 然이나 窓壁만 震動흘 짜름이요,
强震: 震動이 强烈ᄒ야 家具을 顚覆ᄒ며 時計에 振子을 防止ᄒ고 水瓶 (수병)에 盛ᄒ 水을 溢出ᄒ며 人은 戶外에 出走ᄒ며
烈震: 極烈ᄒ 大震이니 建築物에 大破損과 地面에 龜裂을 生ᄒ며 或은

山腹도 崩壞ᄒᆞᄂᆞ니라.

此外에 微動計라 稱ᄒᆞᄂᆞ 器械을 因ᄒᆞ야 震動을 感覺ᄒᆞᄂᆞ 者ㅣ 有ᄒᆞ니 此ᄂᆞ 卽 微動이라. 氣壓에 急變을 因ᄒᆞ야 起ᄒᆞᄂᆞ 者ㅣ니라.

强震과 烈震이 有ᄒᆞᆫ 時ᄂᆞ 地面에--

(3쪽 분량 입력하지 않은 상태임)

◎ (學海) 空氣叢論,
　　金淇玉,〈대한유학생회학보〉제3호, 1907.5. (지문학)

空氣ᄂᆞ 何을 謂ᄒᆞᆷ인가 蒼蒼ᄒᆞ져 天際에 彌滿ᄒᆞ거ᄂᆞᆯ 言ᄒᆞᆷ이라 然ᄒᆞ나 此도 ᄯᆞᄒᆞᆫ 範圍가 有ᄒᆞ야 氣圈이른 標準으로 範圍以內을 謂ᄒᆞᆷ이오 範圍以外ᄂᆞ 至剛至大ᄒᆞᆫ 에네루기-라 名ᄒᆞᄂᆞ 氣質이 宇宙에 充塞ᄒᆞ얏다 ᄒᆞ야 擧世가 硏究ᄒᆞ기을 不怠ᄒᆞ거ᄂᆞᆯ 唯我同胞ᄂᆞ 知者ㅣ 其誰오 統計全邦이라도 想不出半數以上일듯 ᄒᆞ고 其餘ᄂᆞ다 空ᄒᆞ고 虛ᄒᆞ다 生覺ᄒᆞ야 蒼蒼空復空으로 一大證點을 作ᄒᆞᆯ듯 ᄒᆞ도다.

玆에 有感ᄒᆞ야 數言을 貢獻ᄒᆞ오니 文法의 陋劣ᄒᆞᆷ과 智識의 淺短ᄒᆞᆷ은 本人도 밋처 思量티 못할 ᄲᅮᆫ더러 覽下ᄒᆞ시난 同胞도 大意와 宗旨만 領諒케를 務望ᄒᆞᆷ.

大氣ᄂᆞ 槪言ᄒᆞ면 水와 如ᄒᆞ도다 水ㅣ 淺ᄒᆞ면 透明ᄒᆞ기 水晶과 如ᄒᆞ야 色도 無味도 無臭도 無ᄒᆞ나니 盃中의 水을 證看ᄒᆞ디라 積ᄒᆞ면 深蒼濃碧의 色을 ᄆᆞᆺᄒᆞ나니 蒼江碧海의 水를 證看ᄒᆞᆯ디라 大氣도 亦透明無色ᄒᆞ고 無味無臭ᄒᆞ나 積ᄒᆞ면 ᄯᅩᄒᆞᆫ 淡蒼輕碧의 色을 顯ᄒᆞ나니 天際을 號之以碧落蒼空이라ᄒᆞ고 遠山을 詠之以天中積翠ᄂᆞ 頭流出이라. 南國靑山이 海

上來ㅣ라ᄒᆞ니 엇디 明證이 아니 되리오.

鱗介의 族은 水에셔 呼吸ᄒᆞ고 羽毛의 群은 氣에셔 呼吸ᄒᆞ나니 水ㅣ魚口呼吸을 隨ᄒᆞ야 腹中에 一漲一落ᄒᆞ나 魚ㅣ吸水滿腹홈으로 能히 充飢티 못ᄒᆞ고 餌을 呑ᄒᆞ야 生活을 營ᄒᆞ나니 譬컨딘 飢餓ᄒᆞ 牛馬가 氣中에셔 一呼一吸ᄒᆞ야 背에 粘着ᄒᆞᆫ 腹皮를 一漲ᄒᆞᆯ 디라도 蒭秣를 不食ᄒᆞ면 能히 生活乎아 由此ᄒᆞ야 觀할딘딘 大氣의 不空不虛홈이여 明若指掌ᄒᆞ도다.

有鰭ᄒᆞ기 鯉鯛와 如ᄒᆞᆫ 者ᄂᆞᆫ 水中에셔 自由케 飛揚ᄒᆞ야, 或芙藻의 莖에 捿ᄒᆞ며 或珊瑚의 枝에 懸ᄒᆞᄃᆡ 無鰭ᄒᆞᆫ 蟹鱉螺鮑ᄂᆞᆫ 走ᄒᆞᆯ ᄲᅮᆫ이오 能히 飛揚티 못ᄒᆞ며 有翼ᄒᆞ기 燕鶯과 如ᄒᆞᆫ 者ᄂᆞᆫ 自樂케 翔翔ᄒᆞ야 或宮殿의 樑에 巢ᄒᆞ며 或梅柳의 蔭에 歌ᄒᆞᄃᆡ 無翼ᄒᆞᆫ 犬豕猫兎ᄂᆞᆫ 走ᄒᆞᆯ ᄲᅮᆫ이오 能히 翔翔티 못ᄒᆞ나니 證此ᄒᆞᆫᄃᆞᆯ 大氣가 엇디 水와 大異ᄒᆞ리오 石은 水보담 重ᄒᆞ기로 水에 沉ᄒᆞ고 板은 水보담 輕ᄒᆞ기로 水에 浮ᄒᆞ니 古人이 此理를 利用ᄒᆞ야 舟筏를 作ᄒᆞ야 不通을 以濟ᄒᆞ고 羽毛絮綿은 氣보담 重ᄒᆞ기로 落下ᄒᆞ고 雲烟水素ᄂᆞᆫ 氣보담 輕ᄒᆞ기로 浮昇ᄒᆞ니 西人이 此理을 發明ᄒᆞ야 風車雲槎을 創製ᄒᆞ야 銀河之岸에 邀遊ᄒᆞ니 엇디 徒然히 空虛ᄒᆞ다 生覺ᄒᆞ고 硏究ᄒᆞ기를 不意ᄒᆞ리오.

大氣中 諸現像의 變化ᄂᆞᆫ 實로 複雜ᄒᆞ야 單純ᄒᆞᆫ 思想으로ᄂᆞᆫ 領畧ᄒᆞ기 誠難ᄒᆞ도다. 今에 一例을 擧ᄒᆞ건딘 片雲이 無ᄒᆞᆫ 白日靑天에 淸爽ᄒᆞ 微風이 吾人의 感覺을 決活케 ᄒᆞ다가 忽然陰風이 驟起에 黑雲은 飛騰ᄒᆞ고 疾雨ᄂᆞᆫ 泰注ᄒᆞ며 電槍雷車도 同時幷發에 轟天閃地ᄒᆞ야 襲吾耳膜ᄒᆞ며 奪吾視力할 不經瞬刻에 一陣旋風이 驅雲逐雨ᄒᆞ고 夕陽高樹에 蟬聲이 亂噪ᄒᆞᄂᆞᆫ 時도 有ᄒᆞ며 旭日平朝에 大霧驟騰ᄒᆞ야 宇宙와 江山이 猝然晦遁ᄒᆞ야 咫尺難辨에 脚下生雲ᄒᆞᄂᆞᆫ 時도 有ᄒᆞ며 西日東天에 繡橋錦弓이 橫貫天衢ᄒᆞ야 琉璃世界을 裝飾ᄒᆞᆫ 彩虹도 時現ᄒᆞ며 其他六花紛霏에

白練萬里ㅣ라. 山如玉簇ᄒ고 林似銀粧ᄒ난 千像萬態의 無可量ᄒ며 不可思議ᄒ롯 ᄒ나 此等現像이 各各原固과 理由가 齊齊整整ᄒ야 莫顯乎隱이며 莫顯乎微어날 엇디 野蠻時代의 風伯雷公의 訛와 九龍治水의 說에 泥沈ᄒ야 硏鑽ᄒ기를 不思하리오 故로 天文氣象의 學을 知코더 ᄒ딘된 몬져 地文空氣의 學을 不可不究할디로다.

大氣: 大氣ᄂ 地球을 包圍ᄒ 流動體「或氣海라 稱홈」ㅣ니 地球上所到之處에 無處不彌漲ᄒ얏ᄂ니라. 凡氣體ᄂ「卽 瓦斯體」壓力을 蒙ᄒ면 收縮ᄒ야 密度가 大ᄒ나니 是故로 上層의 壓迫으로 下部ᄂ 壓力이 强大고 上層에 昇ᄒ을 從ᄒ야 漸次壓力이 輕感ᄒ난 디라 然ᄒ 즉 吾人이 最下層壓力强大ᄒ 中에 捿息호되 其重을 不覺홈은 譬컨된 萬斛의 水缸을 津人의 背上에 負ᄒ면 壓死할 찌나 千仞의 淵에ᄂ 津人이 自由히 浮沈出沒호되 其重을 不覺홈은 緣於上下四方之均勢라 何以異此리오 精察할 찌어다. 以上明言ᄒ바 魚介之不覺水重은 如人類之不覺氣重이니라.

西曆一千八百六十二年「卽 四十餘年前」<u>각으열氏</u>와 <u>구랏열도氏</u> 兩人이 風槎을 乘ᄒ고 七哩「卽 吾四十里可量」霄霙의 野에 高騰ᄒ즉 呼吸ᄒ기 困難홈을 自覺할 찌라. 엇디 上層之氣ㅣ稀薄ᄒ 明驗이 아니리오 三尺金鱗도 渭臺에 釣上ᄒ면 稀薄ᄒ 空氣ᄂ 水와 ᄀ티 濃重티 못ᄒ기에 窒死ᄒᄂ 困境에 至ᄒ다가 萬一放之於水ᄒ면 尾擊生波而游泳ᄒᆯ디라 豈有背馳此理耶哉아 窮思ᄒᆯ 디어다.

大氣의 成分: 大氣ᄂ 略論ᄒ면 窒素와 酸素의 混合으로 成ᄒ거시오 其他少量의 <u>암몬이아</u>와 <u>炭酸瓦斯</u>와 <u>水蒸氣</u>와 <u>알곤</u>과 <u>오죠오온</u>과 <u>며다알곤</u>과 <u>네온</u> 等 諸氣을 含有 ᄒ얏난디라. 詳細易知케 論述ᄒ자면 四物湯水ᄂ 地黃煎水와 芍藥煎水와 芎歸各煎水의 混合物이오 決코 天然ᄒ 井中에셔 汲來ᄒ 者가 아니즉 加減을 一誤ᄒ면 厥疾이 不瘳할디라 空氣

도 亦然ᄒ니 窒素만 呼吸ᄒ면 人이 窒死ᄒ고 酸素만 呼吸ᄒ면 五臟이 燒鎔ᄒ고 炭酸瓦斯及其他空氣도 醉暈致斃ᄒ나니 巍巍ᄒ다 至神至聖ᄒ신 天王이여 至靈至妙케 諸氣를 調和ᄒ엿시니 萬類의 生活에 最適當ᄒ 仙藥이로다.

此等 諸氣ᄂ 刀圭家의 謂ᄒᄂ바 各等分ᄒ 花劑가 아니니 陳列論述ᄒᄌ면 窒素ᄂ 大氣中其容量이 最多ᄒ야 萬分中七千九百分을 點ᄒ니라. 然ᄒ나 此元素ᄂ 容易히 他物과 化合「化合과 混合이 意義가 異ᄒ니 化合은 兩物或兩物以上이 互變其質ᄒ야 化成一物之謂오 混合은 不變化其元質而互相混和之謂也니라」티 못ᄒ야 直接으로ᄂ 生物界에 必要되디 아니ᄒ나 空氣中酸素의 化力을 適度케 調和ᄒᄂ 大功이 有ᄒ니라.

酸素ᄂ 大氣萬分中 二千0九十六分을 點ᄒ니 其量이 窒素의 三分之一에도 不及ᄒ나 他物과 善히 化合ᄒᄂ 特長이 有ᄒ야 地球上生物에 大關係을 有ᄒ니 元素中最要ᄒ 者이니라.

炭酸瓦斯ᄂ 大氣萬分中僅히 四分을 割據ᄒ야 其量이 至少ᄒ나 植物의 生活上에ᄂ 不可缺할 者ㅣ니 此 瓦斯ᄂ 動物의 呼吸 卽 呵吐ᄒ 氣와 其他 物體의 燃燒을 由ᄒ야 生ᄒ 者이기로 其量이 常隨時增減하나니라.

水蒸氣ᄂ 大氣萬分中有時로 四百分內外를 占ᄒ 者니 天氣의 變化ᄂ 多히 此氣에 基因ᄒ나니 其 細詳은 後報에 讓ᄒ려니와 大綱인 즉 微細ᄒ기 塵埃에 次ᄒ야 河海行潦로 自起ᄒ야 天際에 浮遊ᄒ다가 或 興雲作霧ᄒ며 施雨降雪ᄒ나니라.

<u>오죠으온</u>은 酸素의 變體니 大氣에 存在홈이 至少ᄒ나 海岳 及 森林의 地方에ᄂ 比較的 多量을 占ᄒ니 其酸化力이 酸素보담 一層强大ᄒ니라 其他 諸氣ᄂ 普通的論述에 不必要ᄒ듯 ᄒ야 그만 ᄒ노라.

大氣의 性質: 大氣는 殆히 宛全한 瓦斯의 性을 有한 諸氣로 成한 者인즉 壓迫ᄒ거나 冷却ᄒ거나ᄒ면 容積이 減ᄒ고 又 壓力을 減ᄒ거나 溫度을 高ᄒ거나ᄒ면 容積이 增ᄒ나니라. 然ᄒ나 其 水蒸氣 안몬니아는 壓迫을 受ᄒ면 液體을 變ᄒ야 凝縮ᄒ며 落下ᄒ나니라. (未完)

◎ 地文學 問答, 李康賢, 〈공수학보〉 제4호, 1907.9. (지문학)

*물음표 사용

(一) 地球라 흠은 何를 謂흠인고?
　地球는 吾人의 住居ᄒ는 世界니 太陽系에 屬ᄒ야 太陽의 삼 周圍를 橢圓形으로 回轉ᄒ는 一個 遊星이니라.

(二) 太陽系라 흠은 何를 謂흠인고?
　太陽系라 흠은 太陽과 밋 太陽을 中心으로 삼고 其周邊을 回轉ᄒ는 多數의 遊星을 總稱흠이니 太陽系에 屬ᄒ는 것은 八個 의 大遊星, 二十個의 衛星, 二百四十餘個의 小星 及 二三個의 彗星과 無數한 隕星(운셩)이니라.

(三) 恒星이라 흠은 무엇인고?
　恒星이라 흠은 無數한 星辰 中에 在ᄒ야 스시로 光輝를 發ᄒ고 恒常 其 位置를 不動ᄒ는 거를 云흠이니 太陽도 恒星 中의 一星이니라.

(四) 遊星이라 흠은 무엇인고?
　遊星이라 흠은 스사로 光輝를--

　　(4쪽 분량 미입력)

◎ (학해) 地文學, 仰俯生, 〈낙동친목회학보〉 제2호, 1907.11.
(지문학)

▲ 제2호

地理學은 地球의 表面에 關亨 理學을 總括亨 者라. 其 分科가 甚多亨
야 釋類케 難亨나 然亨나 大概 天然과 人事의 二門에 不外홈으로 諸般
現象을 此 二門에 分亨니 其 天然 事項에 關亨 거슬 硏究홈을 天然地學
又 地文學이라 稱亨고 其人事 事項에 關亨 거슬 硏鑽홈을 人文地學 又
政治地理라 名亨니라.

邦國의 區別과 人種의 異同과 言語와 風俗과 宗敎와 政治와 歷史 等
學을 地理上으로 從亨야 論홀 바 者는 政治地理의 要 卽 人文地學의
內容이어니와 地球 天體의 關係와 地球上 物質界의 現象과 動植物의
分布 等 學을 硏究홀 바 者는 地文學의 要 卽 天然地學의 領分이니라.

地文學을 區區히 分類亨면 左와 如亨니

第一. 地球 星學: 此 吾人의 寄住亨는 地球가 於宇宙의 間에셔 太陽系統
이 屬亨 一個 遊星이니 此篇은 地球를 一個 天體로 作亨야 立論亨 거이
니라.

第二. 氣界의 地文學: 氣界는 蒼蒼亨 天際에 彌滿亨 거슬 論홈이라.

第三. 水界의 地文學: 水界는 洋海 江 河川 礀의 作用 變轉을 論홈이니라.

第四. 陸界의 地文學: 地球의 表面을 組成亨 거슨 水며 陸이며 又 空氣
圍繞亨 故로 以上 三界의 各其 性質이 互相 關系된 것도 論說홈이니라.

第五. 生物界의 地文學: 地球의 表面은 實노 動物 植物과 人類의 蕃榮ᄒ 는 場裏라. 現今에 分布ᄒᆫ 狀態와 過去에 沿革ᄒᆫ 形跡을 地理上으로 從 ᄒ야 攻究ᄒ는 거이 皆 地文學 範圍에 屬홈이라.

第一編 地球 星學

第一章 宇宙의 間에 地球의 位置

夜에 天像을 仰觀ᄒ면 無數ᄒᆫ 星宿(성수)가 燦爛 光耀ᄒᆫ 文을 具ᄒ얏 나니 其中에 自身이 有光ᄒᆫ 者도 有ᄒ며 又 他星의 光을 受ᄒ야 鏡의 反射와 如히 吾人의 眼에 入ᄒ난 者도 有ᄒ며 行ᄒ는 者도 有ᄒ며 定ᄒ 엿는 者도 有ᄒ야 萬態千狀에 形喩케 難ᄒ나 然ᄒ나 此를 分類ᄒ면 自 身이 能이 放光ᄒ고 恒常 其 定處을 不移ᄒ는 者를 恒星이라 稱ᄒ고, 自身은 無光ᄒ나 他星의 光을 得ᄒ야 如鏡 放光ᄒ고 且 其 直接 放光ᄒ 는 星의 周邊을 回轉ᄒ는 者를 遊星이라 云ᄒ고, 又 遊星의 周邊을 回轉 ᄒ는 者를 衛星이라 稱ᄒ고 又 火塊와 恰如ᄒ야 天空에 時橫ᄒ는 者를 隕星(운성)이라 云ᄒ고, 或 長大ᄒᆫ 光尾을 曳引(예인)ᄒ고 適然히 天空 에 現ᄒ는 者를 彗星이라 云ᄒᄂ니라.

太陽은 一大 恒星이라. 恒常 其 位置를 不變ᄒ고 又 太陽을 中心으로 定ᄒ고 其 周邊을 回運ᄒ는 遊星의 一羣이 有홈으로 太陽과 及 太陽에 屬ᄒ는 遊星의 一羣을 總稱ᄒ야 太陽系라 ᄒ니라.

太陽系는 八個 大遊星과 二十個의 衛星과 二百四十餘個의 小遊星으 로 成ᄒ고, 別노 三四의 彗星과 無數不可量홀 隕星이 쏘ᄒ 其中에 屬ᄒ 얏다 ᄒ니라.

今에 太陽으로 自ᄒ야 距離의 遠近을 從ᄒ야 諸遊星을 擧ᄒ면 水星

과 金星과 地球星과 火星과 無數き 小遊星과 木星과 土星과 天王星과 海王星과니라.

이런 故로 地球는 太陽系에 屬き 一個 遊星이오 太陰 卽 月은 又 地球로 中心을 定き야 運環き난 一個 衛星이니라.

太陽과 太陰의 間에 地球ㅣ 至홀 時에는 地球의 陰影이 太陰의 面을 掩き야 月蝕을 成き고 地球와 太陽의 間에 太陰이 來홀 時에는 太陰의 陰影이 太陽의 面을 遮き야 日蝕을 成혼다 き니라.

▲ 제3호

吾人이 地球의 圓形을 試き야 知코져 홀딘듸 高山의 巓(전, 산꼭대기)에 上き야 渺茫(묘망)き 平野나 或 浩瀁(호양)き 滄海를 極目き야 觀臨き면 一面 平潤き 天涯地際가 渾然히 天水相合き야 自東至南き며 自南至西에 圓狀의 線을 一畫き 듯き야 吾人의 世界를 限き야 能히 此線을 越視홀 道理가 無き다.

[註] 此圓線을 稱き야 地平線이라 き고 且 地平線 內에 含有き 地面을 又 地平面이라 名き느니라.

分毫라도 地面 或 海面의 彎曲 斷折의 狀을 發見き기 難き느니 故로 古昔의 人은 此 地球를 平板의 體라 云き고, 日月과 星辰은 其東 一端에 出き야 他 一端에 沒혼다 惑信き더니 彼 고론쌔스 西班牙國 朝庭에셔 球形을 說明き고 自歐洲로 東洋에 達홀 新航路를 論及き니 當時에 朝野ㅣ 皆疑訝き얏느니라.

然き나 地球 球形의 證을 擧き면 如左き니라.

第一. 月蝕홀 時에 月面에 遮影ᄒᄂᆞᆫ 地球의 陰影이 恒常 圓滿홈을 見ᄒᆞᄂᆞ니 是 地球의 球形되야 이슴을 由홈이니, 盖 엇더ᄒᆫ 方向이던디 다 圓形의 陰影을 映ᄒᄂᆞᆫ 거시 엇디 地球의 形이 不圓ᄒᆞ고야 其影이 圓ᄒᆞ리오.

第二. 入港ᄒᄂᆞᆫ 船舶을 望ᄒᆞ면 檣頭(장두, 돛대)가 先現ᄒᆞ고 檣身이 次에 現ᄒᆞ고 終에 船體가 見ᄒᆞ며 又 出帆ᄒᄂᆞᆫ 船舶은 船體가 先沒호ᄃᆡ 尙히 檣帆이 見ᄒᆞ다가 最後에ᄂᆞᆫ 檣頭ᄭᅡ디 沒홈은 是 吾人이 恒常 海岸에서 目擊ᄒᄂᆞᆫ 바이며, 又 吾人이 船을 乘ᄒᆞ고 航海홀 時에 目的地에 近ᄒᆞ면 먼져 平地보담 山을 標準ᄒᆞ야 進ᄒᄂᆞ니 亦 類此ᄒᆫ 現象을 由홈이라. 是ᄂᆞᆫ 地面 或 海面의 彎曲이 吾人의 眼目을 遮ᄒᆫ 故也니라.

第三. 人이 有ᄒᆞ야 南方을 向ᄒᄂᆞᆫ 時에ᄂᆞᆫ 北方에서 常見ᄒᆞ던 羣星이 次第로 北方 眼界下에 隱ᄒᆞ고, 南方의 諸星이 新히 眼眸 中에 見ᄒᆞ며 又 南方으로셔 反 北發向ᄒᆞ면 南方의 星이 次第로 隱ᄒᆞ고, 更히 北方의 星宿가 其返還ᄒᄂᆞᆫ 距離을 從ᄒᆞ야 漸漸 發現ᄒᄂᆞ니 是 地面의 南方이 彎曲ᄒᆫ 證이니라.

第四. 日月을 勿論ᄒᆞ고 其光線이 一時에 能히 地球의 全面을 未照ᄒᆞ야 亞東이 爲晝ᄒᆞ면 歐西가 爲夜ᄒᆞ야 其出沒의 時刻이 東西가 差違를 生ᄒᆞ니 萬一 地球가 彎曲홈이 無홀던딘 地面上 何國을 莫論ᄒᆞ고 그 出ᄒᆞ고 沒ᄒᆞ며 照ᄒᆞ고 仄(측)홈이 皆 同時될 道理어날 그 不然홈은 是 地面의 東西가 彎曲된 證이니라.

第五. 吾人이 萬一 東이나 及 西이나 向ᄒᆞ야 不息ᄒᆞ고 進行ᄒᆞ면 終乃에ᄂᆞᆫ 처음 發程ᄒᆞ던 地에 歸着ᄒᄂᆞ니 是도 ᄯᅩᄒᆫ 地球 球形의 證이라. 三百七十餘年에 前 葡萄牙國人 마ᄒᆞ리안스[30] 氏 如斯키 世界를 初一周ᄒᆞ얏ᄂᆞ니라.

第六. 吾人의 眼이 所處地의 高低를 從ᄒ야 眼界에 現홈이 大小 有ᄒ니 是亦 地球 彎曲ᄒ 一證이라. 是故로 高山의 巓에 立ᄒ야 上界를 觀望ᄒ 면 四五百里 或 千里之內가 悉히 雙眸에 入ᄒᄂ니라.

[註] 日本 富士山은 十三州가 見혼다 ᄒ더라.

▲ 제4호

第三章 地球의 運動

地球의 運動이 有二ᄒ니 一은 卽 南北 兩極의 地軸으로 旋轉ᄒ나니 是를 自轉 又 日運이라 稱ᄒ고, 一은 太陽으로 中心을 定ᄒ고 其周邊을 回轉ᄒ나니 是를 公轉 又 年動이라 云ᄒ나니라.

地球의 公轉: 古昔에ᄂ 地球를--

--

◎ 地殼 發達을 論홈, 金晩圭, 〈공수학보〉 제1호, 1907.01.31. (지질학)

地殼은 卽 地球의 表面的 形質이라. 然ᄒᄂ 此에 由ᄒ야 吾人의 衣食 住 三大事을 다— 經營홈인즉 엇지 其 組織的 原理됨을 硏究ᄒ야 觀察 力을 補치 아니ᄒ리오. 此에 槪略을 陳ᄒ노라.

---

30) 마하리안스: 마젤란.

地殼의 厚을 論흠은 아직 學者의 說이 一定치 못ᄒᄂ 最近 學說에 依ᄒ즉 二百里의 厚가 된다 云ᄒ니 地殼의 厚ᄂ 決코 一朝一夕에 成ᄒ 배 아니라.

星雲說에 據ᄒ즉 地殼이 生ᄒ기 前에ᄂ 地球가--

◎ 地史(Historical Geology),
　李殷德, 〈공수학보〉 제3호, 1907.7. (지질학)

　　*지질 연대학을 소개함＝학문 용어가 다수 등장함 / 로마자 학술 용어 병기가 많음

吾人이 歷史를 依ᄒ야 過去 數千年 年代의 事實을 明白히 知ᄒᄂ 地球의 動植物의 變遷 沿革에 至ᄒ야ᄂ 歷史로 得知치 못흠은 太古時에 文字가 無ᄒ엿슬 쑨 外에 吾人의 先祖가 地球上 生物 中 最後에 創造됨에 因흠이라.

西曆 紀元 千七百五十七年에 칸트(Kant) 氏의 硏究와 仝 千七百九十八年에 ᄅᆡ플레ㅣ스(Laplace) 氏의 同一ᄒ 硏究ᄂ 다만 地球가 元來 一塊의 瓦斯体로 空間에 浮動ᄒ다가 漸次 其 熱을 失ᄒ야 液体가 된 時代에 至ᄒ얏쓰니 此를 칸트 릿플레-스 霞雲說(Kant Laplace nebular Theory) 이라 稱ᄒᄂ니라.

仝 千百八九十六年에 水星學者 쳘네르(Zallner) 氏가 霞雲說(하운설) 以後 時代를 硏究ᄒ야 地球의 年代를 左와 갓치 分ᄒ니라.

　太古代 (Arehian Era)[31]
　　一. 片麻岩紀 (Gneiss Period)

二. 雲母片岩紀 (Mice shist period)

三. 千枚岩紀 (Phyllite Period)

古生代 (Palaeozie Era)

一. 寒武里亞紀 (Cambrian Period)

二. 志留里亞紀 (Silurian Period)

三. 泥盆紀 (Devonian Period)

四. 石岩紀 (Corboniferonus Period)

五. 二疊紀 (Perminian Period)

中生代 (Mesozoie Era)

一. 三疊紀 (Triassic Period)

二. 朱羅紀 (Jurassic Period)

三. 白堊紀 (Crelaceous Period)

新生紀 (Cainozoie Era)

一. 第三紀 (Tertiary Period)

二. 第四紀 (Quantanary Period)

洪績統 (Diluvial Series)

沖積統 (Aeeuvial Series)

(注意) 玆에 記혼 年代는 年數를 表홈이 아니라 時代의 新舊를 區別
ᄒ기 爲ᄒ야 比較的 順序를 表홈이라. (未完)

*미완이지만 더 연재되지 않았음

---

31) 로마자 학술 용어는 원문대로 입력하였으나 현재의 철자법과 다른 것이 많다. 철자법
검증이 필요하다.

◎ 地球學說, 天然子 述, 〈대한협회회보〉 제8호, 1908.11.
  (지문학)

吾人의 捿息ᄒᄂᆫ 地ᄂᆫ 渺然ᄒᆫ 一大土塊라. 其 形이 球와 如히 圓ᄒᆫ 故로 地球라 稱ᄒᄂᆫ 端倪도 無ᄒᆨ고 四角도 無ᄒᆨ고 但 南北 兩極만 莔蒂와 如히 氷洋이 有ᄒᆯ ᄯᅮᆫ이오 地球의 周圍ᄂᆫ 七萬八千二百英里오 直經은 二萬六千七十里오 全體 表面面積은 大約 二十一億四千五百三十三萬方里니 此를 陸海로 區別ᄒᆨ건ᄃᆡ 陸地ᄂᆫ 五億三千七十三萬八百四十四方里오 海ᄂᆫ 十六億三千萬二千五百方里니 海의 大홈이 陸地에 比ᄒᆞ야 四分의 三이 加ᄒᆨ고 地球와 太陽의 距里ᄂᆫ 三億五百六十萬里오 地球物質의 重量은 十二億億億斤이니 太陽에 比ᄒᆞ야 一百二十萬倍가 小ᄒᆞ다 ᄒᆞ며 太陽은 恒星이라 運動이 無ᄒᆨ고 地球ᄂᆫ 流星이니 太陽으로 中心을 作ᄒᆨ고 其 上下左右로 繞轉ᄒᄂᆫ 軌道가 有ᄒᆨ니 此 軌道의 周圍ᄂᆫ 十九億七千三百四十萬里라 地球ᄂᆫ 此 軌道로 由ᄒᆞ야 東向轉走ᄒᆞ되 一轉ᄒᆞ면 一晝夜를 成ᄒᆨ고 三百六十五度 又 四分度의 一을 轉ᄒᆞ면 原處에 還着ᄒᆞ야 一歲를 成ᄒᆞ나니 其 轉走ᄒᄂᆫ 速力은 每日 五百四十萬六千五百七十五里니 每一分時에 三千七百五十四里零을 疾走ᄒᆯ 터이며

地球ᄂᆫ 太陽의 反射力을 受ᄒᆞ야 光明을 生ᄒᄂᆫ 故로 地球의 環轉홈을 隨ᄒᆞ야 太陽을 面ᄒᄂᆫ 處ᄂᆫ 晝를 成ᄒᆨ고 背ᄒᄂᆫ 處ᄂᆫ 夜를 成ᄒᆞ나니 東西洋의 晝夜가 相反홈은 此에 由홈이라. 今에 我韓京城의 正午로 標準을 作ᄒᆨ고 各國 都城의 時間을 對照ᄒᆨ건ᄃᆡ 大略 如左ᄒᆨ니

大韓 京城에 正午 十二時면
淸國 北京셔ᄂᆫ 午前 十時 五十六分 五十六秒
俄京 彼得保에ᄂᆫ 午前 五時 十二分 四秒
英京 倫敦에ᄂᆫ 午前 四時 四十秒
伊太利京 羅馬에ᄂᆫ 午前 四時 二分五十六秒

德京 伯林셔눈 午前 四時 二十八分 三十二秒

法京 玻利셔눈 午前 三時 二十分 二十秒

米京 華盛敦에눈 午後 十時 二分 四十八秒

日本 東京셔눈 午正 十二時 三十分이라(一日은 二十四時로 一時눈 五十分으로 一分은 六十秒로 홈).

世界의 區城을 分別ᄒ기 爲ᄒ야 地球表面에 經線 三百六十度와 緯線 一百八十度를 罫劃ᄒ니 地珠圖에 依ᄒ야 共悉홀 바어니와 經은 南北縱線이니 第一度 起點을 英國권지취地에셔 始ᄒ야 東西 各 一百八十度에 終合ᄒ고 緯눈 東西 橫線이니 地珠腰帶와 如ᄒ 中央赤道로 起點ᄒ야 南北에 各 九十度에 終ᄒ니 其 經緯線의 間距里눈 各 二百十七英里오 赤道 南北緯線 各 二十度 以內에눈 熱帶地라. 四時의 氣候가 同一ᄒ고 同二十度 以外 五十度 以內에눈 黃道 卽 溫帶地니 四時 寒暖의 差異가 有ᄒ고 五十度로 八十度 以內눈 黑道 卽 寒帶地오 其 外눈 北極이며

地球의 南北이 傾斜홀 쑨 不是라. 坐體가 北高南低ᄒ 故로 軌道로 由ᄒ야 繞轉홀 際에 太陽의 直射와 傾射의 差異가 有ᄒ니 直射ᄒ눈 處눈 夏期가 되고 傾射ᄒ눈 處눈 冬期가 되고 半直半傾ᄒ눈 處눈 春秋가 되나니 然故로 赤道의 南北에 氣候가 相反ᄒ야 吾人所居地에 綠陰이 鬱密ᄒ면 南方大洋洲 地方에눈 白雪이 層嶂ᄒ고 此에 播種ᄒ면 彼에 收穫ᄒ며 夏至節候에눈 太陽이 赤道北에 直射ᄒ눈 故로 南極에눈 幾個日間은 日光을 不見ᄒ고 北極에눈 夜色이 無ᄒ며 冬至節候에도 亦然 相反ᄒ니라.

地部의 內層은 熱火가 澎漲ᄒ야 有時乎火山이 坼裂ᄒ야 烟焰이 噴出ᄒ눈 處가 多ᄒ니 其 噴口의 大小눈 各殊ᄒ거니와 大者눈 數十里를 作ᄒ야 噴出ᄒ눈 鎔化物이 數百里에 蔽積ᄒ야 生命과 財産의 損害가 多大ᄒ니 此눈 大地震을 由ᄒ야 發生ᄒ눈 者오 地震은 地部內層에 熱火가 澎漲홈을 因ᄒ야 發生ᄒ눈 者라. 我韓은 大地震도 無ᄒ고 火山도 無ᄒ거니와 日本, 布哇, 伊太利 等 國에눈 大地震과 火山이 連綿不絶ᄒ니라.

◎ 地文略論, 朴晶東, 〈기호흥학회월보〉 제1호, 1908.8.
　(지문학, 지구과학)

▲ 제1호

宇宙는 一暗黑혼 空所라. 吾人의 目力으로 能察치 못ᄒ며 智力으로
能測지 못ᄒᄂ 者라. 然ᄒ나 其間에 早히 昭昭혼 者가 有ᄒ야 吾人의
目에 來觸홈이 此를 總括ᄒ야 天體라 稱홈이니, 此 天體ᄂ 暗黑혼 空所
에 在ᄒ야 各其 處所를 占領ᄒ고 其中에 光이 有혼 者가 多ᄒ야 珠形
表面으로 上下 四方에 發射ᄒ야 遠近에 波及홈이 此 光波를 遇혼 者ᄂ
其 眞狀을 露出치 아니혼 者가 無ᄒ야 宇宙間 森羅萬象을 形成홈이라.
　然ᄒ나 其 光線을 發ᄒᄂ 者를 觀測홈에 其數交ᄂ 量홀 바이 無ᄒ고
오작 天文諸大家의 實測을 依ᄒ야 論述홀 ᄯᆞᆫ이라. 今에 太虛間에 在혼
諸天體를 星이라 名ᄒᄂ니 吾人은 다만 衆星의 消息 盈虛上(영허상)에
硏究ᄒ야 其 運動과 靜止ᄂ 如何혼 關係에 有ᄒ며 又 隱홈과 顯홈이
實測을 屢試ᄒ나 姑히 詳得혼 者가 無혼지라.
　然ᄒ나 吾人은 恆常 目擊혼 바를 依ᄒ야 其 一處에 恆在ᄒ고 位置를
不變혼 者를 恆星이라 稱ᄒᄂ니 此 恆星은 其 數交와 大小와 距離ᄂ
詳測지 못ᄒ얏스며 云혼 바 太陽은 吾人에 最近 距離에 在혼 恆星이라
홈이라. 太陽은 恆常 一處에 在ᄒ야 位置를 不變ᄒ고 其球形 表面에 至
强혼 光線을 發ᄒ야 遠近에 照及ᄒ고 又 其 周圍의 遠近에 八個 大星이
有ᄒ야 太陽으로 中心을 作ᄒ고 旋繞(선요)ᄒᄂ딕 其 一定혼 規則을 依
ᄒ야 自强不息의 道를 成ᄒᄂ지라. 吾人은 此를 見ᄒ고 游星이라 云ᄒ
니 游星은 盖自身의 光이 無ᄒ며 一定혼 處所가 無ᄒ야 恆常 太虛間에
流行홈으로 此名을 得홈이라. 又 游星을 次第로 論及홈에 太陽에 最近
혼 者ᄂ 水星이오 次ᄂ 金星이오 地球ᄂ 第三位에 居ᄒ고 次ᄂ 火星
木星 土星 天王星 海王星이라.

此遊星은 太陽에 近離ᄒᆫ 者도 有ᄒ고 遠離ᄒᆫ 者도 有ᄒ니 太陽 距離의 順序ᄂᆫ 水星, 金星, 地球, 火星, 木星, 土星, 天王星, 海龍星이라. 此 八個 遊星이 太陽의 主位에 繞行ᄒᆯ 샏 아니라 自身을 恆常 旋轉ᄒᆷ을 自轉이라 ᄒᆷ이라. 盖 地球ᄂᆫ 他流星과 共히 太虛에 運行ᄒ야 昭昭ᄒᆫ 一個 天體를 成ᄒᆫ 者라. 故로 其 運行ᄒᆷ을 天文學에 屬ᄒ고 地球 自身上에 在ᄒᆫ 現象을 地理學에 屬ᄒᆷ이니, 今에 天文에 屬ᄒᆫ 地理를 槪論ᄒ노라.

天文地理

地球ᄂᆫ 太陽을 距ᄒ기 三億三百六十萬 韓里에 相當ᄒ다 ᄒ며, 三百六十五日 六個時에 太陽을 一回ᄒ야 一年을 成ᄒ며 二十四個 時에 自身을 一回ᄒ야 一日을 成ᄒᄂ니라.

公轉論

地球ᄂᆫ 何故로 太陽의 主位에 繞行ᄒᆷ인고. 盖 太陽은 一大 恆星이라. 其體積이 之體에 比ᄒ면 三十萬 倍에 相當ᄒ다 ᄒ며 且 其 位置ᄂᆫ 一處에 恆在ᄒ나 自身은 二十六日에 一回轉ᄒ고 極大至强ᄒᆫ 引力이 發ᄒ야 他遊星을 吸引ᄒ야 其自轉ᄒᄂ 方向으로 回旋케 ᄒᆷ이라. 且 其引力은 他遊星을 引付코자 ᄒ나 太陽이 自轉ᄒᄂ 勢를 因ᄒ야 他星을 其周圍로 旋回ᄒᆷ으로 他星도 쏘ᄒᆫ 太陽에 付着지 아니ᄒ고 其 軌道로 運行ᄒᄂ니 太陽이 遊星을 吸引ᄒᄂ 力을 求心力이라 ᄒ고, 遊星이 太陽에 付着지 아니ᄒ고 軌道로 行ᄒᄂ 力을 遠心力이라 ᄒᄂ니, 此 遠心力은 該遊星의 體質 大小에 關ᄒ야 求心力이 大ᄒ면 遠心力도 大ᄒ며, 求心力이 小ᄒ면 遠心力도 小ᄒᄂ니 故로 求心力과 遠心力을 恆常 同等의 作用이 有ᄒ야 各 遊星은 一定ᄒᆫ 軌道에 運行ᄒᄂ니라. (未完)

▲ 제3호

地球의 創始는 諸說이 不同ᄒ나 가장 可據홀 바 者는 太陽이 熱液을 噴出홈이 其液汁이 또ᄒ 空間에 在ᄒ야 衆遊星이 되얏다 홈이라. 然ᄒ나 衆遊星은 尙히 液體로 存在ᄒ 者이 아니오, 各其 凝固ᄒ야 固體를 成ᄒᄂ니, 地球는 其始에 一團의 液體로 漸漸 收縮홈이 其 容積이 또ᄒ 減少ᄒ며 外面이 凝固ᄒ야 皮殻을 成홀지라. 此 皮殻은 無限히 厚ᄒ 者이 아니오, 其內에 熱液을 尙히 包藏ᄒ 者라.

然ᄒ나 地殻의 組織은 甚複雜ᄒ야 各 元質의 化合物로 成ᄒ얏스며, 且 地殻의 中間에 往往히 動植物의 形跡이 有ᄒ니라. 今에 地殻의 探査홈을 據ᄒ건듸 海岸으로브터 直下ᄒ야 韓里 約五十里를 地殻의 上部라 ᄒ고, 又 五十里를 中部라 ᄒ고, 再又 五十里를 下部라 ᄒᄂ니, 其上部는 探査홈이 詳悉ᄒ야 探査客의 發見ᄒ 바가 往往 相孚(상부, 서로 믿뿜)ᄒ며 其外 二部도 探査홈이 有ᄒ니라.

盖上部는 地面에 最近ᄒ 者이니 此에셔 動植物의 形跡을 發見ᄒᄂ니 其地面으로브터 直下홈의 古迹이 相異홈으로 此를 三層으로 區別ᄒ니 上層은 近古跡이라 ᄒ고, 中層은 中古跡이라 ᄒ고, 下層은 上古跡이라 ᄒᄂ니라.

第一 近古跡: 近古跡은 禽獸의 全體가 石을 成ᄒ 者와 草木의 全部가 石을 成ᄒ 者와 또 人體가 石을 成ᄒ야 骨格이 宛如ᄒ 者가 有ᄒ니 此는 人類와 草木 等이 地中에 埋沒홈이 極深ᄒ야 泄氣(설기)홈이 少無ᄒ즉 該 物中에 素有ᄒ 炭質이 地熱을 受ᄒ야 許多ᄒ 年月을 經홈이 凝固成石홈이오, 且 地層을 漸入홀ᄉ록 近時에 所無ᄒ 獸跡과 其他 鳥類의 奇怪ᄒ 者의 骨格이 多ᄒ니라.

第二 中古跡: 中古跡은 人類와 獸類의 形跡은 無ᄒ고 但 魚類의 形跡만 存在ᄒ야 石을 成ᄒ 者와 其他 昆虫의 形跡만 有홀 ᄲ이라.

第三 上古跡: 上古跡은 動物의 形跡은 無ᄒ고 但 草木과 蘚苔의 形跡만 存在ᄒ야 石文의 木葉과 笞形의 班痕을 帶ᄒ며 此에 又 深入ᄒ면 植物의 形跡도 有치 아니ᄒ니라. 此를 見ᄒ야 推ᄒ건딕 上古에는 草木의 類가 生ᄒ얏스며 中古에는 獸類와 鳥類가 生ᄒ얏스며, 近古에 至ᄒ야 人類가 始生ᄒ얏나니라.

▲ 제4호

換日界

夫 地球는 暗黑ᄒ 宇宙間에 運行ᄒ는 一個 球子라. 故로 太陽에 向ᄒ 바 一面은 晝가 되고 其他 半面은 夜가 되느니 每 二十四 時間에 自西向東ᄒ야 地軸의 周圍에 回轉ᄒ야 晝夜를 生ᄒ느니 此 回轉을 自轉이라 ᄒᄆ이라.

地球는 如斯히 圓ᄒ며 且 回轉ᄒᄆ으로 其 太陽을 受ᄒ는 바 半面의 中央 一線 卽 子午線은 太陽을 直受ᄒ는 故로 當地를 午正線이라 ᄒ느니 是故로 地球의 表面 直徑線 三百六十度에는 一日에 一回式 午正을 得ᄒ느니라.

盖 地面 午正은 每 四分間에 經線 一度를 經過ᄒᄆ으로 各地의 午正은 先後의 差가 生ᄒ느니 此를 時差라 云ᄒ느니라.

地球上의 時差가 如斯ᄒᄆ으로 日字의 變換이 生ᄒ야 午正되는 當地의 反對되는 地方은 當地의 換日界가 되느니 是故로 當地의 子正되는 地方은 卽 其 換日界가 分明ᄒ즉 何處던지 換日界를 作ᄒᄆ이 無妨ᄒ나 然ᄒ나 現今 航海客은 英國 그린위치 天文臺로부터 起ᄒ야 其反對 方向 卽 東西 經 百八十度 間에 換日界를 治ᄒ니 卽 太平洋 中에 在ᄒ니라. (미완)

地球눈 暗黑훈 空間에 在훈 一球體라. 故로 恆常 其 反面으로 日光을 受홈은 無疑훈지라. 然ᄒᆞ눈 地球가 自轉ᄒᆞ야 西으로브터 東을 向ᄒᆞ눈 時눈 時間을 要ᄒᆞ눈지라. 如斯히 何處던지 每日 一回式 太陽이 其 子午線上에 臨홈을 得ᄒᆞ느니, 此를 午正이라 ᄒᆞ눈듸 同一훈 經度에 在ᄒᆞ야 눈 또훈 同一훈 午正을 得ᄒᆞ느니라.

午正은 一 晝夜에 地球를 一回周行ᄒᆞ되 每四分에 經線 一度를 經過홈 으로 兩地의 午正은 差違가 生ᄒᆞ느니 此를 時差라 ᄒᆞ느니라.

每 四分間에 一度를 經過훈즉 一時間은 十五度를 行홀지라. 이럼으로 兩地의 經度를 知ᄒᆞ면 此를 四로 乘ᄒᆞ야 時差를 求ᄒᆞ며 兩地의 時差를 知ᄒᆞ면 此를 四로 除ᄒᆞ야 經度랄 求ᄒᆞ느니라.

午正은 恒常 次第로 移動ᄒᆞ야 時差를 生ᄒᆞ눈 故로 日字의 變換이 生 ᄒᆞ느니 此눈 地球가 球形이 된 結果로 自身의 障碍가 起홈이라. 然則 何處에던지 換日界를 置홈도 不可홈이 無ᄒᆞ눈 現今 航海者눈 東西經 白八十度의 線으로써 換日界를 作ᄒᆞ느니 盖此 經線은 英國 綠威司 天文 臺32)로브터 起ᄒᆞ야 計算ᄒᆞ믜 其半되눈 處이며 또 太平洋 中을 經過ᄒᆞ 야 大陸을 觸지 아니ᄒᆞ느니라.

또 時差에 關ᄒᆞ야 日出과 日入의 時間도 各地方이 相違홈이 잇느니 라. 然ᄒᆞ나 此눈 經線에 關ᄒᆞ야 同一치 아니ᄒᆞ고 但 午正은 經線에 關홈 으로 我國 京城의 午正은 日本 東京의 午正 十二時 三十分이오 美國 紐育의 午後 十時 三十分이니라. (未完)

---

32) 녹위사 천문대(綠威司 天文臺): 그린위치 천문대. 앞 호에서는 그린위치 천문대로 표기하 고, 이 호에서는 녹위사 천문대로 표현하였음.

▲ 제8호

地心의 熱度

地球는 完全히 冷却호 者이 아니오, 其 內部는 尙今 酷劇호 熱力이 有호야 各 物質의 溶解호 液體가 殘在호 者이라. 今에 各地의 實驗을 因호야 推測호 者를 擧호건딕 自地面으로 五十 英里에 達호면 大槪 華氏 寒暖計 四千六百度의 熱力이 有호다 호며, 且 地中의 熱度는 地心을 向호야 入홀ㅅ록 次第 增加호나니 英國 一 炭鑛은 其深이 二千四十尺이니 每八十三尺에 華氏 一度의 熱이 增加호며, 佛蘭西의 一 白墨礦은 深이 一千九百八十尺이니 每五十四尺에 華氏 一度를 增加홈이라. 各地의 實測이 甚差異가 有호나 此는 緯度 及 地質에 關홈이 不無홈이라. 盖 地心의 熱力은 如斯홈으로 往往 地殼이 破裂호야 熱液이 地面에 噴出호는 者도 有호며, 地殼이 內破호야 地層이 陷落호 者도 有호니, 此等 變化는 다 地震되는 原因이라. 是故로 火山은 其頂上에 地中을 通호는 大孔이 有호야 煙炎을 噴出호는 者이니 其 形은 一定호 圓錐狀이라. 現今ㅅ지 噴火호는 者도 잇고, 昔時에는 噴호다가 現今에는 休息호 者도 잇느니 其噴火口는 山의 絶頂에 在홈이 常例이나 或 山의 半腹과 或 平面에 在호 者도 잇느니 其 山頂에 在호 者는 熱液이 噴出호야 其火口의 周圍에 層積홈이오, 山腹에 在호 者는 其熱液이 噴出홀 時에 風勢를 因호야 一邊에 堆積홈이오, 平地에 在호 者는 將次 高山을 成홀 者이니 例컨딕 北米 믹시코에 在호 火山은 平野에셔 噴火호야 一夜間에 一千六百尺의 高山을 成호니 此時는 西曆 一千七百五十九年이러라.

◎ 地文問答, 洪正裕, 〈기호흥학회월보〉 제11호, 1909.6.
　(지문학)

▲ 제11호

　太陽系

(問) 太陽系는 何를 謂흠이뇨.
(答) 太陽系라는 者는 太陽으로서 中心을 삼고 其四周를 繞ᄒᆞ야 旋轉ᄒᆞ
는 行星이 太陽에 系흔 者와 如흔 者를 稱흠이니라.

(問) 太陽을 繞ᄒᆞ고 旋轉ᄒᆞ는 行星의 數가 幾何나 되느뇨.
(答) 行星에 八이 有ᄒᆞ니 卽 水星, 金星, 地球, 火星, 木星, 土星, 天王星,
海王星이 是라. 地球가 其 八星에 一인 故로 또흔 太陽系에 屬ᄒᆞ니라.

(問) 地軸은 何를 稱흠이뇨.
(答) 地球 南北을 直貫ᄒᆞ야 地心을 穿過흔 直綫(직선)을 地軸이라 ᄒᆞᄂ
니라.

(問) 軌道는 何를 稱흠이뇨.
(答) 太陽을 繞行ᄒᆞ는 道를 軌道라 ᄒᆞᄂ니라.

(問) 自轉과 公轉은 如何흠을 指흠이뇨.
(答) 地球가 每日 本軸을 繞ᄒᆞ야 旋轉ᄒᆞ는 者를 自轉이라 稱ᄒᆞ고, 每年
軌道를 循ᄒᆞ야 旋轉ᄒᆞ는 者를 公轉이라 稱ᄒᆞᄂ니라.

(問) 赤道圈은 何를 謂흠이뇨.
(答) 地軸의 兩端은 南極 北劇이니 南北極을 距ᄒᆞ야 適中흔 地圈을 赤道

圈이라 稱ᄒᄂ니라.

(問) 各地 子午圈은 何를 謂홈이뇨.
(答) 南北極을 過ᄒ야 隨處化設의 地圈을 各地 子午圈이라 稱ᄒᄂ니라.

(問) 各地 緯度ᄂ 何를 謂홈이뇨.
(答) 各地 緯度ᄂ 赤道의 度를 距ᄒ야 各地 緯度를 定ᄒ니 赤道 以南은 南緯度라 稱ᄒ고, 赤道 以北은 北緯度라 稱ᄒ야 南北이 各各 九十度에 至ᄒ얏나니라.

(問) 各地 經度ᄂ 何를 謂홈이뇨.
(答) 各地 子午圈과 起點 子午圈의 相距ᄒ 度가 各地 經度를 作ᄒ야 起點 東은 東經이라 稱ᄒ고, 起點 西ᄂ 西經이라 稱ᄒᄂ니 東西가 各各 一百八十度에 至ᄒ야 止ᄒ얏ᄂ니라.

四季

(問) 地球 南回歸綫(남회귀선)과 北回歸綫이 何處에 在ᄒ뇨.
(答) 太陽이 赤道 南北 各 二十三度 半에 行至ᄒ야 漸次 回歸ᄒᄂ니 其 處에 圈綫을 各劃ᄒ야 南曰 南回歸綫(一名 冬至線)이라 ᄒ고, 北曰 北回歸綫(一名 夏至線)이라 ᄒ니라.

(問) 北半球이 晝가 何時에 最短ᄒ고 何時에 最長ᄒ며 又 何時에 晝夜가 平分되ᄂ뇨.
(答) 太陽이 南回歸綫 上에 直射ᄒ면 此時에 北半珠의 晝가 最短ᄒ니 是爲 冬至오, 太陽이 北回歸綫 上에 直射ᄒ면 此時에 南半球의 晝가 最長ᄒ니 是爲 夏至며, 太陽이 自南回北ᄒ거나 自北回南ᄒ 時에 其 中途 에셔 兩次를 赤道上에 直射ᄒ야 此時에 晝夜가 平分되ᄂ니 是爲 春分

秋分이니라.

▲ 제12호

(問) 南北極圈과 南北極의 相距가 各幾度이뇨.
(答) 太陽이 赤道 南北 各二十三度 半에 行至ᄒ면 其時ᄂᆫ 卽 冬至와 夏至라. 光線이 此에 止치 안이ᄒ고 南北極을 過ᄒ야 各二十三度 半에 至ᄒᄂ니 此處에 一圈線을 各畫ᄒ야 南曰 南極圈이라 ᄒ고, 北曰 北極圈이라 ᄒᄂ니라.

(問) 南北 寒帶ᄂᆫ 何處에 在ᄒ뇨.
(答) 南極圈 內의 地面은 南寒帶라 ᄒ고, 北極圈 內의 地面은 北寒帶라 ᄒᄂ니라.

(問) 南北 溫帶ᄂᆫ 何處에 在ᄒ뇨.
(答) 南極圈 回歸線 內의 地面은 南溫帶라 ᄒ고, 北極圈 回歸線 內의 地面은 北溫帶라 ᄒᄂ니라.

(問) 熱帶ᄂᆫ 何處에 在ᄒ뇨.
(答) 南北 回歸線 內의 赤道 左右 地面을 熱帶라 稱ᄒᄂ니라.

(問) 空氣ᄂᆫ 何物의 名稱이뇨.
(答) 地球 周圍에 瀰漫(미만)ᄒ 者ㅣ 卽 空氣니 其 形色이 無ᄒ므로 空氣라 稱ᄒ얏ᄂ니라.

(問) 空氣ᄂᆫ 何 에 需用하ᄂᆫ 物이뇨.
(答) 地球上 各種 動植物을 生養ᄒᄂᆫ 重要ᄒ 物質이니라.

(問) 空氣가 地面 若干里 以上까지 在ᄒᆞᆫ뇨.

(答) 地面 以上 一百五十里에 至ᄒᆞ면 空氣가 아조 稀薄ᄒᆞ니라.

(問) 空氣의 含有ᄒᆞᆫ 分子가 幾種이나 有ᄒᆞ뇨.

(答) 水蒸氣와 炭酸瓦斯와 其他 氣體를 含有ᄒᆞ얏스되 其 主成分된 者ᄂᆞᆫ 酸素와 窒素와 又 少許의 아곤이니라.

(問) 空氣의 重이 幾何나 되ᄂᆞ뇨.

(答) 每 一百 立方寸에 大約 三十一 英釐(영리)니라.

(問) 空氣의 所具ᄒᆞᆫ 能力이 幾種이나 有ᄒᆞ뇨.

(答) 空氣가 비록 輕微談薄ᄒᆞᆫ 物이나 具有ᄒᆞᆫ 能力은 多種이 有ᄒᆞ니 例如 熱을 遇ᄒᆞᆫ 則 體積이 加大ᄒᆞᄂᆞ니 是ᄂᆞᆫ 膨脹力이오, 冷을 遇ᄒᆞᆫ 則 體積이 減少ᄒᆞᄂᆞ니 是ᄂᆞᆫ 凝結力이오, 壓ᄒᆞ면 自緊ᄒᆞ고 放ᄒᆞ면 自鬆(자송)ᄒᆞᄂᆞ니 是ᄂᆞᆫ 凹凸力이오, 地心의 吸力을 依ᄒᆞ야 永히 地에 不離ᄒᆞᄂᆞ니 是ᄂᆞᆫ 向心力이오, 凡物이 空氣 中에셔 行動ᄒᆞᆷ이 不久에 自停ᄒᆞᄂᆞ니 是ᄂᆞᆫ 抵抗力이오, 雲霞 煙霧 等이 空氣의 內에 浮在ᄒᆞᄂᆞ니 是ᄂᆞᆫ 托力이오, 地面 諸物이 每平方寸에 皆五十磅의 重을 被壓ᄒᆞᄂᆞ니 是ᄂᆞᆫ 壓力이니라.

(問) 暖流와 冷流ᄂᆞᆫ 何로 因ᄒᆞ야 生ᄒᆞ며 且 何物의 名稱이뇨.

(答) 空氣가 常靜키 不能ᄒᆞ야 隨時 流動ᄒᆞᄂᆞ니 赤道 炎熱의 空氣가 輕ᄒᆞ야 上升ᄒᆞ얏다가 南極으로 流向ᄒᆞ야 上面의 暖流가 되고, 兩極의 寒冷ᄒᆞᆫ 空氣가 赤道로 流向ᄒᆞ야 其隙을 來補ᄒᆞ야 下面의 冷流가 되ᄂᆞ니 暖流 冷流ᄂᆞᆫ 卽 熱風 凉風이 是라. 此風은 方向이 有定ᄒᆞᆷ으로 恆風(긍풍)이라도 ᄒᆞ며, 航海 貿易이 便利ᄒᆞᆷ으로 又 貿易風이라도 ᄒᆞᄂᆞ니라.

집필인	제2권 제10호	地理學 研究의 目的	지문학	지리학
집필인	제2권 제7호	長마는 왜 지난가	지문학	지문학
집필인	제2권 제7호	節序 循環과 晝夜長短의 理(上)	지문학	지문학
집필인	제2권 제10호	節序循環과 晝夜長短의 理(下)	지문학	지문학

◎ 海水의 結氷(地質學의 一斑),
　姜藩(강번), 〈대한학회월보〉 제6호 1908.7. (지질학)

淡水는 攝氏의 零度[寒暖計]에만 至ㅎ야도 結氷ㅎ되 海水는 鹽分을
含有흔 故로 攝氏의 零度以下 二度二分에 至ㅎ여야 結水ㅎ느니라.

潮汐

海水는 一定不變ㅎ는 高限이 無ㅎ야 某時에는 水面이 斜岸의 上에
隆起ㅎ야 暫時 停止흔 後에 漸次 退却ㅎ야 六時 後에 卽 最低흔 處에
至ㅎ되 水面의 一上一下흠이 年年 異흔비 無ㅎ야 規則이 有흠으로 某日
某時에 海面이 隆起ㅎ고 또 降下흠을 可히 豫定흘지니 此 海水의 昇降
을 潮汐이라 名ㅎ며 또 仔細히 分別흘진딕 隆起者는 滿潮요. 降下者는
干潮라 稱ㅎ느니라.

潮汐이 太陰과 太陽에 關系가 有흠.

潮汐이 月出 月沒ㅎ는 時刻에 當ㅎ야 昇降ㅎ고 其 中間의 時刻은 海
潮가 반다시 膨脹ㅎ야 斜岸의 最高흔 處에 達ㅎ고 一晝 夜間에 各二回
漲落흠이 有ㅎ야 古今에 變흠이니 此는 潮汐이 太陰을 隨伴흠이요.
潮汐의 時에 若 太陽이 月노 同 方向에 在ㅎ면 海水가 隆起흠이 稍大
ㅎ니 是는 大潮요 異方向에 在ㅎ면 隆起가 稍小ㅎ니 是는 小潮라 稱ㅎ

니 此는 潮汐이 太陽에 關系됨이로다.

火山의 大澤及空穴

熔岩外皮가 凝固ᄒ 後에 內部의 溶液體가 多有ᄒ 故로 其 流體의 壓力을 堪當치 못ᄒ야 破壞ᄒ을 被ᄒ으로 裂隙을 生ᄒ야 內部의 溶液이 流出ᄒᄂ니 外部의 凝固ᄒ엿던 形狀은 依然히 保存ᄒ으로 空穴(日本의 富士山麓의 風穴은 長 三十里)이 生ᄒ엿고 或 熔液이 噴出ᄒ 口(我韓 白頭山及漢挐山의 上에 大澤이 有ᄒ)에 沼澤을 成ᄒ도 有ᄒ.

◎ 地理와 人文의 關係, 岳裔, 〈대한흥학보〉 제10호, 1910.02. (지리학)

▲ 제10호

古人이 云離人無事ᄒ고 離地無人이라 ᄒ니 世間에 土地와 人生의 關係와 갓치 且重且大한 者 更無ᄒ지라 試觀上下數千古에 人類의 興亡盛衰와 文物의 變遷移動이 다 人類로 ᄒ여곰 地上에 立ᄒ야 活動케 한 歷史가 이 아니리오 彼리히텔이 云호ᄃ 吾人은 人과 地와 不可離ᄒ지오 國家는 地와 人이 互相活動한 結果로 組成한 一機關이라. 故로 먼져 土地와 人의 關係를 詳知한 然後에 國家事를 可히 研究ᄒ리라 ᄒ엿스니 苟或政治에 有意ᄒᄂ 者 國家에 有志ᄒᄂ 者는 不可不 土地와 人文의 干係를 깁히 研究치 아니치 못ᄒ진져 其 民族의 歷史를 研究코자 ᄒ면 必先其民族所居地의 地理如何ᄒ을 觀察ᄒ지오. 其 民族의 性質를 研究ᄒ에도 亦然ᄒ니 라덴民族의 浮華輕薄ᄒ과 쥬돈民族의 忍耐勤勉ᄒ과 스라푸民族의 質朴悠遠ᄒ이다. 그 地理의 狀態를 隨ᄒ야 其 習性을 異케 ᄒ이오 東洋諸國의 民族은 其 種이 不雜호ᄃ 其 歷史俗尙이

亦 相不同 이니 印度人은 哲學宗敎的天才가 富흠으로 理想的 厭世主義에 近 이야 現實界의 國家的 生存을 失 이고 支那人은 實際的 樂天的 性質이 有 이야 現實界의 發達은 可觀 이 者 有 이나 實際的의 流弊는 唯物的에 陷 이야 國民의 理想이 少 이고 樂天的의 流弊는 守舊的에 陷 이야 終其社會의 進步를 不見 이며 日本人은 印度人의 哲學的 天才와 支那人의 實利的 長處가 無 이되 其 軍事的及政治的의 才能이 支那印度에 卓越 이고 朝鮮人은 支那人의 經濟的 天才 無 이고 日本人의 軍事的 長處 無 이되 支那人의 純質흠과 日本人의 輕薄흠을 折衷 이야 大陸과 島國의 調和的 天然의 風氣가 多 이니 此 亦 엇지 地理의 關係가 아니라 謂 이리오. 夫山川陸海의 地勢와 寒熱溫濕의 氣候와 産物의 多少와 人口의 稠闊이 人文과 密接關係가 有 이니 無非地理를 硏究 이는 材料이나 今에 述코자 이는 地理와 人文의 關係는 此를 一, 半島와 人文의 關係 二, 島國과 人文의 關係 三, 大陸과 人文의 關係 三者에 大別 이야 以下略述코즈 이노라.

○ 半島와 人文의 關係, 水不全周之地日 半島이니 三面은 海洋을 瀕 이고 一面은 陸地와 連接 이 者를 謂흠이니라. 半島의 地形은 三面의 海岸線이 屈曲出入 이야 灣, 港, 奧, 海角, 小半島有흠으로 船舶의 出入이 便 이야 他方의 文化를 接觸키 易得흠으로 彼此物品과 智識의 交換이 早開 이며 水陸交涉의 要衝에 當 이야 海洋的 感化와 陸地的 感化의 集合所가 되는 故로 文明의 發達과 人類의 進化 極히 便利 이니 要컨딘 半島는 文明의 發生地오 文明의 橋梁이라 謂 이 멧도다. 宇宙는 廣大 이고 世界는 無窮이라 吾人의 肉眼이 雖曰至小 이나 壁上에 掛 이 輿圖를 一覽 이니 今古文明의 榮凋遺蹟을 歷歷可數라. 試請歐亞二洲의 人文의 過去와 未來를 推究 이 진딘 實로 吾人의 興味와 遺恨이 深長 이도다. 歐洲最初의 人文이 希臘半島로부터 發 이 엿스니 希臘은 地形이 蠶이 桑葉을 食 이는 形象과 如 이야 半島內에 無數 이 小半島가 有 이야 碁石의 密布흠과 恰似 이야 人類가 使用흠에 가장 容易 이고 其 地勢는 山脈이 縱橫 이며 谿谷

이 開豁ㅎ야 甘泉肥土가 個個의 小社會를 造成홈에 極히 便利ㅎ니 文明의 淵源地가 됨이 진실노 偶然치 아니ㅎ도다. 希臘의 人文이 潛轉默移ㅎ야 西으로 羅馬에 入ㅎ야 一大文明을 復作ㅎ엿스니 伊太利亦半島也라. 北은 알풀스山脈이 蜿蜿南馳ㅎ야 南으로 地中海를 接ㅎ니 其 地形이 西北斜而東南走ㅎ야 希臘을 接近홈이 開口呼人ㅎᄂ 形狀과 恰似ㅎ니 羅馬의 大文明과 羅甸의 大開化가 此 處를 從ㅎ야 發揮ᄒ 所以도 其 亦 偶然치 아니ㅎ도다. 如斯히 羅馬의 文明이 東南으로 起ㅎ야 西北으로 向進ㅎ야 歐羅巴中原에 入ㅎ야 獨逸及佛蘭西等의 文明을 喚起ㅎ다 希臘羅馬相繼而亡ㅎ고 蠻族이 雜相移動호미 歐洲天地가 化ㅎ야 一大暗黑世界를 作ㅎ엿더니 十三世紀以後로 文運復活의 時代를 當ㅎ야 希臘羅馬의 文明을 繼承而起ᄒ 者ᄂ 이베리아半島是也(西班牙, 葡萄牙) 이베리아半島의 主要ᄒ 者ᄂ 西班牙라. 古代로부터 希臘羅馬의 文明을 輸入ㅎ야 各般科學及藝術이 最極敎達ㅎ야 歐洲數百年의 暗世界를 破壞ᄒ 者ᄂ 其 功績이 千古에 不滅ㅎ지오 世界殖民의 業이 亦 自此始ㅎ니 航海發見의 大事業은 半島人의 特長이라. 西班牙人은 新世界(亞米利加)를 發見ㅎ며 海外에 殖民地를 置ㅎ고 葡萄牙人은 亞弗利加南端에 喜望峰을 發見ㅎ야 東印度에 至ㅎᄂ 航路를 探定ㅎ엿스니 西洋人이 支那及日本에 來到홈은 葡萄人으로써 嚆矢를 作ㅎ니라. 斯干的那維半島(瑞典, 諾威) 和蘭, 白耳義 等 諸國이 北歐에 處在ㅎ야 南歐文化의 感化를 被홈이 甚遲ㅎ엿스나 皆是撮爾小國으로 今能烈强과 幷齒ㅎ야 國威를 保守홈도 無他라. 亦 地理의 形勢를 因ㅎ야 半島의 沿海線이 多ㅎ야 文物의 交通을 稗益홈에 專由홈이니라. 更히 筆頭를 一轉ㅎ야 亞細亞洲의 半島와 人文의 關係를 推究홀진딘 亦 復如何ᄒ 現象을 呈ㅎ엿ᄂ요.

亞細亞 人文의 起發點은 支那及印度에 在ㅎ다 可謂ㅎ리라. 歷史家嘗曰 世界에 三個人文의 潮流 有ㅎ다 ㅎ나 其 系統은 支那印度及歐羅巴是也라. 歐羅巴人文의 潮流ᄂ 旣述홈과 如ㅎ거니와 支那人文의 趨向은 他二者와(印度及歐羅巴) 其 方向을 各殊케 ㅎ야 古來로 一種의 面目을 維

持ᄒ고 印度人文은 熱帶地方에 對ᄒ 自然의 發達을 成ᄒ야 其 勢力이 佛陀敎의 傳播와 共히 東方人文界에 多少의 影響을 遺ᄒ니라. 印度半島에 在ᄒ야는 (一) 산스쿠릿쯔의 文明과 (二) 佛敎의 文明이 起ᄒ야 古代印度人文의 特色을 發揮ᄒ고 亞剌比亞半島에 在ᄒ야ᄂ 今日歐羅巴文明을 裨益ᄒᄂ 文明과 (三) 回回敎의 文明이 起ᄒ고 支那大陸에 在ᄒ야 古代文明이 가장 發達ᄒ 處ᄂ 山東半島是也니 所謂 齊魯의 文明이 山東半島에서 起ᄒ야 支那大陸과 밋 極東諸國을 支配ᄒ은 其 痕蹟이 歷歷明瞭ᄒ야 吾人이 治化를 受ᄒ 빈니라. 夫我半島 朝鮮은 北으로 支那大陸을 接ᄒ고 東南으로 日本島國을 連ᄒ야 其 地理의 形勢가 極東의 要衝을 當ᄒ고 兩國의 橋梁을 作ᄒ야 가장 重要ᄒ 責任이 有ᄒ며 至美ᄒ 任務를 負ᄒ지라. 古代에 在ᄒ야 支那以外에 當時東洋諸國에 比肩이 無ᄒ 開化發達ᄒ 國이니 衣冠文物의 制度ᄂ 人生의 風氣를 長養ᄒ고 建築彫刻의 美工은 居室의 宏大홈을 表示ᄒ지라 北으로 大陸의 文學宗敎와 書籍制度와 造船養蠶工藝等의 美術을 吸收ᄒ야 治國平民은 聖君明王의 遺澤이 尙有存焉이로다. 更히 此等 文明을 日本島國에 紹介ᄒ여곰 文明의 恩澤을 均霑케 ᄒ엿스니 噫라 地勢를 因ᄒ야 相當ᄒ 任務를 盡ᄒ엿고 時代를 順히 ᄒ야 極東의 文物을 調進ᄒ 赫赫大功績이 世人耳目에 昭昭ᄒ도다. 譬컨듸 小亞細半島가 希臘羅馬와 東洋諸國間에 介在ᄒ야 希臘羅馬의 文明을 波斯中央亞細亞一部及印度等地에 傳送ᄒ야 東洋諸國에 萬般感化를 授與홈과 同ᄒ니 世人은 應當記憶홀 빈 有ᄒ라로다. 由是觀之컨딘 半島ᄂ 文明의 父母國이라 可稱ᄒ리니 半島와 人文의 關係ᄂ 所述ᄒ 者와 如ᄒ거니와 槪而言之ᄒ면 交通의 便利와 氣候의 溫暖ᄒ 地方이 半島에 多在홈을 由홈이니라. (未完)

▲ 제11호

○島와 人文의 關係 以水全周之地曰 島이니 四面으로 海洋中에 圍匝ᄒ야 母陸과 離隔ᄒ 者를 謂홈이라 五大洋中에 散散分布ᄒ야 島嶼라 稱ᄒ

는 者 甚衆ᄒ니 大者는 幾萬幾千의 方哩 有ᄒ며 小者는 幾十幾百의 方
哩를 有ᄒ야 可히 勝數키 難하나 各其位置의 利不利와 氣候의 適不適과
地形의 如何흠을 隨ᄒ야 開化의 程度와 人文의 進步逈殊흠을 不免ᄒ니
今에 島와 人文의 關係를 述흠에 注意홀 者 有ᄒ지라. 夫島國은 陸地의
宏遠ᄒ 風氣가 少ᄒ고 海洋의 獨絶ᄒ 感化 多흠으로 居人의 習性이 勤
勉强悍ᄒ야 自負獨立心이 富ᄒ며 協合同致力이 深ᄒᄂ니 此는 地勢가
前斷後絶ᄒ야 依賴홀 비 無흠을 因흠이라 可히 島人의 長處라 謂홀지
나 地形이 狹ᄒ고 地積이 小흠으로 識見이 卑低ᄒ고 度量이 狹隘ᄒ니
此는 島人의 短處라 可謂할지라. 島國은 海洋中에 絶處ᄒ야 他方의 感
化를 被흠이 少ᄒ 故로 人文의 發達이 甚遲ᄒᄂ니 中古로부터 大陸의
文化를 輸入ᄒ야 人文이 稍開ᄒ 者는 西에 英吉利가 有ᄒ고 東에 日本
이 有흘 ᄲᆞᆫ이오 其餘는 皆土人蠻島의 荒廢의 域을 脫치 못ᄒ니라. 元來
島國은 船舶交通의 衝에 當흠으로써 四方으로 雜多의 人種物貨各相輻
集ᄒ야 綜合同化ᄒ야 其言語思想感情等이 自然히 陶冶ᄒ야 一個特性
을 化成ᄒᄂ니 此亦地勢區劃ᄒ야 不得已 必然흠을 因흠이라. 今日 英吉
利人이라 稱ᄒᄂ 者 素是同一ᄒ 民族이 아니니 南部는 索遜人種이 多ᄒ
며 東岸은 <u>앙쑤루</u>人 及 丁抹人種이 多ᄒ고 北部는 那威人種이 有ᄒ며
西岸及其他地方은 固有ᄒ <u>쎌뜻쑤</u> 人種이 多ᄒᄂ니 此等民族이 最初에
는 互相軋轢ᄒ야 爭鬪를 不免ᄒ얏스나 漸次 雜居雜婚ᄒ야 幾多의 歲月
를 經ᄒᄆ 스사로 一個新民族의 英吉利를 化成ᄒ얏고 今日 日本의 大和
民族이라 稱ᄒ는 者도 本是 同一ᄒ 民族이 아니라 固有ᄒ 蝦夷의 土種
과 朝鮮民族(或은 此와 系統이 同ᄒ 大陸民族)과 及馬來人種의 三系統
을 由ᄒ야 化成ᄒ 者이니 此 二國은 比較的 島國의 舊開ᄒ 者이오 其他
地球上에 數多의 島國이 有ᄒ딕 并皆發見된지 日이 淺흘 ᄲᆞᆫ 아니라 發
見되는 同時에 列强國의 征服을 被ᄒ야 人文에 關ᄒ 價値는 述흘 者
無ᄒ도다. 雖然이나 島嶼가 大陸의 文化를 贊助ᄒ며 陸海의 交通을 便
利케 흠은 其 功用이 甚大ᄒ니 國家의 存立上 事物의 重要ᄒ 機關이
되는지라 制海權의 檢制와 兵事上의 防禦와 其他 通商貿易에 對ᄒ 根據

地는 다 島嶼로써 屈强훈 機關을 삼느니 此는 古代의 歷史와 現今의 事實를 觀훌진된 可히 料知ㅎ리로다. 世界의 人文이 益益進步ㅎ는 同時에 島國과 人文의 關係 漸益密近ㅎ고 人生과 島國의 關係亦更重要ㅎ느니 今에 雄大흔 强國이라도 一埠의 小島를 無視치 아니흠이 진실노 是로써 흠이로다.

○ 大陸과 人文關係 前述흠과 갓치 古代로부터 半島地方은 文明이 일즉 發達되고 大陸은 文明의 發達이 遲遲흠은 何를 因흠인고. 半島는 地積이 小ㅎ야 廣漠흔 平原과 嶮峻흔 山岳이 無ㅎ야 高原沙漠이 無흠으로 氣候適宜ㅎ야 人類의 使用에 供흠이 甚便ㅎ고 且 海洋을 多通ㅎ야 交通의 便이 多흠을 由흠이나 大陸은 不然ㅎ야 廣寞흔 平原과 崇高흔 山脈이 多ㅎ야 深邃흔 森林과 巨大흔 江河가 有ㅎ고 또 海洋과 離隔ㅎ야 氣候의 寒暑不適흠으로 人類使用에 供흠이 甚難흠을 由흠이라. 夫大陸에 文明이 먼저 發達되는 地方은 數三條件을 要ㅎ느니 (一)은 氣候溫暖흔 處이오 (二)는 水蒸氣가 多흔 處이오 (三)은 地勢平坦흔 處이니 試觀컨된 支那의 黃河及楊子江附近은 氣候溫暖흠으로 大陸의 文明이 最先 發達되엿고 쓰벨, 아카틔, 앗시리아쌔비로니아埃及 等 地方은 熱代附近에 處흠으로 古代의 人文이 先開ㅎ엿고 新世界南北亞米利加에 在ㅎ야 北은 墨西哥卽 아쳐듸쿠의 開化와 南은 秘魯 卽 인칸의 開化二派가 有ㅎ니 人類가 아즉 幻稚未開흔 時를 當ㅎ야 먼져 開化의 發達된 處는 半島오 大陸에 在ㅎ얀즉 二三條件을 兼備흔 地方에 限ㅎ느니라. 太古의 人類츠음으로 亞細亞大陸中部高原에셔 啓發ㅎ야 其 東下흔 者는 支那 舊國을 建ㅎ고 其 南下흔 者는 印度를 建ㅎ고 其 西下흔 者는 歐羅巴列國을 建ㅎ엿느니 임의 歐羅巴人口가 漸次 增殖흔 時를 當ㅎ야 마참 新世界의 發見이 有ㅎ야 歐羅巴의 人口及文明을 亞米利加에 移殖ㅎ니 亞米利加는 地勢平坦ㅎ고 土地肥沃ㅎ야 生植物의 成養이 世界에 冠흠으로 富源이 豊足ㅎ니 歐洲大陸을 繼次ㅎ야 人文이 發達흠도 其亦偶然치 아니ㅎ도다. 在昔人類의 發達이 幼稚ㅎ고 文物의 程度卑低흘 時에는 人

文의 進步天然의 資力를 多要홈으로 氣候溫暖ᄒ고 地平物富ᄒ 地方에 만 限ᄒ야 人類使用에 適ᄒ얏거니와 今日과 如히 世界의 人口澎脹ᄒ고 物質의 需要日加홀 時를 當ᄒ야는 人工으로뻐 大陸의 地塊를 收縮홈을 可得홀지니 自今以後로 人類의 活動地는 大陸에 在ᄒ니라. 由是觀之컨 된 歐洲大陸의 文明이 亞米利加를 歷ᄒ야 다시 東으로 亞細亞大陸을 向ᄒ야 發展홈은 엇지 今日의 趨勢가 아니리오 亞米利加의 文明은 方 今隆盛홈을 極히 ᄒ고 支那大陸及魯細亞大陸은 將此 啓發ᄒ는 中途에 在ᄒ니 尙復人文의 將來와 東亞의 未來 極히 深遠ᄒ 希望이 有ᄒ니 吾 人은 於是에 크게 注意ᄒ야 猛進홀 者 有홀지어다. 以上은 地理와 人文 의 關係를 略述ᄒ 者니 진실노 簡單粗漏의 譏를 未免홀지나 今古人文潮 流의 無形有形裏에 自西以東ᄒ고 或此或彼ᄒ야 半島와 島及大陸의 地 理가 人文과 如何ᄒ 關係가 有홈을 推知ᄒ리로다. 更히 結論ᄒ기 爲ᄒ 야 半島의 將來를 試述코즈 ᄒ노니.

○半島의 將來 語曰 欲知其未然인된 先知其己然이라 ᄒ니 何者를 勿論 ᄒ고 將來를 知코즈 ᄒ면 過去와 밋 現在로뻐 推究치 아니치 못홀지니 過去는 現在의 母오 現在는 將來의 母라 然ᄒ나 過去는 歷史를 由ᄒ야 知홀지오 現在는 事實를 由ᄒ야 求홀지로되 獨將來는 未來와 未知를 謂홈이니 未來와 未知를 說ᄒ는 者는 其說이 謊謎에 近ᄒ 듯ᄒ야 能히 準的치 못홀지라. 天文學者의 天氣豫報와 如ᄒ 者도 별노 必中치 아니 ᄒ거든 而況變遷無常ᄒ고 循環不息ᄒ는 物與人에 關ᄒ야 엇지 將來를 確說ᄒ리오. 雖然이나 吾人은 將來를 爲ᄒ야 生活ᄒ며 將來를 爲ᄒ야 活動ᄒᄂ니 吾人은 將來의 多大ᄒ 希望이 有ᄒ지라. 過去는 往矣라 莫 追오 現在는 不完全ᄒ고 不善美ᄒ야 吾人으로 ᄒ여곰 不滿足을 感케 ᄒᄂ니 滿足ᄒ 將來를 希望ᄒ며 알고져 홈도 亦吾人의 常情이로다. 夫 半島過去에 對ᄒ얀 旣述ᄒ 바와 如ᄒ거니와 半島의 現在는 如何ᄒ 狀況 이 有ᄒᄂ요 言念이 此頭에 及ᄒ야 今古의 世潮를 通觀ᄒ면 吾人의 感 想이 萬遍無窮ᄒ도다. 今日 半島의 現狀을 論홀진된 伊太利 及 <u>이베리</u>

아半島는 僅僅히 舊日面目을 保有ㅎ야 獨立의 地位를 維持ㅎ되 其餘東西의 數三半島는 若存若亡ㅎ야 氣息이 奄奄ㅎ니 或은 異人의 羈絆을 被ㅎ야 存亡을 已決흔 者도 有ㅎ며 或은 非常히 悲慘흔 境遇에 陷ㅎ야 存立을 自由치 못ㅎ는 者도 有ㅎ니 現狀의 不滿足흠은 誰던지 悲觀치 아닐 者 無흔지라. 雖然이나 現在를 悲觀ㅎ는 者는 將來를 樂觀ㅎ는 希望이 有ㅎㄴ니 吾人이 半島의 將來를 研究흠에 當ㅎ야 樂觀치 아니흠을 不得흘 者 亦有ㅎ도다. 半島의 將來를 論흠에 多少의 觀察點이 有ㅎ나 余는 地理上으로 研究코즈 ㅎ노니 宇宙間萬物이 雖一草一木이라도 擧是自個의 地位如何흠을 隨ㅎ야 存立의 運命을 決ㅎ거던 而況天然의 地域을 區劃ㅎ고 自然의 人衆을 範圍ㅎ야 生活動ㅎ는 國家의 運命이 엇지 그 地理의 狀態如何흠을 隨ㅎ야 決치 아니ㅎ리오. 今日과 갓치 競爭이 激烈ㅎ고 勢力이 膨脹ㅎ는 時代를 當ㅎ야는 더욱 地理의 如何흠이 利益의 關係와 갓치 存亡의 關鍵을 作ㅎㄴ니 今日 希臘이 一縷獨立의 命을 維持흠은 何故오 無他라 쌜간 半島南端에 處ㅎ야 비록 小邦이나 於陸於海에 列國에 關흔 利害가 最大흔 故로 列强國의 勢力平均을 維持ㅎ는 同時에 希臘의 獨立이 有ㅎ고 印度는 今日 他國의 領屬이 되엿스나 三億의 民族을 有ㅎ야 國民의 程度 漸次 進步ㅎ고 國民의 財富 날노 發達ㅎ니 健全흔 國民이 有ㅎ면 土地의 無흠을 不患흘지니 아즉은 消極的 希望에 不過ㅎ나 若天下의 大勢가 一變ㅎ는 日에는 印度의 恢復이 必有흘지오. 支那의 山東半島는 大陸의 包含흔 部分이라 大陸과 同一흔 運命에 歸흘지나 西曆一九九九年에 山東半島南海岸의 一帶地方膠洲灣을 獨逸이 占有ㅎ엿고 同年에 英國이 亦山東半島北海岸의 威海衛를 占有ㅎ엿고 其他方面에 對ㅎ야 支那國權의 侵害를 被흔 者 亦有ㅎ니 此와 同時에 大陸의 形勢 또한 危殆흔지라 彼 山東半島의 將來는 支那大陸의 將來에 附ㅎ야 決흘지니 此에는 略코즈 ㅎ노라. 余는 韓半島의 産物이니 韓半島는 余의 故國이라. 余의 韓半島를 愛흠은 神敎者가 神을 愛흠브다 甚ㅎ고 稚子가 慈母를 愛흠과 同흔지라. 今日 如彼히 悲慘酷烈흔 境遇에 處ㅎ야 今日의 現狀으로써 將來를 推究코즈 흠은

亦余의 熟情이라. 世人이 常稱曰 極東이라 ᄒᆞᄂᆞᆫ 者ᄂᆞᆫ 支那韓國及日本을 指ᄒᆞᆷ이니 韓國은 歷史及地理上으로 極東의 要衝에 處ᄒᆞ야 古代로부터 極東文明의 媒介者가 됨은 前述ᄒᆞᆫ 바 者어니와 將來 亦極東存亡에 關ᄒᆞᆫ 中心地가 됨을 不失ᄒᆞ리니 世人이 極東에 對ᄒᆞᆫ 注意點은 專혀 此에 在ᄒᆞ니라. 余ᄂᆞᆫ 自個의 理想으로써 韓半島의 將來를 樂觀ᄒᆞ노라. 凡物이 平均을 得치 못ᄒᆞ면 權衡을 失ᄒᆞᄂᆞ니 日淸兩國의 平均이 缺ᄒᆞᄂᆞᆫ 同時에 韓國의 獨立이 生ᄒᆞ엿고 日露兩國의 平均이 缺ᄒᆞᄂᆞᆫ 同時에 韓國의 獨立이 亡ᄒᆞ엿스니 人의 平和를 維持ᄒᆞᆷ이 物의 權衡을 維持ᄒᆞᆷ과 如ᄒᆞ야 平均으로써 平和의 標準을 삼ᄂᆞᆫ지라. 今日은 譬컨디 物이 權衡을 失ᄒᆞ고 人이 平和을 喪ᄒᆞᆫ 時代라. 故로 余ᄂᆞᆫ 極東平和의 將來는 韓半島의 將來에 在ᄒᆞ다 斷言ᄒᆞ노라. 今日에 在ᄒᆞᆫ 韓半島의 地位와 將來에 對ᄒᆞᆫ 韓半島의 希望이 如斯히 重ᄒᆞ고 ᄯᅩ 急ᄒᆞ니 人이 平和를 不得ᄒᆞ면 반다시 動ᄒᆞ고 物이 權衡을 不得ᄒᆞ면 ᄯᅩ한반 다시 動ᄒᆞᄂᆞ니 靜而動ᄒᆞ고 動而靜은 人道의 自然이오 物體의 公理라. 康誥에 曰 唯命은 不于常이라 ᄒᆞ니 是는 得失이 靡定ᄒᆞᆷ을 謂ᄒᆞᆷ이라. 余는 一言으로써 半島의 將來를 目斷코ᄌᆞ ᄒᆞ노니 其曰 人事를 修ᄒᆞ야 天命을 待ᄒᆞᆯ지어다. (完)

◎ 地文學問答, 麗生, 〈대한흥학보〉 제11호, 1910.03. (지리학)

[問] 問 地球의 三圈은 何者를 謂ᄒᆞᆷ인고.
[答] 地球의 最外部ᄂᆞᆫ 空氣라 稱ᄒᆞᄂᆞᆫ 無臭無味無色ᄒᆞᆫ 透明的 瓦斯體가 散滿ᄒᆞ야 地球의 外部를 包裹ᄒᆞ엿ᄂᆞ니 此 部分을 氣圈이라 云ᄒᆞ니 卽 大氣是也ㅣ라. 大氣ᄂᆞᆫ 下層으로부터 上層에 至ᄒᆞ도록 漸次 稀薄ᄒᆞᆫ 者ㅣ 空際에 擴散ᄒᆞ야 有無의 界限이 判明치 아니ᄒᆞᆷ으로 想像키 難ᄒᆞ되 決코 無限ᄒᆞᆫ 境域ᄭᅡ지 達ᄒᆞᆫ 者ㅣ아니오 氣界의 高ᄂᆞᆫ 大略 三百粁에 不過ᄒᆞᄂᆞ니라. 大抵 瓦斯體ᄂᆞᆫ 固體와 液體보다 一層流動키 쉬운 것인고로, 그 赤道方面을 向ᄒᆞ야 集合ᄒᆞᆷ이 地球의 他部分보다 甚ᄒᆞ야 地球表面에

對훈 種種의 現像을 出후느니 或은 寒暖을 生후니 溫氣를 含有후야 雨露霜雪을 降후며 或은 流動후야 風을 作후고 或은 岩石을 崩壞후야 土壤을 化成후고 或은 生物의 生活을 助養케 후는 力이 大후니라.

地球上 陸地를 繞圍훈 水面을 海洋이라 稱후니 大略 地球表面의 四分의 三을 占有훈지라. 此 部分을 <u>水圈</u>이라 云후느니 陸地의 全面積은 一億三千五百萬粁인딕 海洋의 面積이 二億五十三萬方粁에 達후니 此로써 觀컨딕 海洋面과 陸面의 比例는 二八과 七二郎一과 二六의 差가 有후니라.

海洋面以外에 露出훈 部分(陸地는 此 部分에 限홈) 及海洋底는 總是 岩石으로 成훈 者 l 라. 此 部分을 <u>岩圈</u> 又 (陸圈)이라 云후니 岩圈은 卽 地球의 固形的 外皮를 謂홈이라. 此를 地皮或地殼이라 云후고 地殼의 內部(卽 地下)는 地核라 稱후느니 此는 如何훈 狀態가 有훈지 吾人이 直接으로 觀察키 不能후고 다만 地上으로부터 起후는 各種 現像의 硏究를 由후야 推考홈에 不過후니라.

[問] 大氣의 成分如何
[答] 大氣는 各種 氣體의 混合體로 成훈 者 l 니 今에 大氣의 成分을 分析擧示훈 者를 據훈즉 窒素, 酸素, 水蒸氣, 炭酸瓦斯, 알곤亞母尼亞, 水素, 塵埃, 黴菌, 稀有體 等(헤리움, 쿠리푸토, 쿠세논)을 混有후니라.

[問] 大氣의 溫度如何
[答] 大氣는 能히 光熱을 透過케 후는 物體이니 全혀 太陽의 光熱을 受후야 氣溫을 有후나 然후나 地面의 如何홈을 因후야 光熱에 差異가 有훈 故로 空氣의 受熱홈도 쏘한 緯度의 高低와 土地의 高低와 水陸의 分布와 地形의 如何홈을 因후야 大氣의 溫度가 差異를 生후고 季節을 由후야 氣溫의 變化 l 有후느니 氣溫을 測量후는 機械는 驗溫器(通稱寒暖計)를 用후니라.

116

[問] 氣壓이랄 者는 何를 謂홈인요.

[答] 氣壓은 大氣의 壓力을 謂홈이니 大氣의 層의 重量이라. 大氣는 瓦斯體임으로써 或 澎脹 或 收縮ᄒ고 ᄯᅩ 運動키 容易ᄒᆫ 性質을 有ᄒ며 ᄯᅩ한 重力을 有ᄒ야 地球의 表面을 壓ᄒᆫ니 氣壓의 變化는 季候及大氣와 密接ᄒᆫ 關係 有홈으로 各地氣壓의 分布를 較知ᄒᆫ 同時에 天氣의 變化를 豫知홈을 得ᄒ고 一年中 氣壓의 變化는 土地를 應ᄒ야 差異가 有ᄒ고 一日中 氣壓의 變化는 晝夜時間을 由ᄒ야 差異가 有ᄒ니라. 氣壓을 測量홈에는 晴雨計(一名氣壓計)用ᄒᆫ니라.

[問] 大氣의 運動은 如何오.

[答] 氣流는 氣壓의 差異를 因ᄒ야 高氣壓部로부터 低氣壓部로 流動ᄒ ᆫ니 此를 大氣에 運動이라 云ᄒ니 水의 流홈과 其理恰同ᄒ지라. 此 大氣의 流動홈을 風이라 稱ᄒ니 風은 地球의 自轉을 爲ᄒ야 高壓部로부터 低壓部에 直入치 못ᄒ고 其 方向이 變ᄒ야 北半球에는 子午線을 對ᄒ야 右으로 偏ᄒ고 南半球에는 左으로 偏ᄒᆫ지라. 如斯히 旋動ᄒ야 低氣壓部로 入ᄒᆫ 氣流를 旋風이라 稱ᄒ고 高氣壓部로부터 出ᄒᆫ 氣流를 逆旋風이라 云ᄒ고 等壓線이 密接홈 時를 氣壓傾度라 稱ᄒ ᆫ니 凡風은 氣壓傾度ㅣ 大ᄒ도록 風力이 强大ᄒ니라.

[問] 風의 種類如何오.

[答] 氣溫氣壓의 差를 由ᄒ야 赤道地方으로부터 兩極地方(北極南極)으로 向ᄒᆫ 上層氣流와 兩極地方으로부터 赤道地方으로 向ᄒᆫ 下層氣流를 生ᄒᆫ니 後者를 貿易風이라 稱ᄒ고 前者를 反對貿易風이라 稱ᄒ ᆫ지라. 此 兩種貿易風이 互相衝突ᄒ거나 又或 降下홈 時에는 氣流ㅣ 不定ᄒ 地帶를 生ᄒ나니 此를 回歸無風帶라 稱ᄒ되 無風帶의 上層에는 純然ᄒ 東風이 吹ᄒ니 其速度大ᄒ니라. 且 海陸受熱의 狀況이 各異홈을 緣ᄒ야 季節風(一名氣候風) 陸海軟風, 晝夜風의 差異가 有ᄒ고 ᄯᅩ 陸上地形의 如何홈을 因ᄒ야 受熱의 差異가 有홈으로 谷風, 山風 等의 區別

이 有ㅎ니라. 坯 颶風이 有ㅎ니 此는 旋風에 猛烈흔 者를 謂흠이니라.

[問] 大氣中에 水分은 如何오.

[答] 大氣中에는 恒常 多少의 水蒸氣를 含有ㅎㄴ니 雲은 地面과 隔離흔 最高處에 在흔 水蒸氣의 凝結흔 者라. 其 性質及形狀이 各異ㅎ야 卷雲, 積雲, 層雲, 亂雲의 區別이 有ㅎ니 卷雲은 雲片으로 成흔 者이오 其他는 水滴으로 成흔 者ㅣ니라. 霧는 地面이 最近흔 處에 在흔 水蒸氣의 凝結 흔 者이오 露는 夜間의 熱이 輻射흠을 爲ㅎ야 地上의 物體冷却헐 時에 大氣中에 存在흔 水蒸氣와 地上으로부터 蒸發ㅎ는 濕氣가 互相接觸ㅎ 야 物體上에 凝結케 ㅎ는 者이오 霜은 此 水蒸氣가 凍ㅎ야 氣體로부터 固體를 變成흔 者ㅣ니 大氣中에 水蒸氣를 含有흠이 多흘 時에는 露ㅣ 多降ㅎㄴ니 夏季及秋季에 露의 多降흠은 冷却ㅎ는 時間이 長흠으로써 이니라. (霜은 決코 露의 凝結흔 者ㅣ 안이니라) 雹는 透明不透明의 水 層이 相交ㅎ야 凝結흔 者ㅣ니 夏日에 雷雨와 伴下ㅎ고 霰은 白色不透明 흔 氷球ㅣ니 雨滴의 氷結흔 者ㅣ라. 春秋二季에 多降ㅎ고 雪은 大氣中 의 水蒸氣가 零度以下에 降흘 時에 徐徐히 凝結ㅎ야 透明無色흔 六出形 의 結晶形을 成ㅎ야 降下ㅎ는 者를 云흠이오 雨는 大氣中에 水蒸氣가 凝結ㅎ야 水球가 되야 空氣中에 浮遊키 不能ㅎ고 地上에 降下ㅎ는 者를 謂흠이니 雨量의 分布는 第一山脈이 連亘ㅎ야 濕氣를 含흔 風의 方面에 直角이 될 時에 其 山脈의 風에 向ㅎ는 處에는 降雨ㅣ 多ㅎ고 其 反側은 乾燥ㅎ며 第二山脈이 屹立ㅎ야 海洋으로부터 吹來ㅎ는 氣候風 或 貿易 風의 衝에 當ㅎ는 處는 降雨ㅣ 多ㅎ니라.

◎ 地文學(地球의 運動),
  洪鑄一 역, 〈대한흥학보〉 제3호 1909.5. (지문학)

  *지문학의 개념과 인문상 지문학 연구의 필요 + 지문학의 내용

▲ 제3호

　地文은 地球와 其他 諸天体間 關係와 及 地球上에 天然的 諸現象을
論ᄒᆞᆫ 學니라. 大凡 天地間에 在ᄒᆞᆫ 物이 一物도 不變 不動ᄒᆞᆷ이 無ᄒᆞ고
四季 晝夜의 區別과 山川 湖海의 狀態로붓터 風雨 霜雪의 變化와 動物
植物의 分布에 至히 千變萬化가 極多 無限ᄒᆞ나 深精 硏究ᄒᆞ면 其間에
自然히 一定ᄒᆞᆫ 法則이 有ᄒᆞᆫ지라. 此法則은 人文의 發達과 最密接ᄒᆞᆫ 關
係가 有ᄒᆞᆫ 故로 實노 人文上 硏究를 欲望ᄒᆞᄂᆞᆫ 者 必先히 地文學의 硏究
를 不可不 要ᄒᆞᆯ지라.

地球의 運動: 地球의 運動을 論ᄒᆞᆷ에 當ᄒᆞ야 必先히 運動과 靜止의 區別
을 要ᄒᆞᆯ지라. 然則 運動과 靜止ᄂᆞᆫ 何를 謂ᄒᆞᆷ이뇨 ᄒᆞ면, 運動은 遠近間
相對物의 位置 變更ᄒᆞᆷ을 因ᄒᆞ야 運動니라 云ᄒᆞ고, 靜止ᄂᆞᆫ 遠近間 相對
物의 位置 不變ᄒᆞᆷ을 因ᄒᆞ야 靜止라 云ᄒᆞ나니, 故로 今에 數種의 例를
擧ᄒᆞ야 論코져 ᄒᆞ노라. 假使 甲乙丙 三個의 物이 有ᄒᆞᄂᆞᆫ딕 甲乙丙 兩物
의 位置가 互相 變更ᄒᆞ되 甲이 動ᄒᆞᄂᆞᆫ지 乙이 動ᄒᆞᄂᆞᆫ지 不知ᄒᆞᆫ 境遇에
當ᄒᆞ야ᄂᆞᆫ 不可不丙의 位置에 對ᄒᆞ야 比較一念을 萌起ᄒᆞᆯ지라. 甲乙의 位
置ᄂᆞᆫ 亦 互相 變更ᄒᆞ되 乙丙의 位置ᄂᆞᆫ 依然 變更ᄒᆞᆷ이 無ᄒᆞᆯ 時ᄂᆞᆫ 甲이
動體됨을 決定ᄒᆞᆯ 거시요 且吾人이 汽車中에 坐ᄒᆞ야 試看ᄒᆞᆷ이 車內에
在ᄒᆞᆫ 諸般物이 吾人에 對ᄒᆞ야 比較ᄒᆞᆷ이 對列位置가 少許도 變更ᄒᆞᆷ이
無ᄒᆞᆷ으로 吾人이 車의 動ᄒᆞᆷ을 不知ᄒᆞ다가 車外에 在ᄒᆞᆫ 山川村野를 向
ᄒᆞ야 比較ᄒᆞ면 其 位置가 時刻을 不許ᄒᆞ고 總히 變更ᄒᆞᄂᆞ니 故로 此
比較를 因ᄒᆞ야 車의 運動을 感覺ᄒᆞᆯ ᄲᅮᆫ 不是라. 車의 遲速까지도 知ᄒᆞ나

119

니 然ᄒ즉 車가 吾人에 對ᄒ야ᄂ 不動ᄒ되 山川村野에 對ᄒ야ᄂ 運動 홈을 確信홀지로다.

地球의 運動은 公轉及自轉의 二種이 有ᄒ니 公轉에 依ᄒ야 四季의 差가 生ᄒ고 自轉에 依ᄒ야 晝夜의 別이 生ᄒ나니라. 地球ᄂ 自轉ᄒᄂ 同時에 太陽의 周圍(卽軌道)를 左旋 運行홈이 有ᄒ니 此를 公轉니라 云ᄒ고 此에 太陽도 恒星間늘 縫結ᄒ야 自西移東ᄒ야 三百六十五日 五時四十八分 四十八秒를 經ᄒ면 舊位置에 復歸ᄒ나니 此를 太陽年니라 云ᄒ나니라. 故로 地球의 一公轉에 要ᄒᄂ 時間은 卽 太陽年이오 一大陽年는 卽 三百六十五日 五時四十八分 四十八秒라 此를 例ᄒ야 曆年에은 每四年에 一日의 閏日을 加ᄒᄂ 故로 閏年은 三百六十六日이오 常年은 三百六十五日이라 稱ᄒ되 其間에 差異가 有홈으로 此 過剩을 相計ᄒ야 四百年에 三閏日을 省去ᄒ엿사 太陽年에 恰同ᄒ니라.

地球가 地軸으로 軸을 定ᄒ고 自西向東ᄒ야 一日에 一次式 自體의 廻轉홈이 有ᄒ니 此를 自轉니라 云ᄒ나니 此에 依ᄒ야 諸天體(卽 太陽總星辰)가 東에 出ᄒ야 西에 沒홈과 如히 보이ᄂ지라. 某 一地點의 子午緯(經線)上에 或 天體(恒星이니 恒星은 太陽과 如히 皆 巨大한 發光星이오. 其 位置가 恒久不變ᄒ난 故로 恒星니라 名함)가 廻來ᄒ야 其 地點과 一直線을 成홀 時은 此를 恒星의 南中니라 稱ᄒ고 地球가 自西向東ᄒ야 一回를 盡ᄒ고 再次 其 天體와 直線이 되ᄂ 時間을 恒星의 南中日니라 稱ᄒ고 又 此 地點이 太陽과 一直線을 成홈은 太陽의 南中니라 稱ᄒ고 再次 一直線을 要ᄒᄂ 時間을 眞 太陽日이라 云ᄒ되 恒星의 南中日과 太陽의 南中日과 時間이 不同ᄒ야 每一日에 約四分(一度)의 差를 生ᄒ나니 地球가 自轉 一回홀 同時에 公轉ᄒ야 軌道上에 進行ᄒᄂ 距離ᄂ 大略 平均 百O九萬五千八百九十粁(粁는 千米突이오 一米突은 木尺의 三尺三寸이라)이오 地球와 太陽間 距離ᄂ 一億五千萬粁(我大韓三千八百十九萬六千六百六十六里餘)이오 恒星의 距離ᄂ 最近흔 者라도 地球太陽間 距離의 數十萬倍에 達ᄒᄂ지라. 換言ᄒ건듸 某 一地點여쎠 南을

望ㅎ이 十里距離에 在ㅎ 一孤塔과 數千里外에 在ㅎ 一峯頭와 一直線을 成ㅎ다가 更히 二三里를 東進ㅎ야 又 南을 望ㅎ 時은 數千里 外에 在ㅎ 峯頭는 如前히 南方에 在ㅎ되 十里許에 在ㅎ던 孤塔은 西方에 少移ㅎ야 在ㅎ리니 故로 地球에 對ㅎ 恒星과 太陽의 關係도 此와 如ㅎ으로 太陽 이 恒星보담 西方에 偏在ㅎ 角度는 一度에 當ㅎ고 一度를 轉ㅎ야 太陽 을 直向ㅎ는 時間는 四分을 要ㅎ나니라.

然ㅎ나 地球의 軌道[太陽系]은 橢圓形이 될쑨 不是라 又 太陽이 橢圓 形의 焦點[圓의 中心點]을 少移ㅎ야 在ㅎ 故로 地球運行의 速度와 太陽 日의 長短이 每常 不同일식 一年中에 平均을 取ㅎ야 平均 太陽日노써 普通 時間을 定ㅎ며 平均 太陽日의 時刻은 十二月二四日頃이 是니 卽 眞太陽日과 相合ㅎ고 其後는 或遲 或速ㅎ야 十六分의 大差違에 達흠도 有ㅎ나니라. 故로 太陽의 南中의 時刻으로써 直히 其 地方의 正午를 定ㅎ 기 不能ㅎ도다.

本邦에 用ㅎ는 中央標準 時는 自濟州島 東端으로 皇城을 通ㅎ야 厚昌 慈城 兩郡間을 通過ㅎ 東經線 百二十七度로셔 定ㅎ니 日本國의 中央標 準으로 定ㅎ 神戶觀象臺 時보듬 三十二分이 遲ㅎ고 英國倫敦祿威觀象 臺 時보듬 八時二十八分이 速ㅎ나라. 故로 地球上의 標準時는 經線 每 二十度에 一時式 加減ㅎ야 定흠이 常例ㅣ다. (未完)

▲ 제4호

地球運動의 結果로 左의 現狀을 生ㅎ나니라.

(一) 晝夜 (二) 晝夜의 長短 (三) 氣候帶 (四) 季節

<u>晝夜</u> 地球는 球形인 故로 一時에 其 半面만 太陽의 光線을 受흠으로써

表面이 光線을 受ㅎ는 處는 晝가 되며 不受ㅎ는 處는 夜를 生ㅎ고 又 自轉에 依ㅎ야 暗明의 境界가 常移動ㅎ야 晝夜의 交代를 成ㅎ나니 故로 甲乙丙 三人이 一地點에서 實驗을 施흘시 丙은 本地에 在ㅎ고 甲은 東向 乙은 西向出發ㅎ야 各各 同速度로 地球를 一週ㅎ고 三人이 同時에 更히 本位에 相値ㅎ야 其間 日數를 計算흠이 丙은 眞日數를 計ㅎ고 甲은 一日을 加計ㅎ고 乙은 一日을 減計ㅎ엿다 ㅎ니 此는 非他라 甲은 地球와 同方向을 進ㅎ는 故로 每日 幾十分式 促ㅎ야 一日의 加를 生ㅎ얏고 乙은 反對方面을 進흠으로 每日 幾十分式 延ㅎ야 一日의 減을 生ㅎ얏나니 由此觀之ㅎ면 地球上에 晝夜의 境界가 漸次 移動不息흠을 可知로다.

<u>晝夜의 長短</u> 地球公轉흘 際에 地軸은 軌道에 對ㅎ야 垂直線이 아니요 二十三度半의 仰斜를 成ㅎ얏고 且其方向이 常變不息흠으로 吾人이 太陽을 望흠이 或時는 高(長日)ㅎ고 或時는 低(短日)흠을 從ㅎ야 日射時間이 常異ㅎ나니라. 故로 三月二十一日은 太陽이 赤道上에 直射흠으로 晝夜의 長短이 相等ㅎ니 此日을 春分이라 名ㅎ고 春分日 以後는 太陽의 行路가 日日 北進ㅎ야 北半球는 晝가 次第로 長ㅎ고 南半球는 此에 反ㅎ다가 六月二十一日이면 太陽이 北緯 二十三度半에 直射흠으로 北半球는 晝가 最長ㅎ고 南半球는 晝가 最短흘지라. 此 日을 夏至라 名ㅎ나니 此 日노 始ㅎ야 日日 南進ㅎ야 九月二十三日을 當ㅎ면 又 赤道上에 直射흠으로 晝夜가 平均ㅎ야 春分日과 同ㅎ나니 此 日을 秋分이라 名ㅎ고 又 此 日브터 行路가 日日 南進흠을 依ㅎ야 北半球는 晝가 次第로 短ㅎ고 南半球는 此에 反ㅎ다가 十二月 二十一日이면 太陽이 南緯線 二十三度半에 直射흠으로 北半球는 晝가 最短ㅎ고 南半球는 晝가 最長흠을 見ㅎ나니 此 日을 冬至라 名ㅎ고 又 此로브터 太陽은 更히 北進을 始ㅎ나니라 如此히 晝夜長短을 成흠으로써 北半球에 晝가 長흘 時는 北極圈 內는 夜가 無흠과 如히 거의 半年의 晝를 成ㅎ는 處가 有ㅎ며 南半球는 此에 反ㅎ야 거의 半年의 夜를 成ㅎ는 處가 有ㅎ나니라. 故로

南半球 晝長을 成홀 時는 此에 反ㅎ니라.

氣候帶 及 季節區別의 標準 夏至日頃은 太陽이 夏至線(北回歸線) 上에 直射ㅎ는 故로 南緯 六十六度半 以外는 全히 太陽을 未見ㅎ나니 此線늘 南極圈니라 云ㅎ고 又 冬至日頃은 太陽이 冬至線(南回歸線) 上에 直射ㅎ는 故로 北緯 六十六度半 以外는 全히 太陽을 未見ㅎ나니 此 線을 北極圈니라 云ㅎ야 此 二至線과 二極線에 依ㅎ야 地球表面을 三帶에 分ㅎ니라.

三帶 及 季節의 寒溫熱 原因 凡 地球上에 寒溫熱의 狀態를 生케 흠은 太陽의 遠近에는 關係가 無ㅎ고 受ㅎ는 太陽光線 分量의 多少에 基因흔 지라. 故로 日氣가 溫暖흠을 從ㅎ야 太陽이 吾人의 頭上에 進來ㅎ고 寒冷흠을 從ㅎ야 吾人의 頭上을 移ㅎ야 南方으로 退去ㅎ나니 吾人의 頭上에 來ㅎ야 直射홀 時는 光線의 分量이 多흠으로 熱을 生ㅎ고 南으로 退去ㅎ야 斜射홀 時는 光線의 分量이 少흠으로 寒을 生ㅎ나니 故로 一日之間이라도 朝夕과 午의 間에 寒暖의 差異를 生흠은 亦 直射斜射의 原因이니라. (未完)

▲ 제5호

熱帶는 二至線間에 在흔 部分을 謂흠이니 一年에 二回式 太陽光線이 頭上에 直射ㅎ는지라. 晝夜의 長短의 差도 甚少ㅎ고 季節의 變更도 少흠으로 乾候, 濕候, 兩季에 分ㅎ엿나니라.

溫帶는 二至線과 二極圈間에 在ㅎ야 北溫帶 南溫帶의 別이 有ㅎ니 溫帶는 一年에 一回式 直射ㅎ는 故로 晝夜의 長短도 等異ㅎ고 季節의 變更도 多흠으로 四季에 分ㅎ엿나니라.

寒帶는 兩極圈內에 在ᄒᆞ야 北寒帶 南寒帶의 別이 有ᄒᆞ니 寒帶는 一年에 一回式 斜射ᄒᆞᆯᄲᅵᆫ 故로 晝夜의 長短의 差가 甚大ᄒᆞᆯᄲᅵᆫ 不啻라 處所를 隨ᄒᆞ야 數日, 數週, 數月에 亘ᄒᆞᄂᆞᆫ 晝 又 夜를 生ᄒᆞ고 且 季節의 變更은 少ᄒᆞ나 差가 甚大ᄒᆞᆫ 故로 夏冬二季에 分ᄒᆞᆯᆺ나니라.

四季 溫帶ᄂᆞᆫ 一個年을 春(自春分至夏至間) 夏(自夏至至秋分間) 秋(自秋分至冬至間) 冬(自冬至至春分間)의 四季에 分ᄒᆞ엿시되 我國은 特別히 春(自立春至立夏間) 夏(自立夏至立秋間) 秋(自立秋至立冬間) 冬(自立冬至立春間)의 四季에 分ᄒᆞ엿나니 然ᄒᆞ나 北溫帶의 春은 南溫帶의 秋오 北溫帶의 夏는 南溫帶의 冬이니라. 曆曆은 太陽曆 太陰曆의 二種이 有ᄒᆞ니 太陽曆은 太陽年(回歸年)에 基本ᄒᆞ야 編制ᄒᆞᆫ 曆이오 太陰曆은 太陰(月이 地球를 一公轉)에 基本ᄒᆞ야 編制ᄒᆞᆫ 曆니라. 我國은 古來로 太陰曆을 用ᄒᆞ다가 甲午更張 以後로 太陽曆을 用ᄒᆞᆫ다 云ᄒᆞ엿시나 其間은 形式에 不過ᄒᆞ얏고 隆熙 二年 以來로 實用ᄒᆞ나니라.

太陽曆 平年及閏年이니 太陽年은 三百六十五日 五時四十八分 四十八秒로 成ᄒᆞᆷ으로 便宜를 取ᄒᆞ야 端數를 切去ᄒᆞ고 三百六十五日노셔 一個平年을 定ᄒᆞ고 其 端數를 集ᄒᆞ야 每四年에 二月末에 加入ᄒᆞ야 三百六十六日노셔 一個閏年을 定ᄒᆞ니 一, 三, 五, 七, 八, 十, 十二月은 大ᄒᆞ니 三十一日이오 四, 六, 九, 十一, 月은 小ᄒᆞ니 三十日이오 二月은 特別히 平年은 二十八日이오 閏年는 二十九日이니라.

太陰曆 平年 及 閏年이니 太陰은 地球에 一衛星인 故로 地球의 周圍를 運行ᄒᆞ되 常히 東進ᄒᆞ야 二十七日 三分之一에 舊位置에 復皈ᄒᆞ기ᄂᆞᆫ ᄒᆞ나 地球가 太陽에 對ᄒᆞ야 自轉時間을 少少히 加要(現前節)ᄒᆞᄂᆞᆫ 故로 太陽에 對ᄒᆞ야 同一ᄒᆞᆫ 舊位置에 復皈ᄒᆞ랴면 大約 二十九日半을 要ᄒᆞ나니 此가 卽 眞太陰曆의 一個月니라. 然ᄒᆞ나 便宜를 取ᄒᆞ야 端數를 加減ᄒᆞ야 大月은 三十日 小月二十九日노 定ᄒᆞ야 十二個月노셔 平年늘 定ᄒᆞ고

每四年에 一日의 閏과 剩餘의 日을 合算ᄒ야 一個閏月을 加入ᄒ야 十三個月노셔 閏年늘 定ᄒ니 此 亦 一年에 凡十一分十二秒가 眞太陽年보담 進흠으로 每四百年三日 除去흠은 此 理由니라.

▲ 제6호

地殼의 發達 地殼은 地球의 創成 以來로 永永 歲月間에 漸次 積成된 故로 下部는 (年古됨으로) 堅硬ᄒ고 上部는 (新成됨으로) 軟脆흠이 通例라. 然이나 地殼의 內外 及 自體가 永年月間으로 互相 壓縮ᄒᄂ 力이 有흔 故로 不知 中 褶曲이 生ᄒ야 其 位置가 全히 轉倒(造山的 作用)흠도 有ᄒ고 或은 裂隙에 依ᄒ야 陷落(地震이 起흠)흠도 有ᄒ고 或은 其間에 火山岩의 迸出(噴火口)흠도 有ᄒ야 地殼의 上下部가 悉皆 異同ᄒ다고 確定키 不能ᄒ나 同一흔 外觀이라도 岩石의 形質 及 化石의 狀態의 異同에 依ᄒ야 時代의 新舊를 容易히 判定ᄒ나니라.

(一) 片麻岩과 如흔 岩石은 其質이 結晶質노 成ᄒ고 堅硬흔 故로 理論上에 此는 地球 構造時에 各熔融質이 凝結된 故로 其 質이 連續質이라ᄒ야 此를 晶質岩이라 云ᄒ고.

(二) 砂岩, 礫岩等은 岩石의 碎片이 水中에 沈積되야 海水에 溶解된 物質과 互相 沈澱 結固ᄒ야 形成된 岩石이라. 故로 往往히 植物의 葉과 動物의 骸殼 等도 共同히 沈澱되야 一種 奇文을 有흔 化石이 有ᄒ니 此等을 水成岩이라 云ᄒ고 又 古代의 魚介蟲類는 皮殼이 硬固ᄒ고 骨은 軟흔 故로 其 死棄된 內都에 各種 溶解 物質이 劇入沈澱ᄒ야 本 動物의 形狀을 模型흔 化石을 成ᄒ나니 現今 各 學校 實驗에 供ᄒ난 化石이 是也오 同一흔 動物이라도 時代를 從ᄒ야 其 形이 小小히 殊異ᄒ야 現今과 古代를 比ᄒ면 等異흘지라. 其 新舊를 區別ᄒ랴면 理化的 分析에 依ᄒ야 可以 判定ᄒᄂ 方法이 有ᄒ니라. (但 動植物의 種類는 次에 辭흠)

(三) 花崗岩, 安山岩, 玄武岩 等은 地下熱에 熔融된 質이 地殼의 薄弱ᄒᆞᆫ 部分(火山口)으로 噴出되야 凝結ᄒᆞᆫ 者인 故로 其 形狀이 水成岩과 大異ᄒᆞ야 塊狀을 呈ᄒᆞ고 化石의 含有가 無ᄒᆞ니 常識者의 一見 區別이 容易ᄒᆞ니라.

(四) 古生代에ᄂᆞᆫ 地球의 內部가 過度ᄒᆞᆫ 熱을 有ᄒᆞᆫ 故로 水分의 蒸發이 迅速ᄒᆞ야 水之循環(蒸發降雨)이 甚히 頻煩ᄒᆞᆫ 時代라. 此 時代에ᄂᆞᆫ 鱗木 蘆木 封印木 等 數三種의 植物이 巨大 盛鬱ᄒᆞᆫ 中에 筆石 三葉蟲 鯢魚 等 數三種의 動物이 腸走膝行ᄒᆞ다가 地殼 變動에 依ᄒᆞ야 埋沒 沈澱ᄒᆞ야 永年間 壓力을 被ᄒᆞ야 化學的 分析이 起ᄒᆞ야 石炭化石을 生成ᄒᆞ얏시니 此를 石炭紀라 稱ᄒᆞ나니라. 然이나 地盤이 此 時代에 海底에 沈沒되얏던 地에ᄂᆞᆫ 石炭은 無ᄒᆞ되 化石은 有ᄒᆞ고 隆起되엿던 地에ᄂᆞᆫ 化石은 無ᄒᆞ되 石炭은 有ᄒᆞ도다. 此 代를 過ᄒᆞ고 中生代에 至ᄒᆞ야 動植物이 漸次 發達되고 且 中生代를 過ᄒᆞ고 近生代에 至ᄒᆞ야 動植物이 又 一層 發達되야 近生代의 第三紀 第四紀를 過ᄒᆞ고 洪積世(海洋의 作用으로 地面을 沈澱)와 沖積世(河川 波浪의 作用으로 地面을 沈澱)에 至ᄒᆞ야 靈長ᄒᆞᆫ 人類가 出生ᄒᆞ엿도다. 此 時代는 地面이 溫暖ᄒᆞ고 雨順風調ᄒᆞᆫ 時代라. 故로 人類의 衣食住에 各樣 動植物을 利用ᄒᆞ란 理致로 太和ᄒᆞᆫ 世界에 各 需用品을 供給ᄒᆞᆫ 後에 如此 高等ᄒᆞᆫ 人類를 居生케 ᄒᆞᆫ 줄을 覺悟ᄒᆞ노라. 如斯히 自由와 需用品을 與ᄒᆞᆫ 以上에 此 自由와 供給品을 若他人에 讓與ᄒᆞ던지 被奪ᄒᆞᄂᆞᆫ 境遇에 當ᄒᆞ야ᄂᆞᆫ 何言을 陳仰ᄒᆞ여야 可ᄒᆞᆯ지 放筆思之ᄒᆞ노라. 知耶아 否耶아 我心沖沖이로다.

地殼의 發達과 變動된 時代를 四에 大別ᄒᆞ야 太古代 古生代 中生代 近生代라 ᄒᆞ고 又 此를 細別ᄒᆞ야 紀世에 區別ᄒᆞ고 此를 區別ᄒᆞᆷ에 供ᄒᆞᄂᆞᆫ 化石된 動植物은 或 一定ᄒᆞᆫ 時代에만 生存ᄒᆞᆫ 것이 有ᄒᆞ니 如此ᄒᆞᆫ 動植物노된 化石을 示準化石이라 云ᄒᆞ나니 現今 地質의 生成ᄒᆞᆫ 時代를 判定ᄒᆞᄂᆞᆫ 最有力ᄒᆞᆫ 事實이 卽 是也ㅣ니 其 時代와 種類를 擧ᄒᆞ.

太古代	
古生代	간부리아 紀
	시류리아 紀
	듸봉 紀
	石炭紀
	二疊紀
中生代	三疊紀
	侏羅紀
	白堊紀
近生代	第三紀
	第四紀
	洪績世
	沖積世

時代	植物	動物
太古代	化石의 發見이 無喜.	
古生代	羊齒類 封印木 鱗木(石松類) 蘆木(木賊類) 松柏類(小數始生)	有孔蟲(原生動物) 珊瑚 筆石(腔腸動物) 三葉蟲(節足動物) 海百合類 光鱗魚(魚類) 雨棲類(鯢, 蛙類) 魚龍(爬蟲類)
中生代	松柏類 蘇鐵類	鳥類(似蝙蝠) 有袋類(一名은 간가류)
近生代	被子植物	만모수(哺乳類) 人類

25.
천문

순번	연대	학회보명	필자	제목	수록 권호	분야	세분야
1	1906	태극학보	앙천자	천문학 강화	제14, 16호(2회)	천문	
2	1906	태극학보	앙천자	경기구담	제15호	천문	
3	1907	공수학보	원훈상	천기예보의 일반	제3호	천문	기상학
4	1907	동인학보	김신용	청우계	제1호	천문	기상학
5	1907	대한유학생회 학보	최남선	혜성설	제1호	천문	
6	1908	소년	편집실	星辰	제1권 1, 2호, 제2권 1호(3회)	천문	천문학
7	1908	소년	집필인	할늬 彗星 略說	제3권 제5호	천문	천문학
8	1908	대동학회월보	송은도인	기형신설	제7, 8, 9, 10, 11, 12호(6회)	천문	

◎ 天文學 講座, 仰天子, 〈태극학보〉 제14호, 광무 11년(1907) 9월 24일.

天文學講談(一)

第一 天文學의 由來

天文學이라는 語는 希臘國 方言으로 星의 規則이라 ᄒ는 意義니 最古時代브터 開展ᄒ 學問이라. 古代를 溯考컨듸 太古遊民들이 蒼空之下에서 晝夜를 不分ᄒ고 生息ᄒ며 或은 遊牧을 營存ᄒ는 際에 自然히 그 燦爛ᄒ 光體를 注視ᄒ며 運轉을 觀察ᄒ야 畢竟은 今日의 天文學 基礎를 構成ᄒ엿고 坐 他方으로 觀ᄒ면 旅行이나 移住나 航海에 一種의 目標로 大空의 光體가 自然히 注視되여 人智가 增進ᄒ는듸로 그 必要가 愈增ᄒ고 그 觀察이 益精ᄒ야 畢也 今日의 天文學ᄭ지 進達ᄒ 者인 듯ᄒ며 歷史上으로 觀ᄒ건듸 天文이 最先 觀測된 者는 現今 퍼-시아(波斯國)國 칭싀리스河와 유-프렛河 間에서 西曆 紀元前 二千三百年頃에 最盛ᄒ 갈씌아國인 듯ᄒ듸 支那歷史를 觀ᄒ즉 西歷 紀元前 二千年頃에 顓頊 高陽氏가 歷象을 定ᄒ엿스니 然則 天文觀測은 太古時代에 行ᄒ 줄노 思ᄒ지라. 그러면 갈씌아와 支那 兩國 中에는 其 先後를 詳考키 難ᄒ고 其 次는 에집트(埃及)인 듯ᄒ니 傳來 歷史家의 說을 據ᄒ건듸 그 建國이 非常古舊될 ᄲ 아니라 其 地勢에 廣漠ᄒ 原野와 平原 沙漠 等이 多ᄒ 故로 萬里의 眼을 遮흠이 無ᄒ고 다만 暎照ᄒ는 거슨 大空의 天象ᄲᆫ인 고로 自然과 天文觀測을 促進ᄒ 듯ᄒ며 엇던 傳語를 據ᄒ즉 이 나라의 天文學者들은 天文觀測에 非常히 熱中ᄒ야 夜間에 天體를 凝視ᄒ면서 進就ᄒ다가 足下深井에 沒落ᄒ 者가 有ᄒ다 ᄒ니 同國에 天文學이 盛ᄒ엿든 거슨 此 一事로도 足히 想像홀 거시라만은 當時에는 精密ᄒ 器械가 無흠으로 早開ᄒ 天文觀測이 精確지 못ᄒ 結果를 得ᄒ엿도다.

第二 宇宙의 組立

(가) 宇宙의 星宿, 靜夜에 天空을 仰看ᄒ면 萬目이 都是 星宿요 더욱 望遠鏡으로 窺測ᄒ면 其 數가 一層 多ᄒ고 좀더 큰 望遠鏡을 用ᄒ면 非常히 增多ᄒ야 實狀 無數히 뵈이거니와 望遠鏡은 有限의 物鏡이민 其 外에도 星數가 尙多ᄒᆯ 거시며 ᄯᅩ 光彩가 吾人 眼中에 入來ᄒ지 아니 ᄒᆷ으로써 宇宙의 星數는 全粹히 想像 外에 在ᄒᆫ 거시라 云ᄒᆯ 거시며 光의 速度는 本來 非常히 迅大ᄒ야 一秒間에 十八萬 五千英里를 進行ᄒ ᄂ니 宏大ᄒᆫ 望遠鏡이 如許ᄒᆫ 速度로 光을 進ᄒᆯ지라도 우리 地球ᄭᅡ지 達ᄒ기에 六萬年을 經ᄒᆯ 遠距離에 在ᄒᆫ 星ᄭᅡ지 窺見ᄒᆷ을 得ᄒᆯ지니 其 中間에는 星宿 아닌 거시 無ᄒᆯ지라. 그러면 星數는 如何히 叢多ᄒ며 宇 宙는 如何히 廣大ᄒᆫ고.

(나) 星宿의 系統 宇宙에는 星宿가 如許히 雜多ᄒ나 다 互相의 引力을 因ᄒ야 牽制되여 各各 系統을 成ᄒ엿ᄂ니 其 形象을 싱각컨딕 其 中央 에는 우리 太陽ᄀᆺᄒ 星이 有ᄒ고 其 周圍에는 我地球와 如ᄒ 星球들이 回環ᄒ고 ᄯᅩ 其 中央 星은 周圍의 遊星을 率ᄒ고 다시 他一定點의 周圍 를 回環ᄒ나니 뎌 夜中에 燦爛ᄒ 光輝를 發ᄒᄂ 星이 다 우리 太陽과 同類의 星이라. 謂之恒星이라 ᄒ고 우리 地球와 如ᄒ 星은 一個도 光彩 를 自放치 못ᄒ고 다만 太陽 빗을 借光하야 宇宙에 返照ᄒᆯ ᄲᅮᆫ이니 此는 謂之遊星이요. 遊星에는 更一層 젹은 小星이 附屬ᄒ여 우리 地球에 太 陰(月)과 如히 主星의 周圍를 回環ᄒᄂ니 此ᄂ 謂之衛星이라.

第三 太陽系統

其一 太陽
(甲) 太陽系統의 由來, 太陽系統은 中心에 太陽이 有ᄒ고 其 周圍에는 八箇의 遊星과 四百에 近ᄒ 小遊星과 外에 彗星이라 稱ᄒᄂ 一種의 星 이 繞回하고 其外 二十個 衛星이 遊星의 周圍를 繞廻ᄒᄂ 거신딕 뎌럿

툿흔 事實은 一朝一夕에 確定흔 것이 아니오 長久흔 年月을 要흔 後에야 비로소 一般 準信홈에 至흔 거시라.

地球와 他遊星이 太陽의 周圍를 繞回흔다는 事實은 西歷 紀元前 五百年頃에 希臘國 大理學者 피다ㅅ라스가 始唱ㅎ엿스나 그 外觀은 全然 反殊ㅎ야 太陽과 其他 天體가 東에셔브터 西으로 地球를 서回ㅎ는 것인듸 當時 人人이 다 此를 準信치 아니ㅎ고 地球가 모든 天體의 中心에 位在홀 줄노 思ㅎ엿더라.

아포로니우쓰라 稱ㅎ는 天文學者는 諸天體가 다 太陽으로 中心을 솜고 그 周圍를 繞回ㅎ며 또 太陽은 各 星을 率ㅎ고 我地球의 周圍를 繞回흔다 云ㅎ엿고 또 에집트 天文學者 트레미는 云ㅎ기를 宇宙는 幾多의 中空球로 成立ㅎ고 此 中空球들은 各各 重合하여 其 各 球에 太陽, 衛星, 遊星 及 其他 諸天體가 相對흔 中心에 我地球가 存在ㅎ민 各 球는 各 天體를 擔負ㅎ고 我地球의 周圍를 二十四時間에 每常 東에서 西으로 回轉ㅎ며 또 各 球는 結晶質인 고로 잘 透明ㅎ여 內部의 球가 外部의 天體를 遮ㅎ지 못흔다 論ㅎ엿스니 此는 十六世紀頃에 盛行흔 學說이라. 뎌 有名흔 푸로시아 大天文學者 고페루닉스가 出ㅎ여 其 迷信을 轉覆ㅎ고 피다ㅅ라스의 說을 復活시켜 眞理를 發揮ㅎ니 氏는 푸로웽쎄루이의 앗트렌슈타인의 住宅을 根據ㅎ고 二十四年間 寢食을 忘却ㅎ고 天體의 運動을 觀測ㅎ야 一千五百三十年에 有名흔 天體論을 完成ㅎ엿스나 迫害를 恐懼ㅎ야 長久히 密藏ㅎ엿드니 友人의 勸告를 從ㅎ야 千五百四十三年에 비로소 出版ㅎ니 其 當時에 贊成을 未得ㅎ고 伊太利 大物理學者 깔닐레오가 出世흔 以後에야 漸次 確實히 立定ㅎ니라.

깔닐레오ㅣ 當時에 流行ㅎ는 望遠鏡을 改良ㅎ야 實物의 三十二倍가 되게 製造ㅎ고 此를 用ㅎ야 天體의 運動을 觀測ㅎ며 고페루닉스의 學說을 確正ㅎ엿스나 固陋흔 學者는 無非此에 反對라. 깔닐레오가 木星의 四衛星 發見흔 거슬 發表ㅎ민 彼等은 捨而非定ㅎ엿스며 當時 푸로렌스 府에 一天文學者의 자미잇는 니야기가 有ㅎ니 曰 吾人 頭上에는 兩眼 二耳와 鼻孔 及 口의 七個 竅가 有ㅎ고

133

또 金屬에는 金, 銀, 銅, 鐵, 鉛, 錫, 亞鉛의 七金屬이며 一週에는 七日 뿐인즉 遊星도 亦是 七個뿐이라. 水, 金, 火, 木, 土, 日, 月의 七星의 數가 已爲充分하엿다 하야 깔닐레오의 發見한 四衛星을 虛說노 歸送하엿스니 知識이 未開하면 怪論이 生홈은 自古로 定來한 事實이로다. (未完)

▲ 제16호

天文學講談

(乙) 太陽의 體大, 太陽系 中에 가장 巨大한 者는 太陽이니 熱과 光의 大本源이요 모든 遊星을 合한 것의 七百倍 可量이라. 只今 假令 太陽을 우리 地球의 位置에 置홀 것 ᄀᆞ하면 月의 軌道를 지나 四方 十八萬英里에 至홀지니 그 直徑은 八十五萬 二千英里요 그 體積은 地球의 百二十五萬倍 可量이오 그 實質은 三十萬倍가 되리로다.

(丙) 太陽面의 黑點, 望遠鏡으로 窺見하면 太陽은 火球와 如하나 그 全面이 恒常 光輝를 放치 아니하고 써써로 幾許의 黑點이 여긔져긔 點在하여 黃道(太陽의 赤道)의 兩邊 各 三十五度 間에 散在하ᄂᆞ니 그 數와 其 大는 一定不同하며 或者는 二個月 以上을 長續홈도 有하고 或者는 每日 變形하며 또 突然히 消하고 卒地에 生하야 一個年 內에 其 現象이 뵈이지 아니 홀 時도 有하며 二百個 以上도 生하야 光輝가 減下홈도 有하니라.

精密한 觀測을 據하건듸 그 數와 그 大가 漸次 增加하야 極限에 達하엿다가 또 漸次 消滅하ᄂᆞᆫ대 그 週期는 十一年이오. 往往 非常히 巨大한 者가 生하여 肉眼으로도 見홀 수 잇스니 西曆 紀元 千八百四十三年 六月 中 一週間에 出現한 거슨 그 直徑이 七萬 七千哩이라 하엿스니 우리 地球의 거의 十倍나 더 큰 거시 될지라. 그 源因으로 言하면 果히 分明치는 못하나 엿던 學者 말하기를 太陽雰圍氣가 火球에서 發射하ᄂᆞᆫ 光輝를 吸收홈으로 生한다고도 하고 엇던 學者는 言하기를 太陽의 暴風

을 因ㅎ야 比較的 暗面이 曝露홈을 因홈이라 ㅎᄂ 各派 說이 有ㅎ나 必也 末言이 近理ᄒ 듯 ᄒ도다.

(丁) 太陽의 結構, 太陽의 密度ᄂ 우리 地球 四分一에 不過ㅎᄂ딕 그 內部의 結構ᄂ 조곰도 解知키 難ㅎ나 分光器를 用ㅎ야 太陽의 스픽트람(色帶)을 窮究ㅎ건딕 우리 地球에 存在홈과 同一ᄒ 諸金屬의 蒸氣가 太陽雰圍氣 中에 存在ㅎ야 白熱氣狀이 되여 잇스니 此를 始究한 者ᄂ 킬히홈이라 稱ㅎᄂ 物理學者이더니 近頃ᄭ지 硏究를 次第 積來ᄒ 結果 左에 記ㅎᄂ 諸物質이 含有ᄒ 거슬 解得ㅎ엿더라.

나토리움, 막네씨움, 鐵, 칼시움, 니켈, 쌔리움, 크로미움, 코쌀티움, 水素, 망가니움, 티타니움, 알미니움, 스트로시움, 鉛, 가쓰니움, 쎄리움, 우라니움, 가리움, 바나지움, 파라딕움, 모리쓰뗀 , 인디, 리시움, 루쎄디움, 씨디움, 蒼鉛, 錫, 銀, 쓰라씨남, 란터남.

(戊) 太陽面의 溫熱, 太陽面에셔 發射ㅎᄂ 熱量의 엇던 部分은 그 雰圍氣에 吸收되ᄂ 고로 吾人은 그 엇던 部分을 亨受ᄒ 쑨이니 太陽의 全熱量은 到底히 計算ㅎ기 容易치 아니ㅎ나 푸에라 ㅎᄂ 學者 推算ᄒ 바를 據ㅎ건딕 가령 空氣가 업다 ㅎ면 우리 地球 全面에 二寸 三四分 둑게로 包圍ᄒ 氷을 一日에 足히 溶去ㅎ리라 ㅎ니 然則 우리 地球가 亨受ㅎᄂ 熱量은 太陽에셔 發射ㅎᄂ 거세 二十二億萬分의 一에 不過홈이니 만일 이 全熱量으로 氷을 溶解코져 ㅎ면 우리 地球를 五億 六萬尺의 厚로 包圍ᄒ 氷을 一日에 消盡케 ㅎ리니 實노 宏大 無量하다 云ᄒ 거시오. 우리 地球가 亨受ㅎᄂ 全熱量 中으로 過半은 地球의 溫度를 補充식히고 겨우 千分의 一이 直接으로 生物의 生命을 維持홈에 供ㅎᄂ니라.

太陽面의 溫度ᄂ 섹가이라 云ㅎᄂ 學者가 推算ㅎ야 攝氏 六百十萬度의 結果를 得ㅎ엿ᄂ딕 가령 普通 炭火의 溫度를 點撿ᄒ지라도 五六百度에 不過ㅎ고 特別ᄒ 裝置를 用ᄒ지라도 二千度에셔 더 昇高ᄒ 수가 업슬지니 이ᄀ치 思考하면 뎌럿툿 想像 外에 出ᄒ 수ᄂ 無ㅎ나 果然 比較ᄒ 바ᄂ 업다 ㅎ리로다.

比較ᄒ 수 업ᄂ 溫度를 包有ᄒ 無限의 熱量이 太陽面에셔ᄂ 如何히

生홀가. 엇던 學者ᄂ 太陽面에 落下ᄒᄂ 星體가 衝突ᄒᄂ 熱에 原因됨이라 唱出ᄒ고 엇던 學者ᄂ 太陽 自體가 次第 收縮홈을 因ᄒ야 位置의 勢力(energy)이 運動의 勢力으로 變化되ᄂ 緣故라 云ᄒ니 此 說이 가장 信認홀 만 ᄒ되 此 說을 從ᄒ건디 太陽은 百年間에 그 直徑을 四英里式 收縮 식킴이니 現今과 如ᄒ 熱量으로도 五萬年을 經過ᄒ면 二分의 一이 될 터히오 千萬年을 經過ᄒ면 太陽도 生命이 盡ᄒ게 되리로다.

(己) 太陽의 運動, 太陽의 運動은 黑點의 變位를 從ᄒ야 觀測홀 수가 잇ᄂ니 最初에ᄂ 東端에셔 現出ᄒ고 漸次 西端으로 進去ᄒ야 거의 十三日에 消滅ᄒ고 十三日 後에ᄂ ᄯ다시 現出ᄒᄂ니 此를 依ᄒ야 察ᄒ건디 太陽이 西에셔 東으로 自轉ᄒ 줄을 可知홀 터히오. 그 週期ᄂ 二十五日 八時間이 되ᄂ 거슬 ᄯᄒ 實測ᄒ리로다. 이외에 太陽이 모든 游星을 率ᄒ고 一秒間에 八英里의 速度로 大軌道를 公轉ᄒ여 잇ᄂ디 이 軌道를 一回홈에 千八百二十萬年을 要ᄒ다 云ᄒᄂ니라.

| 1906 | 태극학보 | 仰天子 | 경기구담 | 제15호 | 천문 |

輕氣球ᄂ 西曆 一千七百八十三年에 佛蘭西國 몽꼴훼氏가 發明ᄒ 바ㅣ니 當時 斯道學者間에도 盛大ᄒ 讚賞을 엇어 一千八百七十年 普佛戰爭에 德國이 巴里를 包圍ᄒ민 巴里城 內外에서 友軍의 聯絡을 持保ᄒ기 爲ᄒ야 輕氣球를 처음으로 軍用에 供홀시 有名ᄒ 깜쎗타氏도 此를 搭ᄒ고 偵探軍事上에 多大ᄒ 功益을 得ᄒ 以來로 德, 英, 露, 伊, 諸國들이 熱心으로 硏究ᄒ야 一邊으로는 軍事上에 緊要ᄒ 奇勳을 立ᄒ고 他邊으로는 空中氣象觀測과 種種ᄒ 天氣豫報에 使用ᄒ엿더라.

　　(一) 氣球의 種類, 現今 歐洲 各 國에서 採用ᄒᄂ 바 氣球는 左와
　　　　如ᄒ 三種類가 有ᄒ니
　　(一) 自由輕氣球(Free Ballon)
　　(二) 繫留輕氣球(Fessel ballon)

136

(三) 誘導輕氣球(Leukball ballon)

此 外에 空中을 自在飛行ᄒᆞ며 瓦斯囊을 具치 아니ᄒᆞ고 空中을 飛行ᄒᆞᄂᆞᆫ 飛行機(Fulgel Maschine)라난 것이 有ᄒᆞ나 이는 그 構造法이 다른 고로 次回에 論ᄒᆞ겟고 몬져 以上 三種 輕氣球에 對ᄒᆞ야 그 大體를 暫述ᄒᆞ노니

第一 自由輕氣球는 그 일홈과 ᄀᆞᆺ치 空中에셔 自由로 風의 方向을 從ᄒᆞ야 飛行ᄒᆞᄂᆞᆫ 輕氣球니 그 形體는 通常 球形을 使用ᄒᆞᄂᆞᆫᄃᆡ 既陳과 如히 몽골훼氏의 採用ᄒᆞᆫ 것이니 그 構造가 極히 簡便ᄒᆞ고 昇降ᄒᆞᄂᆞᆫ 採作도 亦是 輕便ᄒᆞᆫ 고로 現今 佛露 等國에서는 盛히 使用ᄒᆞ며 ᄯᅩ 德國學諸 間에도 此를 造用ᄒᆞᄂᆞ니라.

第二 繫留輕氣球ᄂᆞᆫ 軍用專門球니 地上 엇던 一定의 固定點이 잇서 그 固定點에 網索을 引延ᄒᆞ고 網索 一端에 輕氣球를 繫留ᄒᆞ고 그 懸籠 中에ᄂᆞᆫ 偵探人을 乘入ᄒᆞ고 空中에서 電話로써 敵意를 自由偵探ᄒᆞ야 地上 高等司令官의게 報告ᄒᆞᄂᆞ니 第一 安全ᄒᆞ고 ᄯᅩ 그 操作이 確實ᄒᆞ며 그 構造도 十分 堅固ᄒᆞᆫ 者니라.

第三 誘導輕氣球ᄂᆞᆫ 繫留輕氣球의 一層 進步ᄒᆞᆫ 者니 그 概要ᄂᆞᆫ 空中에 잇ᄂᆞᆫ 偵探者와 電氣力을 利用ᄒᆞ야 發動ᄒᆞᄂᆞᆫ 電動機와 ᄯᅩ 舵를 自由로 回旋ᄒᆞᄂᆞᆫ 推進器를 備有ᄒᆞᆫ 者니 英國서 쎌닝셸론이라 稱ᄒᆞᄂᆞᆫ 便利輕氣球라. 故로 歐洲 各 國서 極히 研究ᄒᆞᆯ식 德國에ᄂᆞᆫ 陸軍副將 티에페링氏가 千九百二年에 南德國쌛-쎈제-라 稱ᄒᆞᄂᆞᆫ 處에서 誘導氣球를 構造ᄒᆞ엿스나 構造法에 多少間 缺點이 잇서 成功이 되지 못ᄒᆞ엿고 參將 쌔루데쌔ᄅᆞ氏가 方今 構造ᄒᆞᄂᆞᆫ 中에 昨年 夏間에 伯林서 第一回 昇騰을 試驗ᄒᆞ야 겨우 充分ᄒᆞᆫ 成績을 得ᄒᆞ엿고 佛國에ᄂᆞᆫ 산트쓔몬氏와 英國에ᄂᆞᆫ 스펜사氏가 盛히 研究ᄒᆞ야 將來 氣球上에서 爆裂彈을 落下ᄒᆞ려면 到底히 誘導氣球를 使用치 아니ᄒᆞ면 不可ᄒᆞᆯ 터힌ᄃᆡ 第一 難關은 空中에 氣球를 安全히 ᄒᆞᆯ 形體構造法 機械裝置法이라. 이거슨 只今 方丈 盛히 研究ᄒᆞᄂᆞᆫ 中인즉 後日에 徐徐히 講論ᄒᆞ겟고 玆에ᄂᆞᆫ 自由氣球의 大體와 構造法을 陳述ᄒᆞ노라.

自由輕氣球, 自由球는 가장 少흔 容積으로 最大흔 浮力을 得ᄒ기 爲ᄒ
야 有要흔 氣囊과 이 氣囊을 覆被흔 覆網과 그 아리 結付흔 바 吊環과
吊環下에 連結ᄒ여 잇는 吊籠과 이 四部分으로 成立ᄒ니(下圖參照)

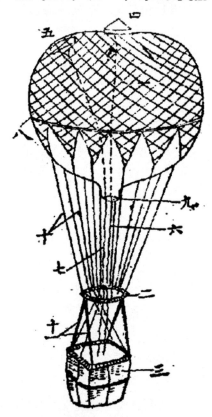

稱名部各의球氣輕

輕氣球의 各部 名稱

一 氣囊 二 吊環 三 吊籠 四 安全瓣 五 破綻安全瓣 六,七 安全瓣과 安全瓣網
八 覆網 九 瓦斯注入管 十 鵞足網 十一 吊籠網

形體가 團圓흠을 因ᄒ야 空中에서 動搖ᄒ기 容易흔 故로 網을 掛ᄒ

138

야 網下에 吊籠을 時計의 振子와 곳치 懸垂호면 吊籠에 在훈 人은 垂直線의 方向을 保存호는 고로 重心이 過히 動치 아니호나 그러나 風勢가 强大홀 時에는 動搖가 容易호느니. 何也오 호면 球體半面積에 風勢를 受훔으로써 其 壓力이 大호여 지나니 故로 繫留氣球를 用호는 겻보다 自由氣球로 地上의 連網을 絶取호야 地上을 緣離호는 거시 採用上에 有益홀지라. 今에 此를 構造홈에는 第一水素瓦斯가 氣囊에서 拔出되지 아니호도록 構造치 아니호면 不可홀지니 氣囊의 地質 即 球皮를 各 國이 다 各 殊호게 호나 最重훈 者를 枚擧호건딕 第一은 絹이오 第二는 木綿이오 第三은 英國 特有物되는 쌀-드피티스킨 即 動物의 腸皮라. 佛國서는 絹을 호고 英國도 絹을 用호며 德國에는 木綿을 用호느니 絹은 重量이 輕훈 고로 容積이 小호고도 有利호나 價格이 高호며 木綿보다 弱훈 즉 財政이 富호거나 絹의 出産이 多호지 못훈 國은 使用호기 容易호지 못호겟고 次는 球皮를 縱의 方向, 即 地球의 經度樣과 如히 容積을 從호야 十六個 二十個가 되도록 縱으로 切호고 그 縱으로 切훈 布片을 蒐集호야 미싱으로 縫合호고 或은 護謨로 塗付호야 圓形을 作호고 切片은 二種이 有호니 一은 一重으로 그 內部를 護謨로 塗훈 것과 一은 二重으로 그 內部에 護謨를 塗入훈 거신딕 佛國에는 一重式을 用호고 德國과 其他는 二重式을 用호니 其 中에 瓦斯體를 잘 反抗호야 用途에 良好훈 者는 二重式이나 그러나 構造法이 甚히 不便훈 故로 一重式을 用훈다 호며 그 球皮의 一平方米突의 重數는 大約 百八十쓰림으로브터 二百五六十쓰림쎅지인딕 德國의 二重木綿을 合成훈 球皮는 一百쓰림이더라. 이럿케 囊을 作훈 以後에 ᄭ쓰 塡充홀 穴을 闢開호고 그 穴에 ᄭᄉ 注入管을 縫付호고 ᄭᄉ를 注入호면 ᄭᄉ가 球中에 드러가는딕로 氣囊이 漸次 膨脹호나 그러나 너무 膨脹호면 球가 破裂될 念慮가 有홀 터힌즉 此를 豫防호려 球體의 頭部에 安全瓣이라 호는 거시 잇서 흔히 알미니움이나 木片으로 만드러 自由自在로 瓦斯를 外部 排出케 호고 ᄯᅩ 一種 破綻安全瓣이라는 거서 잇스니 이는 氣球가 地上에 降下홀 時에는 通常 安全瓣으로 ᄭᄉ를 排出호고 最後에 破綻安全瓣의 網을 强引호면 氣

體 上部가 破縮되며 싟스가 排出흠을 좃ᄎ 氣球가 風傘作用으로 安全히 降下흠을 得ᄒᄂ니라.

氣球 上部에 覆在흔 覆網은 麻를 細絢로 索編ᄒ야 만은 網을 만든 後에 氣囊을 空中에 安全히 保全흠과 갓치 그 속에 塡充흔 싟스를 保全ᄒ기 爲ᄒ야 此를 使用ᄒ고 이 覆網으로는 氣囊과 密着ᄒ도록 흔 後에 網의 下方에 鵞足網이라 云ᄒᄂ는 鵞鳥의 足과 如흔 網線을 持ᄒ여 吊籠과 結付ᄒᄂ니 吊籠은 極히 重흔 重量에 容積이 크도록 만들고 吊環은 吊籠에 接近ᄒ게 ᄒ되 그 周圍에ᄂ 麻絲로 卷纏ᄒ야 使用ᄒᄂ니라.

◎ 天氣豫報의 一斑,
　元勛常(원훈상), 〈공수학보〉 제3호, 1907.7. (기상학, 천문학)

*세계 각국의 기상 예보기 소개 = 한난계, 자기한난계, 흑구한난계, 일조계, 지중한난계, 청우계, 공합청우계, 자기청우계, 풍신기, 풍압계, 습도계, 증발계, 우량계, 양수계 등의 예보 기기를 소개하였음
*예보에 사용하는 기호(부호)와 현상 = 그에 대한 해설을 포함함

夫 世人이 天氣 良否의 推測을 知치 못흠으로 常히 事務에 障碍됨이 多흔지라. 若預識ᄒᄂ 道가 有ᄒ면 救濟의 策을 施흘 샏 아니라 農業上에 廣大흔 利益을 獲흘지니 古時에ᄂ 田野의 老農이 風雲日月의 狀態를 觀察ᄒ고 日間의 天氣의 雨晴陰晦(우청음회) 長霖酷熱(장림혹열)의 兆朕(조짐)을 預度ᄒ야 或 播種 收穀ᄒᄂ 事에 方便을 圖ᄒᄂ니 是ᄂ 但 一地方과 一個人의 經驗에 止ᄒ고, 廣大히 他地方에 普暨(보기, 보급하여 이름)ᄒ기ᄂ 得치 못ᄒᄂ지라. 近來 各國의 學術이 進步흠을 隨ᄒ야 氣象의 諸般 機械의 發明이 有흠으로 預知의 方法이 大槪 準備되야 風雨陰晴은 姑捨勿論ᄒ고 電雷降雹(전뢰강박) 旋風結霜(선풍결상) 洪水 等이라도 詳悉 豫報ᄒ기에 至ᄒ니 昔日 卜筮(복서)에 憑ᄒ고 虛無에 求

ㅎ는디 比ㅎ면 엇지 便利치 안으리요. 現今 各國이 其國 中央 地點에
氣象臺을 置ㅎ고 全國의 氣象 預報을 發布ㅎ야 暴雨에는 警戒을 發ㅎ며
쏘 各地方에도 測候所가 有ㅎ야 每日에 預報을 發홈으로 港灣에 船舶은
出入을 注意ㅎ고 農家도 耕耘의 方法과 作物의 保護를 爲ㅎ야 相當흔
防備의 策을 講홈이라.

器械의 種類

寒暖計: ---

◎ 晴雨計, 金晉庸, 〈동인학보〉 제1호, 1907.11. (기상학)

  *청우계와 관련된 설명과 다수의 그림 자료를 제시함

◎ 彗星說, 崔南善, 〈대한유학생회학보〉 제1호, 1907.3. (천문학)

  往昔, 天文智識이 十分開發되기 前에는 彗星에 對ㅎ야 種種危懼흔 思
念을 抱持ㅎ야, 東西洋, 勿論ㅎ고 戰爭, 疫癘, 飢饉, 洪水, 地震等諸般災
變의 先徵으로 看做ㅎ고 甚흔 者는 國家가 滅亡홀 徵兆라, 地球에 衝突
ㅎ면 地球가 粉碎ㅎ리라 ㅎ야 種種迷信을 枚擧키 不遑ㅎ니 「漢大文志」
又흔 正書中에도 「政失於此則變見於彼니 明君은 飭身正事ㅎ야 思咎謝
罪」ㅎ흣다ㅎ고 至苦星經ㅎ야는

  「光芒偏指曰 彗오 四指曰 孛이니 皆五行非常惡氣之所生也라 其色
이 各隨五行之所任니 主大兵亂이오 孛은 尤甚於彗라」

ᄒ야 大兵亂의 前兆라ᄒ고 其他西洋典籍中에도 此等說을 載在ᄒ 것이 不尠ᄒ니 大蓋一定ᄒᆫ 位置와 一定ᄒᆫ 經路가 無ᄒᆫ 殊常ᄒᆫ 尾星이 一定ᄒᆫ 時期가 업시 出現ᄒᄆᆡ 蒙昧ᄒᆫ 古人이 懷疑抱懼ᄒᄂᆫ 것이 容或無怪로ᄃᆡ 此皆荒誕無稽ᄒᆫ 說이라 一謬信에 不過ᄒ거니와 近時에 至ᄒ야ᄂᆫ 確定ᄒᆫ 學說이 有ᄒ야 古人의 迷囈를 猛然打破ᄒ니 多少天文學을 修習ᄒᆫ 者ᄂᆫ 尙矣勿論ᄒ고 비록 修習티 아니ᄒᆫ 者인들 災變의 前兆라 ᄒᆯ 者ㅣ 何處에 有ᄒ리오. 不佞은 將ᄎᆞ 彗星에 關ᄒᆫ 最近學說을 讀者僉彦의게 頒示호리니.

日耳曼의 有名ᄒᆫ 天文學者 컴풀너-氏가 嘗言ᄒ되 天空의 彗星數가 海底의 魚族數와 迨同ᄒ다ᄒ니 多少過言됨은 分明ᄒ거니와 大蓋 此星의 出現ᄒᆫ 것이 史冊에 載在ᄒᆫ것만 望遠鏡使用以前에 大約五百回오 其以後에 大約三百回며 十九世紀以降으론 望遠鏡의 製造가 去益精密홈으로 星學者의 注薏도 ᄯᅩᄒᆫ 精密ᄒ게되야 千八百五十六年과 千八百七十六年, 兩年을 除ᄒ고ᄂᆫ 彗星이 出現티 아니ᄒᆫ 年이 無ᄒ고 又一歲中에 五個乃至九個ᄱᅵ 出現ᄒ얏스니 然則 彗星으로써 無年不現ᄒᄂᆫ 者라ᄒ여도 無妨ᄒ깃도다.

彗星은 一定ᄒᆫ 形狀이 無ᄒ고 ᄯᅩ 其形을 千變萬化ᄒᄂᆫ 者이니 最初彗星의 位置가 宇宙深邃ᄒᆫ 處에 在ᄒ야 太陽과 距離가 極히 遼遠ᄒᆫ 時에ᄂᆫ 宛然히 光輝熹微ᄒᆫ 星霧와 如ᄒ고 그 中心은 홀노 光彩가 梢强ᄒ야 某一物의 多少凝集ᄒᆫ 貌樣ᄀᆞᆺᄒᄂᆫ 其四圍의 部分은 朦朧然ᄒ야 判然ᄒᆫ 區界가 無ᄒ다가 漸次, 太陽에 接近ᄒᆯᄉᆞ로 運行ᄒᄂᆫ 速力도 增加ᄒ고, 太陽의 光熱을 漸次加受홈으로 그 光彩도 濃厚ᄒ게 되며 ᄯᅩ 其形이 太陽方面을 向ᄒ야 逐漸伸長ᄒ고 同時에 光彩가 强ᄒᆫ 中心은 中央의 位置를 離ᄒ야 太陽을 向ᄒᆫ 側端으로 移ᄒ야 畢竟頭部와 長尾로 成ᄒᆫ 怪星을 作ᄒᄂᆞ니

彗星의 頭는 中部, 光彩의 梢强호 核子와 此核를 環繞호 雪霧又호 包皮, 兩者로 成호니 核子의 大는 各各不同호야 其 中大호 者는 直徑이 六十哩乃至八千哩오. 小호 者는 百哩以下에 及호며 그 包皮는 核子에 比호야 大槪 甚大호다 호며 其尾는 非常히 稀薄호 氣體로 成호 者니 恒常太陽과 反對方向을 指호고 其尾가 가장 壯快호게 開張되기는 彗星이 近日點附近에 達호는 時니 萬一此點만 通過홀딘딕 其尾가 逐漸縮少호야 맛춤닉 原樣디로 球形星霧가 되야 宇宙深邃호 處에 消失호게 되느니라.

然이느 彗星의 形狀은 前記홈과 如히 一定호 形式이 無호야 假令明光잇는 彗星이라로 其尾는 極短호기도호고 쏘호 全無호 者도 有호니 卽 千七百四十三年에 現出호 彗星에는 痕跡싯디도 無호얏고 쏘 數派의 尾를 有호者도 不少호니 假令 千七百四十四年에 現出호 彗星은 其尾가 六派에 分호야 頭部로셔 扇骨狀으로 散放호얏스며 尾長은 往往히 非常호 者도 有호야 千六百人十年에 現出호 大彗星은 近日點을 通過호 後, 卽 時測定호 것을 據호 則尾長이 二千六百萬哩에 達호고 最長홀 時에는 五千八百萬哩에 及호얏다호며 往往히 一萬萬哩에 達호는 者도 有호니 엇디 驚愕티 아니호리오.

[註] 近日點이라 홈은 星宿의 運行호는 軌道中, 가장 太陽과 距離가 接近호 處를 謂홈이라.

以上 述來홈과 又티 彗星의 形體는 非常히 長大호느 그 體質은 極히 輕鬆호니 由是로 其尾가 비록 他 恒星을 掩遮호야도 彗星의 光輝는 毫末도 不失호느니 그 透明홈이 若此호디라 더욱 千八百五十八年 十月五日에 스토루-보 氏는 엔케 彗星의 尾를 隔호야 光輝微薄호 十一等星을 見호고 又 千八百五十八年十月五日에 恒星大角(第四等星)이 곳나틔彗星의 尾中에 入호야 核子에 極히 接近호얏스되 吾人은 다 明白히 看取

ᄒᆞ얏ᄂᆞ니라.

[註] 엔케 彗星은 가장 短時日間에 太陽을 周回ᄒᆞᄂᆞᆫ 彗星이니 그 彗星은 約三年牛이니 <u>엔케氏</u>가 그 周期星인 것을 發見ᄒᆞ얏슴으로 <u>엔케</u>이라 命名흠이오 ○ 十一等星이라 四等星이라흠은 星學者가 星光의 强弱을 隨ᄒᆞ야 便利上等級을 定흠이오 ○ ᄯᅩ 나틔 彗星은 西曆一千八百五十八年六月二日에 <u>풀노렌스氏</u>가 望遠鏡으로 發見흔것이니 十九世紀에 發見흔 彗星中, 第一外觀이 華麗흔 者이라.

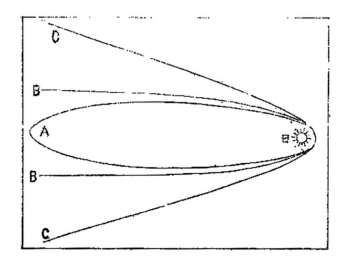

彗星의 公轉 軌道如斯히 彗星의 物體ᄂᆞᆫ 其厚가 二萬哩 又ᄂᆞᆫ 三萬哩ᄂᆞ 되여도 오히려 星光을 掩蔽티 못ᄒᆞ거늘 空中에 浮遊ᄒᆞᄂᆞᆫ 霧ᄂᆞᆫ 其 質이 極히 輕鬆ᄒᆞ되 其厚가 僅僅三百尺만 되면 全혀 星光을 遮斷ᄒᆞᄂᆞ니 由是觀之컨듸 彗星은 非常히 疎質物體로 成흔 것이 分明ᄒᆞ도다.

近來學術의 進步된 結果로 彗星도 應當太陽系에 附屬된 것으로 着做ᄒᆞᄂᆞ 그 公轉ᄒᆞᄂᆞᆫ 軌道ᄂᆞᆫ 外他遊星과 不同ᄒᆞ야 或은 雙曲線形(區中C)도

有ㅎ고 或은 抛物線形(圖中B)도 有ㅎ고 或은 細長호 楕圓形(圖中A)도 有ㅎ니 其 中雙曲線이노 抛物線形일딘디 其一邊이 開張될으로 宇宙의 一隅에서 此星이 暫時客이 되야 太陽系에 來호 貌樣이니 太陽系中에 幾許間逗留ㅎ듯가 其外에 一出ㅎ면 永遠히 更來홀 期가 無ㅎ려니와 楕圓形軌道노 不然ㅎ야 四方이 閉塞ㅎ얏슴으로 一定호 時期가 有ㅎ야 太陽附近에 來ㅎ노 것이며 然而彗星은 最히 他星의 게 感觸되기 易흠으로 비록 楕圓形의 軌道를 有호 者라도 中途에서 他星의 引力에 被感ㅎ야 軌道가 突然變形ㅎ노 事이 希罕티 아니ㅎ노 萬一 軌道가 變形되디 안키만 ㅎ면 必也太陽附近에 來到ㅎ노 定期가 有홀디라 此 時期를 彗星의 週期라ㅎ노니 卽 彗星이 軌道를 一周ㅎ노 期限이라 此 期限은 彗星을 隨ㅎ야 各各不同ㅎ되 或은 僅僅數箇年만에 一周ㅎ노 者도 有ㅎ고 或은 數百年 乃至數 千年만에 一周ㅎ노 者도 有ㅎ니 그 期限의 最長호 者를 試擧홀딘디 千八百十一年의 第一次 出現호 彗星은 三千六十五年, 千八百四十年의 第二次 出現호 彗星은 一萬三千八百六十四年, 千八百四十六年의 彗星은 一萬八百十八年等이오. 其 最短호 者를 試擧홀딘디 할늬 彗星은 七十六年, <u>피-르나</u> 彗星은 六年 七箇月, <u>쌰롤센</u> 彗星은 五<u>年半</u>엔케 彗星은 三年 四箇月 等이니라.

[註] 太陽系라흠은 愚冥호 天地開闢說이 打破되고 星霧說이 唱道된 後 恒星과 遊星의 區別이 生ㅎ고 遊星은 恒常恒星을 環繞ㅎ야 一天體를 成ㅎ노 理를 覺知ㅎ며 無極無限호 宇宙間에노 無數호 天體가 排置되엿스을 發見ㅎ니 所謂 太陽系노 太陽을 中心샴은 天體의 一系統을 云흠이라. 太揚系中에 諸天體노다 太陽의 引力을 因ㅎ야 運動不息ㅎ노니라.

以上은 다 彗星의 形體와 體質이며 軌道와 週期에 關ㅎ야 約述호바 이어니와 吾人은 一步를 更進ㅎ야 彗星의 成因과 實性을 略述ㅎ리니 大抵 彗星이란 것은 如何호 原因으로 成生호것신디 此點에 關ㅎ야노

諸家의 所說이 不同ᄒ야 或은 太陽이 空間에 運動ᄒᆯ 時에 其 引力으로 새 牽來ᄒᄂᆫ 宇宙塵일쯧 ᄒ다ᄒ고 或은 이의 結合ᄒ얏든 宇宙塵이 太陽管內에 入來ᄒᄂᆫ것인듯 ᄒ다ᄒ고 或은 他天體의 爆發노 因ᄒ야 投出된 物體가 集合ᄒᆫ것 이라ᄒ며 或은 太陽의 內部에서 一秒間 百五十哩의 速力으로 抛出ᄒᄂᆫ 紅燄이 其母體에 環歸티 아니ᄒ고 獨立體가 된것일쯧ᄒ다 ᄒ니 各說이 都是明證과 確據가 無ᄒ야 準信키 難ᄒ며 彗星의 實質, 卽 物理的 性質도 ᄯᅩᄒᆫ 至今ᄭᅵ 確定티 못ᄒ니 大蓋一面으론 重力의 法則을 從ᄒᄂᆫ듯 ᄒ고 又 一面으론 太揚으로 因ᄒ야 反撥되며 ᄯᅩ 光輝를 發放ᄒᄂᆫ데도 一部ᄂᆫ 太陽光線을 反射ᄒ고 一部ᄂᆫ 自體에서 發光ᄒ며 더욱 吾人이 知得ᄒᆫ 天體中에 最大 或 最小ᄒ야 其大ᄒᆫ 者ᄂᆫ太과 과밋 他恒星보담 數千倍가 되ᄂᆫ 者도 有ᄒ고 其小ᄒᆫ 者ᄂᆫ 小遊星中 最小ᄒᆫ것보다 還小ᄒ야 如斯히 變幻無窮ᄒ고 奇怪異常ᄒᆫ 天體임으로 更히 今後長歲月間을 硏鑽驗査ᄒᆫ 然後에야 可히 精確히 知悉ᄒ리니라.

讀者 諸君은 至此ᄒ야 應當, 古人의 迷信을 譏笑ᄒ며 舊日의 妄念을 覺悟ᄒ리니. 學術의 進步ᄂᆫ 日盛月加ᄒ야 到今ᄒ야ᄂᆫ 彗星의 性質이 明瞭ᄒ게 되믹 참닉 何年何月何日에 何種彗星이 現出ᄒ리라고 未來事ᄭᅵ디 推測ᄒ며 至若地球에 衝突되면 地球가 粉碎ᄒ리라ᄂᆫ 迷信은 近時ᄭᅵ디 流傳ᄒ얏스ᄂ 一千八百六十一年 六月三十日에 地球가 大彗星尾中을 通過ᄒ야도 何等變故가 不起ᄒᆷ과 其他 實測으로 因ᄒ야 大關係의 不有ᄒᆷ을 證明ᄒᆷ으로 此 亦泳釋ᄒᆷ을 得ᄒ니 自是로 三尺童子ᄭᅵ디라도 彗星으로 因ᄒ야 異變이 不起ᄒᆯ줄 明知ᄒᄂᆫ 비라, 今日 此時에 更復何人이 「天之有彗ᄂᆫ 以除穢也라」(左傳)든디

「彗星蒼者ᄂᆫ 王候가 破ᄒ고 赤者ᄂᆫ 賦이 起」(緯書)라ᄂᆫ 囈語를 發ᄒ리오. 然而此皆星學이 人類의게 貢獻ᄒᆫ 功績이라 星學과 人類社會間에 關係도 戡少티 아니ᄒᆷ을 可知ᄒ리로라.

編輯人曰 嗟홉다 吾人의 先祖는 모다 此彗星이란 一物노 因ᄒ야 엇더게 長歲月間에 恐怖ᄒ 心을 不能釋ᄒ얏ᄂᆞ뇨. 一次 此星이 天際에 現出ᄒ면 믄득 疑懼ᄒᄂᆞ 思念과 恐怕ᄒᄂᆞ 心壞가 恒常胸間에 盤緒ᄒ야 如何ᄒ 歉年이 來ᄒ야 吾人을 飢困케ᄒ며 如何ᄒ 凶敵이 吾人을 襲擊ᄒᆯ가 如何ᄒ 瘟疫이 人命을 戕ᄒ며 如何ᄒᆯ 奸逆이 民生을 困케 ᄒᆯ가ᄒ야 一星의 出現됨이 迫히 萬人의 心을 煩惱케ᄒ니 是ᄂᆞ 無知ᄒ 所致오 不學ᄒ 緣由라. 深咎ᄒᆯ 理由가 無ᄒᆯ 쑨 아니라 오히려 替悶ᄒᄂᆞ 情과 代憐ᄒᄂᆞ 心을 難制ᄒ려니와 今日 此世에 處ᄒ야 오히려 銅壺漏刻으로 先王의 遺制라ᄒ야 鍾表의 利便ᄒᆷ을 不採ᄒᆯ 쯧ᄒ 學者님네가 아짓ᄉᆞ디도 天災地眹을 爭相聚訟ᄒ면서 千百年討究ᄒ 餘에 僅僅攄得ᄒ 此等實理를 排斥ᄒᄂᆞᆫ데ᄂᆞ 貫노 뭇然히 語塞ᄒᆷ을 不禁ᄒᆯ디라. 試看ᄒ라 尙今ᄉᆞ디 彗星이 出現ᄒ기만ᄒ면 믄득 觀象臺에셔ᄂᆞ 大鑊(대확)에 油를 盛ᄒ고 慌忙(황망)이 沸煮(비자)ᄒ면셔 彗星을 烹ᄒ야 災異를 弭(미)ᄒ다 아니ᄒᄂᆞᆫ가.

吾人이 今에 此說을 讀ᄒᆷᅵ 偶然히 油烹ᄒᄂᆞ 事이 念頭에 浮出ᄒ야 特히 感懷가 滋甚ᄒ디라. 何年 何日에ᄂᆞ 這般痴風愚俗이 根絶ᄒᆯᄂᆞ디.

편집실	제1권 1, 2호, 제2권 1호(3회)	星辰	천문	천문학
집필인	제3권 제5호	할늬 彗星 略說	천문	천문학·

◎ 璣衡新說, 松隱道人, 〈대동학회월보〉 제7호, 1908.8.
(천문학)

*지구, 달, 태양계의 특징을 설명한 한문 천문학 교재
*제12호 잡설은 전통적인 편제를 사용함: 우론(우측에 논한 것).

▲ 제7호

地球

地形圓轉如球故曰地球週圍八萬七千一百九十二里直徑二萬七千六百九十二里以周天度數分經緯線縱橫劃之每一週得三百六十度每一度應約二百四十二里二分今以二百五十里爲一度者擧其成數而以支那所用周尺而計之者以二百五十里計算則地周適爲九萬里地球渾圓而其上下兩□如爪之瓣緣車軸木之處亦如天之南北極之居中不動故仍謂之南北極北極在上南極在下赤道橫繞地球之腹日輪之所正照也春夏秋冬四時常熱幷無氷雪亦無冬夏至晝夜長短之別赤道之南北各二十三度二十八分爲黃道限寒溫漸得其平又再北再南各四十三度四分爲黑道去日輪漸遠凝陰冱結自此而愈南愈北則爲南北氷海卽南北極也

婆羅洲一帶正當赤道之下隆冬如內地之夏初然再南而至南黃度限界之外其氣漸平再西南而至阿非利加之峋朴則已見霜雪又再西南而至南亞墨利加之鐵耳聶離已近南黑道則堅氷不解當盛夏而寒栗南極之爲氷海卽此可見

地球全面水爲十之七土爲十之三泰西人分其土爲六洲曰亞細亞北盡北氷洋東盡太平洋南盡印度洋西括諸回部西南抵黑海曰歐羅巴在亞細亞極西北隅地形與海水相呑吐比之亞細亞不過四分之一曰亞非利加在亞細亞

148

之西南東西南三面皆大洋北界紅海地中海僅一線與亞細亞歐羅巴相連其地曠漠約爲亞細亞之半曰北亞墨利加曰南亞墨利加在地球之西半與三土不相屬南北二洲中有細腰相連北亞墨利加之北界直抵冰海其西北一角與亞細亞東北一角相近中隔海港東面與歐羅巴隔大西洋海相對西面太平洋直抵亞細亞之東方見涯岸南亞墨利加與北亞墨利加一線相續其極南地盡之處已近南冰洋兩土合計約與亞細亞相埒曰澳太利亞長四千八百里闊六千三百里近中帶之間在東半球之南海洲羅列各自成國英國人多居之

　地球全圓非兩片附合者然欲圖之於紙面則不能寫出於一幅故剖而爲兩曰東半球西半球

　古語所謂天圓地方者語其德用也後之人誤認以形體如此遂以爲地形如方板然泛於水上水在地之下面與四方而天包水外人之所居惟地之上面而已此無仙局於地面上下之勢以爲地之下面勢必倒懸不可居又嫌其虛有地面而人不居生也遂謂下面都是水又緣恒言四海之說遂謂四方亦是水也此其爲說蒙陋謬舛與兒童之見何異人物之生戴天履地所戴者爲上所履者爲下無前後彼此之殊焉有正倒之可言乎環球一圍或水或土水處無人土處有人無有背面上下之別固其理也而大地之吸力空氣之壓力又復牽引包繞人物之生寧有倒墜下落之憂乎大戴禮有地圓篇漢時張衡有地動議西曆一千六百年間西國天文師嘉利阿著書論地球轉動圍日之數是則地圓地動之說刱自亞洲而後無繼之者滔滔千載形影俱晦西國則自嘉利阿以來各人互相考較實測愈推愈精遂以臻於今日之完備今略舉其地圓之實據論列如左

第一　南北極　出地入地之差異

　清世祖嘗問地圓之理於陳厚耀對以東西測影有時差南北測星有地差皆與圓形相合故知其爲圓此可謂一針見血之論也據洛陽嵩高所見而言則南極入地三十六度北極出地三十六度然自此而北則北極愈高而南極愈低自

此而南則南極漸高而北極漸低若使地形方如平板則無論南北遠近所見天象宜無差異而今乃如此則非圓而何雖以支那古史言之南北極之差有明證焉唐玄宗命日官測天於南北北至某州北極出地四十餘度南至某州北極出地未滿三十度南過交州南極入地纔二十度許而見老人星下衆星燦然皆北方所未見明太祖北征南望北斗歷代以來此類之載在正史者甚多我國人在濟州望見北極出地約三十度內外而老人星自秋分而晨見於丙至春分而夕沒於丁出地纔過六七度而自此以北則漸不得見苟使南北兩極出地入地局定不易則豈如此乎蓋我韓與支那俱在地中之北三十餘度之地故有出地入地之別而若地中一帶則南北極俱在地平矣過此而南則南極出地而北極入地餘可以類推也

第二　河海水面之圓凸

人於大河之濱低側其頭平看對岸則對岸之屋艇人物皆不可見惟見對岸之高山大樹此曷故焉卽因水面微圓而凸却被凸處遮隔我眼也又如人立於海岸送一大船開行當船近時一眼卽見全船及船去稍遠則不見船身而惟見船桅去再遠則船桅不見而只見桅旗俟去更遠則桅旗亦不可見嘗有人以千里鏡登山望海遇有船到亦必先見桅旗漸近始見桅更近乃見船倘若水面平夷遠望理應先見粗大之物先見船身後見桅旗今小旗在高而先見船身在下而後見可見海面之圓凸水面如是則土處從可知矣

第三　駛行船舶之回環

西人在支那廣東駕輪船開行向西直駛擬覓新地歷涉數月竟回廣東又在我韓東萊行船由太平洋東行數月回泊於仁川港口此可見地體團圓可以東西週行無碍如蟻旋橙子一直行去卽能回環一周也

第四 月蝕時黑影之遮蔽

月蝕之時必見一圓渾黑影遮蔽月光蓋此時日月二輪相對照地形適在中央是由日光照出地影遮蔽月色之故觀其影圓則其體之必圓可無疑義矣夫地之爲體亦天圍中一塊物輳合多數元素凝聚無數分子以牽引力而築堅成形者其勢卽何以不圓是故鍾氣而生自然成形之物捻無有不圓者惟人所造之物乃多方者是知圓者物體之自然方者人事之成法如圖圓書方爲先後天體用之別也　未完

▲ 제8호

地球之轉動 有二 一是自轉 一是環日 自轉成晝夜 環日成四時

地球環日有軌道每日行一度積三百六十五日四分日之一環日一周然地球之行此軌道也其軸(卽　南北極)不與軌道相直每倚而不堅有如斜倚之橙其軸之與軌道差異爲二十三度半

古謂地球居中不動而日月五星皆環地在地而見日之一出一沒爲晝夜日之環地一周爲一歲泰西天文家百餘年前之說亦如此今則以太陽居中不動而地與五星皆環日爲定論此說之所以爲定論者非圖明機摹精測積想則不可曉也然其所以爲晝夜四時者理則正同翻覆一般古則謂日隨天而轉出東沒西而爲晝夜今則謂地球向東自轉見日爲晝背日爲夜其勢正一般也古則謂日之環地之軌道不與赤道相直半出赤道之北至二十三度半而極是爲夏至時候半出赤道之南亦至二十三度半而極是爲冬至時候春秋分時則與赤道相交故晝夜平今則謂地軸不與其軌道相直南北極斜差二十三度半地球從軌道環日之際當日之左右兩旁則地之嚮日偏南偏北而成冬夏至其當日之上下(卽　地軸與日及天之南北極一線相直之時也)則晝夜平均而成春秋分其勢亦一般也盖以舊說言之日之黃道不斜又南北而與赤道相幷則四時

晝夜無長短之差惟黃道半出赤道北半出赤道南各二十三度半故四時晝夜有長短也以今說言之地軸不傾斜而與軌道相直則四時晝夜無長短之差惟地軸斜又於軌道南北各二十三度半故四時晝夜有長短也其理其勢翻覆一般初學先以舊說究解俾其形狀了然於心目然後以八行星環日之新說反而求之則庶可悟其大概也.

日之長短由南北極出地入地而然也若赤道一帶則南北極俱當地平雖日行極南極北之時亦無長短之差故無寒暑之別四時之異矣自此以北北極漸高南極漸低天體南傾故日行北陸之時出於寅方繞過天中而入於戌方此爲夏至而晝長夜短受日氣多故天氣極熱日行南陸之時則出於辰方低過南天而入於申方此爲冬至而晝短夜長受日氣少故天氣極寒日行赤道之時則出卯入酉晝夜均而寒暑平此則春秋分也卽今支邢與東國一帶之地皆如此而自此愈北而夏則晝愈長夜愈短冬則晝愈短夜愈長唐史載骨利幹國煮羊胛纔熟而日復出者卽是也然此其夏日之候爾若冬日則煮羊胛纔熟而日復人耳至於北極則(地之當天北極下者亦稱北極)天體倒　竪傍旋赤道爲地平赤道以北常見不隱赤道以南常隱不見春分時日出直至秋分始入至明年春分乃復出則半年爲晝半年爲夜矣赤道以南則正與此相反天體北傾故日行北陸之時出於東北低過北天而入於西北則晝短夜長天氣極寒而爲冬至日行南陸之時出於東南繞過天中而入於西南則晝長夜短天氣極熱而爲夏至至於南極則赤道以南常見不隱赤道以北常隱不見秋分日出春分日入(此所謂春秋分以北地節候言耳若以南地節候言則亦當云春分日出秋分日入)亦爲半年晝半年夜矣盖地之前後晝夜相反地之南北四時相反其勢然也寒暑之變固係日之長短然赤道之近多熱而少寒極南極北多寒而少熱如北洋諸國夏日雖極長而天氣之寒猶似此地之初冬日候何也日光有正臨斜照之不同赤道之近日常行于中天其光正臨故得熱氣多極南極北則天體傾斜日行常繞於地平之上其光斜照故得熱氣少若南北極之地則去日甚遠至於半年爲夜則天氣寒洌海水常凍有北水海南氷海之稱人物不生舟車不通焉然則寒署之所由變在其地則隨日之長短在南北則隨日之正斜近遠不可不知也.

152

右論卽以舊說指解者也其所謂日行北陸卽地球在日在之時也其所謂日行南陸卽地球在日右之時也覽可推知也

七政通書謂日輪躔地以地球中帶爲赤道冬至則日影躔南二十三度半而回謂之黃道限夏至日影躔北二十三度半亦謂之黃道限躔道往來在天則分爲三百六十五度有奇在地則以中帶上下四十七度爲限.

夫地球不轉則日夜不分地球不圜日而轉則歲序不成圜日而地球不倚側則寒暑不易寒暑不易則中帶之國恒熱南北之國恒寒人民草木皆各不安其生矣是故赤道之在天地均以中帶爲定位而黃道限內有四十七度爲日影四時往來之差而中間有與赤道交接之處也.

在地極而視日所行半年在地平之上半年在地平之下至春分時在北極視日一日繞地一周始則僅見半輪繼以漸行漸高終則全輪畢露其日之行也無東西出沒而橫繞於地平之上至於夏至時則日高於地平二十三度半其後漸行漸低至秋分日始墜於地平是爲半年晝矣自秋分日墜之後直至明年春分日復升地平是爲半年夜矣英京倫敦在北半球距赤道五十一度半故當夏至之午正日高於北地平七十五度冬至時僅高於南地平二十八度澳大利亞在南半球其天氣平和而惟四時與北地相反盖北半球之夏卽南半球之冬北半球之冬卽南半球之夏也故澳大利亞夏至應北地西曆之十二月冬至應北地西曆之六月.

右數條抄潤諸書中要語以申明前說而黃赤道等語亦仍舊說也.
地球軌道爲一橢圜而日非在其圜之正中故地距日遠近不一云.

我漢京在赤道北三十七度有奇故北極出地三十七度零南極入地三十七度零北極之前後左右三十七度以內常見而不隱南極之前後左右三十七度以內常隱而不見天體南傾如繰車之前俯以此推想可知日之出沒長短四時

寒暑及他地之差殊反對所由生也.

月球

地球之外最相近者爲月球距地約七十一萬四千里(英人合信所著以爲月離地八百四十萬里此所云云者以美國摩嘉立所譯本而爲據也計其著書之年月則摩嘉立在後)其體小於地直經爲六千四百五十九里(合信云七千六百三十里)地球及　諸行星無不環日而惟月獨環地球是知月者地球所屬之物也從軌道行二十七日七小時繞地一周舊說所云繞地右旋一日行十三度十九度之七者是也其有盈虧之變者月本無光受日光而爲明合朔時日月會于同度月球正在日球之下日光照其背其光固圓然人在下地但見球面不見球背故月都無光及初一二日之後月離日十餘度則圓光所照少露於球面人見其少露者如畫眉卽所謂生明也及初八九日之時月離日九十餘度則日光斜照月球圓光半在球背半在球面人見其半光之在面也謂之上弦及三五之期日月正相對日光全照球面而人得以見其圓也是謂之望乃月體左右皆離日一百八十度矣過數日則月躔復少差圓光轉入球背而球面邊角(卽朔後初受明之處)已失明矣人見之以爲缺也至二十三四日之際月行漸進去日復九十餘度而斜受日光則圓光又半在球半在球面(背面各一半皆上弦時所未照之處也)斯乃下弦矣自此而漸近於日復與日會則球面之光漸捲而盡歸於球背乃晦盡合朔之時也月之受日光明而爲倒映離度遠近而爲盈虧朱子語類已有所論我東權陽村亦有圖說此實一覽可以瞭然者而亦可以知東西人所見不謀而相同也.

吾人仰見月輪似與日體同大其實如泰山之於邱垤也據星士所算則必須合六十兆月輪方可比一日輪之大其所以見月體如日者因月近而日遠也西人用千里鏡窺測見月中有高山深窖巖谷盤石之形又有火山三座另見有數光點其山之最高者西人名之曰太古山其左傍一山曰歌白尼南方大小之山不別立名稱而附於太古山山下更有平地色如墨水或疑在昔本有水迄今乾

154

涸但不能見有人民樹木倘若有人則彼亦當見日地星辰闗運與我等世人所見相同盖在月見地猶在地見月彼此均有朔望圓缺之形但彼見我地球當十三倍大於我輩所見彼月耳月之與日一會是爲陰曆之一朔自今月合朔至次月合朔大槪爲二十九日半有奇其有盈縮之差者緣月之軌道亦不正圓而地球不在環道之正中故也合朔之時東西同度南北同道則爲日食望之時東西同度南北同道則爲月食.

▲ 제9호

太陽八行星

　俯祭地道旣知橢圓轉運之理則仰觀天象可知其燦然麗空者必有其體與地球之轉運無以異矣此地球之卽不過萬億品彙中之一粒粟非獨地球爲然雖太陽之廣大亦不過億萬恒星之一顆而已不知彼蒼之中更有此幾万万之太陽幾萬萬之行星而日之彼此相隔旣爲億億万万里且遠隔地球故人目所見只是恒星耳此實擧一反三可以了解者也自舜齊七政箕叙洪範東亞格致之學雅有淵源一厄於秦之焚抗再厄於漢之罷黜雖有先達大賢不傳之緒無從尋繹滔滔千載議論糢糊殊爲慨惜泰西之人精通象數善於推測蘊奧畢露其說盛行今據西籍撮錄太陽及八行星之大小與其軌道之遠近斜軸之淺深物質之輕重具列于左略加論說而附之以圖

　　左開圖說幷以淸光緖壬午美國人摩嘉立所譯天文圖說爲主而間附以他說

　　日與行星直徑里數
　　　水星　八千八百八十六里
　　　金星　二萬二千五百三十里
　　　地球　二萬三千七百零三里
　　　火星　一萬四千七百六十里

木星 二十五万六千一百七十里

土星 二十一萬五千七百一十二里

天王星 九万九千零七十二里

海王星 十万九千八百六十里

月 六千四百五十九里

太陽 二百五十五萬七千七百五十二里

行星離太陽里數

　水星 十千六百一十七萬九千里

　金星 十九千八百三十九萬三千里

　地球 二十七千四百二十九萬里

　火星 四十一千七百九十三萬六千里

　木星 一百四十二千七百零七萬九千里

　土星 二百六十一千六百四十萬五千里

　天王星 五百二十六千一百五十五萬三千里

　海王星 八百二十三千八百八十一萬三千里

　月 離地七十一萬六千三百七十九里

行星周繞太陽日數

　水星 八十七日二十三小時十五分

　金星 二百二十四日十六小時四十八分

　地球 三百六十五日六小時九分 即一年

　火星 六百八十六日二十二小時三十一分 約二年

　木星 四千三百三十二日十四小時二分 約十二年

　土星 十千七百五十九日五小時十六分 二十九年零

　天王星 三十六千八百八十六日十七小時二十一分 八十四年零

　海王星 六十千一百二十六日 一百六十四年零

月　繞地球二十七日七小時四十三分

行星周轉本軸時刻
　水星　二十四小時五分二十八抄
　金星　二十三小時十六分十九抄
　地球　二十三小時五十六分四抄
　火星　二十四小時三十七分二十三抄
　木星　九小時五十五分二十八抄
　土星　十小時二十九分十七抄
　天王星　未測明
　海王星　未測明

太陽　二十九日
　月　一月一週

行星本軸與黃道交側分度
　水星　未測明
　金星　四十九度　九十八分
　地球　二十三度　二十七分　二十四抄
　火星　二十八度　五十一分
　木星　三度　四分
　土星　二十六度　四十九分
　天王星　一百度　二十分
　海王星　未測明

行星與地球相權本質之輕重(如以地質權得十分爲率)
　水星　二十分四
　金星　九分二

157

地球　十分　地質與水較權加重五倍半

火星　九分二

木星　二分二

土星　一分二

天王星　一分八

海王星　一分七

太陽　二分五

月　五分六六

日居恒星中央不行移而自旋轉體極廣大設以各行星并彗星加入日體中即日亦不見增廣

日體大於地體殊多若以月繞日之軌道置於日體內畧占日直徑一半之地將日與地球用天平衡稱必湏三十五萬地球方能與日平準即將地球納入日中日之橫徑各容一百零六個地球矣若將日鑿空內中能容一百三十萬個地球(此是近日美人李提摩太論說而與天文圖說本質輕重絕相違反姑存之以俟辨者)

以遠鏡測日面之光見中央極濃外則漸淡日面純為火焰謂之光球其光自球中而出火焰升降如海之波浪掀湃高低在高處之光極為燦爛因四圍之氣少且薄不能盡吸之惟在低處之光則稍黯因被深厚之氣所吸故也

日全食時有極長絳色火焰發自日旁遠甚詳察之見有一重紅光與光球相離咫尺因其中有一重極薄之白光以相間隔外重之紅光名曰色球能發絳色火焰

日面之光球約二十九日自能旋轉本軸一周盖觀光焰上有黑斑自東迤西即知其有旋轉也但日體如何自轉至今猶無人知之

日面黑斑初見時不甚大而有時則變爲大且有參嗟凹凸等式有時黑斑極大不必遠鏡目力亦能見之法將玻璃片以燈烟烘暗仰蔽兩目以避日光始可見也日之南北兩極皆無黑斑赤道亦小惟近赤道上下南北兩帶甚多

黑斑之出沒大小極爲無定近有人謂此黑斑約十一年中一盛衰其上五年半逐漸而盛下五年半逐漸而衰

日之黑斑與地球之北曉有關當黑斑盛時則北曉之光亦大黑斑衰時則北曉之光亦小日面光焰搖動亦與地球有磁氣之物有關

近有人擬黑斑發現之故係由日面光焰大動裂開而現且恒有冷氣冲入日體又有白熱輕氣自㴱處而上冲入色球

一黑斑內其色三等中體黑甚闇虛略淡外虛則更淡

細察日面有無數火舌密佈長短不等而火舌中有無數罅隙性黑斑之旁所現之式頗多儼如稿草柳葉米粒等狀後即漸化爲無可知實乃火焰而已

日面黑斑大小變幻極爲奇異當其最大時以地球較之猶不能滿其中體

（未完）

▲ 제10호

太陽熱氣極大雖人盡力所爲之熱亦不能與之相較或思太陽只湏三尺方之熱卽與大爐十小時鎔煤二千斤之熱相同

日乃一團火耳若將一塊實氷長廣五千里高約五十八萬里者鎔化於日邊則一抄鍾之間氷盡無有日體周圍純若炭包之通體燃着者爲五十里厚其氣之烘熱可以推想太陽之光極大逾吾人盡力所爲之光萬萬也人力所爲之光莫如輕養石炭燈若以此燈置日前而較之只如一黑子而已

日之絳色之光焰西人謂之日冕卽猛火所燒烺至白之輕氣耳且此光焰突

159

然而發見其變動甚速則知日面必大動盪難以臆度有天文士曾測大火焰一縷竟騰至八萬一千里歷十小時而滅

繞日各行星之次第其第一近者爲水星

水星距日不甚遠而距地則稍遠故常人目力鮮能見之也水星之日夜與地毬略同而年較地毬只四分之一

水星有一奇異於八行星中體雖極小其質則較重比之土星重約十倍比諸地毬重約四分之一譬如一器滿貯水星之質亦滿貯土星之質各權之則水星質重十斤而土星只重一斤若以地質與水星權而較之則地重四斤而水星之重爲五斤此西人以水權物之法

水星之自行軌道橢圓而長或與日近或與日遠其運行至日輪之西則早間見之纔見而日輪隨出運行在日輪之東則薄暮見之日輪纔落暫見而亦隨落矣其體常爲日光所射得見殊難

水星環日軌道近於地毬七倍其接日光亦當加多地毬七倍若在水星上看日必大於我世人所見七倍矣凡當水星與地毬軌道交會(每年約交會三次)并日輪同一直線則卽見此星橫行日面類如黑點可見星體之本無光燄而人見其光潔如月時有圓缺者定知是藉借日光也

七倍之說以水星地球離太陽里數較之不相符然姑存之

繞日之第二近者爲金星此星距地最近觀空中極光耀者卽此星也以其離日較地更近故人或於早晨見之或於薄暮見之晨則名謂啓明暮則名爲長庚其體較地畧小質亦略輕而其四時則大異於地球蓋其本軸極斜故也

金星之軌道橢圓約爲一千五百一十九兆里其日夜與地球畧同

水金二星行於日與地球之間有時正對日面而過狀如一黑珠有天文士分往兩處觀其過日之遲速以法計之卽知地距日之遠近

金星運行之速每一小時行一萬四千里其光能照及地球有上弦下弦光滿

光牛之時是亦隨日光而生明者也

金星之體見有生氣包羅當有山川人物若果爾則在彼見日當比我世人所見加大兩倍耳

火星之軌道最近於地而爲繞日之第四行星火星無月與水金二星無月一般也其體小於地日夜比地稍長

火星之環日軌道二千零五十兆里星體外圍四萬五千五百里其本軸甚斜故南北半球冬夏之時令大相反星體外有一種空氣包羅頗密星中之形勢無以詳細窺測然但知其空氣不及地氣之密厚

天文士測火星知其中陸地居其太半而水則較少又疑其空氣中有積雪以見其南北極至隆冬時色白且多至夏則減以最精之遠鏡詳察其區域與海洋一一定其名目(以天文士之氏名爲其地名)繪之於圖

火星一名熒惑以其色紅如火故名之以火星也西士以大鏡窺測謂其有地涯海角之像而細辨其形如地涯者土爲微紅如海角者水爲淡綠因想星外必有生氣圍繞且其迹有轉換則必有晝夜寒暑之分但未知其世界人物之作何狀耳

自水星至火星按次計之其離日愈遠則各星之軌道相距亦愈遠矣因此而測出一理外軌之一星較其內最近之一星距日約爲一倍卽木距火亦宜一倍而今木距火不從此理竟二倍有奇故天文士疑當有一行星居火木二星中則各軌道相距適均而無偏遠矣八十年前天文士以極精遠鏡細心窺測果見有一小行星自是愈測愈多迄今得見者一百餘顆各有定名在火木土星中各循軌道俱無衝擊或疑其數量不止於此當更有幾百顆而爲其區別於各行星稱之以小行星

木星爲繞日之第五行星於屬日行星中其體最大而光則次於金星其體較地體大千餘倍或疑所見者非其實體乃其包羅之氣以內恒大動搖故知其空氣必厚且深耳其質最輕較地僅得四分之一或度此氣後可化爲洋海但其體極熱故其氣至今猶常聚於外面署如雲霧而未成洋海也

木星一小時能行九萬里其日極短較地之日猶未及其半以其自轉本軸甚
速也其赤道則凸而長両極則平而縮窺以極精遠鏡覺其體畧扁而赤道之直
徑較諸両極直徑長一萬八千里

木星外面有灰色帶數道廣狹無定近赤道則帶廣且多近南北極則帶狹而
時見變易且赤道之光較別處更多

木星有四月輪繞行之遠近不同如各行星之繞太陽四月中其第三者爲最
大其第二者之大與地球之月相等其第一第二較地球之月則更大若未有遠
鏡莫能窺見也

木星之體甚巨其形亦濶所以月之環繞多與其本體之影相遇故木星之月
較地球之月其食更多

木星卽東亞所謂歲星也其環日軌道二萬二千五百兆里基從行四月輪由
西轉東朔望圓缺

繞日之第六行星爲土星在木星之外基體較木星頗小

人目所見土星之光小於金火木三星而色則淡黃

以遠鏡而測土星見其美麗殊異盖此星外有光環三層環繞四周外更有八
月繞之其異於衆星如此

土星之外有三光環易於認識而環中又有數層之環合而爲一其外環之直
經五十一万餘里濶三萬里中環直之徑四十三萬八千餘里濶五萬四千里外
環之距中環約四千五百里更有內環而其最所奇異者有極薄之質如紗散佈
至中環其離土星只三万里

光環之體質究係何物至今猶未之知或云乃瑣碎之質合成亦循本軌道而
繞土星或爲隕石之類俱未可知盖其形狀變故人疑爲碎質合成

環之所向不一有時見其邊正與地軌平面相對故所兒如一直綫後漸斜側
再後其邊又正爲一直線式而其所以變更若此者以其赤道與地軌平面有正
斜之交故也

土星之自轉甚速故赤道凸而長南北極平縮而光

土星之質較諸行里則皆輕或度人目所見乃其包羅之氣本非其實體

土星之傍有八月各循軌道遠近不同皆遶土星而行其至近者十一時辰四刻運行星外一周其至遠者七十九日三時四刻運行星外一周均有朔望之盈缺與木星月輪地球月輪其理相同

土星大於地球爲九百數十倍每兩小時能行十四万七千里離日更遠其行愈遲彷似定位經星光色微小

天王星昔人未經測出西曆一千七百八十一年間英國天文士侯失勤惟廉測出此星其自轉之方向與地球止相反地球乃自西迤東天王星則自東迤西其体大於地而小於土木二星

天王星質重於土星而輕於木星以其質輕或度所見者乃包羅之氣而非其實体也其實体不過居其太半而已且至今猶未測明星面有何帶有何黑斑故未知其自轉一周當爲幾時盖其離日極遠所接日光殊少故不能測出星面究係何物

天王星有四月遶之但其月係自東逆行於西異於他星之月其至近者五日十時四刻環星一周其至遠者五百零七日八時環星一周

天文士測得天王星更疑此外當有一行星之力爲之攝引其後英法兩國天文士以算法推出法國大文士以書送于普國天文家言天王外當有行星普國天文士是夜以最精之遠鏡依所言處測諸小星驗以星圖果測出一星不在圖內者過三小時覺其有運動至次夜再窺見其不在本位卽知其爲行星名之以海王夫法與英同時推測此星而推測之數不謀而合但也法士先將所推數目傳佈他國因得美譽

海王星之本質輕於天王星傍有一月輪繞之或云此月亦逆行與天王星之月無異天王星卽合信所云喉呢拿星海王星卽合信所云聶段星也天王星大於地球八十餘倍海王星大於地球二百五十倍此兩星比前所論諸行星軌道爲最遠必待淸夜無月晴空無雲方能以最精遠鏡照而看之若在兩星上觀太陽只當如一極光之星耳倘星上亦有草木人民則太陽光線遠無以照煖之想必別有方便也彗星亦繞日而行若不論此星則說有未備彗星之質及其運行

異於他星見時有首有尾尾長似彗故人以彗呼之

彗星各循軌道而行其質玲瓏世人呼吸之氣更薄惟中體稍厚然設有他星在其後亦不能掩昔人見之疑有水火刀兵之兆而究無關於人世之災異亦非天警也卽使與地衝擊亦無傷礙以其質極薄故也

各行星之軌道圓而畧橢其平面相離無幾惟彗星則不然其軌橢且長故其繞日亦莫定其方向來去遲速一視其橢軌長短或數年或十年數百年一見亦有一見而不能再見者

彗星行近太陽則速漸遠則漸緩無論行何處皆以首向日尾則背之(未完)

▲ 제11호

恒星

恒星者人目所見滿天無數諸星也何以謂之恒星也以其諸星不似太陽及八行星之運動廻環其位置羅列一定不易萬古不變故謂之恒星也

古之言天者皆以天包地外一日繞地一周爲主論雖是未開時說卽與今之地球自轉一周爲晝夜者其理翻覆一般天者空氣而已本無形憑據何而言一日一周乃驗恒星而言也

古之所謂天者指恒星所在而言也假如今日初昏角星在正中而明日復待角星正中之時候則又爲初昏所以曰天一日一周也

夜視諸星出於東而入於西所以古人言天左旋也

天本無區界之劃古人何以分爲三百六十五度也以日之周天一周之日數而定之也(卽今說地球環日之日數也何以知三百六十五日而一周天也亦因恒星而知之)假如今年冬至占昏中旦中測日躔在箕某度而每日日躔東差一度至明年冬至復至箕某度則其日數恰爲三百六十五日也(天雖一日一周而日躔每差一度故昏中旦中亦差一度)

164

然則若無恒星初無可指以爲天者凡日月之躔歲序之變皆無以測出矣

滿天星辰既有大小疎密之不同而自人見之天然有若以類相聚者遂部分而命名如北斗之七南斗之六織女之三五車之五三垣諸星及許多布列者或二或三或四或五以至於十餘二十無不以類而綴各有名號其或不綴而散爲單星者亦衆多矣其連綴之諸星果否有類應之理實未可知

既分天爲三百六十五度而欲以表著之星維帶一周故有角亢氐房心尾箕斗牛女虛危室璧奎婁胃昴畢觜參井鬼柳星張翼軫二十八宿之標稱

自人見恒星常一日繞地一周排列雖不變而運行常不息惟南北二極有萬古不動之處卽如繰車中軸之不動者也北極之地無星惟一星在其傍而其星五顆連綴者也名曰北極星南極正處亦無星

古則謂恒星環繞如繰車而兩極不動今則謂地球自轉而其南北兩軸所指處爲天之南北極此亦翻覆一般而萬古不變則一也

恒星距地球絕遠非太陽及行星之所可擬比何以知其絕遠也太陽及行星西人皆能推測其大小距離而恒星則尙無一介測出其體徑之爲幾何距離之爲幾何其非常絕遠可知而其光不藉吾太陽之光又較然矣

然則彼滿天無數諸星箇箇一太陽也意者自諸星視之我世界太陽及環繞八行星合成一光點卽爲一星矣自此所見之恒星亦是箇箇一太陽而衆行星包環者也恒星之光有明暗大小之別中有多顆見其光極微非眞極微也因其甚遠故見之有如是耳

自此以下多錄天文圖說

天文士專論其光之大小分爲若干等或分十八或分二十光最大者爲一等其次爲二等又次爲三等四等又次爲五等六等自一等至六等約有六千顆目能見之此外非用遠鏡則不能見故名曰遠鏡星

恒星全體大小不一有較太陽大數千倍或數萬倍倘太陽亦如恒星之遠則其大亦與恒星相似或較恒星更小天文士測一恒星名織女一其體質較太陽大五萬餘倍

天星甚多幾不可以數計遠鏡愈精則所見亦愈衆現所可見者約計有三十五

千萬之數或思恒星亦有行星與月繞之而行有似太陽有行星與月繞之者然

若論恒星之遠近令人幾不可思議姑舉一頗近之星名曰天狼計其距地之遠有數百千萬里倘此星距地亦與日同則其光較日光應多一十四倍

光線一秒時約行五十七萬里自太陽射至地球槿八分時惟自天狼星至地球湏十四年自大角星湏二十五年更有奇者天文家推光線自天河之小星射至地球湏歷二千年

恒星中多雙星何謂雙星目視之惟一若以遠鏡測之則有二故名曰雙星往往一大一小大曰正星小曰副星亦有大小相等者其色不一或一紅一綠或一白一紫

更有恒星目視之惟一以遠鏡測之則有三有四或甚多成爲星類星團其名曰三合星四合星多合星此聯合星已測有六千有竒中有七百其方位恒有更變可知其互相旋繞或繞此公重心其繞行一周遲速不等或數十年或數百年或數千數萬年

恒星與行星不同仰觀行星見其常繞太陽移動惟恒星遞年居其所而不動故名曰恒星別名曰定星亦曰經星然用最精之遠鏡窺測見其方位盡有變易可知其亦有推移也

或測太陽率領行星彗星等向希爾古里宿而行故見左右之星如退後在前之星如辟易在後之星如團聚可知太陽恒有運動亦一星耳

清夜無月時仰觀天空除如許恒星之外又見一道白光淡如白雲交錯簇聚於天球之南北一帶名曰天河別名銀漢

天河爲無數小星相聚而成因其距地球極遠故不能一一分之天文士測知太陽與行星彗星以及所見之衆星皆屬天河爲一群類

西國天文士侯失勒維廉精測天空見更有無數之衆星似天河簇聚各處儼若淡白之雲名之曰星團星氣謂天河與所屬之太陽以及行星彗星恒星皆聯合爲一大星團

天空之星團極多密聚各處遠望之如光白之雲惟用極精遠鏡窺之卽能分爲無數之星若問一團之星數若干難以定論蓋有幾千幾百爲一團亦有幾百

萬爲一團

天星簇聚望之如氣如雲何以辨其爲星團星氣丸測以遠鏡能分爲無數星者謂之星團其不能分者則謂之星氣

星氣之理至深至奧愈測愈寄難以言語形容有一最奇者有時其狀突然更變出人意想之外今天學家悉心推究要知其更變之所以然或可得而知也天文士以爲星氣居於太虛極遠之處其狀與大河略同邇來有一天文士懸揣星氣多屬天河之類又有人思此星氣屬天河者頗多其餘別爲星類與天河諸星不相屬

恒星有古有而今無者或有連綴衆顆之全亡者或有一二三西顆之缺少者殊未可知意者衆星皆爲世界而世界自有起滅是必古存而今滅矣以此推之星之古無而今有者亦必多矣（未完）

▲ 제12호

雜說

設有一綫之光自天際之一星下射至地氣處必成稍曲之形而人目視此星在彼處必高於本位此因蒙氣差之故細按其理以一綫之光由氣質之薄者而透於厚或由氣質之厚者而透於薄各有被折而成爲曲綫此蒙氣差之一驗也

自此以下全錄天文圖說

包羅地面之空氣近地者密離地而上愈遠愈稀至二三百里其氣漸歸烏有更自二三百里而再上之至無盡界處皆成空虛其中之氣謂之極精微氣如有星光射入地氣而氣愈近地愈密故其光形愈曲

如洋蚨一圓實盆底人立盆傍而遠視之蚨爲盆唇障蔽自不能見乃以水滿斟盆中人就原處視之全圓畢露儼若此蚨自盆底上浮者然此蒙氣差之明驗也又法不用水而用最厚玻璃遮蓋洋蚨之上所見與前無少異

白光者卽七色之光一曰正紅二曰橙黃三曰正黃四曰正綠五曰正藍六曰
深藍七曰靑蓮合而成白用三稜鏡能分白光而見其七色如開摺扇者然七色
中其蒙氣差亦異如紅光似較有力而透過三稜鏡見其斜折甚少惟靑蓮斜折
較多且七色外更有光如紅外有熱氣之光靑蓮外有化物力之光是也
右論蒙氣差

人於路上行走見兩旁之物似能動移其時設有一星在遠山之上又有一樹
與山同一直徑人於直徑處橫行而過其始見樹移身後而視星與山方向略同
繼行稍遠視山亦在身後惟星仍止原處此蓋樹較山近於人山較星亦近於人
而星則極遠也近人者一過而不復見以人行物不能行故自近而遠漸落人後
斯視差之淺者也由此而推設有一物分兩處觀之卽見其物如有移易之象斯
卽謂此物之視差
右論視差

雙星中太微左垣上相有一副星循其軌道旋繞大星而行約一百七十年一周
王良四星大者色淡紅小者色藍
奎宿之星乃三合星大者色黃次色藍次色紅
礪石四星大者色紅小者色藍
天船一星大者色橙黃小者色藍
天紀二星有一副星循其軌道旋繞大星而行三十六年一周大者色白兼微
黃小者色淺黃
參宿七星大者色淡黃小者色藍
心宿二星大者色紅小者色祿兼微藍
天大將軍一星大者色深黃小者色淺緣
羽林軍三十六星大者絳色小者色緣
王良三星大者色白小者色淺藍
華蓋五星大者色橙黃次色藍次色紅
帛度一星大者色緣小者色淺紅

梗河一星大者淺橙黃小者色淺綠

織女二星以雙筒短鏡窺之為雙星以小遠鏡窺之為三合星以最精大遠鏡窺之又為多合星此上之雙星互繞一周計一千年其下之雙星互繞一周計二千年有一天文士細推此一類之星行盡其軌道一大周須歷百萬年

昴宿計其星數二十有一此星團中最大之星卽昴宿六有天文士詳測太陽率領一 切行星彗星旋繞此星約一千八百二十萬年方行一周

右論雙星

諸恒星之方位匪特盡有移動與太陽相似又測有幾類星與之偕行其行各循各類之方向

北斗明見其星有三類其所回之方向各別細測紅之一類行向左藍之一類行向右黃之一類向右斜行

天空亦有星恒循定期變光因其光有增減故名曰雙星中有變光最多亦有變光甚少者細考眾星變光之期彼此迥異姑撮舉一二言之大陵五光變一次約三日酒旗一光變一次歷多年或思所稱之新星失星客星亦屬變星之類惟其光變盡之期最久耳若問其所以變之原由人莫能測其底蘊

西曆一千五百七十二年卽明隆慶六年有一星見於加息阿比亞宿內歷一年有五箇月其光雖至亭午不隱細測其光變易一次約三百十四年果爾宜於西曆一千八百八十六年再見

海山二星由一等遞變至四等其變期約四十六年

蒭藁增二星由二等遞變至十二等其變期約三百三十一日

大陵五星由二等遞變至四等其變期約二日二十一小時有三十六分

漸臺二星自三等遞變至五等其變期六日有八小時

息比武宿星自五等遞變至十一等其變期約七十三年

加息阿比亞宿星自六等遞變至十四等其變期約四百三十五日

右論恒星變星

昔人謂流星隕石近附地球亦由空氣凝結而成今實知其不然細考其質散布於行星軌道中甚多若附近地球被地攝引卽下墜於地

或謂流星隕石之質匪特散布於行星諸軌道亦散布於太虛各處其質漸聚成爲無數大羣或成爲大環錯雜無定均繞太陽而行

遞年立冬時恒有流星當西曆一千八百六年(太皇帝陛下三年)立冬後五六兩夜有流星極多如花炮亂飛如雨雪紛交光滿天際此因地球循行其軌道適至流星一大環質最稠密之處故然按此大環亦環繞太陽約三十三年一周故至西曆一千九百年時地球將經過流星之大環密處定見無數流星再散曳長光徹夜不絕

流星射入空氣甚速具速率一秒時約行九十里其下行距地球二百二十二里發熱最大卽生火後行復漸緩迨距地一百五十里卽滅

當地球經過大環時所向之處適無數流星散發之處立冬時節地球向黃道帶第五宮名獅子而行故流星有似由彼處而發

流星發光之期與其所由之處不一而足天文士詳察其期以及其所由者有五十餘處昔此今彼難以定論且流星所發之光有大有小其色與遲速亦迥異

流星以外更有無數異象難以縷述有單顆隕石極其光亮雖白晝亦可見有時迸裂其聲響甚其極堅者衝入空氣不能鎔化仍下墜於地細考隕石之質中函鐵與別種金類其體大小不一有重幾兩者有重幾劯者又有至大至重者有一天文女士云曾見一隕石距地球祇七十五里而過測其重約一百二十千萬斤其速率一秒時行六十里

竊謂虛空之間凡有氣而滾成物質者無不爲球形其大者現界所見衆恒星太陽八行星之類是也其小者則人目之所不能見遠鏡之所不能窺而亦皆相環而行雖不能成世界而亦含生氣之物也但其爲形至小包氣不多故觸他球則登時粉碎而其必有流光者何也凡成球之物無不有火在中故坼裂之 迸火光散也其查滓之未及化者墜於地球則爲隕石之類也非徒流星爲然雖太陽八行星終有氣盡質滅之日其壞也亦必爆裂迸火如今之流星也此屬妄測雖不敢自信姑記之以質於知者

右論流星隕石

宇內萬物中雖極微細亦各具吸引之力而物爲所吸則有相向欲前之勢然亦有遲速之分且吸力能牽制日月諸星凡兩物愈迫近其吸力愈大故月吸地球之正面力較地球之中心更大月吸地球之中心力較背之面更大

海半向月而半背月向背兩地潮汐同時蓋向月者水爲月攝動而高漲背月者月拖吸地球離水水亦高漲夫向月之水被月攝高三度惟地體被月拖進二度兩數對除剩一故潮汐漲高一度背之水離日遠甚月被攝高僅一度惟地體己拖離二度兩數對除剩一故潮汐亦漲高一度儼若正面者然

由此推之海之潮汐靡特係乎月之吸引亦因遠近之差所以吸力有大小而成其潮汐也若地距月甚遠或亦有吸力而終不能成其潮汐蓋相距太遠則吸力至地之向背兩面畧均而無所厚薄以成其潮汐也

太陽吸力大於月而令海水之潮汐更小於月其故何耶蓋日距地遠甚其牽引地向背兩面之水與拖進地體略同故所成之潮汐較小於月惟因其相距之遠所以較月牽引地之海水尤小三倍也

由此推之卽有小於月之物逼近地球其吸力不難令洋海高漲淹溢大地非其吸力大於月也乃因逼近地體其距兩面之差較月距兩面之差更多故也

日月皆有吸力以成潮汐而月之拖吸潮汐較大於日於上下弦時日月相分力則吸力少而潮汐而月之潮汐亦較大

潮汐皆由日月吸力而成故地球向日月則吸力多皆日月則吸力少由此推之吸力更能成一奇異之事

地球非句圓如球乃南北極稍凹赤道稍凸酷似橘子以其凸於赤道幷本軸與黃道斜交之故而地球繞日運動殊異

地球赤道凸處其質略厚而半高於黃道半卑於黃道卽被日月吸引亦不相同若質厚之二處爲水則日月吸引之力定能牽之使與黃道平列今於質厚處旣非水故不能爲吸力拖去然日月仍常用吸力強拖之有如令此厚質轉向與黃道平交

倘地球不自轉本軸則日月吸力必牽赤道稍厚之質令與黃道平列惟其有自轉故能令赤道之厚質隨日月之吸力而略動不致令南北極改其方向由此而推知地球實有被日月相吸畧爲移動致令地極動搖靡定成爲歲差但歲差

之運動遲甚須二萬四千四百五十年始成一周

欲明地球自轉并地軸運動之理可觀小孩所玩之抽陀螺此抽陀螺自轉本軸以外其軸亦成一圓圈地球南北極運動與抽陀螺自轉本軸相表裏

地軸之運動幾若令赤道與黃道平列故其中之分點每年畧進少許天文士同擬指一方位起量以定各星東西遠近之界時須以春分點起計遞年此春分點漸有推移二千年前春分點在白羊宮今在雙魚宮但量星遠行之時謹記春分點之處以便測算

潮汐之理固難細解而至於歲差則尤不可測日之三百六十五日有奇而一周天(即地球環日之說也)年年無毫髮差而堯時冬至日在虛今冬至日在箕何也前儒解說一向糢糊固不足論而近日恒星自轉之說近之西士亦主其說而細推又難確信今云歲差由於潮汐誠屬奇談既未素究無以解說姑錄之以資格致家研究焉

右論潮汐及歲差（完）

26.

철학

순번	연대	학회보명	필자	제목	수록 권호	분야	세분야
1	1906	태극학보	학해주인	철학초보	제21, 22호(2회)	철학	
2	1907	공수학보	무일당	세계 풍조관	제5호	철학	세계사조
3	1907	대한유학생회 학보	빙허자	여의 인생관	제1호	철학	생사관

◎ 學海主人 哲學初步,
　철학초보,〈태극학보〉제21호, 1908.05.24.

▲ 제21호

大凡 哲學은 其義甚廣ㅎ야 古來 許多흔 學者가 各樣 不一의 定義를 提出ㅎ엿스니 到底 吾輩가 遽定키 難흔 바인즉 茲에 <u>事物의 原理를 考究ㅎ는 學이라는 漠然흔 定義로써</u> 滿足히 定코져 ㅎ노니 所謂 別般의 抵礙(저애)가 無흠을 因흠이라. 大抵 物体運動의 原理를 說흠은 物理學이라 云ㅎ고, 分子 化成의 理를 說흠은 化學이라 云ㅎ고, 實物의 長廣厚와 數量을 說흠은 數學이라 云ㅎ고, 日月星辰의 理를 說흠은 天文學이라 云ㅎ고, 動植物 生存의 理를 說흠은 生理學이라 云ㅎ야 <u>此等 諸科의 總稱을 科學 或은 理學이라 又稱ㅎ니 其 科目을 分括ㅎ면 其 範圍가 廣大흘 듯ㅎ나 不然흔 者</u> 二件이 有ㅎ니 第一은 一方에 偏在흔 故로 全体를 摠括ㅎ야 其 原理를 考究키 不能ㅎ고 第二는 但只 客觀을 主張ㅎ야 不問ㅎ니 事物의 蘊奧를 考究키 不能ㅎ느니 假令 第一 物理學 中에는 社會의 進化 興亡之理를 不論ㅎ엿스며 化學 中에는 運動의 定則을 不說ㅎ엿스며 數學 中에는 血液循環의 理를 不說ㅎ엿슨즉 此가 一方에 偏僻흠이 아니며 第二 物体에 現出ㅎ는 光線이 網膜의 映照흠은 解論ㅎ엿스나 物의 眼目으로 見解ㅎ는 所以는 不說ㅎ엿스며 點이 有ㅎ며 時間이 有ㅎ고 空間이 有ㅎ며 勢力이 有ㅎ고 物体가 有흠은 說明ㅎ엿스나 其所有를 決定ㅎ는 觀念은 何物인 거슬 不說ㅎ고 觀念의 原理는 捨之不顧ㅎ엿스니 其 各自의 一部만은 考究ㅎ엿스듸 客觀에 相對흔 主觀과 物体에 相對흔 精神은 不說ㅎ엿스니 故로 <u>理學으로는 一定則을 但說ㅎ고 原理를 考究흠은</u> 到底 不能ㅎ나 然ㅎ나 哲學은 不然ㅎ야 <u>理學의 諸科를 摠括ㅎ고 一定의 法則을 解說ㅎ야 宏大흔 宇宙와 微小흔 分子며 永久흔 古今도 一一히 應用ㅎ야 無誤無錯의 原理를 說明ㅎ느니 然則 哲學은 理學 諸科 以上의 高尙흔 地位를 占領ㅎ고 天地萬物의 原理를</u>

網羅ᄒ며 過去 現在 及 未來의 事變을 包括ᄒ엿스니 故로 左記 二種의 功用을 有흔 者라 稱홀지로다.

第一 哲學은 心意를 發達케 ᄒᄂ니 大抵 宇宙間에 最貴 最重흔 者ᄂ 吾人이 吾人의 最貴 最重흔 者ᄂ 心意인ᄃ 哲學이 此 貴重흔 心意를 發達케 ᄒᄂ 者인즉 其 功用의 貴重흔 바를 確知홀 바이오

第二 哲學은 前陳과 如히 諸科學을 總合흔 者니 心理, 倫理, 法理, 政治, 社會, 歷史 等 諸學의 根源이며 此等 諸學을 確乎 鮮明ᄒ야 完全흔 基礎를 確定ᄒ엿스니 此가 哲學의 功用이로다.

然則 哲學의 範圍ᄂ 如何ᄒ뇨. 此ᄂ 前述의 大略으로 足히 說明홀 듯ᄒ나 大抵 哲學이 有始 以來로 今日ᄭ지 諸家의 唱論이 區區不一ᄒ여 確定을 未及ᄒ엿스니 今日 以後에도 亦是 確定키가 容易치 못홀지라. 故로 哲學 名稱의 起源을 先陳ᄒ야 其 範圍에 說及코져 ᄒ노라. 最初에 希臘人 쎌니드가 哲學의 端緒를 創開ᄒ니 當時에ᄂ 其 名稱도 知者가 鮮少ᄒ엿고 其後에 피다쓸라스 時代에 至ᄒ여 哲學과 哲學者의 言語를 稱用ᄒ엿고 속클나틔스 時代에 至ᄒ여ᄂ 哲學의 基礎가 完全흔 地境에 殆近ᄒ엿스며 아리스로텔스 時代에 至ᄒ여ᄂ 完全흔 基礎를 造成ᄒ엿ᄂᄃ 哲學의 原語 필로쏘피(希臘語로 哲學이라ᄂ 語)는 元來 智識을 愛흔다ᄂ 稱義요 哲學者의 原語 필로숍퍼ᄂ 智識을 愛ᄒᄂ 者라ᄂ 意義이나 但只 智識을 愛ᄒ고 智識을 愛ᄒᄂ 者라 稱홈으로ᄂ 遺憾이 不無ᄒ다 ᄒ야 當時 一般 學者가 種種의 語義를 唱出홀시 피다쓸나쓰가 哲學이라ᄂ 語義에 定義를 如左히 先唱ᄒ엿스니

哲學이라 云홈은 智識을 愛홈이니 天道 人事를 考究ᄒ며 萬有의 存立을 考究ᄒᄂ 學

이라 ㅎ엿고

속클라티쓰의 門徒 프레트ᄂ 云ㅎ되

哲學은 不變不動의 事理를 考究ㅎᄂ 學이며 實際의 事物을 考究ㅎ
며 所有의 人力으로 神雲을 模倣ㅎᄂ 者라 ㅎ엿고 피다쓸나쓰가
哲學者라ᄂ 語에 對ㅎ야 定義를 提出曰 人生은 오림픽 祭(希臘에
셔 四年 一回式 執行ㅎᄂ 大祭名)의 遊戲와 恰似ㅎ니 其中에 利益
을 圖謀ㅎᄂ 者도 有ㅎ며 名譽를 求ㅎᄂ 者도 有ㅎ나 哲學者ᄂ 此
兩者 以外에 卓出ㅎ 者니라

ㅎ고 프레트가 哲學者라ᄂ 意義를 唱出ㅎ여 曰

哲學者ᄂ 實質을 究極ㅎᄂ 者

라 稱ㅎ엿스니 피다쓸나쓰의 哲學은 唯物論을 主張ㅎ엿고 속클리라틔
쓰의 哲學은 倫理의 一方으로 偏向ㅎ엿스며 프레트ᄂ 觀念만 爲主ㅎ
傾向이 有ㅎ엿스니 以上 諸人의 意見으로써 哲學의 範圍를 定키ᄂ 到底
至難의 事라. 故로 아리스토텔의 主論으로써 第一 哲學이라 命名ㅎᄂ니
其 唱論에 曰 哲學은 事物 終極의 原理를 考究ㅎᄂ 學이라 ㅎ지라. 後人
이 形而上學이라 改稱ㅎ엿스며 알력산듸아 學派에 至ㅎ여ᄂ 哲學의 範
圍를 一層 確定ㅎ고 形而上學 卽 實体學, 心意學, 合理神學, 世界形質學
을 包括ㅎ고 倫理學, 審美學, 論理學 等을 附屬ㅎ엿슨즉 星霜의 經過ㅎ
을 從ㅎ야 哲學과 形而上學이 同一ㅎ 意義로 傾行ㅎ엿더라. 爾來 形而
上學을 純正哲學이라 別稱ㅎ엿스나 英國 碩學 쎄콘이 實驗哲學(實物에
徵明ㅎ으로 爲主ㅎ)을 主唱ㅎ 以來로 同國 學者 록, 스펜사 等 諸氏가
此派에 屬ㅎ고, 德國 學者 칸트, 피히틔, 셀링, 혜-쎌 等 諸氏가 佛國
中興 哲學者 쎄카-트 派 에 屬ㅎ야 形而上學(論法으로 由主ㅎ)을 奉崇
ㅎ야 旗幟를 各堅相爭ㅎ엿스니 形而上學은 혜-쎌에 至ㅎ야 極點에 達

ᄒᆞ엿스며 實驗學派는 스펜사에 至ᄒᆞ야 極點에 至ᄒᆞ엿슨즉 兩氏 哲學의 相反이 東西와 恰似ᄒᆞ도다.

然則 德國 哲學은 形而上學을 爲主ᄒᆞ엿고 英國哲學은 形而下로브터 形而上에 進級及코져 ᄒᆞ엿스니 其 弊害를 論及ᄒᆞ건딕 英은 비록 着實ᄒᆞ나 卑陋ᄒᆞᆫ 方向에 流去키 容易ᄒᆞ겟고 德은 비록 高尙ᄒᆞ나 空漠ᄒᆞᆫ 方面에 陷入키 容易ᄒᆞ겟스니 一得이 有ᄒᆞ면 一失이 更有ᄒᆞ여 今日에 至ᄒᆞ여서도 畢竟 其 範圍가 未定되엿도다.

[註] 英國 哲學은 純正哲學과 心理學 倫理學 等을 摠括ᄒᆞᆫ 者니 스펜사의 所說을 依據컨딕 哲學은 左記와 如ᄒᆞ니
哲學은 理學을 槪括ᄒᆞᆫ 者이미 理學 範圍 內에 包在ᄒᆞᆫ 者는 勿論 其 範圍 內에 含入ᄒᆞ되 神의 性質과 宇宙의 無限 有限은 其 範圍 外에 在ᄒᆞᆫ 者인 고로 劃論ᄒᆞᆯ 餘地가 無ᄒᆞ니라.
ᄒᆞ엿스니 槪要를 擧論컨딕 스펜사의 主意는 哲學을

哲學原理(卽 哲學의 原理를 槪論ᄒᆞᆫ 者)
生物學(卽 動植物의 原理를 論ᄒᆞᆫ 者)
心理學(卽 人生의 原理를 論ᄒᆞᆫ 者)
社會學(卽 社會을 組織ᄒᆞᆫ 人生의 原理를 論ᄒᆞᆫ 者)
倫理學(卽 文明에 最頂點에 達ᄒᆞᆫ 人生의 原理를 論ᄒᆞᆫ 者)

此 諸者로 分列ᄒᆞ엿도다. 本編에 哲學의 範圍를 別定ᄒᆞᆫ 바는 無ᄒᆞ나 以上 諸家의 唱說을 依ᄒᆞ야 其 大意를 左에 揭載코져 ᄒᆞ노라.

一客이 希臘 哲學者 아리스테파쓰의게 問曰 君의 哲學을 勤修ᄒᆞᆷ은 何以뇨. 答曰 宇宙萬物을 利用코져 ᄒᆞᆷ이니라.
內에 其質이 無ᄒᆞ고 外로 其文을 學ᄒᆞᆷ은 脂를 畵ᄒᆞ며 水를 鏤ᄒᆞᆷ과

恰似ᄒᆞ야 時日을 空費ᄒᆞ되 其功만 虛損ᄒᆞᄂᆞ니라.

앗타쎌니 氏ᄂᆞᆫ 云ᄒᆞ되 宗敎를 不信ᄒᆞᄂᆞᆫ 者ᄂᆞᆫ 不穩의 生活을 常作ᄒᆞᄂᆞ니라.

포-프 氏ᄂᆞᆫ 云ᄒᆞ되 吾人은 人生의 大洋을 漂流ᄒᆞᄂᆞ니 道理ᄂᆞᆫ 其 羅針盤이요 情慾은 其 颶風이니라.

모-루 氏ᄂᆞᆫ 云ᄒᆞ되 予ᄂᆞᆫ 官職도 不求ᄒᆞ며 黃金도 不願ᄒᆞ고 有價値ᄒᆞᆫ 無量의 閒隙과 機會를 尊貴히 忖度ᄒᆞᄂᆞ니 故로 黃金을 爲ᄒᆞ여ᄂᆞᆫ 些少ᄒᆞᆫ 時間이라도 用費코져 아니ᄒᆞ노라.

▲ 제22호, 1908.06.24.

論據

第一 空間, 時間, 物質, 運動, 勢力

彼天象을 仰觀ᄒᆞ라. 太陽의 体大가 我地球의 一百五十萬倍가 되고 地球와 相距가 大畧 三億八千九百二十萬里라 云ᄒᆞ니 其大其遠을 想像컨ᄃᆡ 吾人의 思力으론 到底 推及키 未能ᄒᆞ되 我太陽系의 一部쓴이라 今에 太陽系의 大約을 列擧컨ᄃᆡ 地球와 如ᄒᆞᆫ 遊星이 二百餘個요 月과 如ᄒᆞᆫ 衛星이 大凡 十餘個라 云ᄒᆞ니 遊星 中 最遠者를 想察컨ᄃᆡ 太陽에서 十二億萬里 相距되ᄂᆞᆫ 海王星이 有ᄒᆞ니 然則 太陽系의 周圍가 十二億 萬里의 二倍 卽 二十四億 萬里 可量이요, 此에 太陽体大의 直徑 四十九億 萬里를 加ᄒᆞ면 七十三億 萬里니 太陽系로만도 七十三億 萬里의 空間을 占有ᄒᆞ엿슬지라. 此로서 觀察컨ᄃᆡ 總天体ᄂᆞᆫ 如何히 遠大ᄒᆞᆫ 空間을 占有ᄒᆞ엿슬넌지.

諸君이여 彼 天空에 碁布 羅列ᄒᆞᆫ 星宿를 仰見ᄒᆞ라. 其中에 恒星(吾人 肉眼으로 能見者)만도 其數 大略 六千個라 ᄒᆞ니, 萬一 觀天器를 據見ᄒᆞ

면 其數가 幾千萬인 거슬 未知ᄒᆞᆯ지며, 恒星 云者ᄂᆞᆫ 無非我太陽과 同大
되ᄂᆞᆫ 者도 有ᄒᆞ고 太陽보다 尤大ᄒᆞᆫ 者도 多ᄒᆞᆯ ᄲᅮᆫ 外라, 幾百個의 遊星과
幾千個의 衛星을 持有ᄒᆞ엿슬지니 其直徑을 言ᄒᆞ면 少不下 數億千萬里
의 圓大ᄒᆞᆫ 空間을 占有하엿슬 터히고, 吾人의 最近ᄒᆞᆫ 地位에 在ᄒᆞᆫ 恒星
이 地球에서 一百九十二兆 億萬里를 距在ᄒᆞ엿ᄂᆞᆫᄃᆡ 其 光線이 一秒間에
十八萬 六千哩式 進行ᄒᆞ야 五萬年 後에야 地球에 到達ᄒᆞᆫ다 ᄒᆞ니, 此 一
事로 見ᄒᆞᆯ지라도 宇宙의 巨大를 可測ᄒᆞᆯ 터히오.

次ᄂᆞᆫ 時間이니, 此 亦是 無限無極ᄒᆞᆫ 者라. 吾人이 通常 億萬年 前 事
를 推考컨ᄃᆡ 漠漠ᄒᆞ야 際涯가 無ᄒᆞ고, 億萬年 以後를 將望ᄒᆞᆯ지라도 亦
是 渺渺茫茫ᄒᆞ니 嗟呼라. 時間의 限極이여. 吾人은 到底히 想像치 못ᄒᆞ
리로다. 然則 空間과 時間의 觀念은 何로 從生ᄒᆞᄂᆞ뇨. 此ᄂᆞᆫ 勢力(卽
力)[1]의 抵抗을 因生ᄒᆞᄂᆞᆫ 者니, 大凡 宇宙間의 無數ᄒᆞᆫ 物質이 無非相凝
相集ᄒᆞ야 其 親和力으로 萬種의 形態를 組成ᄒᆞ엿스나 然ᄒᆞ나 吾人으로
物體의 存在 與否를 認知흠은 但止 眼力으로도 不可及이오, 聽力으로도
不可及인즉 物體의 感觸을 實驗ᄒᆞᆫ 然後에야 비로소 其 存在를 認識ᄒᆞᆯ지
니 何故오. 大抵 目見으로만 物體의 存在를 證明키가 到底 不可能의 事
實인즉 其例를 暫陳컨ᄃᆡ 幼兒나 野蠻人은 經驗의 不瞻을 因ᄒᆞ야 鏡面에
暎見(영견)ᄒᆞᄂᆞᆫ 己顔과 水面에 照應ᄒᆞᄂᆞᆫ 其姿를 見ᄒᆞ면 或은 我의 仇讐
가 作亂흠으로 誤認ᄒᆞ고 或은 水神이 變化흠으로서 自認ᄒᆞ야 自恐自懼
의 行動이 夥多치 아니ᄒᆞ뇨. 然ᄒᆞ나 多少 經驗이 曾有ᄒᆞ고 實例를 涉有
ᄒᆞᆫ 者ᄂᆞᆫ 思見上에 少許도 誤解가 無ᄒᆞᄂᆞ니, 今에 日前에 椅子 一介가
有흠을 見ᄒᆞ고 吾人의 手足으로 抵觸흠에 力의 抵抗을 覺知ᄒᆞ야 物體
의 存在를 始認ᄒᆞ려니와 彼鏡裡의 暎姿는 眼目에ᄂᆞᆫ 能視ᄒᆞ되 感觸도
不能ᄒᆞ고 抵抗도 未敢ᄒᆞ니 **然則 時間의 觀念과 空間의 觀念이 勢力을
因ᄒᆞ야 始知ᄒᆞᄂᆞᆫ 者라** 云ᄒᆞ리로다.

---

1) 세력(勢力): 힘. 에너지.

第二 物質의 不減

一盃의 水도 曝晒(폭쇄)홀 時는 頃刻間에 乾盡ㅎ고 一丁의 蠟蠟(납촉)[2]도 燃燒홀 時는 須臾에 燒盡ㅎ느니 吾人 凡眼으로 此를 觀察컨듸 水與蠟蠟이 一切 盡去無遺혼 듯ㅎ나 然ㅎ나 其實은 乾盡혼 바도 아니요, 消滅혼 바도 아닌즉 水는 太陽熱을 受ㅎ야 氣体로 變去ㅎ엿스되 物質은 依然히 存在ㅎ야 秋毫도 增減이 無홈으로 早晚間(조만) 寒冷을 當ㅎ면 雲雨도 되고 霜雪도 되어 泉河가 以之爲源ㅎ고 江海가 以之爲淵ㅎ며, 蠟燭은 水素 炭素로 組成된 者이미 空氣 中의 酸素를 當ㅎ면 結合ㅎ야 烟이 되고 焰이 되어 空氣 中에 飛散ㅎ나 亦是 物質(水素, 炭素)은 依然히 空氣 中에 現在ㅎ느니 然則 宇宙間에 存在혼 物質은 天地 開闢의 初브터 未來 永遠ク지 少許의 增減이 無ㅎ고, 如或 新生 消滅혼 者는 但止 諸物質로 生成혼 物体의 固体가 液体가 되고 液体가 固体가 되는 것이니 外觀上으로 其容量만 增減홀 뿐이로다.

第三 運動의 斷續

運動云者는 一彌一漲(일미일창)ㅎ야 波瀾을 成ㅎ되 終是 一樣의 狀態를 不成ㅎ느니 假令 盈昃(영측, 차고 기울음)이 有ㅎ고 海에 潮汐이 有홈과 如히 石을 水에 投入ㅎ면 水는 波紋을 作ㅎ고, 易에 云ㅎ기를 尺蠖(척확, 진사)의 屈홈은 伸延을 爲홈이라 ㅎ며, 吾人도 行步홀 時는 足趾(족지)를 不得不 屈伸ㅎ고 禽鳥도 飛動홀 時는 羽翼을 翶翔(고상, 날아오름)ㅎ며 泳魚(영어)도 鰭尾(기미, 지느러미)를 伸縮(신축)ㅎ고, 遊星도 自轉公轉의 運動이 有ㅎ고, 時計도 右方에셔 左方으로 左方에 右方을 向ㅎ야 回轉을 不止ㅎ미 一日에 晝夜가 有ㅎ고 一年에 寒暑가 有ㅎ며 年에 凶豊이 有ㅎ고 天에 晴陰이 有ㅎ며 草木에 榮枯가 有ㅎ니

---

2) 납촉(蠟燭): 밀랍. 蠟은 燭의 오식.

此가 無非 運動의 大波瀾이요,

　吾人 身体上에도 此를 應用컨딕 健康과 疾苦가 有ㅎ며, 熱에 高低가
有ㅎ고 少年브다 壯年에 至ㅎ기٪지는 体量이 次第 增加ㅎ고 壯年으로
브터 老年에 至ㅎ기٪지는 体量이 次第 減下ㅎ되 精細히 調見컨딕 少
年時代로브터 壯年時代에 至ㅎ기٪지 其間에도 体量이 增減이 有ㅎ고
壯年時代로브터 老年時代에 至ㅎ기٪지도 亦是 其然ㅎ느니 更一層 細
言ㅎ쟈면 一日 半時 數分 數秒間일지라도 体量의 增減이 有ㅎ느니 此分
秒間의 增減은 運動의 小波瀾이요, 數月 或은 一年의 稍稍히 增減ㅎ음은
運動의 大波瀾이며,

　吾人 心力도 亦然ㅎ야 眠이 有ㅎ고 覺이 有ㅎ며 思가 有ㅎ고 休가
有ㅎ며 樂이 有ㅎ고 苦가 有ㅎ며 悲가 有ㅎ고 喜가 有ㅎ야 稍大의 波瀾
을 常作홀 쑌더거 喜怒哀苦에 緩急의 別이 有ㅎ야 忽喜忽怒ㅎ고 乍欣乍
悲(사흔사비)ㅎ니 此亦 小波瀾을 成혼 者요,

社會도 亦是 此理에 不外ㅎ느니

　第一은 人口로 先陳홀지라. 大抵 人口가 畜殖ㅎ야 其 國富로 支撐(지
탱)키 不能홀 是는 衣食의 欠乏을 因ㅎ야 年豊에는 凍餒(동뇌, 얼고 굶
주림)의 苦를 未免ㅎ고, 凶年에는 餓孚(아부)가 橫路홀 쑌더러 或은 他
邦에 移住를 爲務ㅎ고 或은 自盡을 是圖ㅎ며 或은 疾病에 橫罹ㅎ야 於
是乎 人口가 減少홀지요, 人口가 減少혼 後 數十百年을 經過ㅎ면 國富
가 人口보다 剩餘가 有홈으로써 人口가 再次 蓄殖ㅎ느니 然則 一增一減
에 制限이 無혼 者요

　第二는 物價로 爲言ㅎ노니 大抵 需要가 供給보다 增多홀 時는 物價가
自然 貴騰ㅎ고 物價가 騰貴ㅎ면 需要가 漸減ㅎ야 供給이 豊贍혼 故로

物價가 自然 減下ᄒᆞ엿다가 需要가 再次 增加ᄒᆞᆯ 時ᄂᆞᆫ 物價가 更貴ᄒᆞᄂᆞ니 然則 物價의 高低ᄂᆞᆫ 彼遊星의 運轉과 如히 騰貴減落이 回轉不己ᄒᆞᄂᆞᆫ 者요

第三 治亂興亡 進步에 對ᄒᆞ야 陳述컨딕 支那 聖人이 周易에 泰卦를 定ᄒᆞᆫ 後에야 否卦를 又定ᄒᆞ며 師卦를 定ᄒᆞᆫ 後에 比卦를 又定ᄒᆞ엿ᄉᆞ니 此와 如히 國의 興亡盛衰가 無代無之ᄒᆞ야 夏가 亡ᄒᆞᄆᆡ 殷이 興ᄒᆞ고 殷이 望ᄒᆞᄆᆡ 周가 興ᄒᆞ야 秦漢三國, 晉, 南北朝, 隋 唐 宋 金 元 明 淸이 互相 興廢ᄒᆞ엿고, 西史를 暫考컨딕 希臘의 文明이 極度에 達ᄒᆞᄆᆡ 亡ᄒᆞ야 羅馬가 興ᄒᆞ고, 羅馬가 亡ᄒᆞᄆᆡ 日耳曼이 興ᄒᆞ고 西班牙가 興ᄒᆞᄆᆡ 英이 挫折되고, 一時 歐州를 席捲ᄒᆞᆫ 拿破崙으로도 월링톤게의 敗를 當ᄒᆞ엿ᄉᆞ니 此ᄂᆞᆫ 治亂의 交迭이요

政治風俗의 進否로 爲言컨딕 壓制가 極甚ᄒᆞ야ᄂᆞᆫ 自由政治가 現出ᄒᆞ고 自由政治가 放逸에 至近ᄒᆞ면 壓制가 復生ᄒᆞᄂᆞ니 彼 쥬아트 朝의 壓制가 챨스 一世에 至ᄒᆞ야 極甚ᄒᆞᄆᆡ 不世英雄 크름웰이 共和政治를 變成ᄒᆞ엿ᄉᆞ나 不過 二三世에 弊政이 又現ᄒᆞ야 第二의 革命을 更起ᄒᆞ여더니 米國의 獨立을 鼓吹ᄒᆞ고 佛國의 革命을 釀出ᄒᆞ엿ᄉᆞ니 然則 此種 諸說을 ──히 枚擧키ᄂᆞᆫ 無暇ᄒᆞ나 都是 運動의 斷續을 表出ᄒᆞᄂᆞᆫ 大波瀾이로다.

◎ (논설) 世界 風潮觀,

無逸堂, 〈공수학보〉 제2권 제1호(5호), 1908.2. (철학)

*한문으로 발표한 동서양 사조의 흐름을 개략한 글 = 5쪽 분량

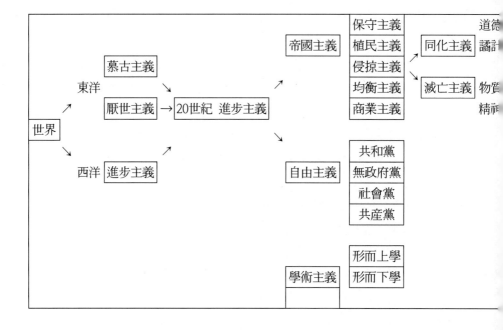

古之東洋 以東洋爲世界. 古之西洋 以西洋爲世界 各在天地之一隅 而莫知其外有何等國 何等族--

◎ 余의 人生觀, 憑虛子, 〈대한유학생회학보〉제1호, 1906.3.
(생사관)

人生이란 何오 是實一大疑問이로다.

生理學은 曰 호딕 吾人은 細胞의 集合體에 不過ᄒ다고, 化學은 曰 호딕 汝等은 元素의 結合體에 不過ᄒ다고, 倫理學은 更히 吾人은 社會生活을 爲ᄒ야 生存ᄒ는 것이라ᄒ니, 嗚呼라 是等의 說로 人生의 意義를 解釋無蘊ᄒ다 ᄒ는지 余甚히 疑ᄒ는 바이로다.

虛空에 浮흔 一輪明月 星斗의 燦爛흔 光을 添ᄒ야 人懷을 照ᄒ니 是는 何를 爲홈이뇨.

世上에는 金殿玉樓에 富貴를 夢ᄒ는 者ㅣ 有ᄒ거늘 矮屋數楹에 牛衣를 泣ᄒ는 者도 有ᄒ니.

嗚呼라 是는 何故오 均是人也ㅣ언만.

水逝而不止ᄒ고 月虧血復圓ᄒ되 人生而施死ᄒ니 三國의 風塵 六朝의 繁華 而今에 安在哉오.

古來에 沖天의 雄志를 抱ᄒ야 宇宙를 包括ᄒ든 豪傑도 一旦魂絶ᄒ면 龜頭剝落生莓苔ᄒ니 寂然復無聲이로다.

嗚呼觀來ᄒ니 人生의 意義는 將何處에 在ᄒ뇨.

佛敎家는 「生者必滅」로 定則을 ᄒ니 是誠宇宙의 眞趣를 演繹흔것이라. 然이나 渠輩는 「靈魂不滅」을 果能解得ᄒ는지 試問 必滅乎 不滅乎 彼佛敎者流는 必也, 生者必滅 靈魂不滅,이라 쭙홀것이오 更히 自解ᄒ되 生死라는 單히 形而下에만 命名홈이오 形而上에 싱지 追及ᄒ지 아니홈이라 吾人이 徒히 生ᄒ얏다가 徒히 死ᄒ면 人生은 畢竟無意義흘 쑨이니 是로 以ᄒ야 靈魂不滅은 眞的흔지라 靈魂不滅이란 것은 肉體活動 中에 認識ᄒ기 不熊ᄒ나 死의 利那에 生홈은 無疑ᄒ다 ᄒ올지니.

人生王十年이 그러케 長久ᄒ지아니ᄒ거늘 何人이 悠悠히 如斯흔 陳套答辨에 耳를 傾흘 者ㅣ 有ᄒ리요.

蓋現世는 修養塲이라 吾人이 現世에 住홈은 遊子가 笈을 負ᄒ고 故國

을 離ᄒ야 寂草ᄒ 異鄕에 寄寓ᄒ야 艱苦를 備嘗ᄒ되 猶汲汲히 專心勉學ᄒ과 不異ᄒ도다.

吾人은 或外觀에 感觸ᄒ야 斷腸의 思를 ᄒᆯ 時에 必一種悲哀的 懷慕의 念을 發ᄒᄂ니 是는 遊子가 故國의 天을 緬仰ᄒ야 感慨ᄒ는 情態와 一毫不異ᄒ니

嗚呼리. 吾人悲觀中에는 暗히 來世의 影을 認ᄒᆷ이 아인지

吾人의 肉體는 但 (心)의 養成所됨이 不過ᄒ니 幼稚ᄒ 心은 肉體에 棲ᄒ다가 後에 修養을 積ᄒ야 다시 肉體를 離ᄒᄂ니 是를(靈魂)이라 稱ᄒᄂ니라. (心)과 (靈魂)은 同一의 物이니 肉體에 棲ᄒ야 (心)이라 謂ᄒ고 宇宙間에 存ᄒ야(靈魂)이라 唱ᄒᆷ이니라.

(生)이란 (心)을 棲ᄒ는 肉體를 謂ᄒᆷ이오

(死)란 이믜 (心)을 分離ᄒ 肉體를 謂ᄒᆷ이니라.

吾人이 普遍의 通性으로 向上心이 有ᄒ고 意志기 有ᄒᆷ은 唯肉體가 (心)을 養成ᄒ는것이오 宇宙는 是를 爲ᄒ기 不能ᄒᆷ이 아닌지.

靈魂은 永遠無窮ᄒ 物이니 來世를 形成ᄒ는 一大要素ㅣ니라.

吾人이 普遍의 通性으로 道德心이 有ᄒ고 名譽心이 有ᄒᆷ을 推ᄒ야 忖度ᄒ면 (來世)는 美의 集合體ㅣ라 吾人이 自然界美景에 對ᄒ야 無上的感動되는 時의 心性은 如何ᄒ 狀態에 在ᄒᆫ가. 必恍然ᄒ야 我ㅣ 吾를 忘ᄒ고 嗒然ᄒ야 物과 吾를 辨치못ᄒ야 感覺도 己無ᄒ고 意識도 己無ᄒ야 現世의 利害憂樂이 盡消ᄒ야 吾人을 煩치아니ᄒ고 我身은 其美景中에 吸入ᄒ야 融化되ᄂ니 是는 或 吾人이 暗히 來世의 影을 認ᄒ야 美妙的 快樂을 享ᄒᆷ이 아닌지 春夏秋冬에 花니 葉이니 月이니 雪이니 千變萬化ᄒ야 世界를 裝飾ᄒ니 四時의 變遷은 是吾人으로 人世를 不厭케 ᄒ기 爲ᄒ야 存ᄒᆷ이 아닌지 嗚呼라. 人世의 意義는 何其趣味가 多ᄒ고 宇宙는 吾人을 爲ᄒ야 存ᄒ야 來世의 永遠을 示ᄒᆷ이로다.

嗚呼快哉라. 宇宙萬物은 皆是吾人을 爲ᄒ야 存ᄒᆷ이니라.

然而世間에는 「宇宙의 眞則을 不可解」라고 煩悶ᄒ야 死를 決ᄒ는 者ㅣ有ᄒ도다.

嗚呼라.「宇宙의 眞則」은 可히 解치 못 홀것이라. 然이나 是는 決코 悲傷홀 事ㅣ아니니 思홀지어다 宇宙는 決코 一個人을 爲ᄒ야 存在혼 것이 아닌즉 엇지 個人의 能히 解得홀 것이리오 吾를 爲ᄒ야 存在혼 宇宙에 對ᄒ야 漫然히 生을 捨홈은 是吾의 住居에 對ᄒ야 何故로 造혼 것인지를 不解ᄒ고 煩悶ᄒ야 死를 致홈으로 何釋ᄒ리오.

吾人은 自然히 生를 現世에 享ᄒ니 自然히 生혼 者는 自然의 死를 竢홀 쑨이라 엇지 死에 自進홀 理가 有ᄒ리오.

如斯히 論ᄒ면 讀者ㅣ或問ᄒ리로다.

彼負石投河와 抱甕入海는 均是自然의 招가 아닌지

善哉라 問也여 是暗히 來世의 影을 認ᄒ야 急速히 此에 至ᄒ랴는 慾望을 爲홈이라.

嗚呼慾呈… 彼自殺看는 徒히 此를 滿ᄒ랴는 業障에 不過ᄒ니 엇지 自然의 招라 ᄒ리오. 予는 思ᄒ노니 吾人은 各各苦樂이 平等이나 但 其 凝集ᄒ야 來홈과 分散ᄒ야 來ᄒ는 差가 有홀 쑨이 아닌지 更히 思ᄒ노니 喜憂도 亦是平等的 現象이 아닌지 嗚呼라 余는 이러케 思홀 쑨이로라.

27.

학문 일반

순번	연대	학회보명	필자	제목	수록 권호	분야	세분야
1	1896	친목회회보	이하영	학문	제1호	학문	본질
2	1896	친목회회보	지영준(?)	학문의 공효	제3호	학문	본질
3	1896	친목회회보	이면우	학문의 실행과 허식의 이해	제4호	학문	신구학
4	1896	친목회회보	고희준	사물 변천의 연구에 대한 인류학적 방법	제2호	학문	연구방법
5	1896	친목회회보	원응상	학문의 연구	제3호	학문	연구방법
6	1896	친목회회보	원응상	개화의 삼원칙	제6호	학문	연구방법
7	1906	태극학보	김홍량	권학론	제24호	학문	본질
8	1906	대한자강회월보	홍필주	신학육예설	제10호	학문	신구학
9	1906	서우	전병현	부유취신	제10호	학문	신구학
10	1906	태극학보	양치중	수구과 반유어취신	제22호	학문	신구학
11	1906	대한자강회월보	설태희	인족 역사의 연원 관념	제4~7호(4회)	학문	연구방법
12	1906	태극학보	장응진	과학론	제5호	학문	연구방법
13	1906	태극학보	연구생	학문의 목적	제17호	학문	연구방법
14	1906	태극학보	김영재	과학의 급무	제20호	학문	연구방법
15	1906	태극학보	서병현	연구는 진화의 본	제24호	학문	연구방법
16	1907	공수학보	이은덕	아등의 연구하는 학문	제2호	학문	유학생론
17	1907	낙동친목회학보	윤정하	학문 선택의 필요	제2호	학문	학문일반
18	1908	대동학회월보	김사설	학문체용	제1호	학문	본질
19	1908	대동학회월보	한치유	학문체용	제1호	학문	본질
20	1908	호남학보	이기	학비학문	제7호	학문	본질
21	1908	대동학회월보	장박	세계학문합론	제1호	학문	분야
22	1908	대동학회월보	장박	가신가구설	제1호	학문	신구학

순번	연대	학회보명	필자	제목	수록 권호	분야	세분야
23	1908	대동학회월보	이종하	신구학문이 동호아 이호아	제1, 2호	학문	신구학
24	1908	대동학회월보	우산거사	논설	제2, 3, 4, 5, 7호(5회)	학문	신구학
25	1908	대동학회월보	장학사 29호	신학과 구학의 관계	제2호	학문	신구학
26	1908	대동학회월보	신기선	무학신구	제5, 6호(2회)	학문	신구학
27	1908	대동학회월보	원영의	논 정학 급 신지	제6호	학문	신구학
28	1908	대동학회월보	김윤식	신학육예설	제6호	학문	신구학
29	1908	대동학회월보	성락현	욕학신학 선학구학	제20호	학문	신구학
30	1908	대한협회회보	이종린	신구학의 관계	제4호	학문	신구학
31	1908	대한협회회보	여병현	신학문을 불가불학	제8호	학문	신구학
32	1908	호남학보	변승기	신구동의	제2호	학문	신구학
33	1908	기호흥학회월보	민종묵	신구학의 원위	제2호	학문	신구학
34	1908	기호흥학회월보	최병헌	학유신구변기허실	제4호	학문	신구학
35	1908	기호흥학회월보	이기헌	학문은 불가불 참호 신구	제6호	학문	신구학
36	1908	기호흥학회월보	이보상	학 무신구로 권고 불학제공	제7호	학문	신구학
37	1908	대한학회월보	박해원	신구학설	제2호	학문	신구학
38	1908	소년	소년인	王學 提唱에 對하야	제4권 제2호	학문	양명학
39	1908	대한학회월보	이창환	철학과 과학의 범위	제5호	학문	연구방법
40	1908	호남학보	유희열	학계만설	제3, 4, 6, 7, 8, 9호(6회)	학문	학제, 학문, 학회

◎ 學問, 李廈榮, 〈친목회 회보〉 제1호, 1896.2.15. (국한문)

*학문 = 치국의 도로 인식함

大工이 屋을 營營홈에 몬저 材木을 裁斷호야 結搆호는 時의 尺寸도
違홈이 無홈은 其規距繩墨의 料算이 已有호 바라. 治國호는 理가 엇지
此에 異호리오. 今에 五洋과 六洲의 風帆烟輪이 橫縱紆着(횡종우착)호
야 朝에 東호고 暮에 西호야 治律商工을 互相通規홈에 此時에 迨(태)
호야 能히 厥國을 富强호고 其治를 文明에 就호지 못호는 者는 즈못
結搆의 疎虞혼 바라. 留學호는 者도 맛당히 實地를 確充호야 써 規距
繩墨을 備혼 後에 結搆를 謀홀지니 巧호고 拙홈이야 엇지 學問의 有호
리오. 大抵 我, 國이 制度를 更張호야 維新케 홈이 舊章이 治安의 不足
홈이 아니라 宇宙大勢를 察호야 機를 隨호야 宜를 從홈이라. 吾儕가
憤을 發호고 志를 立호야 他邦의 修業홈애 鞠躬盡瘁홈을 自期호고 學
問을 勉修호야 國을 富케 호며 兵을 强케 호며 民을 安케 호며 農을
務케 호며 商을 興케 호며 工을 利케 호며 外를 信義로 交호야 文明이
萬國에 卓冠호고 富强이 四海에 雄立호야 獨立根基를 愈往愈固케 호
야 *혼 後에 已홈이 吾人의 責任이라. 엇지 *刻이라도 泛호고 惰호야
學業을 勉치 아니호리오.

◎ 學問의 功效, 〈친목회 회보〉 제3호, 1896.10.23.

(원본에는 필자가 없는데 이길상에는 池永俊으로 표시함)

大凡 人이란 者는 天地間 奇異혼 物이오 萬物 中 最靈혼 者라. 然이느
此中 賢愚 善惡의 不齊와 貧富 貴賤의 差別이 有홈은 他에 在홈이 아니
오 自己上에 在호느니 엇지 天來判定홈이 잇다 호리오. 大槪 人生이 世

間에 處ᄒ야 或 其心을 放蕩이 ᄒ야 學問에 怠惰ᄒ고 戲押에 蟄近ᄒ야 其 靑年을 虛送ᄒᄂ 者와 或 此와 反對ᄒ야 精神을 勉勵ᄒ며 戲押을 割斷ᄒ야 學問을 勤究ᄒᄂ 者--

(학문, 국가 발전은 인구의 다소에 있지 않다는 점을 강조)

◎ 學問의 實行과 虛飾의 理解, 李冕宇, 〈친목회 회보〉 제4호, 1896.12.15. (국한문) (학문론)

嗟흡다. 人은 天地의 間에 最靈ᄒ 物이라 ᄒ니 人의 最靈흠은 何를 謂흠이뇨. 曰 智識이 他物에 比ᄒ야 特絶흠이 有흠을 謂흠이라. 智識의 發達ᄒᄂ 道ᄂ 學問을 勉勵흠에 在ᄒᄂ니 是ᄂ 三尺의 童이라도 此를 知치 못ᄒᄂ 者ㅣ 無ᄒᄂ 然이나 <u>學問 勉勵의 法이 有二ᄒ니 一曰 實行 應用이오 一曰 虛飾 無的이라</u>. 實行者ᄂ 何 學問을 勿論ᄒ고 學ᄒ면 卽 用ᄒ며 聞ᄒ면 卽 行ᄒ되 硏究흠을 隨ᄒ야 漸次 進步ᄒ야 無極흠에 達ᄒᄂ니 此를 因ᄒ야 一例를 擧ᄒ노라. <u>物理 化學의 硏究흠을 從ᄒ야 滊船</u>(헐선, 汽船의 오식, 통용자), 滊車(汽車) 及 電線과 其他 諸器械를 發明ᄒ야 萬古에 無二흔 便利를 用ᄒᄂ게라. <u>歷史 地理와 其他 諸學問을 講究ᄒ야 政治 法律 及 軍務와 其他 農商을 精密이 修行ᄒ야 世界의 第一 富强을 互相 競爭흠</u>은 泰西 諸國의 現行ᄒᄂ 바ㅣ니 此ᄂ 吾儕의 所其知어니와 虛飾에 在ᄒ야ᄂ 雖曰 學問 勉勵라 ᄒᄂ 오직 學흠만 知ᄒ고 應用의 實踐흠을 知치 못ᄒ야 學흔 바ᄂ 例外로 置ᄒ고 私心을 發ᄒ야 筆下에ᄂ 비록 萬端의 奇說이 有ᄒᄂ 胸中에ᄂ 一個 護身의 策이 無ᄒ니 此ᄂ 學흔 바와 行ᄒᄂ 바ㅣ 不同흠이라. 此를 以ᄒ야 漸漸 人民의 弊端이 生ᄒ고 敎育이 發達치 못ᄒ야 國民의 元氣 衰弱흠을 成케 흠이니 엇지 此 二者의 大旨를 愼重치 아니ᄒ리오. 噫라. <u>我邦 人民은 다만 孔孟의 舊規만 勉修ᄒ며 卑屈의 預知을 守行코즈 ᄒ야</u> 或 虛飾

을 設호고 實行을 務치 아니홈에 時務의 方策과 時勢의 變遷홈을 知치 못호야 進步的의 企望이 絶無호야 人文의 開發홈이 他國의 後됨을 免치 못호니 豈不歎惜哉아. 凡 我國民은 此에 奮發의 心을 鼓舞호고 開明의 域에 旨를 確立호야 舊慣의 生弊를 改革호며 彼의 長을 取호야 我의 短을 補홀디니 利害의 方便을 斟酌호야 無的혼 虛飾을 捨호고 應用에 實行을 踐호야 各自 勉勵호면 엇지 泰西 文明의 後됨을 恨歎호리오. 唯 我 同胞 國民은 勉旃(면전)홀지어다. 實行이여 刻骨銘眸호야 永爲勿忘 홈을 希望希望.

◎ 事物變遷의 研究에 對호 人類學的 方法,
  高義駿,〈친목회 회보〉제2호, 1896.03.15.

*학문 연구 방법을 논의한 글: 추리적, 역사적, 인류학적 방법의 개념 소개

事物이라 호는 거슨 元來 其意味가 甚히 廣호나 記호는 事物이라 호 가슨 決코 廣혼 意味로 取혼 거시이(아)니라. 다만 人爲之事 即 諸種의 人事와 人造의 諸物만 取홈이라. 此等之事物은 各各 是를 圍호고 繞호 는 所에 諸物之狀에 適應호야 始로 存在호는 故니 其 變化의 有無는 狀貌之變化에 有無事에 由호야 判斷호는 事라. 一躰 事物를 圍繞호는 諸般 狀貌는 實노 複雜혼디 其 權衡(권형)이 些少之動搖도 업시 恒常 同一樣으로 有혼 거시라고 云 實數는 업는 거시라. 隨時호야 事物에 變 化가 有홈을 免치 못홀 거시 如何혼 事物은 隨時호야 如何호게 變化호 고, 何種之事物은 何樣之順序를 以호야 變化호는지 是를 稱호야 事物 變遷之研究라고 云홈이라. 夫 事物 變化 研究호는 디 三法이 有호니

第一은 엇썬 事物을 採호야 其 性質를 調査호고 此 性質의 幾分은 如何 혼 事物이 有혼 事를 理論上으로 研究호야 得혼 事物에 付호야 또 先進

194

者를 追究ᄒ야 漸漸 溯上ᄒ야 本源을 探究ᄒᄂ 法이라. 是를 推理的 方法이라 ᄒᄂ 거시오,

第二ᄂ 엇썬 事物에 關係ᄒ 古今之事實을 別殊히 記錄ᄒ 뒤 由ᄒ야 知得ᄒ 만ᄒ 古今之事實을 集ᄒ야 年代順序를 列擧ᄒ야 多少 直接이 其 事物의 變化ᄒᆷ을 知ᄒᄂ 法이니 是ᄂ 歷史的 方法이라.

第三은 諸人種이 付ᄒ야 過去 現在 事物 異同을 研究ᄒ야 如何ᄒ 時節로 自ᄒ야 如何ᄒ 時期에 移ᄒ얏ᄂ지 如何ᄒ 時期之事物은 轉ᄒ야 如何ᄒ 時期의 事物이 도얏ᄂ지 이러ᄒ 事를 比較上으로 推究ᄒ야 年代之前後를 不拘ᄒ고 但 事物 變遷ᄒ 만ᄒ 途筋(도근)을 算出ᄒᄂ 法이라. 以上 人類學的 方法이라 記錄ᄒᆷ이 卽 此事也라.

譬言ᄒ면 衣服 變遷으로 研究ᄒᄂ 뒤 當ᄒ야셔 衣服은 第一 寒暑를 防ᄒᄂ 者라. 諸種 裝飾은 奢侈 업시 實用 專一노 ᄒ얏다고 ᄒᆷ은 疑치 아니ᄒ 事라. 裁치도 안코 縫치도 안코 布數物을 身에 被ᄒ고 居住ᄒ얏다가 轉ᄒ야 腰卷도 生ᄒ고 上着도 生ᄒ야 身軆를 覆蔽ᄒ게 되야 漸漸 附屬物이 增ᄒ야 來ᄒ얏다고 追想ᄒᄂ 거시 衣服 變遷之 推理的研究라 正當ᄒ 證據를 ᄒ 材料가 업슬 ᄯᄂ 不得已之事나 然이나 此 研究法은 我를 以ᄒ야 他를 推ᄒᄂ 弊가 有ᄒ 거시라. 今 人의 心으로 以ᄒ야 古人의 心을 測量ᄒᄂ 거슨 大人의 心으로 以ᄒ야 小兒의 心을 測量ᄒᄂ 것과 同ᄒ야 實노 困難之事라고 云치 아니ᄒ 所 업ᄂ 것과, 衣服 變遷을 歷史的으로 調査ᄒ며 昔者에 某人이 저러ᄒ 衣服를 着ᄒ 事가 有ᄒ 것과 其後 某가 져러ᄒ 物件 造作ᄒ 일이 有ᄒ 것과 其後 某人의 歌中에 何如ᄒ 句를 作ᄒ얏스니 其時 衣服은 저러ᄒ 衣服을 着ᄒ얏ᄂ지라 ᄒᄂ 證據라고 解知ᄒᄂ지라. 歷史的 方法이 推理的 方法버덤 確實ᄒ다고 ᄒ야도 可ᄒ나 然이나 欠點이 無ᄒ다고ᄂ 云ᄒ 수 업ᄂ지라. 歷史的 方法에 由ᄒ면 何의 次에 何오, 何의 次에 何라고 順序ᄂ 知ᄒ오나 順序

가 何故로 如此훈 事는 知치 못홀지라. 譬言호면 春日은 花가 發호고 夏日은 葉피 茂호고 秋日은 實이 熟호고 冬日은 枝葉이 落호는 事를 知치 못호고 居호면셔 植物 生理 循環之道理를 覺之호얏다고 홀 수는 업는지라. 事理 變遷 研究라도 方法에 隨호야 彼樣의 別이 有호는지라. 某他의 住民은 裸躰로 生活호야 居호고 某他의 住民은 엇던 種數의 裝飾을 身躰에 着호고 甲之人種은 腰卷을 用호고 乙之人民은 數似之物노 以호야 躰之上部를 復호고 某住民에 衣服은 何로붓터 變훈 形跡이뇨 某住民에 衣服에는 何物之遺風이 存호얏다 호는 實例를 集호야 社會 進步에 順호야 從호야 是를 連續호면 衣服 變遷之人類學的 研究가 成호 는 거시라. 人類學的 研究에 效호야는 如何훈 社會에는 如何훈 事가 有 호는지 如此훈 事를 探究호는 故로 我로 以호야 他를 推호는 忠이 無호 고 又 各各 變化之筋道를 調査호는 故로 無味히 事實을 排列호는 傾向 을 避호는지라. 事物 變遷之研究에 對호야는 歷史的 方法은 推理的 方 法버덤 優호고, 人類學的 方法은 歷史的 方法버덤 優호야 有흔지라. 然 則 人類學的 方法에 由호야 事物 變遷之理를 研究홀 만흔 事라. 歷史的 材料는 過去之事를 主호야 有호기에 是非之判斷이 極히 難호고 人類學 的 方法은 現在之事를 主호야 有호는 故로 當否之事를 見別호기 易흔지 라. 然則 根據 正確之點에셔도 人類學的 方法은 歷史的 方法버덤 優흠 이 有훈 事는 疑치 아니홀 事라.

全世之人民은 決코 同一樣之開化度에 達호야 居치 아니흠이라. 諸人 種이 悉皆一定之狀貌로 存在호야 居치 아니흠이라. 全世界 諸人種을 通 覽호면 種種之階級을 定홀 事가 能흘게라. 正一人民이 數千年間과 或 數萬年間을 經過호야 본 것과 同一樣으로 階級을 一時에 知호는 事가 能호지라. 甲 人民이 最下級之位置에 居호고 乙 人民이 其上位에 居호고 丙 人民이 其上位에 居호얏다고 호면 是等 人民에 付호야 엇던 事物의 比較 研究는 正히 一人民이 甲 人民의 狀態가 도얏다가 乙 人民의 狀態로 移호야 丙 人民의 狀態가 도야서 現호는 所에 엇던 事物之變遷을 調査호 는 것과 同흔지라. 然故로 人類學的 方法은 歷史的 經過를 一時代에 引

ᄒ야 示ᄒ을 事가 能ᄒ니라. 人類學的 方法이라도 其中에 歷史的 分子와 推理的 分子가 皆無ᄒ다고 云ᄒ을 수ᄂ 업ᄂ지라. 人類學的 方法에 事物 變遷 研究之最良法이니 是 實行을 試코져 ᄒᄂ 人人을 恒常 諸人種間에 行ᄒᄂ 事物은 如何ᄒ 點에 注意ᄒᄂ 거시 第一 緊要ᄒ니라.

◎ 學問의 研究, 元應常, 〈친목회 회보〉 제3호, 1896.10.23.

哲人 *士ㅣ 不世之績을 遺ᄒ 者를 後人이 天才, 卓越ᄒ으로 認ᄒ야 邈焉(막언) 莫及으로 自許ᄒ야 世事의 功效를 建치 못ᄒ고 姑息의 苟安 計ᄒ은 學問의 必要와 本性의 精神을 敎育지 못ᄒ이라. 大槪 經用의 撮 要ᄒ은 進步의 最難ᄒ 바ㅣ라. 勞苦를 憚치 말며 光陰을 惜ᄒ고 吾心과 書意의 氣味를 投合ᄒ야 解悟를 透徹이 ᄒ고 運用의 致遠ᄒ이니 現著ᄒ 功績은 光陰과 勞苦 團結ᄒ 果物이라. 英才之人이라도 學識을 未修ᄒ면 信者의——

*惠頓, 고롬바쓰, 후루돈, 스지벤손, 호이도스돈핸리 등의 서양 학자를 들어서
논증

◎ 開化의 三原則(自然, 社會, 一個人),
   元應常, 〈친목회 회보〉 제6호, 1898.4.9.

*관비 유학생으로 게이오대 보통과를 졸업한 뒤, 동경 법학원 법률과에 재학하
던 원응상의 개화론

나ᄂ 開國 五百四年 冬에 學部訓令으로 日本에 渡航ᄒ야 慶應義塾의 普通科를 卒業ᄒ고 建陽 二年 春에 專門學業으로 東京 法學院의 法律科

를 硏究ᄒᆞ오나 本來 才踈言訥ᄒᆞ야 高明俯聽에 仰副ᄒᆞᆯ 智識이 無ᄒᆞ나 世人이 皆稱ᄒᆞᄂᆞᆫ 開化로 問題ᄒᆞ고 所謂 普通科 課目의 歷史, 地理와 法律科 參考의 社會, 論理 等 學을 籍因 考徵ᄒᆞ야 敢히 討論次로 演壇에 兀登ᄒᆞ오니 愧悚ᄒᆞ오나 高明 僉員은以大廢言치 마시고 淸誨를 垂ᄒᆞ시기 爲望ᄒᆞ오.

　開化라 ᄒᆞᆷ을 此世上에 誰가 不知ᄒᆞ오릿가마ᄂᆞᆫ 太牛 禿髮洋服으로 佛帽나 戴ᄒᆞ고 米靴나 納ᄒᆞ고 時計 尺杖은 隨手不釋ᄒᆞ야 自以謂 歐米 開化風에 一層 高尙ᄒᆞᆫ 듯 階級업시 自由나 說 ᄒᆞ고 團合업시 獨立을 唱ᄒᆞ야 外觀皮想의 如此ᄒᆞᆫ 開化者ᄂᆞᆫ 도리혀 開化의 進路를 防遮ᄒᆞᆫᄃᆞ ᄒᆞ오. 大抵 開化라 ᄒᆞᆷ은 <u>羲經에 開物成務化成天下 八字를 引用略刪ᄒᆞ야 ᄃᆞ만 開化</u>라 名稱ᄒᆞᆷ이니 此ᄂᆞᆫ <u>英語에 시에리쓰슌(CIVILIZATION)의 意義를 探究</u>ᄒᆞ야 <u>支那人이 意譯ᄒᆞᆫ 바 ㅣ</u>요, 開化 二字의 意義를 存心致意ᄒᆞ야 古今 天下 萬般 狀態를 回轉 思量ᄒᆞ니 何代에 自然, 社會, 一個人 等 三勢力으로 人心力을 刺擊ᄒᆞ야 狀態를 左右치 아니ᄒᆞᆫ ᄲᅢ 업ᄃᆞ ᄒᆞ오. (力者ᄂᆞᆫ 有形物을 運動케 ᄒᆞᄂᆞᆫ 바 ㅣ 를 謂ᄒᆞᆷ이니 物은 皆不動性이 有ᄒᆞ야 外他力이 來着ᄒᆞᆫ 後에 비로소 運動ᄒᆞᄂᆞᆫ 바 ㅣ 라. 鐵丸을 飛去케 ᄒᆞᆷ은 熱力이오 輪車를 馳去케 ᄒᆞᆷ은 蒸氣力이오 音信을 通케 ᄒᆞᆷ은 電氣力이오 鍛鐵을 引ᄒᆞᆷ은 磁石力이오 同質分子를 結合케 ᄒᆞᆷ은 凝集力이오 異質分子를 化合케 ᄒᆞᆷ은 親和力이라. 人心도 亦然ᄒᆞ야 外他力이 來着ᄒᆞᆫ 后에 運動ᄒᆞᄂᆞ니 喜怒哀樂 憂思恐의 發ᄒᆞᆷ과 或 穿山埋海馳車運械ᄒᆞᄂᆞᆫ 神變不測의 動ᄒᆞᆷ은 다 自然의 勢力이라. 社會의 勢力과 一個人 勢力 等의 刺擊 來着ᄒᆞᆷ으로 人心力을 成ᄒᆞᄂᆞᆫ 거시오.) 此 三 勢力이 人類 刺擊ᄒᆞ기를 時로 顯著ᄒᆞᆫ 威勢를 作ᄒᆞ기도 ᄒᆞ고 時로 隱潛ᄒᆞ야 不現ᄒᆞ기도 ᄒᆞ고 或 可驚ᄒᆞᆫ 速力으로 來ᄒᆞ기도 ᄒᆞ고 或 寂然ᄒᆞ야 運動을 停止ᄒᆞ기도 ᄒᆞ고 或 此地方에 隆盛도 極케 ᄒᆞ야 他地方에 衰弱을 呈ᄒᆞ기도 ᄒᆞ야 擊石火도 ᄌᆞᆺ치 閃電光도 ᄌᆞᆺ치 浩浩焉 冥冥焉ᄒᆞ야 變化를 莫測이라. 國家 此에 依ᄒᆞ야 興亡ᄒᆞ고 社會 此에 因ᄒᆞ야 隆替ᄒᆞ야 天覆地載에 血氣가 苟

有혼 者는 其化를 蒙치 아니홈이 업드 ᄒ오. 故로 三 勢力의 張弛開闢과 潛運默移에 注目揣摩(주목췌마)ᄒ야 利케 ᄒ는 時는 人類 發達ᄒ며 社會 進步ᄒ야 一國이 無限 隆盛에 趍(추)ᄒ고, 惡케 ᄒ야 不利혼 時는 人類 窮困ᄒ며 社會 退步ᄒ야 一國이 無限 衰退에 傾ᄒᄂ니 於此에 <u>野蠻族과 開化國의 區別</u>이 自判ᄒ오. 是以로 開化에 對ᄒ야 三勢力이 人類에 密着 關係된 바를 逐條演陳ᄒ오리드.

自然의 勢力

= 1) 자전, 공전, 사계, 지리, 2) 기후, 3) 공기, 4) 산물, 5) 지형, 6) 토지 등을 설명함

吾人 栖息ᄒ는 地球의 作用을 自然의 勢力이라 ᄒ오. 地球도 諸他 行星과 ᄀ치 太陽을 中心ᄒ야 그 周圍를 運行ᄒ는 一箇 行星이라. 其 運轉에 自轉과 公轉의 區別이 잇스니 西으로붓터 東으로 向ᄒ야 二十四時에 一回를 轉了홈을 自轉 或 日動이라 ᄒ고, 自轉ᄒ는 듸도 漸運ᄒ야 三百六十五日餘에 太陽을 一周홈을 公轉 或 年動이라 ᄒ오, 日動에 晝夜 成ᄒ고 年動에 四季 生ᄒ니 晝夜와 四季는 日光 向背와 地軸의 角度 運行에 關係홈이오 日光 向背와 地軸 運行에 關ᄒ야 南北 兩極圈과 冬夏 兩至線을 劃定ᄒ고 此에 依ᄒ야 熱帶 及 南北 兩溫 兩寒 等 五帶를 分ᄒ야 地球 表面을 劃別호듸 北寒帶地는 北極圈 內에 잇는 地方이오. (亞比利亞의 三大河와 歐洲 北部의 二島 及 其他) 北溫帶地는 夏至線과 北極圈間에 잇는 地方이오.(韓日淸과 歐洲 各國의 過半과 北米 合衆國 及 其他) 熱帶地는 夏至線과 冬至線間에 잇는 地方이오.(印度 東印度 諸島와 濠太利와 南亞米利加의 北半과 亞弗利加의 過半 及 其他) 溫帶地는 冬至線과 南極圈間에 잇는 地方이오. (濠太利의 南半과 南亞米利加의 南半과 亞弗利加의 希望峰라 新西蘭 及 其他) 南寒帶地는 南極圈 內에 잇는 地方이라 ᄒ오.(南셋도란도 島에 在한 大火山 及 其他) 一太

陽 下 一 地球上에 寒溫熱이 如此 相反ᄒ니 可知 日夜와 四時가 轉到ᄒ야 東球의 晝ᄂ 西球의 夜며, 熱帶의 晝夜平分이 寒帶에ᄂ 半歲식 長日 長夜요 北의 夏ᄂ 南의 冬이며 南의 秋ᄂ 北의 春이라. (熱帶地ᄂ 雨燥 外則 春夏秋冬이 無ᄒ흠) 如此히 日夜 四時가 懸殊ᄒ니 自然히 緯度 經度 乾濕淸汚(건습청오) 冷熱風位雨量 地質構造 位置 高低 水陸 分配 人口 疏密 等은 自然의 勢로 一定치 못ᄒ며 人種 動物 植物 耕作物 風俗 性情 嗜好 職業 貧富 政治도 亦 自然의 勢로 殊異ᄒ니 自然의 勢力이 人類 開化에 影響흘 바를 誰가 推想치 못ᄒ오릿가. 人類 開否에 密緻(밀치)ᄒ 바를 列擧ᄒ야 말슴ᄒ오리ᄃ.

氣候: 氣候의 寒暖乾濕은 直接으로 人生 身体에 影響흘 쑨 아니라 間接 으로 精神 品行에도 關係가 不無ᄒ오. 사람의 知識은 寒帶地方에ᄂ 氷 凝(빙응)ᄒ고 熱帶地方에ᄂ 燒熔(소용)ᄒ야 다 發育이 完全치 못ᄒ고 溫熱涼寒 四季의 變化 잇ᄂ 地方이라야 身躰도 强壯ᄒ고 智力도 發育ᄒ ᄂ니 故로 極北에ᄂ 動植物의 生長이 盛치 못ᄒ흠을 食物도 得ᄒ기 難ᄒ 야 平生을 生命保存에 消糜(소미)ᄒ야 他事에 餘力이 不及ᄒ고 極南에 ᄂ 動植物의 發生이 盛ᄒ야 凍餓(동아)의 憂ᄂ 업고 他事에 餘裕가 足 ᄒ나 心身이 全혀 暑熱에 熔解(용해)ᄒ야 懶惰不振흠으로 一二人의 發 達은 或 有ᄒ나 衆庶의 繁榮은 難致라. 故로 如此ᄒ 寒熱의 極度를 超ᄒ 야 身體 怠弱을 避흘 만ᄒ 寒氣와 生活 艱難에 免흘 만ᄒ 暖氣 잇ᄂ 溫帶地方이 開明 發達ᄒ기 容易ᄒ다 ᄒ오.

空氣: 空氣의 乾濕도 사람의 身躰와 精神에 影響이 關重ᄒ다 ᄒ오, 砂漠 地方에 熱沙가 熬(오)ᄒ야 乾燥ᄒ 空氣ᄂ 植物의 生育이 不適ᄒ고 沼澤 地方에 水蒸氣를 含흔 濕潤ᄒ 空氣ᄂ 人身 健康에 甚害흔 故로 사람의 肺臟과 皮膚로 發ᄒᄂ 水氣를 乾燥케 흘 만흔 快爽地와 人身 康健에 無害ᄒ고 植物 成長에 和潤흘 만흔 高燥處ᄂ 人心力 發達에 適當ᄒᄃ ᄒ오.

産物: 産物은 住民 職業을 定호는 바 니 職業은 人生 發達에 影響이 緊及호야 間接으로 國民 氣質을 陶成호듸 호오. 故로 肥沃 豊穰호 土地의 人民은 大槪 耕作 牧畜을 業함으로 그 氣質이 平和溫良호야 制御호기 易호고 荒瘠磽确(황척교학)호 土地의 人民은 大槪 漁獵 採礦을 業홈으로 그 氣質이 剛壯大膽호야 能히 辛苦를 堪耐호듸 호오.

地形: 地形은 一邊으로는 氣候에 關係호야 直接으로 住民의 心力을 感化호고 一邊으로는 職業을 限定호야 間接으로 住民의 氣質을 陶成호듸 호오, 雲雨起호는 山岳과 灌漑 運送에 便호 河湖와 牧畜 養蠶 等에 供호는 原野 等의 多호 地方은 社會 發生과 心力 發達에 適當호 故로 歐洲의 先開호 原因이 夥多호나 就中 水陸雜錯호고 原野相交호야 地形이 不同홈으로 物産 種類가 隨異호야 甲乙有無相通에 競爭 刺擊호야 智識이 先開호얏듸 호오.

土地: 土地 肥瘠(비척)은 心力 發達에 影響이 關重호니 人類는 動物과 植物에 由호야 生命을 維持호는 故로 動植物이 充足치 못호면 人類 進步치 못호듸 호오. 動植物은 總히 豊饒호 土地에 産出호는 바 라. 家屋을 構造호기 可호 材木과 食料에 供需호기 可호 五穀 蔬菜 果實과 獸類 飼養호기 可호 水草地 等이 업시면 生活 維持가 極難호야 人口도 繁殖치 못호고 社會도 發達치 못호고 心力도 發育치 못호듸 호오.

以上 自然 勢力에 就호야 人心力 發達에 妨害호는 者를 總擧호면 卽 炎熱의 氣候와 溽濕(욕습)의 空氣와 一平호 地形과 磽确(교학)호 土地 及 物産乏호 地方이라. 此에 反對호야 寒凉호 氣候와 乾燥호 空氣와 錯雜호 地形과 豊饒호 土地 及 生産이 洽足호 地方 等은 人心力의 發達을 助호야 萬事에 進步호고, 自然의 勢力이 不利호 地는 社會, 一個人의 二勢力으로 改良 補缺호느니 歐洲 諸强國의 英 獨 魯 蘭은 自然力의 缺乏을 他二勢力으로 補益홈에 文明 先開호얏소. 亞弗利加 及 亞剌比亞

와 北亞의 北方과 南亞의 南方은 此要狀을 不具한 地라. 社會 發生과 心力 發達이 果是 極難홀 處니 社會, 個人 二勢力으로 此를 補ᄒ며 此를 改ᄒ야 瘠土(척토)를 肥土로 作ᄒ고 卑濕地를 高燥地로 作ᄒ고 夏에 暑를 避홈과 冬에 寒을 防ᄒᄂ 法을 考出ᄒ야 他方과 往來ᄒ며 有無相通ᄒ면 開明國이 되리라 ᄒ오.

社會의 勢力

= 사회력의 개념과 영향, 思考力, 豫備心, 協合心, 抑情心, 好奇心, 自由心, 實義心을 설명함

自然의 勢力이 人心力을 刺擊ᄒ기는 人類 進化가 아직 幼稚時代에 强大ᄒ나 人類智開ᄒ기를 從ᄒ야 그 勢力이 漸漸 薄弱ᄒ야 能히 人心力을 左右치 못ᄒᄂ니 此에 代ᄒ야 社會力이 繼起著效라 ᄒ오. 사람은 一人이 獨步 孤立ᄒ야 生活홈이 아니라 衆多人이 往來交際ᄒ고 相待相助ᄒ야 利益 幸福을 其享ᄒᄂ 비라. 故로 幼少時로 成長ᄒ기ᄭ지 社會交際가 업시면 禽獸와 ᄀ치 다만 食物이나 撰ᄒ며 身體나 護ᄒᄂ 本能의 力은 非常히 發達ᄒ야 强壯ᄒ나 言語 思想 推理의 心力과 道德의 觀念과 社會의 感情 等事ᄂ 毫末도 禽獸보덤 高尙處 업드ᄒ오. 易解의 一例가 有ᄒ니 蠢彼蠻族(준피만족)이 一個 身으로 思ᄒ야 相當ᄒ 食을 食ᄒ며 相應ᄒ 衣를 衣ᄒ야 其望이 洽足ᄒ나 오히려 其同類에 對ᄒ면 一層 修飾을 加ᄒ야 華麗ᄒ 羽毛를 被ᄒ며 奇珍ᄒ 獸皮를 纏(전)ᄒ야 그 部落人에 誇코ᄌ ᄒᄂ니 此心이 漸長ᄒ야 名譽도 樹코ᄌ ᄒ며 幸福도 享코ᄌ ᄒ며 智識도 遠코ᄌ ᄒ야 <u>競爭 進步홈이 社會 勢力 發生의 要因</u>이라 ᄒ오. 政府에ᄂ 政治 法律을 施行ᄒ야 社會 平和를 保持ᄒ고 昌榮을 增進케 ᄒ며 人民은 政法下에 自働自考ᄒ야 社會 結合을 固케 ᄒ고 其間에 博聞多識者가 政府에 向ᄒ야 弊를 矯ᄒ며 利를 進ᄒ기 勸告 催促ᄒ고 人民에 向ᄒ야 臣民 職務를 辨明ᄒ야 有道樂域에 誘導홈이 <u>社會의</u>

<u>先導者</u>라. 故로 治者 被治者 學者의 三者 各其 平均 調和ᄒ야 統一 得致
ᄒ면 益益히 進步 改良ᄒ야 一國이 無限 隆盛이라 ᄒ오. 社會心力의 最
要ᄒ 者를 分析 講述ᄒ오리다.

思考力: 人의 心力은 定限이 有ᄒ야 外에 感覺ᄒᄂ 바ㅣ 多ᄒ 時난 內로
思慮 考察ᄒᄂ 바ㅣ 小ᄒᄃ ᄒ오. 思考力이 小ᄒ면 智力이 不進ᄒ고 智
力이 不進ᄒ면 生活術業이 不興ᄒ고 生活術業이 不興ᄒ면 社會의 進步
를 企圖치 못ᄒ오. 智力未進ᄒ고 技術이 未開ᄒ 사람의 感覺은 或 應物
觸情에 間間 銳敏ᄒ야 細物도 善見ᄒ고 微音도 善聽ᄒ며 投石挽弓ᄒ야
飛鳥走獸를 獵得ᄒ기도 ᄒ나 終始 此等 感覺의 範圍를 脫ᄒ기 難ᄒ야
心力을 思考에 用ᄒ지 못ᄒᄂ 故로 開明國人도 兒童은 大人보담 感覺은
强ᄒ나 思考力은 弱ᄒ다 ᄒ오.

豫備心: 豫備心 업ᄂ 사람은 目前의 利益만 注意ᄒ고 後日의 缺乏은
不顧ᄒ야 餘裕가 現有ᄒ면 如水便用ᄒ고 將來의 事業은 視歸虛影ᄒ야
豫備 貯蓄의 想像이 不起ᄒᄂ니 此等人은 何如ᄒ 豊饒地에 住ᄒ나 社會
發生과 心力 發達이 極難ᄒ다 ᄒ오. 日本人ᄀ치 當場事만 熱心ᄒ고 將
來業은 不計ᄒ에 甚ᄒ 者ᄂ 卵紙에 嬰種(영종)이 太半이오. 茶茗(차명)
에 柳葉을 混雜ᄒ며 看色과 賣品이 不同ᄒ야 後日의 損害를 自買ᄒ은
豫備心이 업ᄂ 故라 ᄒ오.

協合心: 多數人이 集合ᄒ야 結合躰를 成ᄒ 後에 全躰의 意思와 利益을
完成ᄒᄂ니 遠謀에 出ᄒᄂ 將來의 想像이 업시면 甲東乙西에 各自 勞働
ᄒ야 社會 發達의 浩大ᄒ 利益이 矛盾ᄒ다 ᄒ오. 故로 實質은 姑捨ᄒ고
形式에도 鐵道敷設과 礦山採掘과 橋梁架設과 工場建築 等 事ᄂ 多數人
이 協合ᄒ야 衆力을 一致ᄒ 後에 告功ᄒᄂ 바ㅣ라 ᄒ오.

抑情心: 智力이 發達치 못ᄒ고 目前에 存ᄒ 事物에만 心을 奪ᄒ야 思慮

分別을 旣往 將來에 不及ㅎ면 當場에 見聞ㅎㄴ 디로 發ㅎㄴ 情慾을 抑制치 못ㅎ고 곳 作爲ㅎㄴ니 情慾디로 作爲ㅎㄴ 時ㄴ 忽然이 怒ㅎ며 忽然이 喜ㅎ야 變化를 難測이라. 衆人 協合이 極難ㅎ오. 開明國人도 學識이 固陋ㅎ면 喜怒哀樂이 倏忽形色(유홀형색)ㅎ야 遠外에 思考力이 不及이라 ㅎ오.

好奇心: 未開흔 사람은 舊來 定式 常法에 束縛ㅎ야 變更 改良흠을 忌ㅎ며 嫌ㅎ야 心意 發達치 못ㅎ며 新機를 考出ㅎ야 他人에 優勝흔 技術을 發明치 못흔ㄷ ㅎ오. 如此 浸染ㅎ야 習俗이 完成ㅎ면 衣食住의 方法도 改良上 進치 못ㅎ야 社會 進步 等事ㄴ 無足可論이오.

自由心: 君主 命令에 服ㅎ며 國家 法律에 從ㅎ야 完全흔 權利를 伸張흠은 社會 結成 以來로 數世 薰陶를 經흔 自由心이라. 薰陶도 업고 前後 思慮도 업시 我意디로 放任ㅎㄴ 作爲ㄴ 곳 列曼森中(열만삼중)의 唱出ㅎㄴ 自由와 無異라. 窮乏에 陷ㅎ나 人의 命令을 不受ㅎ고 人의 勸喩도 不受ㅎ고 自己의 意 아니면 毫末도 不入ㅎㄴ 如此 放逸自由ㄴ 社會의 敵이라 改進의 路를 遮흔ㄷ ㅎ오.

實義心: 實義라 云흠은 自己의 言行을 正直히 ㅎ야 他人의 信用을 웃ㄴ 德이라. 社會 幼稚時代에ㄴ 思慮 업시 漫然ㅎ야 詐僞를 吐露ㅎ고 惡意 업시 不正흔 言行을 作ㅎㄴ니 此ㄴ 社會 交際上 實義心을 必要흠을 不知흔 연고라. 漸漸 進步에 從ㅎ야 互相 往來도 繁ㅎ고 通商 貿易上의 **視察 經驗도 積ㅎ면 自然 實義心**을 覺得흔ㄷ ㅎ오.

以上 社會 勢力 中에 人心力 發達을 妨害ㅎㄴ 者ㄴ 感覺 銳敏ㅎ야 思考力이 乏흠과 目前 利益만 注意ㅎ야 後日 豫備心이 無흠과 情慾디로 作爲ㅎ야 思慮 分別이 無흠과 舊來 法式을 固守ㅎ야 新奇 改良을 不好흠과 自由放逸ㅎ야 他人의 意思를 不容흠과 他人 信用을 得흠에 實義心

의 必要를 不知ᄒᆞᄂᆞᆫ 等事니 此는 自作孼노 彼此 互相 幸福을 不計ᄒᆞᆷ이라 ᄒᆞ오. 然則 社會 發生의 要素는 自然 勢力 中 氣候 地形 等과 ᄀᆞᆺ치 人心으로 左右ᄒᆞ기 難ᄒᆞᆷ과 不同ᄒᆞ야 만일 要素에 悖戾(패려)ᄒᆞᆫ 事를 覺得ᄒᆞ면 卽時 改良 撰擇(찬택)ᄒᆞ기 在我ᄒᆞᆫ 일이라 ᄒᆞ오.

一個人의 勢力

= 개인의 사고력과 관련된 내용: 베이컨의 귀납법 등 / 수리, 추상, 인과, 정률의 4원칙을 소개함

一個人의 勢力은 一個人의 遺傳ᄒᆞᆫ 性質이라. 其 天稟의 性質이 善良ᄒᆞ고 養成體用이 活達ᄒᆞ야 智識을 探究ᄒᆞ고 經驗을 積聚ᄒᆞ고 思想을 構造ᄒᆞ야 言語에 表出ᄒᆞ며 文章에 書綴ᄒᆞᄂᆞᆫ 사람을 社會의 一 個人 勢力이라 ᄒᆞ오. 그러나 人의 心은 其面과 ᄀᆞᆺ치 不同ᄒᆞ야 自然力 社會力의 精密ᄒᆞᆫ 一處에라도 同一ᄒᆞᆫ 人物을 構成치 못ᄒᆞᄂᆞ니 或 一人은 生來 敎育 經驗에 其功을 不奏ᄒᆞ고 思想 行爲에 過誤失敗ᄒᆞᄂᆞᆫ 者 有ᄒᆞ고 或 一人은 生來 聰明과 積聚ᄒᆞᆫ 智識에 新奇ᄒᆞᆫ 考按을 出ᄒᆞ야 此를 言語 文章으로 社會에 披露ᄒᆞᄂᆞᆫ 先導者 模範者도 有ᄒᆞ니 此 披露 敎導에 直接으로 衆多人 行爲上에 變化를 喚起ᄒᆞᆯ 쑨 아니라 間接으로 其 氣質 精神ᄭᆞ지 變幻ᄒᆞᄂᆞ니 此 變幻ᄒᆞᆫ 氣質이 數世 相傳ᄒᆞ면 漸漸 其 勢力이 增大ᄒᆞ야 一國의 元氣를 構成ᄒᆞᄂᆞ ᄒᆞ오. 試觀ᄒᆞ시오. 仲尼 述而不作ᄒᆞ며 信而好古ᄒᆞ샤 垂教以來 近三千年에 東洋人은 先王을 動稱ᄒᆞ야 好古卑今ᄒᆞ고 舊態 舊法을 墨守ᄒᆞᄂᆞᆫ 氣風이 生ᄒᆞ야 ᄒᆞᆫ갓 古人의 糟粕만 舐ᄒᆞ고 新進의 發明이 無ᄒᆞ며 培根[1]은 歸納法을 唱道ᄒᆞᆷ으로붓터 英米人은 實物에 考徵ᄒᆞ야 實驗 證據로 萬有 現象을 硏究ᄒᆞ며 此를 物理에 應用ᄒᆞ야 電氣 蒸氣ᄀᆞᆺᄒᆞᆫ 文明 利器를 發明ᄒᆞ고 心理에 應用ᄒᆞ야 經濟

---

1) 배근(培根): 베이컨.

法律의 國民 要典을 施行ᄒ니 如此ᄒ 一 個人의 勢力은 直接 間接으로 人心力을 刺擊ᄒ야 東西洋 社會의 氣質을 構成ᄒ얏소. 其 勢力 特立ᄒ는 要領을 演述ᄒ오리다.

數理: 心力 發達치 못ᄒ 民種은 數理를 解得치 못ᄒ오. 五에 五를 加ᄒ면 十됨은 文明 三歲兒리도 能解ᄒ니 亞弗利加의 陀摩羅人은 五個ᄭ지는 右手로 左手의 指를 屈伸加減ᄒ나 五個 以上은 手指不及홈으로 算치 못ᄒ야 物品 交易에 一品식 아니면 交易치 못ᄒ니 此等 人種은 長時 闇黑時代로 好歲月을 虛送ᄒ오. 大抵 數理는 凡百眞理의 基本이라 學術 技藝 發達上 進의 最必要라 ᄒ오.

抽象: 抽象의 觀念은 數多 事物을 經驗ᄒ 後에 비로소 可得ᄒ는 故로 心力 發達 後 아니면 起치 못ᄒ오. 現今 印度의 山人과 伯羅字兒의 土韃[2]은 草木 動物 采色 光明 音聲 等에 對ᄒ 抽象의 觀念 言語가 업ᄃ ᄒ오. 盖 抽象 槪括의 觀念은 智力으로 類似에 應用ᄒ야 推理 斷定ᄒ는 高等 智力의 本源이라, <u>此想이 업시면 眞理를 發見치 못ᄒ며 心力이 發達치 못ᄒᄃ</u> ᄒ오.

因果: 原因 結果의 理는 抽象 槪括의 觀念이 漸漸 高尙ᄒ 바ㅣ라. 未開 人은 姑捨ᄒ고 稍開ᄒ 社會人도 容易히 解得치 못ᄒ오. 宇宙의 萬有는 다 原因 結果에 依ᄒ야 存立ᄒ는 바니 此를 知ᄒ랴 ᄒ면 第一 某某의 事物은 某某의 結果 生ᄒ는 일을 多識ᄒ 後 推想ᄒ는 바나 事物이 千態萬象에 關係 錯雜ᄒ야 비록 一個 事物의 因果를 知ᄒ나 莫大의 經 驗이 업시면 不得ᄒᄂ니 稍開ᄒ 國人도 雨來ᄒ는 原因을 不知ᄒ고 祈 雨ᄒ며 疾病의 原因을 不知ᄒ고 神佛에 祈禱홈은 原因 結果의 眞理를

---

2) 인도의 산인과 백라자아의 토달: 미개인종을 가리키는 말이나 어느 지역의 인종인지 정확히 추정하기 어려움.

推知ᄒᆞᄂᆞᆫ 心力이 업ᄂᆞᆫ 연고라 ᄒᆞ오.

定律: 自然의 定律은 抽象 槪括의 觀念이 高尙에 進ᄒᆞ야 莫大의 經驗을 積聚ᄒᆞᆫ 後에 知ᄒᆞᆫᄃ ᄒᆞ오. 物軆ᄂᆞᆫ 반ᄃᆞ시 相引ᄒᆞ며 生物은 반ᄃᆞ시 死亡ᄒᆞ고 物質은 逢熱ᄒᆞ면 膨脹ᄒᆞ며 逢寒ᄒᆞ면 收縮ᄒᆞᄂᆞᆫ 等 理ᄂᆞᆫ 簡單ᄒᆞᆫ 眞理나 그러나 自然의 定律이 何地何時라도 變化 增減치 아니ᄒᆞᆷ을 知코ᄌᆞ ᄒᆞ면 몬져 定律이 自然界에 存在ᄒᆞᆷ을 發見 後에 다시 萬世不變ᄒᆞᆷ을 發見ᄒᆞᆫᄃ ᄒᆞ오. 未開人은 恒常 不變의 定律을 不知ᄒᆞᄂᆞᆫ 故로 小有變怪ᄒᆞ면 곳 鬼神의 所爲라 ᄒᆞ야 宗敎妄誕에 或ᄒᆞ고 怪談虛說을 信ᄒᆞ야 人心 進發上에 理解치 못ᄒᆞᆫᄃ ᄒᆞ오.

此四種의 觀念은 當初 一個人 心力 中에 備치 못ᄒᆞ고 祖先 以來로 累世 經驗 薰陶로 漸次 發生ᄒᆞ야 社會 先導者 一個人 勢力을 陶鑄ᄒᆞᄂᆞᆫ 要素니 此等 觀念은 人心力 最高尙發達에 關重ᄒᆞᆫᄃ ᄒᆞ오.

以上 三 勢力은 條分縷析ᄒᆞ야 開化에 要素됨을 ᄃᆡ강 畢告ᄒᆞ얏스나 다시 三勢力의 或 獨立 運動ᄒᆞ며 或 互相 連動ᄒᆞ야 開化의 進就狀態를 말ᄉᆞᆷᄒᆞ오리ᄃ. 今日 開化ᄂᆞᆫ 自然과 社會와 一個人의 三勢力이 數千百年 前붓터 種種 結合 動作ᄒᆞ야 漸漸 組織 構成ᄒᆞᆫ 바 라. 此三勢力이 人心力을 刺擊ᄒᆞ야 人間 社會를 運動 進化케 ᄒᆞ기ᄂᆞᆫ 以後 千萬年을 經ᄒᆞ나 旣往과 無異ᄒᆞ리라 ᄒᆞ오. 曩者 智識이 未開ᄒᆞᆫ 世에ᄂᆞᆫ 自然의 勢力이 最强ᄒᆞ고 社會 個人 二勢力이 甚弱ᄒᆞ야 萬事의 否塞과 開進이 無非自然力의 左右됨일너니 智識이 漸開ᄒᆞᆷ으로 自然의 勢力이 社會 個人 二勢力에 逼迫ᄒᆞ야 其暴威減殺ᄒᆞ얏노 試觀ᄒᆞ오. 幅廣(폭광)ᄒᆞᆫ 歐洲 大陸은 電線 鐵道에 縮ᄒᆞ고 嶺高ᄒᆞᆫ 아루부스 山[3]은 隧道(수도)에 平坦ᄒᆞ고 亞孟孫 河濱의 無限ᄒᆞᆫ 森林을 伐採ᄒᆞ면 곳 平野요, 沙破羅[4]의 沙漠도 地中海의

---

3) 아루부수 산: 알프스 산.

水를 灌ᄒ면 곳 良田이오, 英海峽에 海底鐵道를 竣工ᄒ면 島國 아니니 此는 或 社會 個人 二勢力과 或 一個人 勢力으로 自然力을 能히 左右ᄒ 얏드 ᄒ오. 坐 社會 個人 二勢力이 互相 順逆 離合에 顯著ᄒ 事實도 不無ᄒ니 奴隷論의 混亂은 具蘭土 將軍이 出鎭ᄒ고 五代의 騷亂은 趙匡胤이가 能治라. 全躰 社會의 勢力은 衆多人中의 運動力이니 其 力을 受ᄒ는 一個人 性質의 不同ᄒ에 從ᄒ야 其結果도 異ᄒ 바ㅣ 政謂此也라 ᄒ오. 大抵 自然力이 社會力을 構造ᄒ고 社會力으로붓터 一個人力을 養成이라 ᄒ니 **自然勢力 特點ᄒ 大韓國 臣民 社會 勢力 更創ᄒᄂ 大韓國 臣民 當場 會員은 個個 一個人 勢力을 建ᄒ야 絶前空後ᄒ 文明開化를 發達ᄒ시기 爲望ᄒ노이드.**

◎ 勸學論, 金鴻亮 譯, 〈태극학보〉 제25호, 1908.10.

[해설] 일본의 개화 지식인이자 민권 운동가였던 후쿠자와유키지[福澤諭吉]의 학문론을 간추려 소개하였음. 후쿠자와는 이 시기 죽었음. 번역 소개된 부분은 제1편으로, 다른 부분은 학술지의 종간으로 인하여 게재되지 않음.

第一編

西哲이 有言曰 人은 上에 人을 造치 아니ᄒ며 人의 下에 人을 造치 아니ᄒᆫ다 ᄒ여스니 誠哉라 此言이여. 天이 人을 生ᄒ에 반다시 各各 其 同等의 地位를 點有ᄒ여 貴賤과 上下의 差別이 無ᄒ며 다만 萬物의 靈되ᄂ 身과 心의 働으로써 天地間에 萬物을 資用ᄒ여 其 衣食住의 用을 達ᄒ며 自由自在로 互相 他人의 妨害를 不作ᄒ고 各其 安樂으로 此世를

---

4) 사파라(沙破羅): 사하라.

渡去케 ᄒ신 本意라.

然이나 此 人間世界를 觀察홈애 賢者도 有ᄒ며 愚者도 有ᄒ며 貧賤者도 有ᄒ며 富貴者도 有ᄒ야 其 現態가 殆然히 雲泥의 階級을 作홈은 何故오. 人이 學이 無ᄒ면 智가 無ᄒ며 智가 無ᄒ면 卽 愚者니 此는 人類 創造 以來로 其 歷史의 實驗을 依ᄒ면 足히 明確不變의 證據를 可得홀지라. 然則 賢愚의 別은 學홈과 學지 아니홈에 在ᄒ며 且 世間 萬事에 重難ᄒ 事도 有ᄒ고 容易ᄒ 事도 有ᄒ야 其 重難ᄒ 事를 經營ᄒᄂ 者면 指ᄒ야 身分이 重ᄒ 者라 名ᄒ며 容易ᄒ 事를 經營ᄒᄂ 者면 身分이 輕ᄒ 者라 名ᄒᄂ니 盖 其 心慮를 要ᄒᄂ 事는 重難ᄒ 事이며 手足의 力을 要ᄒᄂ 事는 容易ᄒ 事이니 故로 醫者와 學者와 政府의 役人과 及 農商 諸業에 對ᄒ야 夥多ᄒ 奉公人을 使用ᄒᄂ 者는 其 身分이 貴重ᄒ 者라 謂홀지니 貧賤ᄒ 者로써 較見ᄒ면 到底히 不及홀 事實이나 然이나 其 本源을 究尋ᄒ면 其人의 學力 多寡를 從홈에 不過홈이오 天定의 約束에는 不在홈이니 諺에 曰 富貴를 人의게 與치 아니ᄒ고 다만 其人의 働에 與ᄒ다 ᄒᄂ니 然즉 人이 生ᄒᄂ 同時에 貴賤貧富의 別이 無ᄒ고 다만 學問에 勤ᄒ야 事物을 善知ᄒ면 貴子가 될지며 學이 無ᄒ고 事物에 暗昧ᄒ면 賤者가 될지라. 然則 學問이란 者는 何如ᄒ 者뇨.

學問이란 者는 다만 難解의 文字를 多知ᄒ며 難解의 章句를 多讀ᄒ며 詩歌를 能吟能作ᄒᄂ 等 無實의 文學이 아니라. 此等 文學도 人心을 喜悅케 홈에 一介 助械는 될지나 古來 儒者 等의 論ᄒ 바와 如히 貴重ᄒ 者라 謂치 못할지니 此等 無實의 虛學은 一方에 棄置ᄒ고 專혀 心血을 注ᄒ야 務홀 바는 人生의 日用 事物에 普用ᄒᄂ 學問이니 其例는 枚擧키 不能ᄒ 故로 省略ᄒ거니와 此 日用事物에 應用되ᄂ 最近 實學을 先習ᄒ 後에 更進ᄒ야 學홀 바 種類는 甚多ᄒ니 卽 地理學은 自己의 國中은 勿論ᄒ고 世界 萬國의 風土와 路程의 引導者이며 究理學은 天地萬物의 性質을 發見ᄒ야 其 働을 知解ᄒᄂ 者이며 歷史學은 年代記의 詳細ᄒ 者인듸 萬國 古今에 形便을 詮索ᄒᄂ 者이며 經濟學은 一身一家의 經濟로브터 天下의 經濟를 說解ᄒ 者이며 修身學은 天然의 道理를 述ᄒ

者이라. 此等 學問을 學習홈에 對ᄒ야 可及的 其 實地의 應用을 精求ᄒ야 日用에 供홀지라.

右는 人生 普通에 實學인듸 人된 者는 貴賤 上下를 勿論ᄒ고 悉皆 習得지 아니키 不能홀 샏 不是라 習得지 아니ᄒ면 不可ᄒᄂ니 此를 習得흔 然後에 士農工商에 各其 分을 盡ᄒ야 公共흔 事業을 營ᄒ며 其身을 獨立ᄒ며 其國을 獨立홀지니라.

學을 修홈에 對ᄒ야는 第一에 其 分限을 知홈이 肝要ᄒᄂ니 人이 生홈에 不繁不縞(불번불호)ᄒ야 各其 自由自在흔 者어니와 但 自由自在만 唱ᄒ고 分限을 不知ᄒ면 任意放蕩에 陷入키 容易ᄒᄂ니 卽 其 分限은 道理로 基를 作ᄒ고 更히 人情을 從ᄒ야 我 一身의 自由를 達홀 同時에 他人의 妨害를 不爲홈이라. 自由와 任意의 分界는 他人의 妨害를 爲ᄒ며 爲치 아니홈에 在ᄒ니 假設 自我의 金銀을 費ᄒ야 行ᄒ는 事爲면 雖曰 酒色에 沉溺ᄒ야 放蕩에 馳盡홀지라도 自由自在라 홀지나 決코 不然ᄒ니 一人의 放蕩은 他人의 標本이 되야 世間의 風俗을 亂ᄒ며 人의 敎理를 妨害ᄒ는 故로 其 所費의 金銀은 自己의 物이 될지나 其罪는 他에 許歸키 不能홀지라. 盖 自由 獨立의 行爲가 一身上에만 在홀 샏 아니라 國家 全体에 響及ᄒᄂ니 此에 一國이 有ᄒ야 古來 鎖國主意를 固守ᄒ고 自國 以外에 國으로는 交를 結치 아니ᄒ고 獨步로 自國의 物産만 衣食흔다 홀지면 世界 各國이 皆其 鎖國主意를 固守ᄒ는 時代에 在ᄒ며는 如此흔 行動이 其 效果의 違反이 無ᄒ려니와 今日과 如히 國과 國의 交易이 頻頻흔 開放時代에 在ᄒ여는 到底히 其 欲望을 不遂홀 샏 不是라. 世界의 一大 障害物이 되야 其 撲滅을 目睹홀지오 一國家內에 一個人을 論홀지라도 同一흔 天地를 戴踏ᄒ며 同一흔 一月을 照眺ᄒ며 同一흔 空氣를 吸ᄒ며 同一흔 歷史를 持ᄒ야 情意가 相同흔 人民은 其 不足을 相補ᄒ며 便利를 相計ᄒ야 幸福을 相祈ᄒ며 交結을 親密히 ᄒ야 理에 對ᄒ여는 阿弗利加 黑奴라도 我가 恐홀지며 道에 對ᄒ여는 英吉利의 軍艦이라도 我가 懼치 아니ᄒ고 國家에 恥辱이 有홀 時에는 國民된 者ㅣ 各其 生命을 棄ᄒ야 國家의 威光을 汚落치 아니케 홈이

可謂 自由獨立의 人이라 홀지며 自由獨立의 國이라 홀지니 大則 世界에 對혼 國과 小則 一國家에 對혼 個人이 互相 自我의 自由를 建홀 時에 全体의 妨害를 不作홀 뿐 不是라. 其 共同의 幸利를 力圖홀지니 如此혼 自由 實踐의 行動에 對ᄒ야 無理不道의 妨害를 加ᄒᄂ 者 有ᄒ면 雖是 絶對의 威權을 執혼 者라도 我가 맛당히 身을 挺ᄒ야 天理와 人情의 相當혼 議論으로 一命을 抛홀지라도 不屈홀지니 此가 卽 一國 人民된 者의 分限이라 홀지니라.

前條에 陳혼 바와 如히 一身과 一國이 天理를 基ᄒ야 不覇 自由혼 者인 故로 만일 此 一國의 自由를 障害ᄒᄂ 者 有ᄒ면 世界 萬國이 皆 我의 敵이 될지라도 足히 恐홀 바 無ᄒ며 此 一身의 自由를 妨害ᄒᄂ 者 有ᄒ면 政府의 威迫이 臨홀지라도 足히 恐홀 바 無ᄒ고 但 天理를 從ᄒ야 自我의 負擔혼 責任을 盡키 爲ᄒ야 相當혼 才德을 備치 아니면 不可홀지오 才德을 備코져 ᄒ면 事物의 理를 知치 아니키 不能ᄒ며 事物의 理를 知코져 ᄒ면 學을 學지 아니면 不可ᄒᄂ니 此가 卽 學問의 急務되ᄂ 故이라. 現今은 如何혼 國을 勿論ᄒ고 其 才德에 相當혼 準備가 有혼 人이면 階級의 上下ᄂ 莫論ᄒ고 相當혼 地位에 採用되ᄂ 法門이 已開ᄒ여스니 自我의 身分에 重大혼 思顧ᄒ야 卑劣혼 行動을 夢想間이라도 不作홀지라. 此 世界上에 可憐혼 者ᄂ 無智 文盲혼 者며 可惡혼 者도 無智 文盲혼 者라. 智가 無혼 極에ᄂ 恥를 不知홈에 至ᄒᄂ니 或者ᄂ 自己의 無智를 因ᄒ야 貧窮에 陷ᄒ며 飢寒에 迫ᄒ면 其過를 自己에 反치 아니아니ᄒ고 徒然히 傍人을 怨ᄒ며 甚至於 徒黨을 結ᄒ야 國家에 亂禍을 作ᄒᄂ 者ㅣ 有ᄒ니 如此輩ᄂ 恥도 不知ᄒ여 法도 不恐홈은 姑捨ᄒ고 天下의 法度를 賴ᄒ야 其身의 安全을 計ᄒ며 其家의 渡世를 營ᄒᄂ 者가 되야 自己의 私欲을 爲ᄒ여ᄂ 此를 障害ᄒ며 此를 撓破ᄒ니 如此 前後 不合理의 行動이 何에 在ᄒ리오. 或者ᄂ 相當혼 地位에 處ᄒ야 金錢의 貯藏이 多홀지라도 子孫의 敎育은 不知ᄒ니 敎育이 無혼 者면 其 愚劣혼 地位에 落下홈은 亦無怪ᄒ거니와 終來에 遊惰放蕩에 流ᄒ야 先祖의 遺業을 一朝에 蕩盡ᄒᄂ 者 不少ᄒ니 若此혼 愚民을 支

211

配홈에 對ㅎ여는 專혀 道理로써 覺悟케 ㅎ기 不能ㅎ 故로 威儀를 用ㅎ야 畏服케 홀 而已라. 故로 西諺에 日 愚民의 上에 苛政府이 有ㅎ다 홈은 正이 此를 謂홈이니 政府가 苛酷홈이 아니오 愚民이 自招홈이라. 然즉 愚民의 上에 苛政府가 有ㅎ면 良民의 上에는 良政府가 有홈은 理所固然이라. 故로 何國을 勿論ㅎ고 其 政府의 善惡이 其 人民의 程度를 從ㅎㄴ니 假令 人民의 德義가 衰ㅎ야 無學 文盲흔 地位에 落下ㅎ면 政府의 法令도 更一層 嚴苛홀지며 若人民이 皆其學問에 志ㅎ야 事物의 理를 知ㅎ며 文明의 域에 赴ㅎ면 政府의 法令도 漸次 寬仁大度의 域에 至홀지니 法의 苛寬은 但 其人民의 德不德을 由ㅎ야 正比例의 差가 有ㅎㄴ니 誰가 苛政을 好ㅎ고 良政을 惡ㅎ며 誰가 自國의 富强을 祈치 아니ㅎ고 外國의 侮蔑을 自甘ㅎ리오. 此는 即 人類의 常情이라 吾人이 此世에 生ㅎ야 其國을 報코저 ㅎ는 者는 期必코 苦身焦慮에만 在치 아니ㅎ고 唯一의 大切흔 者는 몬저 一身의 行爲를 正히 ㅎ며 志를 學問에 注ㅎ야 事理를 博通ㅎ며 身分에 相當흔 智德을 準備ㅎ면 政府는 其政을 施홈에 易ㅎ며 諸民민은 其政을 受홈에 苦가 無ㅎ야 政府와 人民이 互相 其所를 得ㅎ야 國家를 太平에 護去홀지니 余輩의 學을 勸ㅎ는 趣旨도 專혀 此에 在ㅎ도다. (未完)

(미완이지만 이후 연재물이 없음. 〈태극학보〉는 제26호까지 발행됨)

◎ 新學六藝說, 智山吟叟 著, 洪弼周 述, 〈대한자강회월보〉 제10호, 1907.04.25.

○國家久失敎育之道ㅎ야 以詞章功令으로 取士ㅎ야 才不適用ㅎ고 事業不興ㅎ야 因循委靡ㅎ야 以至于今이러니 自數十年以來로 科弊百出ㅎ야 遂成劇戲之場ㅎ니 向日功令之士를 亦不可得見이오 而時事大變ㅎ야 國逐傾危ㅎ니 敎育之關於國之盛衰ㅣ如此綦切이라 有識之士ㅣ所以痛恨

而太息者也로다 今廟堂諸公이 博觀寰宇之勢ᄒ고 內顧邦國之憂ᄒ야 思
欲培植人才ᄒ야 扶顚持危ᄒᆯᄉᆡ 奉承

　明詔ᄒ야 廣設中外學校ᄒ야 授以新學ᄒ니 此誠今日之急先務而尙云
晩矣라 讀書好古之士ㅣ 猶嘐嘐然排之ᄒ야 曰今之學이 非古之學也라 異
端也ㅣ며 外道也ㅣ라 ᄒ야 禁其子弟ᄒ야 使不入學ᄒ고 鄕中自好者ㅣ 望
學校之門에 輒掩面而過之ᄒ니 小民이 從而效之ᄒ야 而又甚焉이라 日
者에 本郡學校敎師ㅣ 率其徒ᄒ고 訪余于寓舍ᄒ야 試步伐于庭中ᄒᆯᄉᆡ 村
人男婦ㅣ 環視駭歎ᄒ고 隣婆ㅣ 至有戰栗涕泣者ᄒ야 曰是將欲奪我兒去
耶아하야 畏之如豺虎魍魎ᄒ니 甚矣라 俗之難曉也여 讀書人膠固ㅣ 猶如
此어든 於村婦에 何責焉고 夫所謂古之學은 非三代敎人之法乎아 三代敎
人之法이 不出於六藝之外ᄒ니 夫男子生에 而將有事于四方이니 非欲坐
談空理ᄒ고 老死牖下也ㅣ라 六藝者ᄂᆞᆫ 古今需世之具也ㅣ니 其目이 有六
而無所不包라 道德仁義ᄂᆞᆫ 理也오 六藝ᄂᆞᆫ 器也니 道德仁義ㅣ 皆從六藝中
出ᄒᄂᆞ니 若捨器言理면 理將焉附오 今讀書之士ㅣ 皆自謂聖門之徒六藝
之學이로ᄃᆡ 而察其所業ᄒ면 則與六藝로 絶不相近ᄒ니 是則非徒不解新
學問之爲何物이라 幷不知聖門所以敎人者爲何事ㅣ니 可勝歎哉아 請論
古今六藝之義ᄒ노라 治國安民之謂禮오 威儀動作之謂儀니 二者ᄅᆞᆯ 通稱
爲禮라 今新學之政治法律經濟公法諸學이 皆禮之善物也오 至如五倫五
禮之節又儀則은 東西洋沿習之俗이 各自不同이라 外國人儀節이 雖欠觀
瞻이ᄂᆞ 至於尊俎之間玉帛之會에 恭敬歡洽之意ᄂᆞᆫ 則未嘗不同이오 而質
直簡易ᄒ야 反有勝於東洋之繁文ᄒ니 此非禮之藝乎아 古者大學敎人之
法이 惟在於樂ᄒ니 以中和之音ᄋᆞ로 養其性情ᄒ야 作成髦俊ᄒ야 列于
庶位ᄒ야 擧天地盡在春風和氣之中은 惟樂이 爲然이라 後世樂道ㅣ 大崩
ᄒ야 時君世主ㅣ 專好靡曼之樂과 噍殺之音ᄒ야 上行下效에 一往不返ᄒ
야 以致人才銷洛ᄒ고 百姓愁苦ᄒ야 亂亡相尋ᄒ니 西人이 審知其故ᄒ
야 敎人之法이 尤重音樂ᄒ니 必使冲融平和ᄒ며 雄渾發揚ᄒ야 令人生
活潑自由之想ᄒ며 增堅忍獨立之志ᄒᄂᆞ니 其裨益政治ㅣ 實爲不少라 此
非樂之藝乎아 古者에 以弓矢로 爲制勝威敵之具러니 自銃砲出而弓矢廢

ᄒᆞ니 今日男子之所當習者 ㅣ 在於鎗砲 ㅣ 라 此非射之藝乎아 古者에 乘馬駕車이 御之忠節이러니 今馬車之外에 陸有汽車ᄒᆞ고 水有火船ᄒᆞ야 世界競爭之大務 ㅣ 於是乎在ᄒᆞ니 非有專門之學이 實地經驗이면 不能 駕駛 ㅣ라 此非御之藝乎아 古者에 以六書敎人ᄒᆞ야 通行於東亞大陸ᄒᆞ야 謂之同文之國이라 ᄒᆞ더니 今焉萬國交通ᄒᆞ야 梯航相續ᄒᆞ니 不習其言語文字면 安能交涉이리오 故六書之外에 各國國文을 不可不學이니 此非書之藝乎아 古者에 九章之術이 啓其大略而已오 且布算滿盤ᄒᆞ야 不勝其煩이러니 今焉以寸餘之鉛과 掌大之紙로 積萬累千에 纖毫不差 ㅣ라 其精蘊之理와 推捷之法이 日新月增ᄒᆞ야 發前未發ᄒᆞ니 此非數之藝乎아 今之新學敎人者皆比物也라 如此然後에 方可稱六藝之學이니 所以需用於當世者也라 捨此則爲仙佛世外之敎ᄒᆞ야 獨自修鍊ᄒᆞ고 不以民國爲念ᄒᆞ니 雖不修六藝라도 可ᄂᆡ니 此之謂異端外道也라 春秋之時에 卿大夫士는 入則治官ᄒᆞ고 出則將兵ᄒᆞ며 其小民은 入則服來ᄒᆞ고 出則荷戈ᄒᆞᄂᆞ니 當時貴賤上下 ㅣ 無人不被學校之敎育을 可知也라 孔門弟子七十人이 皆以六藝成名ᄒᆞ니 其見於傳記者는 如子路之治賦와 冉有之藝와 樊須之弱而能御와 公西華之嫻於儐禮 ㅣ 是也오. 若夫子則博學而無所不能ᄒᆞ고 集大成而不專一名ᄒᆞ시니 蓋以生知之聖으로 不勉而能이ᄂᆞ 然謙謙自卑ᄒᆞᆺ 誘掖後進ᄒᆞ야 曰吾嘗終日不食ᄒᆞ며 終夜不寐ᄒᆞ야 以思호ᄃᆡ 無益이오 不如學也라 ᄒᆞ시니 學은 在何也오 謂讀其書而執其業也니 故로 曰詩書執禮 ㅣ 皆雅言也라 ᄒᆞ고 又曰吾 ㅣ 執御乎아 執射乎아 ᄒᆞ시고 記曰不學操縵이면 不能安絃이오 不學雜服이면 不能安禮라 ᄒᆞ니 古人이 於六藝之學에 必蚤夜服習ᄒᆞ야 執勞而確有所得然後에 施之於事ᄒᆞᄂᆞ니 故로 漆雕開辭仕ᄒᆞ야 曰吾斯之未能信이라ᄒᆞ니 未能信者는 何也오 謂於六藝之旨에 未能精熟故로 不願仕也라 夫宗廟會同에 非禮樂이면 不能儐相ᄒᆞ며 戎陣戰伐에 非射御면 不能禦敵이며 治煩理劇에 非書數면 不能辦務ᄒᆞᄂᆞ니 故로 無學之人은 不可以從政이니 六藝之謂也라 今之人은 尊慕虛名ᄒᆞ고 厭聞其實ᄒᆞ야 以黌堂爲聖廟ᄒᆞ야 每歲春秋에 以敗籩壞豆와 酸酒腐肉으로 草草奠酌而止ᄒᆞ야 以爲尊聖之道 ㅣ 於斯至矣라 ᄒᆞ고 未聞

其請一藝肄一業이오 而反斥他人의 實藝之學ᄒ니 何其誤也오 嗚乎라
孰謂夫子而歆此無名之祀哉아 願世之讀書君子ᄂ 平心徐究에 酌量時宜
하야 若家傳通行之禮儀ᄂ 宜講明而存守之하고 其他則捨短取長하며 實
事求是하야 使子弟人人으로 皆成有用之器하면 可以興邦國이며 可以扶
吾道며 可以保身家하리니 毋徒是古而非今이어다. 未知今이어니 焉知
古며 無遽自是而非人이어다. 百世之下에 自有公論이로다.

　按此說이 以淹博經綸之學으로 出之以宏瞻鉅麗之作하니 其文이 典雅
하고 其旨가 暢通하야 酌古而通今에 無適而不可하니 如此而後에 方可
謂實用底學問이오 如此而後에 方可謂不偏之識鑑이라 彼迂儒曲學之空
談峻論과 末造新進之輕儇剽掠이 均爲無補於實事求是之學이니 嗟夫라
居今之世하야 欲求需時之學인댄 尙其念之哉어다 編輯者 李鍾濬 謹識

◎ 賀 腐儒就新, 全秉鉉, 〈서우〉 제10호, 1907.9. (논설, 신구학)

　余鄕이 在殷山이라 近頃數年을 客裏消遣ᄒ고 昨臘還消러니 故舊親
戚과 隣里老少가 團然來集ᄒ야 慰余久阻之懷라 余亦慰問而言曰 唯我僉
公은 何以度日고 幸或閭里에 設立學校否아 滿堂이 齊應曰 未能이로다.
余潛然涕泣曰 當今 我國緊脈이 係在敎育一款이거ᄂ 普通人民이 尙未
覺悟ᄒ니 豈不懼哉며 豈不悲哉아 言訖에 座中一人이 峨冠博帶로 長竹
을 橫把ᄒ고 紅潮가 滿頰ᄒ야 醉談驕言으로 哂笑而答ᄒ니 那人은 元是
殷州班鄕으로 世世文族이오 家家軒冕이라 乃祖乃父가 能詩能賦ᄒ고
其子其孫이 善誦善作일ᄉ 滿心自言曰 至於學問ᄒ야ᄂ 余亦無所不知라
ᄂ 鴻儒巨擘이라 乃言曰 學校云云者ᄂ 非乃浿營中耶蘇敎人의 所立者流
乎아 余嘗爲鄕長時에 暫往浿上矣러니 一日은 鐘路街上에 忽見一隊兒卒
이 鳴鼓吹笛而來ᄒ고 愕然而問ᄒ되 今此昇平之日에 驅去兒卒은 是何
變也오. 傍人이 答曰 此非兒卒而是乃耶蘇敎人의 學童이라 ᄒ니 余示撫
心而嘆曰 唯我邦國이 歷年數千에 遺存者仁與義오 疆土三千에 莫損者禮

與文이러니 不幸時運이 中否ㅎ야 十霜以來로 西戎北狄이 犯玆聖土에
上下紀綱과 先聖法度가 幾至沮喪일새 今又天民聖氓으로 化作蠻酋之輩
ㅎ니 痛哉哀哉라. 唯 吾存亡은 不足惜이나 孔孟道統과 漢唐文源이 非久
隆失ㅎ리니 是所悶歎이온 況且 浿隱이 留京數載에 學得如許之蠻習而瀆
我耳乎아 ㅎ고 倒屣出門이어늘 余亦攘臂瞠目而大聲曰飯囊酒橐은 姑竢
姑竢ㅎ라. 余有質問者二焉ㅎ니 汝若聖門之徒則有酒無量을 知是道統而
傳乎며 汝若文章之流則但願長醉를 知是文源而學乎아 滿腹六經이 少無
益乎濟世ㅎ고 粘口五聖이 一無合乎修身ㅎ니 思之不得이로다. 於乎鰍
士야 於傳에 不云乎며 於經에 不謂乎아 仲尼는 溫故而知新ㅎ고 曾子는
明德而新民이라 ㅎ며 殷湯은 日新而又新ㅎ고 周文은 邦舊而命新이라
ㅎ니 吾君도 誠是儒家文孫則革舊就新이 第一標準이여늘 何若是頑盲膠
守哉아 余今爲君ㅎ야 文字의 定義와 學識의 利益을 大略 言之ㅎ리라
大凡 文字的 爲物은 人의 思想을 畫出ㅎ며 物의 事跡을 表示ㅎ는 效力
에 不踰ㅎ는 者라 是以로 支那의 鳥跡과 印度의 梵書와 파비룬의 尖木
과 埃及의 草根이 皆爲抽象的 原因而至於實用之地ㅎ야는 別無高下之特
異ㅎ고 又曰 學問의 爲物은 人의 智識을 滋養ㅎ며 國의 政治를 鑑戒ㅎ
는 目的에 不外ㅎ는 者라 是以로 唐虞의 典謨와 鄒魯의 論孟과 羅馬의
法學과 希臘의 天文이 莫非工課의 要素而至於效果之点ㅎ야는 少無長短
之懸殊ㅎ니 第觀時機而隨變ㅎ라 寒風十月에 羽扇無用이요 紅燎三伏에
氈裘何利오 且今 皇勅이 煥發ㅎ사 京師府郡에 新設學校ㅎ고 唯 我國文
으로 世界文藝를 譯述而敎授ㅎ야 自國精神과 自身責務를 各使分擔而
黽勉進就ㅎ거늘 固哉固哉라. 何可 春夢未醒而自安暴棄哉아 ㅎ듸 那人
이 正襟端坐而言曰 警我之聾而啓我之心者ㅣ 誰也오 惘然如失而若有思
量터니 更起作誓曰 君言이 是矣라 新敎育을 不務ㅎ면 終不免文明之仇
敵이라 ㅎ고 該家宗戚과 渠門子弟를 熱心勸勉ㅎ야 擲塵冠而薙髮ㅎ고
解靑袍而衣黑이라 今夕負笈에 明早發程ㅎ야 于浿于京에 無不入學ㅎ니
該氏思想이 與年共新홈을 無不祝賀ㅎᄂ니 寒谷腐儒도 庶幾有進乎ㄴ뎌.

◎ 守舊가 反愈於就新, 楊致中, 〈태극학보〉 제22호, 1908.6.

　　수구가 오히려 '새로운'을 더 취한다는 논설

　　嗚呼 天尊地卑ᄒ니 陰陽이 分이오 陰陽이 已分에 寒暑가 更迭이라. 緣此李海外風霜이 於焉間 四五載라. 其間 多少 苦況은 男兒의 一時 例事니 論ᄒᆞᆯ 바 아니나 天時가 變遷에 人事가 亦然은 雖曰常理나 以我留學諸君으로 論ᄒ면 何人 勿拘ᄒ고 異域에 裘葛만 屢更ᄒ고 實地의 思想은 毫無에 至ᄒ여스니 豈可無撼時之興懷歟아. 玆搆一言蕪辭ᄒ야 敬告于我同胞諸君ᄒ노라.

　　(유학생의 풍토, 부모의 태도 등을 비판한 논설)

◎ 人族 歷史의 淵源 觀念, 福城樵夫 薛泰熙, 〈대한자강회월보〉
　　제4호, 1906.10; ~제6호 (역사학, 학문론)

　　*사물의 연구 방법과 관점에 대한 언술을 포함함 / 세계사 대요를 서술하는 취
　　지를 밝힘

▲ 제4호

　　凡 我東人이 語及人族之起源則輒以支那 某氏某氏之祖述史로 證之曰 天皇地皇人皇氏之兄弟幾人이 亦各幾萬幾千歲之荒唐文字로 編之以敎育初步ᄒ야 軟骨習學이 注入腦髓而終身誤解ᄒ고 雖曰燧人有巢之綱領이 載之나 所以起頭가 忽然突出ᄒ야 溯源(소원)이 無稽ᄒ니 豈不惋惜(기불완석)가 其在文衡未徵ᄒ고 地理混濛之時ᄒ야ᄂᆞᆫ 亞人則只有亞而不知有外ᄒ며 歐人則自信有歐而亦不識他者ᄂᆞᆫ 各守一隅에 只徵主觀的

而已어니와 <u>及其相通則不得不講究其元始</u>ᄒ야 <u>以辨其誰先誰後</u>ᄒ며 <u>以考其彼何種而此何族之淵源也</u>어늘 噫亞東獎源이 多出文化之季世ᄒ야 徒然 妄自尊大ᄒ고 縱令攘斥他族을 曰以犬戎夷狄(견융이적)으로 名之ᄒ니 所以 外觀的範圍가 未能涉地中海라. 然而其航海之貿易之侵略之를 任地西人而先之ᄒ야 太平洋 中 島嶼를 勿論大小ᄒ고 盡屬西人之占領而終使大陸沈淪이라도 尙然曚曚ᄒ야 我譜我史를 還賴西人而解釋ᄒ니 可勝嘆哉아.

*상통 부득불 그 시작 기원을 강구하여 무엇이 먼저이며 나중인지를 구분하고 어떤 종류가 어떤 종족에서 유래되었는지를 고찰해야 하나 – 자존망대, 타족배, 견융이적으로 부름 = 결국 우리의 계보와 역사를 서양인이 해석한 것에 의지하게 된다고 한탄함

而況 我邦은 尤無可徵之歷史而近日所謂本國歷史之始編이 <u>考諸日人所編而譯之</u>ᄒ야 稍有溯古之鑑이나 屈首黃券者尙無意乎斯ᄒ니 其頑古泥俗이 一何至此오 目今滅族之患이 存乎眉端而强吾志氣ᄒ며 勵吾精神이 安非吾人自衛之責歟아. 關吾迷想이 務在歷史觀念故로 敢玆不計出位之誠ᄒ고 <u>畧採世界史槪要</u>ᄒ야 <u>以供僉君子一覽</u>ᄒ노니 其僭踰之罪ᄂ 無所逃焉이로라.

그러나 하물며 우리나라는 역사를 밝힌 것이 없으니 근일 소위 '본국역사'를 편찬한 것이 대개 일본인이 편찬한 것을 역술하여 약간 옛것을 귀감하나 굴수황권(屈首黃券)한 것이 오히려 무의미함이 이와 같으니 그 완고한 이속이 어찌 이에 이르리오. 지금 멸족의 위기를 보는 것이 눈썹 끝에 존재하며 우리의 의지와 기운을 강하게 하며 우리의 정신을 격려하는 것이 어찌 우리 자신을 지키는 책임이 아니겠는가. 이는 나의 미혹한 생각으로는 역사 관념에 힘쓰는 데 있으므로 감히 성심을 다하지 못하나 '세계사 개요'를 살펴 요약하여 여러 군자들에게 제공하여 보게

<u>하니</u>, 그 참람한 죄는 숨기기 어렵다.

*우리가 사는 지구에 대한 설명
*사람=추상적 동물=진화 발달 일반론

夫 吾人所着地球는 流星의 部分으로 肇判흔 同時에 溶體의 成固로 尖聳(첨용)은 爲山嶽이오 人族이 終之ㅎ니 動植이 各傳其種ㅎ야 繁殖 發展흠이 地球의 公轉自轉이 太陽의 人力과 自體의 動力으로 冷熱度의 氣候를 相通케 旋轉흠을 因ㅎ야 晝夜의 別과 四時의 席를 作ㅎ니, 動物 의 産亡과 植物의 榮枯는 自然的 定數라. 形體는 變호되 元氣는 不滅ㅎ 야 六十 餘種 大氣에 循環不易ㅎ는 故로 炭素는 炭素의 物質노, 酸素는 酸素의 物質에 歸本흠이 吐吸이 一定한 理에 複雜이 無흔지라. 然而 東 訛에 魚獸가 或 變化爲人이란 迷信은 想出於蛇身人首와 人身牛首 等 謬言之餘波인지 似涉理外라. 由此觀之면 支那 歷史家의 上世를 誤傳흠 과 經學家의 後學을 拘俗흠이 殆히 事件의 硏究를 防塞ㅎ야 今日 東亞 를 將ㅎ야 禍에 陷흠이 良由是也라.

대저 우리 지구는 유성의 한 부분이 처음 만들어진 동시에 용액이 굳어 져 두드러지고 솟아난 것은 산악이며, 인족이 그에 마지막이니, 동식이 각각 그 종을 전하고 번식 발전하는 것이, 자구의 공전과 자전이 태양 의 인력과 자체의 동력으로 냉열의 온도 기후를 서로 통하게 하여 도는 것을 따라 주야의 구별과 사시의 자리를 만들었다. 이로 인해 동물의 탄생과 사망, 식물의 영고는 자연이 정한 운수이다. 형체는 변하되 원 기는 불멸하여 60여 종의 대기에 순환하여 바뀌지 않는 까닭에 탄소는 탄소의 물질로, 산소는 산호의 물질로 돌아가 뱉어내고 흡수하는 것이 일정한 이치에 복잡함이 없다. 그러나 동양의 잘못된 말에 어류와 금수 가 혹은 변화하여 사람이 되었다는 미신은 사신인수(蛇身人首)와 인신 우수(人身牛首)가 나온 것을 상상하게 하는 등 잘못된 말의 여파인지 이치를 벗어나는 것과 유사하다. 이로 보면 중국의 역사가의 상고시대를 오전함과 경학가들이 후학을 구속하는 것은 진실로 사건 연구를 막아서 금일 동아가 장차 화에 빠지는 것이 이로 말미암은 것이다.

盖 一般 動物이 皆 直覺性이 有ᄒ되 惟 吾 人族은 推想的 動物인 故로 其 <u>進化 發展</u>의 範圍가 馳騁 無限ᄒ야 萬物 中 最貴最靈ᄒ 地位를 占ᄒ지라. 始生의 食料는 天然ᄒ 魚類와 獸肉과 木實을 食ᄒ고, 野에 居ᄒ며 穴에 處ᄒ니 此 是 <u>天然的 生活時代也</u>ㅣ오, 一定ᄒ 土地에 生居ᄒ 者가 同地에 天然 食料가 乏盡홀 境遇가 有ᄒ리니, 同時에 腕力으로 鄰地(인지)의 食品을 攘奪的 競爭이 有ᄒ얏시리로다. 如此 則 漸漸 天然 欠乏이 普及홀 慮가 不無ᄒ 거슬 推測홀지라. 所以로 果樹의 培養과 牧畜의 智識이 發見되야 各計 自活ᄒ니, 此是 <u>儲畜的 生活時代也</u>ㅣ오, 其次에는 食品 製作의 豫備가 發達ᄒ야 農作의 業이 必然的으로 進步되야 單純ᄒ 農産으로 不可不 次牧畜이오, 牧畜으로 不可不 次農産이니, 於是乎 貿遷 有無와 交易 相資가 一大 便利를 得ᄒ니 此ㅣ <u>交易的 生活時代也</u>ㅣ라.

대개 일반 동물이 모두 직각성이 있으나 오직 인간은 추상적 동물인 까닭에 그 진화 발전의 범위가 무한하여 만물 중 가장 귀하며 가장 신령한 지위를 차지한다. 인류가 태어나서 먹는 것은 자연의 어류와 고기와 과일을 먹고, 들에서 살며 동굴에 거처하니 이는 곧 '천연적 생활시대'이다. 일정한 토지에 붙어살며 그 땅의 자연 식료가 떨어질 경우가 있을 것이니 동시에 완력으로 이웃 지역의 식품을 약탈하는 경쟁이 있었을 것이다. 이러한 즉 점점 자연물의 결핍이 퍼질 염려가 없지 않을 것을 추측할 수 있다. 그런 까닭에 과수의 배양과 목축 지식이 발견되어 각자 생활을 도모하니 이것은 '저축적 생활시대'이다. 그 다음에는 식품 제작 준비가 발달하여 농작업이 필연적으로 진보되어 단순한 농업이 불가불 목축 다음이요, 목축이 불가불 농산 다음이니 이에 무역 변천 유무와 교역하여 서로 제공하는 것이 크게 편함을 얻으니, 이는

'교역적 생활시대'이다.

 既以 部落的 團體로 酋長의 命令에 服從흠도 必然 規律이 有흘지나
如此흔 年代는 在於 書契 以前이라. 探溯爽實(?)은 姑推下文흐고 東洋
連帶之指的이 自伏義로 迄今爲六千餘年을 輒稱이나 西洋史를 據흐면
古埃及 第一王朝로 有史期를 始稱흐야 三十王朝를 歷計흐니 五千餘年
에 久를 亘흐얏다 흐나 架空의 傳說을 可信키 難흐고, 近時 研究에도
第一王朝로 起源흐야 耶蘇 紀元前 三千八百九十七年이라 云흠도 有흐
고, 最新 研究라 흠을 據흐면 紀元前 二千百八十年을 不下라 흐니, 諸說
의 不同은 還添疑點이오, 惟其東西 最先 建國의 比例를 講究흐건딕 世
界史實의 最古는 亞細亞의 西部와 亞非利加의 東北 隅를 連흔 地中海의
東頭 波斯[5] 濟 西의 地에 起흐지라.

이로써 부락 단체의 추장의 명령에 복종하는 것도 필연적으로 규율이
있을지나 이러한 시대는 서계(書契) 이전의 일이다. 자세히 그 사실을
탐구하면 비하의 글에 불과하고, 동양에 이어난 사실은 복희로부터 지
금 6천여 년을 지칭하나, 서양사를 근거하면 이집트 제1왕조로 역사
이후의 시기라고 지칭하기 시작하여 30 왕조를 지나 5천여 년에 이르
렀다 하나, 가공의 이어진 말을 믿기 어렵고, 지금 연구에도 제1왕조로
시작하여 예수 기원전 3천8백97년이라 함도 있고, 최근 연구에 따르면
기원전 2천80년에 미치지 못한다 하니, 여러 학설이 같지 않음은 도리
어 의문을 남기게 된다. 오직 동서의 가장 먼저 나라를 세운 것을 강구
하면 세계사에서 가장 오래된 것은 아시아 서부와 아프리카 동북의 지
방을 이은 지중해 동쪽 페르시아 서편 지역에서 일어났다.

 盖有史 以來로 各自 特種의 發展을 成흔 人文의 起源은 畧 五가 有흐

---

5) 파사(波斯): 페르시아

니, 支那, 印度, 西亞細亞, 메소보다미아, 埃及 及 中央亞米利加라. 此를
通觀ᄒ면 五處의 地가 天峭不寒ᄒ고 氣候 溫暖ᄒ며 地味膏腴ᄒ야 畊耘
牧畜에 適宜ᄒ고 河川 海港에 舟楫航行의 便利가 有ᄒ며 山川 藪澤에
樹林鑛石의 利가 有ᄒ야 自然의 恩惠ᄂ 最上古 人民의 生意에 適遇홈으
로써 他地方의 先步를 得ᄒ야 集屯邑落을 成ᄒ니 民族에 宗敎 文學이
有ᄒ고 邦家에 制度 歷史가 有ᄒ야 人文發達의 源을 作ᄒ야 尙使後人으
로 企仰不及ᄒ 偉蹟을 遺ᄒ얏도다. 此 五文明 中 獨 亞米利加의 文明은
大西洋의 烟波가 長鎖ᄒ애 最遙遠홀 後世에 至ᄒ야 비로소 世에 知케
ᄒ 故로 其元始를 暫究키 難ᄒ나 他 四文明의 源은 皆幽遠ᄒ 上古를
經ᄒ야 事變은 各 文明의 中圈을 成케 ᄒ 地方에 起ᄒ야 各其 邊陲(변
수)의 影響이 隣族을 風動ᄒ야 葛藤도 生ᄒ며 征戰도 開ᄒ고, 交通도
修ᄒ야 人文의 圈限漸을 逐ᄒ야 膨大히 相異케 ᄒ 文明의 接觸을 遂ᄒ
야 世界史의 大圈을 成ᄒ지라. (以下次號)

대개 유사 이래로 각자 특별한 발전을 이룬 인문의 기원은 대략 다섯
가지가 있으니, 중국, 인도, 아시아, 메소포타미아, 이집트 및 중앙 아메
리카이다. 다섯 곳의 땅이 하늘이 높고 춥지 않으며, 기후가 온난하고
땅이 비옥하여 경운과 목축에 적당하고, 하천 바다와 항구가 배를 대고
항행하는 데 편리함이 있으며, 산천 늪과 못에 나무와 광석의 이로움이
있어, 자연의 은혜는 가장 상고시대 인민이 생활하는 데 적당하여 다른
지방보다 먼저 진보가 이루어져 읍란을 이루었으니, 민족 종교와 문학
이 있고, 나라에 제도와 역사가 있어 인문 발달의 근원을 이루어 후세
사람으로 하여금 추앙하여 미치지 못할 위업을 남겼다. 이 5대 문명
중 아메리카 문명은 대서양의 연파를 오랫동안 닫아두어 가장 요원하
여 후세에 이르러서야 비로소 알려졌으니, 그러므로 그 근원을 탐구하
기 어려우나, 다른 네 지방의 문명의 기원은 모두 유원한 상고를 지나
역사적 변혁이 각 문명의 중심권을 이루게 한 지방에서 출발하여 각자
주변의 영향을 받아 이웃 종족의 움직임에 따라 갈등도 발생하고 정복

전쟁도 열고 교통도 발달하여 인문의 영역과 한계가 점점 넓어졌으며, 상이한 문명의 접촉을 따라 세계사의 큰 권역을 이루었다.

▲ 제5호

西洋을 略言컨딘 其 王國의 體制를 祖備ᄒ 埃及은 알아, 셈 族과 分ᄒ 야 함 族의 亞細亞 發源의 故地로 移轉ᄒ 事蹟을 討究키 難ᄒ기까지 古文明의 域에 進ᄒ 듯ᄒ지라. 然則 他 黃河域, 印度半島, 又 波斯灣, 頭에즈란, 알아, 或은 셈, 人種의 文明에 比ᄒ면 닐 河畔의 文明은 年代 의 幾遠ᄒ이 難兄難弟온 況 其文明의 圈圍ᄂ 長久不孤ᄒ야 夙히 西亞細 亞 (메소보다미아)의 野에 起ᄒ 文明과 接觸交錯ᄒ야 後夾大興典起ᄒ 歐洲文明의 路을 開ᄒ지라. 此ㅣ 宇內事變을 叙ᄒᄂ데 當ᄒ야 先次端 올 닐 河의함 人種에 起ᄒ야 西에 漸ᄒ은 此河의 三角州地로 東은 波斯灣 僧頭의 지그리스 오후라데스 兩河口에 抵ᄒ고 南은 亞非利加炎天熟地 大沙漠附近으로 北은 알메이아 高原에 至ᄒ야 三大陸의 交會地를 成ᄒ 所以라 其次成立된 國은 亞述 百亞士亞歷山帝國 及羅愚伊太利等古國이 나 今日歐歐洲에ᄂ 或在或無ᄒ야 萬古英碑의 悲感을 撼起홀진저 夫我 黃族의 譜源을 溯考홀진딘 喜馬拉耶北葱嶺의 東에 出ᄒ야 東亞細의 平 原에 蔓延ᄒ야 黃河流域에 發祥ᄒ즈란 種一派漢族의 興隆이 古代에 先 首ᄒ 四文明의 起源에 竝叙치 아니키 不可홀지나즈란 알아의 二大民族 이 中央亞細亞에 起ᄒ야 四方에 散ᄒ야 滔滔數千午에 亘ᄒ 世界史上에 對偶를 朱ᄒ지라. (以下次號)

▲ 제6호

알아, 셈의 諸族이 遷移를 始ᄒᆞ야 鴻荒의 世에 蔓延ᄒᆞᆫ 處가 多ᄒᆞ얏도다. 既 ᄌᆞ란의 土着됨을 云ᄒᆞ면 如何ᄒᆞᆫ 方面에 移動ᄒᆞ얏나야 證跡을 徵ᄒᆞᆯ 수 업스나 ᄌᆞ란 種이 最古의 民族인 거슨 疑를 不容ᄒᆞᆯ지오, 近來 發見을 據하면 此 民族의 最古 史上에 顯ᄒᆞᆫ 거슨 基督 紀元 二十五世間으로 二百餘年間 오후란데스, 河邊[6]에 昌ᄒᆞᆫ 스큐제 帝國이 古 바비로이아와 共히 西洋史家의 記乘에 載存ᄒᆞ얏스나 遂其同種의 杳然ᄒᆞᆫ 東方에 興ᄒᆞ야 長久ᄒᆞᆫ 大帝國을 成케 홈에 比ᄒᆞᆯ 만ᄒᆞᆫ 者가 無ᄒᆞᆫ지라. 學者가 東方 文明 開發者된 漢族의 祖先이 西北의 峽으로 黃河의 流域에 沿下홈을 見ᄒᆞ야 其 來由를 討究ᄒᆞᆫ 學術政治 及 傳說을 比較ᄒᆞ면 百姓은 바-ᄭᅳ 族이오 君主ᄂᆞᆫ 나이보완지 라고 推定ᄒᆞ야 漢族의 故地를 西方亞細亞라 ᄒᆞᄂᆞᆫ 갈데아에 適歸ᄒᆞ려 홈이 有ᄒᆞ얏다 ᄒᆞᆫ 說에 最新ᄒᆞᆫ 거슨 아직 旋斷키 難ᄒᆞ고, 又一說를 據ᄒᆞᆫ즉 漢族은 圖佰特趾 支那交의 二種이 皆今 支那人族에 屬ᄒᆞ고 土耳古, 蒙古, 通古斯, 의 三族은 皆華必利의 人種이라ᄒᆞ고 漢族의 西北山間으로 黃河流域에 沿ᄒᆞ야 東南에 入ᄒᆞᆫ거시 少不下 四千餘年되ᄂᆞᆫ 거슨 各說이 一致ᄒᆞ니 愚意ᄂᆞᆫ 其口碑의 訛傳으로 名稱이 互相差異ᄒᆞᆫ 거슨 無疑ᄒᆞ고 且其鴻蒙 幽遠ᄒᆞᆫ 世에 不明ᄒᆞᆫ 起由로ᄂᆞᆫ 차라리 此土 人文開展 最明確ᄒᆞᆫ 支那 古代의 傳說로 其保守的 人民에 百代絶後에 聖世라 追憶ᄒᆞᄂᆞᆫ 唐虞三代의 攻治에 溯及홈이 可ᄒᆞᆫ지라. 諸子의 緯書에 三皇五帝 以下 諸君王長의 古傳說를 存ᄒᆞ며 西來漢族의 黃河 沿岸에 集屯ᄒᆞ고 落邑에 酋長이 地方을 割據ᄒᆞ고 年代를 經ᄒᆞᆫ 問에 攻伐幷呑을 始ᄒᆞᆫ지라. 燧를 鑽ᄒᆞ야 火食을 傳ᄒᆞᆫ 燧人氏와 巢居를 敎ᄒᆞᆫ 有巢氏와 人卦를 劃ᄒᆞ며 書契를 作ᄒᆞ야 結繩을 代ᄒᆞ고 甲歷을 作ᄒᆞ고 嫁娶를 制ᄒᆞᆫ 伏羲氏等은 特히 强大ᄒᆞᆫ 傑出이라. 君稱은 羣牧으로 出ᄒᆞ야 諸落民은 尙遊牧移動의 境遇를 未脫ᄒᆞ얏도다. 神農氏의 稼

6) 오후란데스 하변: 유프라테스 하변.

稿을 發明ㅎ며 日中爲市ㅎ야 開導貿易ㅎ니 此로써 漢人種의 有文의 祖先을 作흠이 可ㅎ고 後世의 燧人 伏羲 神農으로 三皇이라 稱흠이 適當ㅎ고 煉石으로 天缺를 補ㅎ얏다는 女媧氏로 燧人氏를 代ㅎ얏다ㅎ얏시나 此는 一方에 强酋에 不過ㅎ며 伏羲氏는 成紀(今甘肅省秦川秦安府)에 出ㅎ야 陳(今河南陳州府)예 都ㅎ고 神農은 姜水(陝西省鳳翔府岐山縣之東)의 上에 出ㅎ야 曲阜(今山東梵州)에 居ㅎ얏다 云ㅎ니 諸酋의 西北으로 山東河南의 方面에 下ㅎ거슬 見홀지라. 彼는 十五世此는 八世의 祖라고 云ㅎ면 諸氏各幾世를 傳承ㅎ거슬 證홀지라. 然而五帝의 第一된 支那古代의 統一業을 始흔 有熊國의 子黃帝는 西北遠來의 人이 아니라 河南軒轅丘[今開封府新鄭縣]의 人으로 公孫姓이 되고 神農의 八世를 經ㅎ야 楡罔과 三次坂泉의 野에 戰ㅎ야 勝ㅎ고 諸侯를 徵集ㅎ야 蚩尤와 涿鹿의 野[今直隷省宣化府保安府]에 戰홀시 會에 大霧作ㅎ거늘 磁針을 用ㅎ야 指南의 方位를 示ㅎ고 蚩尤를 擒ㅎ고 四方을 攻伐ㅎ야 北方의 葷葷를 逐ㅎ니 葷葷은 後凶奴로 先稱흔 土耳古의 族일진딕, 漢土 兩族의 衝突은 夙히 東洋史의 開端을 作흔 거시라 黃帝는 神農氏에 代ㅎ야 四方을 威服ㅎ니 威令이 東은 海에 振ㅎ고 西는 甘肅의 崆峒[今肅州高台縣의 西南]에 及ㅎ며 南은 揚子邊에 達ㅎ야 居를 涿鹿의 河에 奠ㅎ며 州野를 分ㅎ야 國邑을 營ㅎ고 左右太監을 置ㅎ야 步畝의 制를 立ㅎ며 井田을 置ㅎ야 八宅에 授ㅎ며 隣을 成ㅎ야 九井을 里라ㅎ며 五里로 爲邑ㅎ고 百邑으로 爲師ㅎ고 十師로 爲一州ㅎ니 於是乎官室器用과 貨幣律呂度量衡算術等日用彝倫之物舞 發明되얏고 妃螺祖는 蚕을 育ㅎ야 絲繭을 始ㅎ며 法을 民人에게 敎ㅎ야 後世支那의 名을 遠히 西洋에 達케ㅎ얏도다 以下四帝時代와 三代及秦漢以來隆替의 史實은 此에 煩贅할 必要가 無ㅎ고 唯我大韓의 歷史는 近日譯出된거시 比前稍明ㅎ거니와 檀君의 所從來도 必然支邦西北으로 源이 된 듯 ㅎ더라. 以下次號

嗚呼라 人族은 推想的 動物이라. 未來幾萬世ᄂ 智識不及으로 盡言키 不能ᄒ나 歷來上世야 杳然히 回首ᄒ면 自然抽象의 動感이 不差홀진져. 然而上古最先文明ᄒ 侯及印度支那ᄂ 迄今而胡爲乎或受人制ᄒ며　或被 人略고 的是病痼于文化季世ᄒ야 內而自傲怠慢ᄒ고 外而攘斥忌懼로 自 抵衰弱이오 實非天理所然이며 繼以羅馬伊太利로 言之라도 共是一般古 國이라 惟羅馬ᄂ 曙光이 早透ᄒ야 王政時代後共化政體로 四百八十餘 年을 經ᄒ얏시며 十二銅律은 今日歐洲文明의 標準이 될 쑨 아니라 其 細明ᄒ 公私法과 物債權의 分晰은 如吾邦者ᄂ 三千餘年後 今日에도 尙 然不及ᄒ니 欠哉燦哉라. 如此ᄒ 國家도 到今無名色於世ᄒ고 伊太利ᄂ 致亡復存ᄒ야 依然幷肩乎今日列强ᄒ니 是豈天耶아. 概論帝王之興廢ᄂ 任他箇人而革創이로딕 惟邦國之存亡은 專在人民之盛衰가 證天證神에 更無可疑라. 噓唏乎四千餘年古國朝鮮이 彊土가 不脊ᄒ고 人族이 不劣 이언마ᄂ 脫絆于西則被壓於北이라가 今又納頭于東ᄒ니 瑤圖浸淪이 餘 日이 薄紗ᄒ고 奴隷受虐에 死亦無地라도 頓無噴發之心而尙畏惡政府를 如當霆之魍魎ᄒ고 劫隣强을 若遇虎之殘生ᄒ니 是何異常之人性耶아. 誠 非本然之性이오 屢百年壓制受毒이 竟至此極ᄒ니 慘哉痛哉라. 遠彼五千 年以前純然幼穉之人族으로도 能有自保禦外之策ᄒ니 活動强毅者ㅣ 存 ᄒ고 苟安蟄屈者ㅣ 亡이라. 曰理數 曰經學 曰儀禮ᄂ 不過 是一代諸子之 伎倆討論及粧撰文物之制度也니 於人族存亡에 輕重이 若何오. 又將特信 曰 天인딘 古書에 不云乎아. 人衆勝天이라 ᄒ고 且云天定이면 人亦不勝 이라 ᄒ니 何以知其天之定不定고 愚意人各活動强毅ᄒ야 膨脹團體則此 謂人衆而可勝天이오 人各苟安蟄屈ᄒ야 劣弱零落則此謂天定而人不勝 天則復何迷執而冥頑耶아. 嗚呼同胞嗚呼同胞여 發憤哉發憤哉어다.

◎ 科學論,

張膺震, 〈太極學報〉 제5호, 광무 10년(1906) 12월 24일[7]

　吾人 人類의 居生ㅎ는 地球가 雖云 廣大ㄴ 彼 無窮히 廣濶흔 宇宙에 對比ㅎ면 滄海의 一粟이 莫如ㅎ고 吾人의 一平生 生活ㅎ는 時間이 雖云 百年이ㄴ 彼 無限히 永遠흔 時間에 比ㅎ면 一瞬萬年의 比가 아니라. 비록 吾人 人類가 地球上에 栖息흔 以來로 今日ᄭ지 年代로 셰도 彼 無限히 永遠흔 時間에 比ㅎ면 一秒億億萬年에 比가 아니로다. 如此히 廣濶흔 宇宙間에 如此히 永遠흔 時間中에 千態萬象으로 變化ㅎ는 奇奇妙妙흔 無限의 自然的 現象을 吾人의 有限흔 頭腦와 知識으로써 ㅡㅡ의 眞相을 窺破코져 흠은 到底 期望키 難흠ᄲ 不啻(불시)라. 吾人이 비록 如何흔 腦力으로써 如何흔 精力을 盡흘지라도 其 億億萬分의 一을 窺知치 못ᄒ리로다. 然이ㄴ 人類ᄂ 地球上에 靈物이오 生物界의 覇王이라. 精神이 特出ㅎ고 智力이 發達ㅎ야 地球上 萬物을 統御ㅎ며 自然界의 現象을 可及의 程度ᄭ지ᄂ 研究 利用ㅎ야 自己에 生活을 助進ㅎ며 種種의 便利흔 規範을 製定ㅎ야 人類 共同의 幸福을 維持 向上케 흠이로다.

　上 所謂 自然的 現象이라 흠은 如何흔 者를 指흠이뇨. 此ᄂ 宇宙間 萬物이 天然的으로 互相間에 起作ㅎ는 事實을 謂흠이니 日月星辰은 空際에 懸ㅎ야 運行 不息ㅎ고 晝去夜來ㅎ며 春夏秋冬은 一定흔 法則으로 互相 交代ㅎ니 春節에 草芳花香ㅎ면 鳥兒蝶童은 此間에 飛吟ㅎ고 夏節에 雷鳴이 殷殷ㅎ면 陰雨가 靡霏(미비)ㅎ고 秋節에 風霜이 瑟瑟ㅎ면 木葉이 黃落ㅎ고 冬季에 北風이 凜烈ㅎ면 白雪이 皎皎ㅎ며 淸泉이 化氷ㅎ고 獸羣은 野에 走ㅎ며 鳥類ᄂ 空中에 飛ㅎ고 林檎은 地上에 落下ㅎ며

---

7) 〈태극학보〉 회장이자 편집인이었던 장응진(백악거사, 백악생 등으로 글을 쓰기도 함)의 논설. 학문의 체계와 목적, 과학의 특징(관찰, 분류, 설명)을 설명하였다. 특히 우주 전체의 원리를 설명하는 학문 분야로 '철학'의 가치를 설명하고자 한 점이 특징이다. 철학은 우주 전체의 원리를 설명하는 것을 목적으로 하나, 주관적이고 불완전하여 인간의 두뇌가 한계를 갖는 것인지 반문하고 있다.

風船은 空際로 上昇ᄒ고 水는 高處로붓터 低處로 向下ᄒ야 如此ᄒ 自然的 現象(事實)은 ──히 枚舉키 難ᄒ느 此等 現象에 對ᄒ야 吾人의 知識이 經驗上 大概 一定ᄒ 法則으로 從出흠을 推想흘지니 此等 種種의 現象을 吾人이 事實로 研究ᄒ야 此間에 一定ᄒ 共通의 法則을 發見ᄒ는 者를 自然科學 或 事實科學이라 稱ᄒ느니 天文學, 地理學, 博物學, 物理學, 化學, 心理學, 其他 種種의 區別이 有ᄒ고 또 吾人 人類가 社會生活上 必要ᄒ 種種의 規則(規範)을 製定ᄒ고 標準을 立흔 後에 種種에 事實을 此等 標準에 對照ᄒ야 善惡 正不正 好不好 等에 區別을 精神上으로 判斷ᄒ미 此等 學을 規範的 科學이라 稱ᄒ느니 倫理學, 政治學, 美學, 論理學 等은 다ㅣ 規範的 科學이라. 倫理學은 子가 其 父母에게 對ᄒ야 孝道을 盡치 아니치 못흘 理由를 吾人에게 敎示ᄒ며 國民되여는 其 國家를 愛ᄒ고 人類는 人類를 相愛ᄒ며 人을 殺害ᄒ고 物을 盜흠은 惡이라 ᄒ고 弱者를 扶護ᄒ며 病者를 憐恤ᄒ야 博愛에 道를 行흠은 善이라 ᄒ야 如此히 一個人이 世上에 處흘 時에 家族에 對ᄒ야 如何ᄒ 行爲를 如何히 行ᄒ며 國家와 社會에 對ᄒ야는 如何히 行흘 것을 規範的으로 研究ᄒ는 者요, 政治學은 人類의 團体 行動에 對ᄒ야 規範的으로 研究ᄒ는 者니 卽 人類는 政治的 團体를 作ᄒ는 者라, 如此ᄒ 團体가 如何히 組織될는지 如此ᄒ 團體가 如何히 行動흘 것슬 規範的으로 研究ᄒ는 者요, 美學은 物의 美醜를 研究ᄒ고, 論理學은 事實의 眞僞를 確定ᄒ는 學이니 科學을 大別ᄒ면 以上 名稱下에 大畧 包含ᄒ깃도다. 然이나 科學이라 ᄒ는 것슨 如何ᄒ 性質을 俱備ᄒ 然後에 謂흠인지 換言ᄒ면 如何ᄒ 要件을 俱有ᄒ 然後에 科學의 要件을 滿足흘고 ᄒ면 左舉 三條를 俱備ᄒ 然後에야 實로 科學의 性質을 盡備ᄒ엿다 謂ᄒ리로다.

一. 觀察

二. 分類

三. 說明

此例를 天文學에 擧言ᄒ면 吾人이 天文學을 硏究ᄒᆯ 時에ᄂ 몬져 日月星辰 諸天体가 如何히 互相의 位置를 變ᄒᄂ 것슬 精密히 觀察ᄒ고 次에ᄂ 此等 諸天体를 其 運行ᄒᄂ 度와 其他 性質에 從ᄒ야 分類흠이니 太陽系와 他恒星의 諸系統을 區別ᄒ며 遊星과 衛星을 區別ᄒ미 太陽의 周圍를 運行ᄒᄂ 者ᄂ 遊星이니 地球 等이 是也요, 地球에 周圍를 運行ᄒᄂ 者ᄂ 衛星이니 太陰 等이 是也라. 如此ᄒ 事實을 精密히 觀察ᄒ고 如此ᄒ 事實을 其 特性에 從ᄒ야 區分ᄒ 後에 다시 精細ᄒ 說明을 用ᄒ 然後에야 비로소 科學에 意義를 盡ᄒ나니 大抵 某現象을 說明흔다 흠은 此 現象을 生ᄒ게 ᄒᄂ 全條件의 構成上 如此ᄒ 現象이 生치 아니치 못ᄒᆯ 理由를 明示흠이라. 吾人의 經驗ᄒᄂ 凡般 現象은 各其 全体가 一躰系를 作흠이니 躰系的 全躰를 造成ᄒ 各部分의 互相 關係를 明知ᄒ 然後에야 비로셔 全躰의 條件을 盡ᄒ깃다 謂ᄒ깃도다. 假使 吾人이 吾人의 手를 說明ᄒᆯ 時에ᄂ 몬져 手가 身躰 全躰의 官能上으로 思考ᄒ고 手 以外 諸機關과 凡般의 關係를 明確히 ᄒ야 身躰 全躰에 對흔 手에 意義를 說明ᄒᄂ 者요 決코 身躰 以外에 手 一個를 獨立으로 硏究ᄒᆯ 者이 아니니 萬一 一手를 身躰 以外에 分離想求ᄒ면 必竟 意味가 無흠에 終흘지라. 此와 갓치 天躰에 現象을 說明흠에도 몬져 太陽系의 組織을 觀察ᄒ고 쏘 太陽系 中 諸部分의 互相 關係와 其 運行의 法則을 確測ᄒ야 一定 時間 內에 吾人의 住居ᄒᄂ 地球의 部分이 太陽의 方面에 廻轉ᄒ야 來臨ᄒᄂ 것슬 說明치 아니ᄒ면 日出 日沒의 現象은 十分 說明치 못ᄒ깃고 쏘 日食 月食ᄒᄂ 現象은 上古 ㅁ未開時代에ᄂ 다못 災變의 兆라 ᄒ야 此를 神秘로 歸ᄒ엿스ᄂ 今日은 太陽 太陰 地球 等의 位置와 其 運行上 路程의 關係로 不得不 有치 아니치 못ᄒᆯ 理由를 說明ᄒᄂ니 大抵 事實에 觀察 或 分類ᄂ 吾人의 常識으로도 可認ᄒᆯ 者 不少ᄒᄂ 一一의 現象을 說明흠에 至ᄒ여ᄂ 科學的 知識을 待흔 然後에애 可期ᄒ리로다.

以上 說來흔 數多에 科學으로 硏究ᄒᄂ 各種에 現象은 個個 特殊ᄒ 意義를 有흠이 아니라 其間에 互相 深密ᄒ 關係가 有ᄒ미 結局 此等

現象界에 總 範圍를 다ㅣ 包含ᄒ야 一大 躰系 卽 宇宙 全躰가 組成된 것시니 此 宇宙 全躰를 躰系的으로 說明홈은 實로 哲學의 目的이라. 各 科學의 研究ᄒᄂ 躰系ᄂ 定限ᄒ 範圍가 有ᄒᄂ 哲學에 研究ᄒᄂ 躰系ᄂ 全宇宙를 包容ᄒ야 各 科學의 究極的 說明을 供給ᄒᄂ 者니 此로써 觀ᄒ면 哲學은 科學 以上의 科學이라 稱ᄒ리로다. 然이ᄂ 哲學의 研究가 哲學의 領域에 達ᄒ연 其 理也ㅣ 玄妙ᄒ고 其 義也 深遠 無窮ᄒ야 古來 幾多 哲人 明士의 腦漿을 絞搾不絶ᄒᄂ 者ᄂ 所說이 都是 主觀的 思想에 不過ᄒ고 其 玄玄ᄒ 秘密은 依然黑暗 中에 伏在ᄒ니 吾人의 不完全ᄒ 頭腦와 不完全ᄒ 感官이 到底 宇宙에 秘密ᄒ 眞相을 窺破홀 能力이 無ᄒ가.

◎ 學問의 目的, 연구생, 〈태극학보〉 제17호, 1908.1.

吾人이 學問을 從事홈은 何故를 因ᄒ며 學問의 目的은 果然 何에 在ᄒ냐 問홀 것 ᄭᄒ면 이ᄂ 너무 平凡ᄒ 疑問이라고 爲言홀 人도 有홀가 未知어니와 實際上에 在ᄒ여ᄂ 決코 如許히 容易ᄒ 事가 아니라. 此 目的이 明白치 못홈을 因ᄒ야 敎育의 方針도 往往히 動搖ᄒᄂ 弊가 有ᄒ고 國民이 學問에 對ᄒᄂ 程度에도 屢屢히 消長ᄒ 事가 有ᄒᄂ니 故로 吾人은 明白히 그 目的이 何에 在홈을 研究코져 ᄒᄂ 바로다. 勿論 敎育이라ᄂ 거슨 複雜ᄒ 거신 고로 學問을 從事ᄒᄂ 動機ᄂ 決코 一件에 止치 아니홀 터히나 然ᄒᄂ 그 動機가 幾許던지 有ᄒ다 홀지라도 其中 第一位를 占ᄒᄂ 者가 何인지 此를 決定홈이 甚히 肝要ᄒ 事가 되리로다.

吾人은 何故로 多數의 時間과 高額의 金錢을 費用ᄒ면셔 小中大學의 敎育을 受ᄒᄂ가. 其中에ᄂ 全혀 優遊度樂ᄒ기를 目的ᄒᄂ 者도 有홀 터히ᄂ 大体上 多大數ᄂ 學問으로써 職業을 得ᄒᄂ 逕途이라고 爲思홀지니 分明히 말ᄒ쟈면 人은 將來 社會에 立ᄒ야 衣食의 資를 得ᄒ랴고 今日 學問을 從事ᄒᆫ다 홈이니 올토다. 斯言이여. 文明 各國에셔는 學問

잇ᄂᆞᆫ 人쳐럼 比較的 高等 地位를 占有ᄒᆞᄂᆞᆫ 者가 無ᄒᆞᆫ 고로 優勝劣敗 競爭場에 立코져 ᄒᆞᄂᆞᆫ 者ㅣ 學問을 專修ᄒᆞᆷ이니 今日 뎌 專門敎育과 如ᄒᆞᆫ 거슨 分明히 人에게 職業을 敎授ᄒᆞᆷ이라 云ᄒᆞ여도 關係치 아니ᄒᆞᆯ지라. 此로써 普通敎育에 至ᄒᆞ기까지 立身 出世의 最高ᄒᆞᆫ 手段이라고 思ᄒᆞᆷ도 別數업ᄂᆞᆫ 順序이ᄂᆞ 世上의 父兄되신 이도 其 <u>子弟의게 學을 修케 ᄒᆞᆷ에 當ᄒᆞ여ᄂᆞᆫ 무슴 鐵道이ᄂᆞ 會社에 資本을 뇌는 것 ᄀᆞᆺ치 녁여 學資를 給與ᄒᆞ고 學校便으로 見ᄒᆞᆯ지라도 最先 卒業生에 立身의 途를 與ᄒᆞᆫ 者ᄂᆞᆫ 必也 繁榮을 得ᄒᆞᆫ다 ᄒᆞᄂᆞ니</u> 此ᄂᆞᆫ 分明 我國 現今 學問界의 趣勢이라. 然則 學問의 目的이 果然 此處에 在ᄒᆞ냐.

余ᄂᆞᆫ 學問과 立身出世의 間에 密接ᄒᆞᆫ 關係가 有ᄒᆞ다 ᄒᆞᆷ은 勿論 承認 ᄒᆞᆯ지언뎡 此가 學問 動機의 第一位라고ᄂᆞᆫ 思惟치 못ᄒᆞ노니 萬一 父兄이 子弟의게 學資를 給與ᄒᆞᄂᆞᆫ 目的이 그 子弟의 立身으로써 主要를 合으면 高等敎育을 受ᄒᆞᆫ 者의 數가 非常히 增加ᄒᆞᄂᆞᆫ 日에 彼等이 職業을 得ᄒᆞ기 困難ᄒᆞᆷ을 見ᄒᆞᆯ 時ᄂᆞᆫ 父兄은 子弟를 爲ᄒᆞ야 其 資本을 投ᄒᆞ야 機會를 待ᄒᆞᆷ에 至ᄒᆞᆯ진뎌. 今日은 僥倖 高等敎育을 受ᄒᆞᆫ 者가 少數이민 그 地位를 得ᄒᆞᆷ에 容易ᄒᆞᆯ 터히나 他日 學問이 如許ᄒᆞᆫ 效力이 無ᄒᆞᆷ에 至ᄒᆞ면 螢雪의 勞를 積ᄒᆞᆯ 者ㅣ 漸次 減少치 아니ᄒᆞᆯ가. 男子敎育에ᄂᆞᆫ 論을 暫止ᄒᆞ고 女子敎育에 對ᄒᆞ야 저윽히 思論코져 ᄒᆞᄂᆞᆫ 바가 有ᄒᆞ노니 近來 我國에 女子敎育說이 唱出ᄒᆞᆫ 以來로 幾許間 蒙牖를 初開ᄒᆞ엿ᄉᆞ나 아직 男子敎育에 比ᄒᆞ면 더욱 微微ᄒᆞ야 聞料가 一無ᄒᆞ니 然則 何故로 女子敎育이 振興되지 못ᄒᆞ나뇨. 此에 種種 色色ᄒᆞᆫ 理由가 有ᄒᆞ다 ᄒᆞᆯ지라도 余ᄂᆞᆫ 斷言ᄒᆞ기를 此ᄂᆞᆫ 他故가 아니라 學問을 立身出世의 必要ᄒᆞᆫ 手段으로 思考ᄒᆞᆫ 거시 必也 그 重要ᄒᆞᆫ 原因이라. 多數ᄒᆞᆫ 女子에ᄂᆞᆫ 職業이라ᄂᆞᆫ 거시 必要업고 ᄯᅩ 立身出世라ᄂᆞᆫ 거슨 흔히 他 理由로 從來ᄒᆞ난 거시민 學問의 動作이 아니라. 然ᄒᆞᆫ즉 婦人의게 學問을 從事케 ᄒᆞᆷ은 決코 資本을 投出ᄒᆞᆷ이 아니오, 거의 抛棄ᄒᆞ난 同樣이니 俗言에 云ᄒᆞᆫ 바 "會計가 틀닌다"ᄂᆞᆫ 말이 卽 女子敎育에 適用ᄒᆞᆯ 말이라. 그런고로 世上의 여러 父兄씌셔들도 女子敎育에ᄂᆞᆫ 너무 熱心치 아니ᄒᆞ거니와 女子

自身도 敎育으로써 고마온 것이라고 思惟치 아니ᄒ나니 余 前日에 經驗ᄒᆫ 바를 暫論ᄒ건ᄃᆡ 一女子ㅣ 京城셔 某 女學校를 卒業ᄒ고 地方 某 家에 嫁入ᄒᄆᆡ 靑山流水갓혼 英語ᄂᆫ 半句도 相交ᄒᆯ 機會가 無ᄒ고 其他 物理 星學 論理 等 諸學問은 日常生活上에 需用ᄒᆯ 수가 無ᄒᄆᆡ 비로소 屢屢히 嘆息ᄒ야 友人의게 學問의 無益을 說明ᄒ고 ᄯᅩ 그 媤妹의 留學 을 百般 妨害ᄒᆫ 事가 有ᄒ니 學問에ᄂᆫ 實利가 直伴ᄒᄂᆫ 것으로 思ᄒᄂᆫ 者ᄂᆫ 반다시 以上에 陳述ᄒᆫ 것과 갓치 失望이 될 거슨 難免의 事라. 學 問이 實狀 貴重ᄒᆫ 거시로ᄃᆡ 裁縫이라 洗濯이라 炊事 等의 實利를 婦人 의게 與ᄒᄂᆫ 거슨 아니니 萬一 學問의 目的이 職業이나 立身出世라는 實利에 在ᄒ다 ᄒ면 學問의 不必要를 醒覺ᄒᆯ 者의 數가 增加치 아니ᄒᆯ 가. 故로 余ᄂᆫ 立身出世로써 學問의 目的이라 ᄒᆷ에 對ᄒ야ᄂᆫ 期於 反對 ᄒᄂᆫ 바로라.

然則 學問 目的은 社會를 爲ᄒ야 盡衷ᄒᆷ에 在ᄒ니 別言ᄒ면 社會를 有益ᄒ게 ᄒᆷ에 在ᄒᆷ과 何如ᄒᆯ고. 此ᄂᆫ 一身의 名利를 求ᄒᆷ에 比較ᄒ면 高尙ᄒ고도 可히 忖想ᄒᆯ 要說이라. 大抵 吾人은 社會의 一部를 形成ᄒ 여 잇ᄂᆫ 者이니 然則 社會에 對ᄒ야 害를 與ᄒᆷ이 可ᄒᆯ가, 或은 益을 與 ᄒᆷ이 可ᄒᆯ가. 此 兩者에 不出ᄒᆯ지니 故로 吾人은 社會에 盡衷ᄒᆯ 바가 有ᄒ다고 學問을 從事ᄒᆷ이요 반다시 一身의 名譽利達을 求ᄒᄂᆫ 거시 아닌즉 余ᄂᆫ 勿論 此로써 學問을 從事ᄒᄂᆫ 動機의 一位로 計數ᄒ노라. 然ᄒ나 此로써 目的의 最先位에 置ᄒᆷ은 敢히 贊成치 못ᄒᄂᆫ니 何則고. 此說도 亦是 幾許間 學問의 目的을 實利에 置ᄒᆫ 所以니 萬一 社會를 益ᄒᄂᆫ 거시 學問의 目的이라 云ᄒ면 社會를 益ᄒ게 못ᄒᄂᆫ 者ᄂᆫ 學問 을 勤修치 안터ᄅᆡ도 妥當ᄒᆯ 事가 아닌가. 余ㅣ 일즉 美國 聾啞院談을 聞ᄒᆯ 時 一個 珍奇ᄒᆫ 靑年이 有ᄒ엿소. 彼ᄂᆫ 二三歲 頃브터 聾啞될 ᄲᅮᆫ 아니라 盲者도 되여 그 聽官과 視官을 失ᄒᆫ 고로 但只 觸官만 依賴ᄒᄂᆫ ᄃᆡ 그 靑年을 敎養ᄒᆷ에 特別히 一人의 敎師가 잇셔 普通科를 敎ᄒᆷᄋᆡ 歷史 地理의 大意를 知ᄒ고 數學도 算術 分數ᄭᅡ지 修了ᄒ엿다 ᄒ니 今 에 余ᄂᆫ 뎌 病身 靑年의게 學問을 從事ᄒᆫ 目的이 何에 在ᄒᆫ 것을 思考ᄒ

여 學問의 目的이 決코 立身出世도 아니오 社會에 盡衷흠도 아닌 거슬 斷言ᄒ노니 諸君은 뎌 病身 靑年이 學問을 修得ᄒ엿다고 獨立生活을 管得ᄒ 것은 到底히 信認치 아니ᄒ 터히ᄂ 美國에셔 如彼ᄒ 靑年을 敎育흠은 何를 爲흠인가. 或은 뎌 靑年을 敎育흠으로써 無益ᄒ 事가 되리가 ᄒᄂ 다만 美國人이 彼를 敎育흠은 彼로 心理學上의 硏究 材料를 삼기 爲흠이니 然則 諸君의 近親 中에 萬一 如許ᄒ 不具者가 有ᄒ다 假定ᄒ고 想像흠에 其人이 到底히 獨立生活을 不作ᄒ며 社會上 有益ᄒ 事를 未能ᄒ 理由로써 諸君은 其人을 無學ᄒ 裡에 全埋ᄒ겟ᄂ뇨. 余는 決코 如許히 不人情ᄒ 事를 作爲치 아니ᄒ 줄노 信ᄒ노니 然則 如許ᄒ 不具者의게라도 敎育을 施치 아니치 못ᄒ 理由 中에ᄂ 學問의 目的이 包含ᄒ여 잇지 아니ᄒ가. 左에 漸次 說明ᄒ리라.

　學問의 最大ᄒ **目的은 自己의 能力을 十分 發達식힘에 在ᄒ니** 立身出世던지 或은 社會를 益ᄒ게 ᄒᄂ 거슨 다만 此를 隨伴ᄒᄂ 바 事物쑨이라. 根本브터 吾人 人類의게ᄂ 天稟의 能力이 有ᄒ니 此를 十分 發達식힘이 自己의 目的으로던지 쏘는 將來 社會의 目的으로던지 當然히 ᄒ 바이오 余가 只今 云ᄒᄂ 바 能力이라 흠은 心意에 關ᄒ 것쑨 아니라 体力도 其中에 加入되난 거시니 今日 普通으로 唱論ᄒᄂ 智育, 情育, 体育을 十分 善行흠은 卽 吾人의 能力을 十分 發達식힘이니 만일 學問의 目的이 此에 在ᄒ다 ᄒ면 癲癇(나뎐), 白痴 外에야 誰가 學問에 從事치 아니ᄒ 者ㅣ 有ᄒ리오. 立身出世와 學問이 必然 相伴ᄒ 거스로 思考ᄒ게 드면 貴族과 富豪間에ᄂ 學問을 尊重히 ᄒ 必要가 無ᄒᄂ니 何故오. 無他라. 彼等은 職業을 求ᄒ 必要도 無ᄒ고 더욱 其 手段으로 學問을 從事ᄒ 必要가 無흠이니 余ᄂ 我國 富豪 貴族 中에ᄂ 有名ᄒ 學者가 無ᄒ 거슬 一種 遺憾으로 녁이노라. 大抵 學問에 從事ᄒ야 世人의 <u>尙今 發見치 못ᄒ 眞理를 發見ᄒ다</u> 흠은 다만 社會를 有益게 ᄒ 쑨 아니라 <u>其人 自身에게도 此 以外의 快樂이 更無ᄒ겟스나</u> 然ᄒ나 學問을 從事흠에 不少ᄒ 時間과 多大ᄒ 金錢을 要ᄒ야 學問 程度가 一國에 卓越ᄒ 大學敎授 中에도 金錢의 魔力을 不勝ᄒ야 長久ᄒ 時間을 犧牲에 供ᄒ고

도 多少 內職을 未免ᄒ다 ᄒ니 然則 貴族과 富豪는 衣食으로 因ᄒ야 其心을 因勞홀 必要가 無ᄒ겟슨즉 一身을 終日 學界에 投홀지라도 別노 困難ᄒ 일이 無홀지니 일노써 見ᄒ건듸 貴族과 富豪 中에도 一世를 絶驚홀 大學者 大發明家의 現出을 企望홈이 無理ᄒ 事 아니것만 全國內 數多ᄒ 貴族 富豪 中에셔는 學問에 從事者가 鮮出홈이 果是 異常ᄒ 現象이 될가. 余는 貴族 富豪의 腦力이 普通 人民의게 劣下되여 然ᄒ다 아니ᄒ노니 然則 그 理由는 學問을 職業 或 立身 處世의 一 手段으로 思ᄒ는 國民의 誤謬됨에 在ᄒ다 홀지라. 萬一 貴族 富豪 中에 學問의 目的을 眞正ᄒ게 解得ᄒ는 者가 有ᄒ면 泰西 諸國과 如히 彼等 中에셔 大學者 大發明家 大探險家를 見홈이 不遠에 在ᄒ다 ᄒ노라.

富豪 貴族 中에 學問이 隆盛치 못ᄒ는 것과 又치 勞働者間에도 學問을 修ᄒ는 者가 鮮홈은 亦是 同一ᄒ 理由로 生ᄒ 것이니 彼等은 手足을 만히 働作ᄒ야 衣食의 途를 得ᄒ는고로 學問으로써 身을 立ᄒ 바가 아닌즉 學問의 目的이 人에게 衣食을 與홈에 在ᄒ다 ᄒ면 勞働者는 全혀 學問을 從事홀 必要가 無홀 거신즉 玆에 至ᄒ여는 余의 初言과 又치 學問은 自己의 能力을 發達홈으로써 第一의 目的을 作홈에 不在ᄒ면 勞働者가 學問을 欣修홀 時機가 到達치 아니홀 듯ᄒ도다. 人이 或言ᄒ기를 勞働者의게 學問을 從事식힘은 畢竟 無益의 事라 ᄒ고 或은 云ᄒ되 勞働者는 勞働이 甚劇ᄒ야 學問을 修得홀 勇氣가 無타 ᄒ나 그러ᄂ 國民 全体의 進步를 圖謀코져 ᄒ면 勞働者라고 排除ᄒ지 못홀 거시오 또 勞働者는 終日 体力만 使用ᄒ고 腦力은 比較的 少用ᄒ 고로 彼等이 다만 學問의 目的을 了解홈에 至ᄒ여는 夜更이라도 一二時間을 學問에 費用ᄒ기가 別노 困難ᄒ 事가 아니니 然則 學問 目的의 明白 與否가 國民 全体의 進步 發達에 大關係가 有ᄒ도다.

歐美 文明 諸國에셔는 何處던지 學問이 隆盛ᄒ지마는 同一ᄒ 文明國 中에도 多少 趣意가 殊異ᄒ 處가 有ᄒ니 뎌 英美國人은 學問을 實際上 事物에 應用ᄒ야 利益을 收홈으로 目的을 合고 德國人은 學問은 學問이라 ᄒ야 修ᄒ는 고로 其 結果가 如何ᄒ 거셰 너무 注意치 아니ᄒ니 **英美**

人은 學問으로 實利를 收호고 德國人은 珍器 什寶와 如히 思호야 學問을 修혼즉 余의 所見으로는 英美의 學問이 振興치 못호리하 홈은 아니로되 到底히 德國人에 未及홀 事勢요 德國人은 學問을 貴重호게 思호는 所以로써 學問에 非常히 忠實호고 熱心하느니 大抵 德國人은 人으로 比肩호쟈면 上品의 國民이 아니오 또 自慢호며 金錢에는 貧乞에 不過호야 足히 欽羨홀 바가 無호되 敎育에 熱心호는 거슨 驚歎치 아닐 수 업도다. 彼等은 英美人과 如히 富裕치 못혼 고로 衣食住에는 極히 儉畧호느 子弟의 敎育에는 金額의 多少를 不顧호고 費用을 出補호나니 然則 彼等은 子弟의 立身을 希望호여 然혼가 아니라 全혀 學問을 主寶로 녁여 人生의게 有케 호고져 홈이로다.

余ㅣ 只今 德國人의 代表되시는 德國 皇帝의 事蹟을 陳述코져 호노니 皇帝는 아직 少壯호신 君主느 貴人으로는 世界 中에 如許히 多藝多能혼 者가 更無혼 줄노 思호노라. 政治上에는 더욱 말홀 必要가 無호고 軍人, 文學, 音樂, 畵家의 各種 非凡혼 技量을 備有호엿는 中에 音樂에 最多 興味를 付호는 고로 皇居의 隣近에는 皇室로 一 演劇場을 置호고 時時로 行啓호야 玩賞호는 고로 玉座를 爲設호엿고 余의 聞혼 바를 按호건 딘 皇帝 親히 오페라(演劇)를 作호야 役者로 使演호고 觀賞혼 事도 有호며 또 露國 皇帝게 增送혼 一幅 寓意畵는 全혀 親히 立案호야 畵家로 執筆케 호엿고 또 일즉히 쎼리츠[8]라 稱호는 學者를 宮中에 招聘호야 皇后 皇太子 大宰相을 召集호고 其 講義를 聽홀식 쎼리츠는 古物學者라 一日은 巴比倫[9] 思想의 基因된 쓰라이 思想이라는 問題를 出호야 講호민 皇帝ㅣ 興味津津호야 潛然히 細聽혼 後 再次 쎼리츠를 宮中에 招호야 그 講義를 復聽혼 後 皇帝 親히 此 問題에 關호야 自由討論을 起演호엿다 호니 一國의 君主로셔 政治學과 軍隊의 事를 硏究홈에는 別노히 驚嘆홀 事가 아니느 音樂 繪畵 文學 等事에도 熱心 勵烈호심은 實노

---

8) 쎼리츠: 미상.

9) 파비륜(巴比倫): 바빌로니아.

嘆驚의 事이로다.

一步를 更進ᄒ야 皇帝ㅣ 其 皇子를 敎育흠에 如何흔 方針을 用ᄒᄂ지 暫間 陳敍ᄒ건듸 德國 學問의 價値가 如何흠을 明白히 知흘지니 第一 第二 皇子ᄂ 陸軍이오 第三 皇子ᄂ 海軍이오 第四 第五 皇子ᄂ 伯林(德京)10)셔 近地되ᄂ 프렌 農學校에셔 農業에 從事흘ᄉ 二 皇子 外 六人의 同窓生을 爲ᄒ야 幾坪畝(기평무)의 土地를 買有ᄒ고 耕作物은 穀類와 菜蔬며 其外에 乳牛 二頭를 養흘 만흔 牧場이 有ᄒ며 鷄鳩 其他 家禽을 畜養ᄒᄂ듸 二皇子와 朋輩ᄂ 專門家 敎導ᄒᄂ 아릐 農業에 關흔 實際의 智識만 得흘 ᄲᆞᆫ 아니라 經濟上 其 事業의 成效를 期ᄒᄂ 고로 耕作地에 셔 生産흔 거슨 皇居에 送ᄒ면 皇帝ᄂ 相當흔 市價로 買取ᄒ되 萬一 生産品 中에 其質이 劣等되난 者ᄂ 關係업시 其價를 減下흠으로 皇子ᄂ 全力을 用盡ᄒ야 培養 勤勉히 ᄒ다가 額頰(액협)에 汗流가 浹下(협하) ᄒ며 飮食을 要흘 時ᄂ 彼等은 耕作地 內에 搆設(구설)흔 小屋에 入ᄒ야 珈排11)를 飮ᄒ며 或은 麵麭(면포)를 食ᄒ나 그 器皿은 粗惡흔 陶土製를 用흔다 ᄒ니 何方面으로 見ᄒ던지 德國 皇室의 敎育은 學問으로 立身出 世의 要具를 作치 아니ᄒ고 貴重흔 寶貝로 숨아 此를 修흔다ᄂ 方針이 昭然ᄒ니 德國의 隆盛이 果然 基因흔 바가 有ᄒ도다.

余ᄂ 學問으로써 寶에 比ᄒ엿거니와 此ᄂ 多少의 說明을 要흘지니 大凡 家에ᄂ 日用物品 外에 必要흔 物品을 卽 寶라 稱ᄒ나니 假令 金屛 風이ᄂ 珍奇흔 椀具며 古代브터 其 家에 傳來ᄒᄂ 古物이ᄂ 然하ᄂ 此 等 寶貝ᄂ 一年에 一二度外에ᄂ 常用치 아니ᄒ고 倉庫에 藏置ᄒᄂ니 만일 實用의 標準으로 말ᄒ쟈면 此等 珍器ᄂ 全혀 無價値의 物이것ᄆ 은 世人이 此等 寶를 持有ᄒ면 滿足히 아ᄂ 것은 何故뇨. 元來 人은 平 時에 備有흔 것보다 急處에 用意를 預備흔 것으로써 必要를 숨ᄂ니 世 上 持寶者의 心志를 探見ᄒ면 分明히 不時의 需를 應흘 거스로 一 動機

---

10) 백림(伯林): 베를린.
11) 가배(珈排): 커피.

236

를 作홈은 昭然흔 事이요 一年 一度 珍客을 招待홀 時에 家具를 繁飾홈
은 虛榮에 不過ᄒᆞᄂᆞ 主人된 者에난 左右間 滿足을 自抱ᄒᆞᄂᆞ니 此와 如
히 學問을 多大히 修得흔 者도 此를 應用홀 機會ᄂ 小홀지라도 心中에
一種 難言의 滿足이 抱持된 거슨 昭然ᄒᆞ리로다.

只今 他 方面에서 視察을 垂下ᄒᆞ면 學問은 廣大無邊흔 宇宙를 吾輩의
小腦髓에 壓積홈과 如ᄒᆞ되 吾人은 日日 外界를 接ᄒᆞ야 其 美를 探ᄒᆞ고
眞을 究ᄒᆞ나 眞善美의 實相은 吾人의 心中에 求홈이 可ᄒᆞ니 外界의 眞
美ᄂ 往往히 全隱ᄒᆞᄂᆞ 수가 有ᄒᆞ나 內界의 眞美ᄂ 永永 吾人과 共存ᄒᆞ
ᄂ 者니 只今 卑近흔 實例를 取言ᄒᆞ면 老人이 漸次 그 視力 聽力을 失홈
에 至ᄒᆞ여 外部의 世界ᄂ 恰然히 消滅됨과 ᄭᆞᆺ흔되 此로 從遠코져 홈에
當ᄒᆞ여 彼의 幸不幸은 彼의 內界의 如何를 從ᄒᆞ야 定홈이니 壯年時代에
山河 風景을 廣覽흔 者는 老項[12]에 達홀지라도 往往히 前日 觀覽物을
再想ᄒᆞ야 壯快홈을 感得ᄒᆞᄂᆞ 거슨 實相 吾人의 想像으로도 相及지 못
ᄒᆞ난 것이니 學問의 價値ᄂ 此와 如흔 者이미 그 廣大홈을 形言키 難ᄒᆞ
겟도다.

人生의 目的은 何에 在홈가. 此ᄂ 容易히 答辯키 不能흔 問題나 多數
學者의 所言을 據ᄒᆞ건되 自己와 他人을 總括ᄒᆞ야 그 幸福을 求흔다 홈
이 吾人의 目的이 될 거슨 明白흔 事이니 勿論 幸福이라는 거슨 快樂보
다도 高尚흔 意義로 解析흔 거시미 完全흔 되셔 出生흔 것으로 思홀지
니 **然則 最多의 幸福을 受ᄒᆞᄂᆞ 人은 最多 完全의 域에 近着흔 人인즉
學問은 이 多大흔 幸福을 與ᄒᆞᄂᆞ 者**니 吾人은 엇던 事情을 因ᄒᆞ야 職業
을 守爲홀 必要가 無흔 수도 有ᄒᆞ고 ᄯᅩ 職業을 得爲치 못ᄒᆞᄂᆞ 境遇도
來홀지니 然則 職業이나 社會를 爲ᄒᆞ야 盡衷흔다ᄂᆞ 거슨 一時 附隨에
不過ᄒᆞ나 學問은 決코 不然ᄒᆞ야 吾人 人類 發達에 必要흔 者도 되고
ᄯᅩ 永久히 持續홀 者도 되거늘 만은 靑年이 學校 卒業 後에 學問을 棄廢
ᄒᆞᄂᆞ 事가 常有ᄒᆞ니 此ᄂ 學問의 價値를 了解치 못흔 所以로다. 비록

---

12) 노항(老項): 노경(老境)의 오식으로 보임.

如何히 職業에 繁忙ᄒᆫ들 學問 懶惰홀 理由가 何에 在ᄒ며 如何히 公共事業에 奔走ᄒᆫ들 讀書를 廢홀 口實이 何에 在ᄒ랴. 職業이던지 公共事業갓혼 一時的 物에 熱中ᄒ야 人生으로 必爲홀 責務를 忘域에 置홈은 實노 本末을 誤錯ᄒᄂ 行動이 아닌가. 余가 玆에 學問의 目的을 論ᄒ거슨 速速히 好學風이 我國에 勃興ᄒ기를 望ᄒᄂ 所由로라.

◎ 科學의 急務,
　金英哉,〈태극학보〉제20호, 융희 2년(1908) 5월 20일.[13]

　吾人이 知悉ᄒᄂ 바 科學은 卽 實學이니 空理空論도 아니며 想像도 아니오 實際의 學問이니 此를 實際上에 應用ᄒ면 國家 社會의 各種 事業을 發達케 ᄒᄂ 同時에 一般 國民의 常識을 發達케 홀 基礎가 되나니 大盖 科學이 發達 普及ᄒ면 個人으로ᄂ 各自의 事業 經營이 完全히 成行ᄒ고 富力이 增殖ᄒ야 堅實혼 思想上에 發展을 計圖홈으로 國家 事業上에 現著혼 進步를 成致ᄒ야 鞏富혼 基礎를 建立홈은 自然의 結果요 國民의 常識을 發達혼다 홈은 個人은 勿論 其然ᄒ려니와 國家 全体를 觀論홀지라도 亦是 必要홀 거슨 世界 萬國의 輿論이라. 米國 有名혼 哲學者 하리스[14]의 金言을 據ᄒ건딘 國民의 常識을 發達케 홈은 科學普及에 在ᄒ다 ᄒ엿스니 果然인가 偶然인가. 歐米 諸國에도 常識 發達에 對ᄒ여ᄂ 大段 苦心 研究혼 結果에 依然히 科學 普及이 最上 肝要處로 歸着ᄒ엿스니 所以로 普及을 計圖키 爲ᄒ야 苦心혼 結果로 思想이 普及ᄒ고 趣味를 鼓吹홀ᄉ 或은 著書 或은 雜誌, 講演 等 各 方面으로 勸勵 努力ᄒ야 有益혼 出版物이 多大히 流行ᄒ니 此 一事로 見度홀지라도 科學 普及에 多大혼 注意를 惹起혼 거시 分明ᄒ도다. 常識의 發達과 科

13) 이 논설은 '과학＝학문＝실학'이라는 등식 아래 국민 상식과 과학 발달을 위해 노력할
　　것을 주장한 논설임. 미국 철학가 헤리스의 주장을 소개한 점이 특징임.
14) 하리스: 미상.

學은 以上과 如히 歐米 各國만 不啻(불시)라. 我國과 如한 新進國도 先進 諸國과 激甚한 舞臺를 比踏하는 以上에야 其 主要가 一二에 不止하겟거늘 今日까지 **我 韓人은 哲理政治에만 熱心을 奔馳하고 科學 實學上에는 輕向을 妄置하야 學問이라 言하면 治國平天下만 但思하여 法律, 政治 等 學問만 修得하기에 熱中하고 實業은 捨而不顧함**으로 實際와 實力을 未樹하고 空理와 空論에만 浮動하미 國民 子弟가 無非空論家를 馴成하야 悲慘한 現象을 演出하엿나니 此는 國家를 衰弱케 하고 國力을 退守케 할 뿐 아니라 國家 社會의 公賊이 되리니 嗚呼라. 今日을 目睹하는 有志 人士여. 如何한 感想을 抱有하며 如何한 手段을 將取하겟는가. 要策을 硏究컨디 學者나 民間 有力者나 諸般 人士를 總而勿論하고 力量을 相合하여 科學 普及을 力效하고 常識 發達을 用意하야 堅實한 思想을 養成하고 事業의 興起와 實業의 發達을 促進하야 所謂 富國强兵의 基礎를 確立하면 國家의 發展이 不遠自期라 하노라.

　以上 所言을 摘要하면 今日은 國民의 常識을 急急히 獎勵 發達함이 可하되 此를 實行하쟈면 空理空論을 沒數排斥하야 實學을 尊尙하라. **實學은 卽 科學이니 故로 科學의 普及이 今日 急務라 謂할**지라. 近來 各郡에 學校 設立이 搖搖 蜂起하야 少年 國民과 有志人 社會間에 芳美한 大觀念을 相交하니 亦是 鎖古의 主義를 比肩하쟈면 幸福됨이 無量하지만은 此는 普通學 卽 言論上 學問쑨이오 實際上 進展이 아닌즉 余의 所見으로는 急急히 實學을 鑽究하고 科學을 發達할 目的으로 特殊主義의 實學校가 多數 設立하기를 企望하노라.

◎ 研究는 進化의 本, 徐炳玹, 〈태극학보〉 제24호, 1908.9.

　　*학문 연구의 의미

　　國이 國과 富强을 幷駕홀진댄 內筋이 必純全홀지오 人이 人과 思想
을 比擬홀진된 智力이 必具備홀지로다. 國의 內筋이 純全ᄒ기ᄂᆫ 胎於硏
究ᄒ고 人의 智力이 具備ᄒ기도 亦胎於硏究ᄒ나니 硏究ᄂᆫ 國을 興ᄒᄂᆫ
者며 人을 智ᄒᄂᆫ 者라. 盖 硏究力이 無ᄒ면 國而非國이며 人而非人이
라 홀지니 何則고 ᄒ면 今에 砲煙이 漲天ᄒ고 彈丸이 如雨ᄒ니 此ᄂᆫ
有硏究ᄒᆫ 國과 無硏究ᄒᆫ 國의 戰이라. 此境을 當ᄒᆷ이 硏究가 旣無ᄒᆫ 國
은 拔腰的(戰慄的) 心緒가 自萌ᄒ야 能히 抗拒치 못ᄒ며 迷路와 如히
罔知所向타가 左擊右打에 卒然 塡巷ᄒ얏스니 此等 國은 非國이라 ᄒ야
도 過言이 아니요, 亦今에 應試者 雲集ᄒ고 觀光者 簇立ᄒ니 是ᄂᆫ 劣者
와 優者의 試라.

◎ 我等의 研究ᄒᄂᆫ 學問, 李殷德, 〈공수학보〉 제2호, 1907.4.
　　(학문론)

　　*유학생 담론 / 학문 담론 = 일본 유학생이 대부분인 실태

　　從來 我 帝國 留學生이 世界 各國에 留學ᄒᆷ이 頗多ᄒ나 其中 多數ᄂᆫ
日本에 留ᄒᄂᆫ 學生이라. 特히 現今에 至ᄒ야ᄂᆫ 其數가 八百餘에 達ᄒ
야 各種 學問을 研究ᄒ니 我帝國 學術界의 一大 慶事라 稱홀 만ᄒ고,
不遠ᄒᆫ 將來에 我帝國 文化의 蔚興ᄒᆷ을 見ᄒ리로다. 然이나 吾人의 恒
常 慨嘆ᄒᄂᆫ 바ᄂᆫ 許多 成業 歸國ᄒᆫ 學生의 活動力이 少ᄒ며, 世人의
惡評을 免치 못ᄒᄂᆫ 事이라.

其 原因을 推想컨딕 實노 諸般 社會의 需用이 甚少흠이나 又 其 業이 完成치 못흠에 在ᄒ니 其 業에 不完흠은 受業者의 勤勉이 不足흠과 敎育機關에 缺點이 有흠에 因흠이라. 現今 世界 各國의 理想的 敎育機關이 無흠은 世人이 知ᄒᄂ 바이나 就中 日本 敎育機關에 至ᄒ야ᄂ 小學 中學에 完不完은 兹에 論ᄒ 必要가 無ᄒ거니와 我等이 硏究ᄒᄂ 高等 專門學의 不完흠은 敎育 當局者의 認定ᄒᄂ 바이라.

本國 同胞ᄂ 如此흔 事情을 察得치 못ᄒ고 다만 學生의 不勤흠만 責ᄒ나 此을 客觀的으로 觀察ᄒ면 兩便에 同情을 表홀 만ᄒ도다. 然이나 我等의 立志 渡海흔 目的은 不完흔 學問을 工夫ᄒ랴 흠이 아니라, <u>完全 無缺흔 學問을 硏究ᄒ랴 흠이요, 公論的 學問을 習得ᄒ랴 흠이 아니라,</u> <u>實用的 學問을 卒業ᄒ랴 흠</u>이니, 我等이 萬若 學海의 潮波를 隨ᄒ야 特別흔 注意와 硏究 업시 工夫ᄒ면 規定흔 年限 後에 文字上 卒業證書를 得홀 슈 잇슬지라도 實際의 目的은 達ᄒ기 難흠은 自然흔 理라. ---

◎ 學問 撰擇의 必要, 尹定夏, 〈낙동친목회학보〉 제2호, 1907.11. (학문론, 계몽 담론)

*학문(전공 분야) 선택의 기준: 시세, 재능, 기호, 직업, 경우(상황)

夫 人生은 腦力과 精神이 有限ᄒ야 一時에 萬般 事爲을 幷行ᄒ기 不能ᄒ고 一人으로 百科 學問을 精通홀 者ㅣ 未有흠은 吾人의 實見 實驗 ᄒᄂ 事이라. 竊惟ᄒ건딕 古來 我國의 學者ᄂ 百家諸書에 通知 아닌 者 ㅣ 無ᄒ다 ᄒ나, 此ᄂ 單히 書를 讀홀 쑨이오, 眞心으로 人世必須흔 學問을 修得ᄒ야써 實效를 社會에 普及코져 ᄒᄂ 意思ᄂ 不存ᄒ니 이 엇지 修學之本意리오. 今世에 處ᄒᄂ 學者ᄂ 必히 舊學者와 如히 書를 徒讀흠이 不可ᄒ고, 진실노 學術의 玄旨를 深究ᄒ며 技纏(기전)의 妙法을

實習ㅎ야 此를 社會에 應用홈이 可홀지라. 故로 一人으로써 普通 學科 以外에 一科 專門의 熟達흔 者ㅣ 有ㅎ면 足홀지라. 此點에 在ㅎ야 비로소 **學問 撰擇의 問題가 起ㅎ나니** 此 問題에 至ㅎ야도 適當흔 撰擇을 得ㅎ면 可矣로딕 如 或 一時에 學問의 撰擇이 差違홀진딕 寸毫도 自身上의 無益됨은 勿論ㅎ고 其 多大흔 影響이 反히 社會에까지 禍毒을 貽ㅎ는 境에 至ㅎ리니 이 엇지 學者의 重要흔 問題라 不稱ㅎ리오. 然則 今日 學에 志ㅎ는 者는 몬져 此에 一層 注意ㅎ야 前途의 憤誤(분오)를 致케 홀지어다. 玆에 **學問 撰擇홀 標準을 列擧홀진딕 一曰 時勢에 適合홀 學問, 二曰 才能에 適合홀 學問, 三曰 嗜好에 適合홀 學問, 四曰 職業에 適合홀 學問, 五曰 境遇에 適合홀 學問** 等이 是也라.

第一. 時勢에 適合흔 學問이란 거슨 時勢는 卽 社會活動ㅎ는 大方針이라. 此를 逆홈은 水流를 逆홈과 如ㅎ야 活動ㅎ는 目的을 順成키 不能ㅎ나니 昔日 豪傑之輩가 逆流에 立ㅎ야 誤身 誤國에 至흔 者ㅣ 幾人이뇨. 特히 學問에 至ㅎ야는 時勢의 魁頭로 進行ㅎ는 者인즉 時勢에 不適흔 學問을 撰擇홀진딕 必히 無用흔 學者로 化홀 짜름이라. 試看ㅎ라. 五百餘年 來 閉門自守ㅎ는 時代에 天地를 經緯흔 儒學도 今日에 至ㅎ야는 비록 專門 修學ㅎ야도 何等 實效가 有ㅎ며 쏘 舊醫學 劍術으로 言ㅎ야도 或 一部의 需要가 有ㅎ다 ㅎ야도 此를 學ㅎ야 何等 實益이 有ㅎ뇨. **今日에는 寧히 英學, 洋醫學, 兵學, 其他 法學, 理學, 農學, 工學, 商學 等을 學홈이 適當홀지라.** 此等을 修學홈은 쏘흔 明瞭흔 事이나 更히 時勢의 推移ㅎ는 바를 觀破ㅎ야 將來 必須홀 學問을 選擇홈이 쏘흔 極難홀지니 今日 學에 志ㅎ는 者는 此에 반다시 十分 審愼치 아님을 得치 못홀지오.

第二. 才能에 適合홀 學問이란 거슨 人各 日能이 有ㅎ고 不能이 有ㅎ야 辯日에 巧흔 者며 文筆에 長흔 者며, 思想에 巧흔 者며, 處世에 達흔 者 等을 ――히 其能과 不能을 枚擧키 不遑홀지라. 例컨딕 周代의 子夏

子貢은 設辭에 善ᄒᆞ야도--

第三. 嗜好에 適合ᄒᆞᆯ 學問이란 거슨 嗜好와 性質은 常伴不離ᄒᆞᆫ 者오. ᄯᅩ 嗜好ᄂᆞᆫ 才能과 附隨ᄒᆞᆫ 者ㅣ라. 何者오. --

第四. 職業에 適合ᄒᆞᆯ 學問이란 거슨 元來 再論ᄒᆞᆯ 必要가 無ᄒᆞ나 槪言ᄒᆞᆫ 건딘 農業家가 政治를 學ᄒᆞ야도 無用이오 法學家가 工學을 修ᄒᆞ야도 無益이오, 文學家가 航海術을 練習ᄒᆞ야도 더욱 迂闊ᄒᆞᆫ 事ㅣ라. 故로--

第五. 境遇에 適合ᄒᆞᆯ 學問이란 거슨 世間 古今 稀有ᄒᆞᆫ 豪傑의 風을 學ᄒᆞ야 境遇의 如何ᄒᆞᆷ을 不問ᄒᆞ고 甚히 迂闊ᄒᆞᆫ 學問에 從事ᄒᆞᄂᆞᆫ 者ㅣ 不少ᄒᆞ니 例如 漁業ᄒᆞᄂᆞᆫ 水夫로 兵書를 讀ᄒᆞ야 他日 泗上亭長으로 起身ᄒᆞᆫ 漢高祖를 學ᄒᆞ랴 ᄒᆞᆯ진딘 何人이 其迂闊ᄒᆞᆷ을 指笑치 아니리오. 人이 自處ᄒᆞᄂᆞᆫ 境遇를 深量ᄒᆞ야 前途의 目的을 選定ᄒᆞᆫ 後에 學問에 從事치 아니ᄒᆞ면 平生을 誤케 ᄒᆞᆷ이 容易ᄒᆞ나니 故로 身에 恒産과 緣因(연인)이 無ᄒᆞ고 政治學을 修ᄒᆞ야 政治家가 되랴ᄒᆞ면 헌갓 一個 浮浪輩와 伍列ᄒᆞᆷ에 至ᄒᆞᆯ ᄲᅮᆫ이오, 家에 一石의 貯藏이 無ᄒᆞ고 身에 一衣의 換着이 無ᄒᆞᆫ 身으로써 大商人을 學ᄒᆞ랴 ᄒᆞᆯ진딘 何第 效力이 有ᄒᆞ겟ᄂᆞ뇨. 然則 自處ᄒᆞᆫ 境遇와 近似ᄒᆞᆫ 學問을 選修ᄒᆞᆫ 後에셔 境遇와 갓치--

◎ 學問體用, 金思說, 〈대동학회월보〉 제1호, 1908.2. (학문론)

人之生也非若木石之頑冥而己非若鳥獸之蠢動而己具五常之性備五倫之理內則修己外則治人修己治人人之道備矣故苟不能盡乎修己治人之道是則人不得爲人而木石己鳥獸己人之性固相近也有所不能盡者有所拘也有所蔽也古之聖人爲此之懼敎之於庠序學校習之乎仁義禮樂使之務盡其爲人之道聖人者人之先覺者也學也者覺也覺其所不覺而學之乎先覺非有

他也雖然今有人就十百人之前問曰耳目是何物十百人必一口同辭曰是司視聽之官也又問曰衣食是何物又必一口同辭曰是救飢寒之資也若問之曰學問是何物十百人必呆口而能答之者尠矣嗟呼耳目病則視聽廢而人不得以完矣衣食闕則飢寒迫而人不得以生矣此人人之所同知也然則學問不舉固可得以為人乎學問是鑄人之爐韝也棄爐韝而求鑄工者妄也天地不滅斯人不滅斯人不滅修己治人之道不可一日無也

今之粗解讀書者開口便說學問然必真知學問然後其用工可為實得而其措之事為者亦無獘矣大抵學之一字合而言之則有全體大用分而言之則有一體一用有同體異用有體用相須古之人論學者其說若萬而其要不出乎體用二字體本也末也體先也用後也偏於體而不適於用不可也務達於用而不本之體不可也如事君當忠事父當孝然必先知忠是何事然後可以盡命也必先知孝是何事然後可以竭力也事君孰不欲忠事父孰不欲孝也然人人不能皆為忠臣人人不能皆為孝子是不明乎天理民則之所在徒欲以事為名稱之末而求之也可乎哉

世之為學者或有關門獨坐終身矻矻誦法周孔唾罵漢唐高談天人性命之際而問之以兵刑錢穀則曰儒者之所不屑也此顧亭林所謂置四海困窮不問而終日講危微之學者也及其任之以事則不能發謀應機反為吏人武士之所笑夫如是將焉用學為哉此偏於體而不能適於用者也又或有急於進為不揣本末妄謂天下之事易如反掌不世之功唾手可得棄其本原田地之工而規規於枝葉錙銖之末此永康事功所以見斥於紫陽固安能不失其先後緩急之所在而得免於蒼黃顛倒之失哉此急於用而不本之體者也要之皆失也

夫學問體用之全莫大於孔子而孔子之學則異於二者故大學之道極於治平而誠意正心為之本中庸之道極於位育而戒慎恐懼為之本蓋天下萬事莫不出於吾之一心而此心不正則不足以應萬事之變也然言平天下之道而及於生財言九經之道而及於懷遠人此其先後本末之分較然明著固無一毫之

缺不知此者不足以知學矣不知孔子者不足以知學之體用矣

學之道廢久矣簪纓驕子魚魯不辨挾冊舉子依樣畫蘆紛紛盈於天下者皆
曰吾斯之學而其隘狹之量淺近之見鄙陋之習苟且輕易之論背於聖人之學
遠矣夫何體用之可論哉說者輒曰吾學凸於異端是徒知異端之凸吾學而不
知吾學亡於吾學研訓詁者是吾學而吾學未嘗不亡於訓詁也力辭章者是吾
學而吾學未嘗不亡於辭章也至於性理之學熾而吾學幾乎絶矣理之說孔
子之所罕言而今之能言者莫不曰性曰理橫說竪說其所撰著充棟汗牛軼駕
古人而國家之興亡則委之以不在其位生民之休戚則視之若秦人之瘠君召
而不起友招而不來入山猶恐不深故其終身成就之學自謂發盡性理之奧而
枯槁迂性陳腐之談畢竟做了一箇無用籠罩底物世之人亦指之謂性理學者
則不復更問以世事若或出世有爲則又輒譁然曰學者不當妄出噫性理之學
豈眞如是若眞如是則孔子不當轍環天下孟子不當遊於齊梁朱子不當中夜
不寐學者法門豈不亡於近世所謂性理之學耶不學者無足道也學之者猶如
此全體大用之學宜其寥寥矣

今夫六洲交通創闢以來大變局也其所言學愈出愈奇於是乎有舊學問新
學問之分焉舊學問者指東洋之學也新學問者指泰西之學也二者相分而若
有不可得以合而爲一者噫學固有新舊之異矣然善學之則不可無舊學問猶
不可無新學問也不可無新學問亦猶不可無舊學問也豈可主一而廢一也夫
君臣父子之倫仁義孝悌之性古之人今之人同也東之人西之人同也車馬宮
室衣服飲食之所以厚生交聘會同中兵刑法之所以爲國其理未嘗不同也其
事又未嘗不同也特有善有不善有盡有不盡也學也者以不善而學之乎善者
以不盡而學之乎盡者也指之以舊學而廢棄之不可也指之以新學而拒絶之
不可也必須求之於同體異用之分而得其體用相湏之妙可也. 或曰東學主理
理無形故其說長而其效遲西學主氣氣有爲故其事著而其效速此雖然矣然
以理氣而言之天地之間未有無理之物亦未有無氣之物理之不能離氣猶氣
之不能離理也豈有此主於理而不能管氣彼主於氣而不能原理也大抵西儒

之學自理學文學至農工醫礦之學無不以實事爲學非如東儒之無用贅言此
今日強弱之所由分也學問明則其人明其人明則其國自然而強學問不明則
其人不明其人不明則其國自然而弱欲求其國之強而不先求之於學問之實
者是猶捨楫求渡匿軀索影必無之理也

不通時局泥古非今者不論其本末之如何不問其得失之如何一涉泰西人
句語則輒掉頭不聽曰非吾學也學何嘗有彼吾一定不易之分哉今徒守幾千
年陳腐無用之言而不思所以博聞見廣知識之計此眞不識五洲不識八星者
也且年少輕儇子弟自謂所學問者其獘尤有甚焉曰孔子不足學六經不必讀
也其所謂自得之妙者不過掇拾西儒之唾餘粃撰口頭之言說而已如西儒理
學之奧妙文學之贍博則渠何曾夢到此地不過效嚬於西儒而乃甘背祖於吾
學驟聽其張皇言論似有勝於泥古者然苟求其中未必得於學問體用之全矣
善乎梁氏啓超之言曰不憂西學之未明憂吾學之先亡此眞先獲我心而可作
今之學新者頂門一針矣.

國勢之不強未有甚於今日之我韓學問之不明亦未有甚於今日之我韓我
韓之人欲求國勢之強不可不先求乎學問之明不可不先求乎體用之全矣體
用顚倒則學何自而明學問不明則國何自而強也先立乎大而不遺於細先明
乎本而不失於末以語乎一體一用則如車兩輪如鳥兩翼以語乎體用相須則
如子生母如環相生莫偏於體莫急於用莫作泥古無用莫作效嚬背祖使吾之
所學內自一心外達天下萬事莫不明通貫徹則以之修己而己無不修以之治
人而人無不治修己治人人之道備矣故曰孔子萬世之師

◎ 學問體用, 韓致愈, 〈대동학회월보〉 제1호, 1908.2. (학문론)

東亞之在天下爲區甚小 而百家學術各尊所聞 此矛盾而彼氷炭者已不
勝其多 況今大地畢露異種相交 而多門學術之分路異幟者 雖謂之萬蹊千

246

徑可也

僕於向日由公車轉究經術 由經術傍採僊佛其於是非黑白之間 若謂之全然無管豹之見則實不肯甘心自堅降幡也既而西出美洲由西語讀西文如耶蘇家政法家醫農工商家以至詩文音樂家雖不能升堂入室以見百官之富而至於此門彼路端緒糟粕則不無一二見得者矣既而轉到大和國因其語讀其文者屢年盖大和所講儒佛歐美無不紊錯故苟有一條光明隱在腦海則足以取此線貫彼珠而提手之間要領可舉也竊以爲通古今貫東西學術雖多門而苟就體用而分其路頭定其條理則基礎棟樑自基礎棟樑根臬居楔自根臬居楔墻壁爲環窓戶爲竇古今東西異言殊學結成一大廈而已矣何以謂學之體由天而語到人由人而遡乎天或以氣脈之所關係而言之或以理想之所因由而言之或因實事而推及虛圓或由靈跡而證其迷信曰性曰心曰道曰德曰極樂曰上帝曰救主此則儒佛僊蘇所主雖不同而各就路頭定其部分則當謂之學之體也何以謂學之用由有人而以究乎安身立命由在世而以講乎興事營業曰政曰法曰醫農曰工商此則優劣豐嗇所就雖不同而不可不均謂之學之用也今只就吾儒路頭以證印自守者而言之則通古今貫東西天無異化人無二道常試論之五色人種莫非帝之所命而天之所造也均是一天所造則賦者之所與卽被賦者之所受而所謂東海聖人生同此心同此理西海聖人生同此心同此理者足以建天地質鬼神百世而竢之也所謂此心者果何心也惟上帝以生物爲心而人人皆得此心以爲心是以充滿軀殼者無非惻怛慈愛而就惻怛慈愛指其所以然者强以名之曰仁也由此惻怛慈愛之心而愛其父母愛其兄弟愛其妻子愛其親戚愛其同類愛其國土主權者是固人人之所常有而如火必熱如水必下初無一毫可疑於其間也堯舜周孔所以爲堯舜周孔者以其能安此而行之也禹湯曾孟所以爲禹湯曾孟者以其能利此而行之也歐美哲學名存竹帛者以其能講此而行之也此外無道道外無人凡古今東西仁人任士所講究乎此而演繹乎此者皆當命之曰學問之體也雖然有人斯有形有形斯有慾無宮室則風雨不可障也無衣食則飢寒不可救也無醫藥則疾病不可治也無舟車則海陸不可通也無商賈而交易則有無不可濟也無甲兵而自

守則强暴不可禦也無政法而持之則秩序不可保也是則東亞舊規歐美新刱
雖有利鈍强弱之殊而百家講說所涉乎此者皆當命之曰學問之用也嗚呼近
日無線電信固神奇也火輪舟車固便利也氣毬凌空探索星月固可驚也百工
機械鬼速神捷固可慕也農商政法百度猷爲固詳密而可羨也雖然此皆所以
救形氣之人以求乎利用厚生之路也苟不講乎惻怛之天慈愛之帝以爲之本
則雖使富强冠天下而比如溝瀆無源之水必不能享其久遠之福也莫曰歐美
專尚富强吾見其惻怛慈愛之心經緯乎政法之間而眞忠信也眞道德也不似
東人口頭禪只說得天花亂墜嗚呼其亦可愧也其亦可懼也哉

◎ 學非學文, 李沂,〈호남학보〉제7호, 1908.12. (학문론)

　近有友人이 從鄕里來者어늘 余問有子否아. 曰 有로라. 又問 今年幾歲
오. 曰 十三이로라. 又問 何不送入學校오. 曰 姑使在家ᄒ야 稍習漢文이
로라. 嗚呼라. 此皆不知學非學文之義故爾로다. 於是而國漢兩文이 互相
爭辨ᄒ야 斷斷不已ᄒ니 甚可歎也라. 夫文者ᄂ 成文之言語也오 言語者
ᄂ 不成文之文也라. 然凡以言語敎人이면 常難記而易忘이라. 故로 不得
已而畫爲曲直之形ᄒ고 發爲唇舌之音ᄒ야 命之以文字ᄒ니 <u>今有釋孝義
者면 漢文則曰 善事父母를 曰 孝라 ᄒ고 國文則曰 부모 잘 셤김을 왈
효라 ᄒ야 國漢兩文이 雖有不同이나 其釋孝義ᄂ 一也</u>니 則 人當學爲孝
而已不當爭孝효二字也라. 故로 孔子ㅣ 曰 弟子ㅣ 入則孝ᄒ고 出則弟ᄒ
여 謹以信ᄒ며 汎愛衆호ᄃᆡ 而親仁ᄒ며 行有餘力이어든 則以學文이라
ᄒ시고 子夏ㅣ 曰 賢賢호ᄃᆡ 易色ᄒ며 事父母호ᄃᆡ 能竭其力ᄒ며 使君호
ᄃᆡ 能致其身ᄒ며 與朋友交호ᄃᆡ 言而有信이면 雖曰 未家이라도 吾必謂
之學矣라 ᄒ니 由此觀之커ᄃᆡ 古者聖人이 嘗敎人學孝弟謹信이오 而未
嘗敎人學文也라. 而我韓五百年之間에 朝廷則以詞賦取士ᄒ고 儒學則以
經史立家ᄒ야 平日見問이 不出於是ᄒ야 人知學非學文之義者ㅣ 蓋無幾
矣라. 余於學報第二號에 亦嘗言小學에 用國文ᄒ고 中學에 用漢文者ㅣ

未必無參酌之意어늘 而諸公이 自不加察ᄒ고 或相謗毀ᄒ야 甚至有子十三歲에 不入學校ᄒ고 而曰 在家習漢文이라 ᄒ니 吾恐此子ㅣ 已失小學足跟이라. 縱使一躍ᄒ야 以登中學이라도 亦不能立脚ᄒ야 數年之後에 雖誨無及矣리라. 近日 子弟輩ㅣ 其年過七十八에 粗解詩書文字者ᄂ 雖初入學校라도 輒以中學待遇나 然旣無小學工夫라. 故로 志氣浮薄ᄒ고 言語侈張ᄒ야 將來成就를 不可期望ᄒ니 諸公이 不究其所以然ᄒ고 而徒歸咎於學校ᄂ 何也오. 我 朝先正金宏弼氏ᄂ 常自稱小學童子라. 故로 當時論篤行君子면 則 必以先生稱首나 然今觀其遺集컨뒤 不過寂寞數篇而已호니 則 古人學非學文之義를 推可見矣니 勖哉어다 諸公이여.

◎ 世界學問合論, 張博, 〈대동학회월보〉 제1호, 1908.2. (학문론)

今天下一合羣之世也 近日西洋學家之形容現今世態之說 自日本譯之者曰生存競爭適者生存 自北京官譯者曰物競天擇適者生存 此言物競者 物與物相競優劣相競勝負 因其智之淺深 因其力之强弱 乃日進於天演競爭之舞臺 衒其智賈其力而不肯少休者也.

지금 천하는 하나로 합쳐 무리지어 사는 세상이다. 근일 서양 학자들의 지금의 세태에 대한 학설을 일본의 역자(譯者)들이 생존경쟁, 적자생존이라 하고, 북경 관역자(官譯者)들이 말하기를 사물이 경쟁하여 적자를 택해 생존하게 한다 하니, 이 말은 지혜의 천심(淺深)과 그 세력의 강약으로 사물과 사물이 우열을 경쟁하고 승부를 다투는 것이다. 이에 경쟁무대에서 일진하면 그 지식의 가치와 세력이 드러나고 조금도 쉴 틈이 없는 까닭이다.

天擇者如中庸所謂栽者培之傾者覆之也適者有優於競爭之力者也生存

者有優於競爭之力則皆可得存其生而反之者併歸死滅而靡有孑遺也今國於歐洲者皆有見乎斯莫不厚其競爭之力而競爭之所謂厚其競爭之力者惟有一合羣之方 也試以今日宇宙之現象言之則依其合羣之能不能而吉凶之相乘有捷於影響故今士而能羣則智而不能羣則愚農而能羣則豐而不能羣則歉工而能羣則巧而不能羣則拙商而能羣則贏而不能羣則輸故彼歐米諸國累千萬人獨藉合羣之勢而積數千百年之心力力討政治法律之學熟講海陸攻守之策遠窮飛潛動植之理深測水火風電之氣資以爲全世界獨一無二之大能力無一物不由其力而成無一事不由其力而行以是臨之於亞非利加而土地皆版籍於彼人民皆奴隸於彼又以是臨之於亞米加而亞米加亦出於非洲之一轍至於澳洲太平洋諸島併歸白人之管轄而今幸未飽虎狼之饕餮爲黃種留一塊者獨有亞洲耳然而今則彼之工場遍於地球之九萬里彼之商店遍於地球之九萬里彼之電信郵便遍於地球之九萬里至於彼之汽船汽車砲壘砲艦皆遍於地球之九萬里故機器力極天下之巧財賦力極天下之豐信息力極天下之速運輸力極天下之便戰鬥力極天下之勇此可以屠萬國之都此可以領萬國之土此可以奴萬國之民此可以夷萬國之俗也泰西學者推物競天擇之理謂新種得宜舊種必滅于是爭權之禍烈專務强已而弱人智己而愚人貴己而賤人使他種既弱既愚而且賤則日淪于衰削終歸于澌滅以至于盡嗚呼凡我同胞今當天下風潮之如是迫至而不思所以自衛之道則我之爲我未可知也然而今求其所以自衛之方惟在合羣而合羣之方不有心心相印聯爲一氣團爲一體有相愛無相猜有相扶持無相疾妒以敦教化以進文明則不能也然而求其所以心之相印者不以敎旨導之以固其心則雖百方合羣而羣終不能合也是以食息于搏搏大陸之上顧眄于蒼蒼正色之下凡具圓顱方趾能別色辨味能別聲發言而號之曰人者莫不各有所奉之敎以之爲禮義以之爲制度思想依之飲食祝之懸其像而膜拜之撫其經而跪讀之至於几席床帳亦皆敬愼不忘卽至遠適異國跋涉關河猶能建築敎堂極其瑰瑋壯麗悉令男女婦孺循循焉守其敎規以祭以祀以頌以禱日增進幸福而翳敎主之賜由是而愛敎之心自盛愛敎之心自盛則愛種之念自多愛種之念自多則愛國之情自富而雖其敎之衰而可以振也雖其種之愚而可以智也雖其國之弱而可

以强也國如是者謂之文明之國民如是者謂之敎化之民而不如是者謂之野
蠻之國謂之無敎化之民也曾聞國運淪胥則敎必先衰故印度是佛敎之所出
也而釋迦之殿已委於塵沙亞剌伯是回敎之所都也而清眞之寺或鞠爲蕪草
如漢土之山東是吾敎主麟書之發祥也而向者德人滋擾于此謂漢土中孔子
六經之毒至敢以折孔子之像抉子路之目極其侮慢無禮古今所無有中外所
未聞每一念至憂心如焚罔知攸措也哀我同胞尤宜趨急聯袂而起思所以
合羣自衛之道而合羣自衛之道寔在於敎而今有我敎之勝於彼者萬萬卽孔
子之敎是也自有生民以來凡爲人事界學問之最貴者無如哲學也經世也敎
育也而耶蘇之說專於宜敎而無哲學無經世無敎育釋迦之說宣敎而兼哲學
然而亦無經世亦無敎育也孔子者是哲學家經世家敎育家而非宣敎家也今
東人聞西人之言曰東土無宗敎輒勃然怒形於色以爲是侮我也是誣我也此
由不知宗敎之爲何物也西人所稱宗敎者專指迷信宗仰而言故其所主以爲
言者不以軀殼爲重而以魂靈爲根據以禮拜爲儀式以脫離塵世爲目的以揑
槃天國爲究竟以來世禍福爲法門凡係諸敎雖有精粗大小之不同而其致則
一也是以奉其敎者莫要於起信莫急於伏魔起信者禁人之懷疑窒人之思想
自由也伏魔者持門戶以排外也執玆以究則宗敎者雖長於勸善懲惡而非進
步之具也是在人羣進化之第一期則不無大功德之可稱若在第二期以後則
或不足以償其弊也孔子之敎惟有窮理盡性克己復禮通人物達四海塞天地
亘古今無有乎不是無有乎不同於易而言其陰陽消長之行焉於書而言其紀
綱政事之施焉於詩而言其歌咏性情之發焉於禮而言其條理節文之箸焉於
樂而言其欣喜和平之生焉於春秋而言其邪正之辨焉而其所以爲言者皆極
深研機體順達道特立人極於世界以詔萬世此卽哲學也經世也敎育也而無
儀式無禮拜不禁懷疑不仇外道也故曰孔子者是哲學家經世家敎育家而非
宣敎家也西人常以孔子與梭格拉底並稱　而不以之與釋迦耶蘇摩訶末並稱
者誠得其眞也由此觀之孔敎者雖窮天地亘萬古而可以不滅者也至他敎則
惟以儀式爲禮也故自由昌則儀式必亡惟以迷信爲歸也故眞理明則迷信必
替此與將來之文明不能相容卽天演界之公例然也孔敎之敎人始自人格之
敎育終於哲學及經世也凡此數者皆文明愈進則其必研究之也愈要矣近世

歐米大教育家多倡人格教育之論人格教育者卽考求一切人所以爲人之資
格而教育之使之備有此格也東西古今聖哲之所言有合乎人格教育者雖不
一而最多者莫如孔子故孔子之於將來全球德育之界宜占最重要之位置者
斷斷無疑也吾故敢斷言曰若使世界無政治無敎育無哲學則已苟有此三者
則孔敎之光大正未有艾也惟我同胞宜鑑於此而深思遠慮亟湏遍設孔敎會
於全國各處據天下之正理立天下之大道仁以爲宅義以爲路以之爲人格之
指針兼講近世所謂政治法律之學爰補孔敎之所未備以求其治之臻於上理
則人智開而人才出從而合羣之機熟愛國之情生敎雖衰而可振種雖愚而可
智國雖弱而可强幸望我全國人士之從事於孔敎者不孤鄙言宜及早講討使
我敎而漸振使我種而漸智使我國而漸强進則足以爭衡於列强退則足以自
守於一方是余之所日望而不能自己者也

◎ 可新可舊說, 張博, 〈대동학회월보〉 제1호, 1908.2.
（학문론, 신구학）

▲ 제1호

凡國於大地者 若者以興 若者以凶 若者以强 若者以弱 或驟興而驟凶
或驟强而驟弱 此何以故 或曰是在地理 然今之亞米利加 猶古之亞米加而
盎格魯撒遜民族(英國人族之名也) 何以獨享其榮 古之羅馬 猶今之羅馬
而拉丁民族 何以獨隆其譽 或曰 是在英雄 然昔之馬基頓 雖有亞歷炭 而
今已成灰塵 昔之蒙古 雖有成吉思汗 而今不保殘喘 嗚呼 吾知其由國也者
積民 而成國之有民 猶身之有四肢五臟筋脉血輪也 未有四肢已斷五臟已
瘵筋已傷血輪已枯 而身猶能存者 則亦未有其民愚陋怯弱渙散混濁 而國
猶能立者也. 故欲具身之長生久視 則攝養之術 不可不明 欲其國之長治久
安 則振興之道不可不 講也

무릇 대지의 국가라는 것은 흥하고 망하며 강하고 약하며, 혹은 무리지어 흥하고 무리지어 망하며 혹은 무리지어 강하고 무리지어 약하니, 이는 어떤 까닭인가? 혹은 말하기를 그것은 지리에 있다 하니 그러나 지금 아메리카는 오직 옛날의 아미가(亞米加)와 앵글로색슨(盎格魯撒遜) 민족(영국의 인족 이름)과 같으니, 어찌 홀로 그 영화를 누리며, 옛날의 로마는 지금 로마와 라틴(拉丁) 민족과 같으나 어찌 혹로 그 명예가 추락했는가. 혹은 말하기를 그것은 영웅에 있다 하니 그러므로 옛날의 마케도니아(馬基頓)에 오직 알렉산더(亞歷炭)가 있으나 지금은 회진(灰塵)을 이루었을 뿐이라 하고, 옛날 몽고에는 징기스칸(成吉思汗)이 있었으나 지금은 그 명맥을 보존하지 못했으니, 오호라, 그 국가의 유래라는 것은 민족이 지속된 것이며 국가를 이루는 것은 백성이니 오직 사지와 오장육부 근맥과 피를 가진 몸으로 사지가 절단되고 오장이 무너지고 근력과 피가 마르면 몸을 보존하지 못할 것이다. 또한 백성이 어리석고 겁약하며 흩어져 혼탁한데 국가를 유지하는 것도 불가능하다. 그러므로 몸을 오래 보존하려면 영양의 술을 섭취해야 하며 불가불 그 국가가 오랜 동안 안전하고자 한다면 도를 진흥하는 것을 강구하지 않을 수 없다.

第二節 新民爲今日致治之 第一 急務

今之言政治者或見政府之有一施措不顧時局之在何期未諳政治之爲何物動輒歸咎於政府而不知其身亦無國民之資格也夫聚羣育不能成一離婁聚羣聾不能成一師曠聚羣怯不成一烏獲也故無知無能之愚民雖富於恒河沙數而文明之治不可期也西哲常言政府之與人民猶寒暑表之與空氣也室中之氣候與針裏水銀之度每必相均而絲毫不容假借如國民之文明程度低者雖得明主賢相以代治之及其人亾卽其政息焉譬猶嚴冬之際置表於沸水中雖其度驟升水一冷而墜如故矣國民之文明程度高者偶有暴君汚吏虐劉一時而其民力自能補救之而整頓之譬猶溽暑者之時置表於氷塊雖其度驟

降而不俄頃則氷消而漲如故矣然則苟有新民何患無新制度新政府新國家
乎非爾者則雖今日變一法明日易一人而勢必東塗西抹學步效顰吾未見其
能有濟也夫拿破崙是曠世之名將也苟授以至弱之惰兵則雖黑蠻而不能敵
也哥倫布是航海之大家也苟乘以朽木之膠船則雖溪沚而不能渡也伯樂是
今古絶倫之善御者也苟與以無足之病馬則雖一步而莫能致也師曠是今古
獨步之善彈者也苟抱以破絃之病琴則雖一曲而不能調也今觀我民之其德
其智其力百無一取恐難以此民同登於世界文明之域也彼歐米之有今日者
非君若相之獨具能力而致之也皆由其民之積德積智積力而和衷共濟也今
如日本亦然也請一往遊於日本之都府懸郡及市町村而觀之則可以得其槩
也試觀之一都一府之治法不惟儼然一國也至於一縣郡一町村之治法亦儼
然一國也且至於一會社一學校之治法亦儼然一國也且至於一人自治之法
亦儼然一國也譬諸鹽雖有醎性而大之若石若斗若升小之若合若勺若干顆
粒若干阿屯無一不各藏其醎而後大醎乃成若乃搏沙按粉欲以永醎雖隆之
高於泰岱必無其當也故彼英德法美各國之民常不待賢君相而足以自成其
治如其元首則堯舜之垂裳可也成王之委裘亦可也其官吏則曹㕘之醇酒可
也成瑨之坐嘯亦可也吾故曰民必有其德其智其力而後可以言治也今試以
一家譬一國苟一家之中子婦弟兄各有本業各有技能忠信篤敬勤勞進取則
家必未有勃然興者也若不然者如家中萬事一委於家長而爲子婦弟兄者不
能各盡其責則家長之固賢者或可庇護全家如或不然則闔家之共蹈於飢寒
不待言矣英人有常言曰國君誤矣吾不能助國君也此雖利己主義之鄙言而
實則鞭策一世人自治自助之警句也故吾常曰不責於己而責人不望於己而
望人者未有一事能濟者也何也責於人望於人者深則責於己望於己者淺而
此責於人而不責己望於人而不望己之惡習卽東土幾千年來所以不能振興
之大原也若責於人而人亦責我我望於人而人亦望我竟無一人不自責不自
望則雖至幾千萬年將無振興之日矣必有人皆自責自望無一人不擔其責不
抱其望而後民乃可新而國乃可振興也（未完）

*미완이지만 이 논설에 이어지는 논설은 없음

254

◎ 新舊學問이 同乎아 異乎아, 李琮夏, 〈대동학회월보〉 제1호,
1908.2. (학문론, 신구학)

　　*신구학의 구별이 큰 의미가 없다는 취지의 논설

▲ 제1호

古之人이 立法設敎는 將以保世治民也오 今之人이 立法設敎는 亦將
以保世治民也ㅣ니 然則其所以敎之學之ㅣ 俱出於同一目的矣오 古之人
이 敎之學之ᄒ야 施用於保世治民之地而得成其功ᄒ고 今之人이 敎之學
之ᄒ야 施用於保世治民之地而得成其功ᄒ니 然則其所以敎之學之에 俱
有同一效力矣니 目的이 同矣오 施用之地同矣오 效力이 同矣則今之學이
卽古之學이오 古之學이 卽今之學이니 何事乎同異之問也ㅣ리오 然則何
爲有新舊名稱之區別也오 <u>豈以時代之不同으로 指同一之學而有名稱之
異者耶아</u> 曰 非也ㅣ라 卽今日에도 猶有所謂舊學問者矣니라. 然則抑其
中에 尙有不同者ㅣ 存焉耶아 曰 非也ㅣ라 吾之前言에 已畢矣니라. 然則
其所以區別之者는 終不可究其理乎아 曰 此는 無他焉이라 世之人이 視
其同者爲不同故로 所以有區別也ㅣ니 究其本而言이면 無可別也오 就其
用而言이면 別之無害也ㅣ니라.

고인이 입법 설교한 것은 장차 세상을 보호하고 백성을 다스리는 데
있고, 금인의 입법 설교도 또한 세상을 보호하고 치민하는 데 있으니
그런즉 교학(敎學)이 모두 동일한 목적에서 비롯된 것이다. 고인이 교
학하여 보세치민에 필요한 것을 베풀고 그 효과를 거두었으며 금인이
교학하여 보세치민과 그 공효를 이루었으니 그런즉 교학이 모두 동일
한 효력을 갖고 있으니 목적이 같기 때문이며, 베풀고자 하는 것이 같
기 때문이요, 효력이 같음이라. 곧 지금의 학문이 곧 옛날의 학문이요,
옛날의 학문이 지금의 학문이니 어찌 같고 다름을 묻겠는가. 그런즉

어찌 신구의 명칭에 구별이 있겠는가. 어찌 시대가 같지 않음으로 동일한 학문을 다른 이름으로 부르겠는가. 그렇지 않다. 곧 금일에도 이른바 신구 학문이라는 것이 있다. 그런즉 그 가운데 같지 않은 것이 존재하는가. 그렇지 않다. 내가 전에 말했듯이 이미 끝난 것이다. 그 구별하는 까닭은 그 이치를 끝내 연구하기 어렵기 때문인가. 이는 그렇지 않다. 세상 사람들이 같은 것을 같지 않게 보기 때문인 까닭에 구별하고자 하니 그 근본을 탐구하여 말하면 구별할 것이 없고 그 용도를 말하면 구별이 해로운 것도 없다.

何爲其 然也오 今夫世人之所明知者는 天高地卑ᄒ고 晝明夜暗은 閱萬古而不易호ᄃᆡ 而有春夏秋冬之稱ᄒ야 人事ㅣ 亦隨而不同ᄒ니 究其本이면 萬代도 一時也오 就其用이면 四時各殊홈이 卽猶是也ㅣ라. 春夏而綌는 以淸暑也오 秋冬而裘는 以禦寒也ㅣ니 其用也ㅣ 異ᄒ고 其 名也別호ᄃᆡ 衣는 一也ㅣ니 若指二者爲異道異學則否矣라 苟使冬而爲綌ᄒ며 夏而衣裘ᄒ면 人必笑其狂ᄒ리니 學之用이 何異於是리오. 而猶居乎今而必欲求古之道ᄒ니 豈不誠寒心哉아 此는 無他라 視其同者爲不同ᄒ야必欲區而別之ᄅᆡᆨ시 其 獘也ㅣ 至於斯也ㅣ니라.

그 이유는 무엇인가. 지금 대저 세상 사람들이 명료하게 아는 바는 하늘은 높고 땅은 낮으며 주간은 밝고 밤은 어두움은 어느 곳이라도 바꿀수 없는 이치이니 춘하추동을 일컬어 인사에 따라 또한 같지 않으니그 근본을 추구하면 만대도 한 시대요 그 용도를 말하면 사시도 각각 다름이 곧 이와 같은 것이다. 봄여름의 갈포(綌, 갈포 치)로 더위를 식히고 추동의 갓옷(裘)으로 추위를 막으니 그 용도가 다르고 그 명칭이 다르되 옷은 한가지니 만약 두 가지를 가리켜 다른 학문 다른 도리라고 한다면 잘못된 것이다. 진실로 겨울에 갈포를 입고 여름에 갓옷을 입으면 사람은 반드시 그 어리석음을 비웃을 것이니 학문의 용도가 어찌 이와 다르겠는가. 현재에 살면서 옛날의 도를 구하고자 하니 어찌 불성

하고 한심하지 않겠는가. 이는 다름이 아니라 그 같음을 같지 않게 보아서 구별하고자 한 것이니 그 폐단이 이에 이른 것이다.

嗚呼ㅣ라 使湯武로 望舜禹之禪於桀紂則凶矣오 使孔孟으로 行夷齊之淸於戰國則亂矣니 立身行己ㅣ 各自不同ᄒᆞ디 未聞湯武堯舜之異德ᄒᆞ며 孔孟夷齊之殊道也로라 今夫人之指稱爲新學問者ᄂᆞᆫ 何也오. 就其槩而言이면 曰 法律이 異乎前ᄒᆞ고 理化之學이 古所未有라 ᄒᆞ나니 噫라 何愚之甚也오 書契之作에 未聞以非古之故而必欲從結繩之政ᄒᆞ며 搆木爲巢에 未聞以非古之故而必欲爲穴野之處ᄒᆞ니 故로 民智漸開ᄒᆞ고 産育漸繁ᄒᆞ야 社會之現狀이 日就複雜而其所以御持之方이 亦隨而發達也ㅣ니 書契之政이 發達而至于今日之法律ᄒᆞ고 搆木之巢ㅣ 發達而至于今日之理化學이니 時有今古之變而學無同異之分也ㅣ라 苟不深究乎此而徒欲泥古而非今이면 是ᄂᆞᆫ 子莫之執中也ㅣ라 此吾所以慨歎而深惜之者也ㅣ로라.
(未完)

▲ 제2호

新與舊ㅣ 旣殊其稱則主論者ㅣ亦分其黨ᄒᆞ야 主新者ᄂᆞᆫ 攻其舊ᄒᆞ고 守舊者ᄂᆞᆫ 排其新ᄒᆞ야 互相詆軋ᄒᆞ야 紛然而不已ᄒᆞ니 是ᄂᆞᆫ 不究其實而徒尙其名故也ㅣ니 豈不可笑之甚哉리오 故로 今夫主新者ㅣ라도 固不得以棄其舊矣오 守舊者ㅣ亦不能不從其新矣리니 何則고 新與舊ㅣ未嘗有二也ᄅᆞᆯ새 舊可棄也ㄴ딘 新者ㅣ不得以存矣오 新可從인딘 舊者ㅣ不得以明矣니 請就其易知者ᄒᆞ야 試擧其証인딘 今夫主新者ㅣ斥漢文以爲舊ᄒᆞᄂᆞ니 漢文이 誠舊也ㅣ나 然이나 法律之制定也에 以是오 理化學之講述也에 以是니 微此면 吾未見其有新也ㅣ로라 難之者ㅣ曰是ᄂᆞᆫ 爲學法律ᄒᆞ며 學理化而借漢文以爲用耳오 非欲學於漢文也ㅣ니라 曰然ᄒᆞ다 古之作書契者도 其旨亦如斯而已나 苟欲借而爲用則不可下學而習之ᄂᆞᆫ 勢所然也ㅣ니 苟可不學而能인딘 豈惟漢文이리오 法律理化之學이 一也ㅣ라 至

若末流之獘ㅣ徒欲爭工拙於章句之間者는 是는 學者之失也오 非學之罪
也어늘 欲捄其獘而幷其實質而去之ᄒ니 不幾近於畏嚏而癈飱者乎아 今
夫守舊者ㅣ以今法律之非舊로 斥之나 然이나 古之法律은 所以定秩序ᄒ
며 禁暴亂也ㅣ니 今之法은 奚異於是리오 原之以人情ᄒ며 叅之以事宜ᄒ
야 防於未然ᄒ며 懲於旣成은 古今之法이 其規一也라 若夫節目之細와
形式之小者ㅣ有所不同則時宜然也ㅣ니 堯則舞于羽而有苗格ᄒ고 舜則
罪四凶而天下服ᄒ니 同是治有罪也ㅣ로되 其法이 不同者는 因時宜也ㅣ
니 彼守舊者ㅣ旣不能食木實衣草葉而必飯粟而衣裳則已不能不從新矣니
라. 或曰子之言은 漢文與法律而已니 是固然矣라 他豈必皆然乎아 曰推
是而往이면 莫不然也ㅣ오 且漢文與法律이 旣知其然이면 斯可取矣니 何
爲而癈之斥之乎아 苟其癈之斥之也에 勿以新舊之名ᄒ고 惟視其時宜長
短之所在則雖無法律無漢文이라도 非吾所恨也ㅣ로라. (完)

◎ 論說, 藕山居士,〈대동학회월보〉제2호, 1908.3.
　　(학문론, 신구학)

　　　*신구학
　　　*한자 통일회를 결성한 취지를 함께 수록함(국문 번역 필요) = 제5호

▲ 제2호

　　古之學者學爲人之道也爲人之道非他焉爲人子而孝爲人臣而忠爲人弟
而悌爲人婦而順此在下者之爲人也若在上者之子人臣人弟人婦人者之爲
人亦唯曰慈義友和也爲人云者非以爲己而對言之也 謂己之盡人之道也一
家之內父子兄弟夫婦一國之內君臣至於朋友各盡己之人道則家齊矣國治
矣惟其不能盡已之人道至於父不父子不子兄不兄弟不弟夫不夫婦不婦君
不君臣不臣而朋友之道亦廢焉乃至於家不齊國不治不齊不治則亂矣人之

稟生於天也莫不有自然之良知良能而不能擴充於是有先覺者敎之學焉語
曰生而知之上也學而知之次也然雖生而知之者亦必資于學然後致其知能
焉故人以學爲本也有學則有會夫以一師而訓二徒師徒三人卽會也學者非
惟學文之學也在官而有官之學在家而有家之學至於出外爲客而有爲客之
學朝起晏息飢食寒衣無非學也士爲學之首而農商 賈者亦無非學也舜之時
四岳十二牧之各盡其職周之時三千臣之惟一心卽一學會也孔子之徒身通
六藝者七十餘人學會之大者也齊稷下學者數千人學會之小者也曰大小者
非在於人之多寡在於學之高下故云爾也降至于漢立太學于首善之京師而
謂之賢士之關彬彬乎文矣然公孫弘兒寬之徒皆稱爲儒者又降至於東京之
處士橫議啓黨錮之禍者亦皆稱爲儒者而聖人之道已自是時而亡矣嗚呼以
孔子之聖生旣不得見用於世而詩書禮樂及論語一部可以伸之於百世也乃
不過幾百年已失其眞傳而稱爲醇篤之董仲舒鄭康成不過是讖緯訓詁之門
戶則亦可恨於學之不傳乎然則學孔子者于何而見之也曰爲人子而孝爲人
臣而忠爲人弟而悌爲人婦而順而子人臣人弟人婦人者之慈義友和也如是
之人雖一生不讀論語一字卽可謂之眞傳弟子況質美而學而文之以禮樂者
乎我韓之有太學略如支那之制而又加凌夷比近以來文字則功令而已生涯
則薑鹽而已四齋之中各分偏黨漠不相關或有食其廩額於家而不一入齋舍
者不可曰學又不可曰會也而學之道日就漸滅焉此其一也孔子之道以變易
時中爲大本而日就乎新乃至釣弋之技獵較之俗亦有從之者是之謂大公至
正中庸之道也我韓學者之病在於非儒者之書則不讀而其所謂儒者之書又
非詩書禮樂及論語一部也卽是孔子一生未嘗言 弟子未得聞之別一種說而
曰此千古之絶學也以是而試之於事無一事之可成形之於言無一言之可解
孟浪疑眩莫此爲甚雖然比猶支那與我韓之同病也乃又有支那所無之別一
種事焉學問之中又有所謂黨論各立旗幟互相攻擊數百年來固結不解而國
計民憂毫無關係只是私立門戶之訌而己於是各以其黨黨其同伐其異而朝
廷之上亦不得禁止而和解之焉以外面論之此亦可謂各門之各一會而牛李
朔蜀蓋有愧於學會也維新以後社會群起而有以學者有以工業技術而非學
者然工業技術亦學也然我韓今日之勢實由於學與會之不得其要而孔子變

易時中日就乎新之道不傳而致此也苟於此時興立一會倡起斯學以爲人子而孝爲人臣而忠爲人弟而悌爲人婦而順而子人臣人弟人婦人者之慈義友和爲頭腦綱領而在官在家與士農工賈各盡其業往日之孟浪疑眩與夫偏黨是非一切固滯者皆祛焉則興絶存亡之功效在於是矣（未完）

▲ 제3호

前號論古今之以學爲名以會爲名者之新舊同異汚隆可否而以學與會之新其舊同其異隆其汚可其否以成一代之作興以聳四方之觀瞻爲結者也夫學非一人一己之事必資乎麗澤講習之益則有學斯有會有會乃有學也以綱論則會其綱也衣論則會其領也雖然只以會爲主而不主於學則一闤之市之異議也三家之村之賽神也莫不自以爲會而夫何關於舊之當新異之當同汚之當隆否之當可乎以是而謂之會則人何以範國何以賴乎人之可範國之可賴而謂之會者捨學而更無焉前號論士農工賈與一切藝業技術莫非學也今請先以士之學論之語曰何必讀書然後爲學蓋因其流俗之以書爲學不知書外之學而以是訓訓之也非謂學之道重於讀書而讀書爲學之小部分也農者耕耘以時收穫以是柢京而資粮之目不識丁者優爲之似無資於書也工者製造賈者懋遷亦目不識丁者優爲之似無資於書也 其他藝業技術莫不皆然而有不然者農有農書工賈有工賈之書藝業技術有藝業技術之書一則以書一則不以書而以書者優焉書者傳其學者也農與工賈藝業技術莫不以學焉有學則有書也就其中所謂士之學者又異農之耕耘收穫工之製造賈之懋遷凡於朝起晏眠一食息一動靜之間惟書是資則書卽是學學卽是書而一切耕耘收穫製造懋遷與夫藝業技術之若大若小者咸聽命焉此愚所以先論士之學也士之學有道德之學有功名之學有文章之學前人所謂三不朽也道德之學以書言則文武之道布在方冊者也功名之學以書言則諸子九流以及方技小道之莫不就事業者也文章之學以書言則發言爲經吐辭爲法者也人之有此三者躬行之不待乎書矣若其人亡其代遠而其跡存焉者書則不得不以書爲學蓋自倉頡造字伏羲畫卦之後形於文字者皆是也我韓受命五百年來此

三者之學可以論矣而功名之學雖謂之闕焉亦可也功名之學與經濟之學相
出入以經濟之學言之丁氏之邦禮抄本柳氏之隨錄不可謂全書而亦不知貴
之尚未刊行人無知者國制之大典一書不過是典章條例亦不可謂一王之制
作也只就道德文章二者而論之閉門講學函席招徒無論世之理亂公然不仕
名登抄選稱以山林山林者蓋其有托而逃惟恐入山不深入林不密者也鳥獸
同群不可謂大道而我韓之俗則名爲山林仍稱爲 道學焉一儒辭徵辟則稱以
道德而及其死也言行之錄出而仍稱爲道德之書也文章之學亦近乎是一士
能詩能作疏劄應製之作則稱以文章而及其死也詩文之集出而仍稱爲文章
之書世咸歸之更無異辭而爲子孫者以有名祖蒙上殊遇世世不替而亦以是
自夸自驕人又莫敢相抗焉過此而有尤孟浪極詭異之題目焉道德之學之外
有所謂性理之學文章之學之外有所謂功令之學支那之所謂性理者掇拾伊
蒲之敎强爲參合於吾道者也所謂功令者八股文字高頭講章之類比於唐之
詩詞尤不足論者也夫以性理之眞學言之則以人之性合天之理入以事其父
母出以事其君長擴充其本有之性克復其降衷之理而已非有二於道學也以
科擧之眞學言之則天人時政之策亦非有二於文章也降而各分二門涉乎性
理則爲道德之魔鬼涉乎科擧則爲文章之稂莠自趙宋以降至于今日支那之
不振實由於此況我韓道德云文章云者比於支那尤爲孟浪詭異者乎非道德
而又非性理則此一段又闕焉者也爲文章而兼爲功令者自國初至近日略可
以論之矣國初置大提學爲一世之文宗者方除是官至于中葉之世明使之來
者喜作詩我國人之與酬和者若得其獎許則仍爲文士是以其時有工七言律
者則以爲文宗而拜是官其後此風稍除則又以能爲代撰詔誥兼工疏劄之人
而拜是官又降而以能爲功令之所謂六體者而 拜是官六體者一曰詩二曰賦
三曰表四曰策五曰三經之義六曰四書之義其曰四書三經之義者卽以章前
之朱註作雙欵如四六而行文者也其曰策者四書之義之稍敷演者而已竝皆
一定文規首冠以套字而更以套字結之也曰詩者非三百之遺也非十九之遺
也又非唐之遺也曰賦者非騷非選也曰表者非古之對耦體裁也率皆束縛聲
韻限排程式參以俗尚之俚言瞠乎不可究解而以是爲一代之文明制作其足
羞也我韓之學文章大略如是而已道德與功名之學既闕矣欲以是而望國之

261

振其可得乎（未完）

▲ 제4호

前號論三不朽之事業曰道德功名文章三者我韓開國四千餘年以來實無可以聲明一代之制作刊示後人之模範良足羞歎也且以三不朽之說論之不朽云者一已之私名也衰世之論也夫道德功名文章三者要之使聖人之心法前王之事業合以成百代之典章而千載之下開卷如見也心法道德也事業功名也典章文章也分則爲三而合二而已何連道德之利益曰事業也道德之記實曰典章也今之論曰功名文章則有餘而非所謂道德云爾則非篤論也非道德之功名不可謂眞功名非道德之文章不可謂眞文章況區區一己之私名乎若以一已之私名從事于是三不朽者則其心已朽矣其身亦不過是終歸于朽者則名將烏乎托而不朽乎自古以來文之至者當曰易與詩書而易經回聖書自虞至魯秦詩自商至周中世焉俱不著編述及撰作人名氏論孟二書乃弟子之所記而非爲聖人之名之不朽地者也由是推之前人之所樹立以之公諸天下後世者可知矣此論文之至者而乃卽所以論道德之至者與事業之至者也于其三者先論文之至者何也道德可以口傳而心授也事業可以家齊而國理也堯以是傳之舜舜以是傳之禹卽家齊國理者而可以口傳可以心授至若禹以是傳之湯湯以是傳之文武周公者世代遠矣非口之可傳非心之可授而家之所以齊國之所以理者大經大法以下非文則莫可以傳焉此夏殷之無徵於杞宋而聖人之爲聖人在於祖述憲章者也請以是論文擧一而該三焉夫治以時變文亦以時變故渾渾顥噩者變而爲佶屈聲牙矣正變爲變而頌變爲刺矣二代以下支那之國以文而國焉世界者乘與檮杌無見而在魯曰春秋在列國曰語曰策曰諸子在楚曰騷在秦曰墾令漢之時曰陸賈新語劉向說苑列女傳蠶室東觀之史而廣川之繁露西蜀之太玄無裨於國與世者也諸儒之訓詁註疏淳駮參半者也魏晉之文宗尙老莊而世說一書摸倣魯論齊梁之文專用騈儷而蕭樓之選儀軌兩京於是文與道德功名背馳而走不可以復同也自是以後四聲八病非興觀群怨之遺心魔理障非危微精一之法焉詞章之門無別

於聲美色考据之家甘處於點鬼符籙而先王制作之本意存焉者蓋寡矣支那文章之極斃至是而若我韓之文章又有加倍不可形喻者支那之文文則文矣夫以文而造乎極者雖二於道而實情實理有時乎闇與道合有時乎施之於勳庸經濟亦有可以優據一席支那往往造於是域也我韓自羅麗以來薛崔二侯之文前號略論之矣以功名言則無出李益齊之右者以道學言則無出李牧隱鄭圃隱之右者而之數公者亦惟操一代之文柄佐一時之文治後世操觚染翰之家仰之若山斗範之爲權衡者也今攷其遺集亦多可議不得不曰餘力也餘事也不足爲公累也熙朝右文之治卓絶前代而開國之始以經術自任者權陽村也首膺文苑之職者卞春亭也輿地之書山川古蹟樓臺亭館之記獨擔而四應者徐四佳也玉尺量才朱衣點頭爲士林科第之司命者金慕齋也良知之學與新建同時而萬里遙應如銅山洛鍾者徐花潭也文移軍檄雪片交飛華國之譽强於百萬之師用復恢復舊物震動華夷者壼聖諸公也奎運載啓奎閣新栬手圈之講習應製之比試梧桐鳳凰極一時之選者抄啓諸公也之諸公者項背相望茅茹彙征雲棗雨梨如齊山之桃核盛矣衆多矣唐之人人詩詞宋之家家性理不足以比方而欲求其遺集而選輯之如鹿門之選唐宋八家次之如明之十八家清初之二十四家則蓋莫可以定取舍矣

支那人之宗 支那文字固 其然矣. 日本國之大學校 以支那之韓柳 歐蘇之文爲教科之書 辨其同異 效其體裁迄今無異辭 而我韓之文 實不得軒輊於其間 其故何也 今錄其我韓文學家 積痼未祛 不能臻其閫奧者 數列于左

一曰 六經之意義不明

日月之照者四方同其光江海之流者八表被其澤故仁者見之謂之仁智者見之謂之智也我韓之爲經學者株式舊注不能發新解稍慧者或發新解則斥之爲斯文之賊此注釋人之忠臣非眞經學也譬如以日之東照爲是者以西照爲異端以水之灌田爲是者以載舟爲邪徑豈成說乎又譬如伏羲畫先天卦文王定後天位伏羲之家臣罵文王爲異端春秋之三傳裂幅公誚穀爲異論左斥公爲邪說無是理也古有齊論魯論尙且幷行況己爲專行魯論之後讀之者如

持瓢飲河各充其量豈有一人立見萬口齊和之理乎雖其句句篇篇無一錯解
尙當以或問之論各備一說互相發明況未必盡善者乎況多有錯解者乎此其
文家之大病也

二曰 史家之體裁不立

檀君千年無史箕子千年又無史支那則至於秦末漢初而我邦則循蜚疏仡
之時代也新羅之興在於漢宣之時而三國幷立通乎支那而文獻未備金富軾
之三國史號爲良筆而亦多未備高麗之史則大臣之奉敎撰也麗史提綱則儒
生之述次效紫陽綱目者也二書亦只是記述斷爛非所以卓然成一家言如支
那史家者是以我韓之學書者自幼習少微通鑑而至於本國故事則專昧而不
講此幾千年 來遺俗然故本邦之史幷闕焉者也至于今日學校雲興乃有新纂
本國歷史而旣無古本之可稽且多齊東之傳訛苟且翻膽於未可憑信之野乘
家錄者而文亦草略未備不可以示人也.

三曰 國制文體之有害於古文

此段前二三號略論故不更贅也
四曰字義物名之誤解

詩之敎也亦曰多識於草木鳥獸之名我韓於字義物名都無講究上自天文
曆象下至地誌山川一切種植之物凡可以名稱者十誤六七是以門庭之內嘉
樹百本封植之而名則不知也藥餌食品之中日食萬錢而不辨所食之爲何物
良可恠笑也日本人新製玉篇亦多新製之字以名物而我韓則只憑俗稱至於
以松爲柏以迎春爲辛夷以稗爲稷以高粱爲糖以辛爲苦以霞爲霧以黃銅爲
錫以赤銅單稱爲銅而靑黑之銅不知也以貂爲狁以臭蟲爲蝎以鵝爲鴨以豹
爲虎諸如此類不可枚擧至於字之本義率多誤解
又至於語錄方言都不講究凡支那文之帶語錄氣者上自性理文字下至傳

奇小說全然不通與支那人筆談彼此茫然不解緣於彼爲語錄而我則以我之
俚語俗尙之文法故也如此而求其讀書作文章不可得也

此其最大之痼習其餘瑣瑣煩細不可盡喩且自開國以來巨匠大手操一代
之柄者其詩文之裒爲全集者又不能考準爲定本非惟亥豕之訛而己也鄭康
成之不識椳櫨李時珍之不辨綸組篇篇皆是不得不爲魏公藏拙而藏置之焉
(未完)

▲ 제5호=論亞文 : 아시아 국가의 문자론=한문 고수 태도

此學會月報第五廻也 學以文學也 會以文會也 謂報謂第幾者 亦惟文之
報耳 文之第幾耳 捨文無所謂學者 無所謂報者若會則文不文俱有之 而我
大東學會者 文之會也 至於報則又非文無以行焉

且夫非惟學會也 凡人之一動一靜 飮食言語日用常行之事 非文幷無以
傳焉 如人之面目機發舍此 則不可謂人也

文者何也 非蝌蚪古篆也 非梵字也 非佉盧字也 非符籙字也 非各種俗製
字也 乃吾東亞三國所同用幾千年傳來之文字也 俗謂之漢文. 而吾仍之蓋
隨俗稱 令人易知而已

非以漢而好之也 然而漢支那國名也 漢非我國也 我國而右漢文則乃有
齊聲大呼 以爲不可者毒口老拳氷雹交下 畢竟富至於吾與漢文薑紛 而後
止矣. 吾者不足惜也 獨文可惜耳 漢文二字 大抵隨俗之稱 非吾先稱也. 且
其說不通也 文生於古 非生於漢也 當曰古文 而古文之古 亦是說不通也.

天下萬文 無非古者 當可曰亞文也 曰亞文則當無敢非之者也. 吾亞人也
亞人而用亞文則凡爲同亞之人者 如不欲棄種而爲別種則誰敢非亞文乎.

從今後 吾當曰亞文也 請言亞文之本結繩之餘代以書契者 謂之文日趨
簡便 至於程邈之爲眞楷 然後更無尤簡 尤便之道 至于是而止也.

古之文卽言也 書之渾噩聱牙非 故爲文體爾許也. 其時之言如此也 至于
漢時已異焉. 司馬遷史記用俗文者是也. 又降而至于宋儒純用語錄亦其時
之言如此也. 又降而至于近日宋之語錄又漸異焉 廣東新字出也. 今有支那
人發新知識欲令人人易曉 乃全廢古字而只用廣東新字則必是行不得也.
非惟行不得也 乃必不行之也. 支那之人 雖事事不如人至於文字 見解則有
勝焉故也.

今又有日本人 發新知識 欲令人人易曉 乃全廢古字 而只用伊魯河文字
則必是行不得也.
(지금 일본인이 신지식을 발명하여 사람마다 쉽게 알 수 있도록 옛날
문자를 폐지하고 다만 이로파 문자만 사용하는 것은 필시 부득이한 일
이다.)

非惟行不得也 乃必不行之也 日本之人事事過於人至於文字 見解亦過
人也 且 伊魯河之文本出於支那字之片假. 平假則又不可舍本取末 而仍以
末爲主也 支那之人旣不行之日本之人 又不行之而我韓獨可行之乎.

卽令日本人以强力得以行之 則行之於其國而已. 若東亞三國同爲一家
則必不能行也. 我韓與支那之言 不與伊魯河合故也. 今以開明如日本事事
過人 如日本而不能行之. 乃我韓而能之 則其能使日人支那同聲相應 學吾
言而用吾國文 以一之於亞州世界乎.

此明知其不能 則其將拒絶兩國之人不與來往 閉吾之門聚 吾之族行 吾
國文而止乎. 使孩提小兒 只學國文敎料書 迄于年壯 一朝有日人支那人來
與之筆談 則我人之所籍手者 只是國文. 彼將茫然不解 尺地千里 無以通

情矣. 或曰 幼時學國文 年壯後另學漢文. 是尤無知識之論也.

(이 부분은 국문만 교육하는 것을 비판한 논설임)

國文之學 與年俱長 至于年壯 則骨强口呿 必是學不得也. 今又以小兒 教科 國文間以漢文 爲吾國文之補佐 使用云者 其論極好.

(국한문 교용에 대한 찬성)

但亦只可行於吾而不可同於三國 則文字之際 仍復邈然不溘也. 其只用 國文而不以古文 爲關振則如小兒學舌效人之舌 而終未明暢 是以吾爲古 文之論 則彼右國文者 極口醜詆痛罵 而其極口醜詆痛罵之辭 乃不得不以 純漢文爲之所謂操吾戈 而入吾室以子矛而刺子盾者也. 若極口醜詆痛罵 而以純國文則婦人賤人知之其他不知也.

(순한문을 써야 하는 이유, 순국문에 대한 천시)

今其言乃不過使衆共知之而衆人之中婦人賤人多於其他人故欲其遍知 也其言似然矣而實不然也婦人賤人以國文喩之其他人以前日所目慣耳熟 之文喩之不然則喩不得也喩不得則雖一國之內尺地千里也我韓之人百事 不如人而至於純用國文之論乃敢跨過於他人焉他人之所不能而必欲能之 他人之所必不爲而必欲爲之者何也究其本則畢竟見解不如人之一部分思 想也嗚呼此思想可廢也今之人於可廢之此思想則不廢而乃欲全廢前日東 亞三國所同用幾千年傳來之文字得不畏支那人之笑乎支那人不足畏則得 不畏日本人之所矣乎

日本人又不必畏則得不畏泰西人之所笑乎. 泰西人何爲笑也曰笑吾之 無見解也傍觀者亦知此之不可廢也泰西人之不廢羅馬字如東亞人之不廢

前日通行三國所同之字雖支那人日本人之棄孔道學西敎者至於本洲文字
則不得廢之者此也請又以俗事比之李斯諫秦逐客書曰彈箏搏缶歌嗚嗚快
耳者眞秦之音也夫眞秦之音秦人好之若至於趙魏他國則爲傖父也爲賤工
也人必掩耳而疾走也非惟聲音之道然也乘吾之車而以汽輪爲日本之物而
不乘也置吾之釋而以電線爲丁抹之物而不遞也乃至守吾之大典通編而各
國之新書法律政治學不講則當如何也彼又曰新書可學而漢文陳腐當革也
試從其言革之而全廢焉則勢不得不幷學支那之廣東新字及日本之伊魯河
字然後始可通三國也此可以家喻戶說而能之乎且非惟是也文旣以漢文謂
可賤而廢之則春秋繹奠于先聖先師者必宜以弘儒文昌以下從祀諸賢爲主
壁而五聖十哲宋朝七賢皆支那人也當奈何左思右想雖至百思千想至於一
息之間起過七十二會必不可得以萌此一念而今之人口口聲聲以此爲戰勝
之技癢其可異也此種思想此段議論吾知其如陽九百六之厄運偶然持世朝
槿夏虫不可而持久而所悶者因此厄運而弭喪之元氣欲求來復者實不可以
時日計也近日日本國之鴻儒碩學有見于是新創漢字統一　會將次新纂字書
以公於東亞三國而我國亦爲贊成發起斯會今取我國起會之趣旨書及日本
人所撰趣旨細則一兩條于下以告于同人焉

漢字統一會趣旨書

　經曰書同文行同倫文同則倫同文者我東亞三國人種所同之漢文也漢支
那國名旣是我東亞三國之所同用何獨謂漢文蓋以文始出於漢仍其舊稱
如西歐之稱羅馬字英字者也支那以漢文爲國文而又有別稱國文者官話商
話及廣東新製字等類也日本國文曰片假名平假名我韓國文曰反功諺文各
行之於國中便民利俗莫不貴重而所欠者同乎國中而不能同乎三國也我三
國環海聯峙如三足之鼎闕一不可況値玆世界競爭時代以倫之同而文不同
焉則情闊而不通勢散而不集德孤無隣侮至莫禦必也聯三國如一國然後可
以屹一洲於五洲而聯之之策在於同之也語言之不同者文以同之風俗之不
同者文以同之一以主同倫之宗旨一以成同類之團體此文之所以爲三國一

268

洲之要領關鍵不可暫廢者也文以傳言書以載文而書籍札牘各以國文則不能相通必待漢文而繙譯之然後非但東亞三國之所通用也西歐各種書籍始可爲東亞三國之用也近有一種廢漢文用國文之說其謬見實不待多辨而蓋其論曰吾川吾文不拾他人之唾　餘也苟如是論則西歐富强之國若德若法國有國文而未嘗廢羅馬字英字也何也知其不可又不必也故不廢也今如使人服吾之能怵吾之力靡然從之舉吾國文以一諸天下則固大善矣不然則是不知三千里外更有何同人種異人種之國也謬見至此不容不辨而悟之且漢文亦不得不有增減修改者一曰時之異尙也一曰俗之殊稱也卽如籒篆隷行之變制趨便必貴乎隨時而新之也今就漢字之內擇其尤僻遠不切於用者廢之三國之各其新製字及新義之解者添入之參酌古今改編一書統一我韓之全韻玉編日本之字書支那之字典而一之以作三國公共通行之文宜古宜今宜彼宜此則卽謂之造書契幾千年後至今日而大備亦可也此漢字統一會之所緣起也日本政治文學家有見於是先獲我心創起斯會廣募我三國一時之政治文學家鴻儒碩匡蒐輯而折哀之合成統一之書鄙等不揣寡陋思所以贊此盛舉夫然則豈惟文字之幸實東亞三國聯合便利德隣外禦之急先也願吾僉君子有志於斯文亟加諒察同聲相應以圖成就之地是所祝望焉日本人設立會宗旨一則附錄

世之論者見漢字增加之趨勢如此遽然有口全廢漢字論者漠然有唱制限漢字說者何其不思之甚也夫漢字者東亞五萬萬生民賴以交換思想惟一之利器也. 若可得而廢之則其暴何啻幾千百倍秦皇焚書坑儒之暴實可謂於思想界坑五萬萬生靈者矣且其全廢有破壞我國史紊亂我皇系之虞昨年來有識者論述不遺餘力而其終爲不可廢之事苟有常識人士之衷心皆所深信而不疑是誠吾儕之幸矣今試問彼全廢漢字論者論者若果主張其說則其平生所用公私文全不用漢字能記述之乎就令其能記述能實行之乎在彼等以外何人亦不讀之故莫可遂行于世之期明矣如夫論者今日所作於自己記述文輒常用漢字而主張全廢漢字實不能免自欺又欺人之誹何年何日能得見全廢事實乎是所謂百年待河淸之類未來永刼莫達于廢止漢字之時期也明矣

又試問制限漢字論者若欲制限漢字則不可無其取舍之標準果有何等標準之可公示者乎又欲存用漢字不但減之乃可生一方應世之必需而不可不加之文字故漢字宜整理之非但省減而已可也抑漢字問題非以我一國解決爲利者也雖少亘於東亞所用同文同字之日淸韓三國而不可不求其解決彼制限漢字論者果有査明其三國必需文字乎吾儕向世之識者欲求其解答也

觀此宗旨可以見有識者之所見略同也今方與有志諸公創立斯會以應三國之公共而會務會況容竢來號續揭也.

且卽以國文論之大多錯誤 不可不有改正者 此亦吾亞文家之責也. 亦竢來號續論也.

▲ 제7호＝論亞文

爲匠氏之良者求梗楠檞樟於他山斲而小之不可以無芒刃斤斧於是又求南鑌北鐵爲鋸爲斧爲鉋爲鑿又求人之有巧力者於四方務使人與器極一時之選然後大而爲宮室小而爲器物以適於一切之用而一切人皆便之或誚之曰吾之林澤材木不可勝用也吾之鑛穴有鑌焉有鐵焉吾之境內年少者能運規爲圓畫矩爲方可以執役者幾十百人何必捨近而取遠損己而益人乎匠氏笑而不答傍觀者以誚者爲是歟以匠氏爲是歟爲醫師之能者求空靑於泰山求鍾乳於連州取一切草材於川蜀而人蔘與大豆黃卷取之於我韓以合藥而濟人而其醫師之附近境內非無空靑鍾乳一切草材人蔘與大豆黃卷也然買藥香之雲來霧集必在於能濟人之藥此非惟歧伯倉公知之天下有口之人有病之人莫不知之也今我韓之國驢馬有土産唐産而行役戰陣之際不得不多用唐産之良焉前之以牛肪蘇油爲灯燭者今則用煤 電前之以驛遞者今則置郵便前之以舟車者代以火輪其他一應器機之便利者皆泰西製也又有一種頭巾迂腐之怪鬼輩攘臂大言曰煤電也郵便也火輪也其他所謂便利之物也不來之時一國泰平已來之後至於今日此皆不祥之物也廢止然後可以復舊

也傍有哀其愚而解其惑者曰吾門之閉者人來開之雖欲廢之何可得也燧人
氏教火食而前日之坏飲茹血者怨之軒轅服衣裳而前日之露體遮皮者非之
教而服之者爲是歟怨而非之者爲是歟革舊維新之際不得不如是也且夫用
泰西之物者直不過是取人爲善如向所謂匠氏醫師之取材於他方而爲良匠
良醫也今夫一切之人以吾土之所産爲可寶而若寶遠物則群閧以爲損國害
民何其不思之甚也捨吾之物而用人之物者實非舉吾國而與人也實是取諸
人而爲吾有也今又有奇思異想之人疑怪而發論曰日本之國好勝於天下莫
强於天下一切制作自出機杼而至於文字則用片假字片假字者割取支那字
之偏傍如我韓童蒙先習之懸吐減劃而改成者何不另立國文苟苟如是乎又
有一種加倍奇思異想之人疑怪而發論曰日本大學校之用工於漢文也專習
韓柳歐蘇文何不取本國之名家大家文讀之而移慕於支那之古人也又有一
種加倍奇思異想之人疑怪而發論曰日本之寺刹其尊奉者乃是本國高僧而
其他印度所稱釋迦如來觀音菩薩天龍護法之類無之矣其他印度所念四十
二章經楞嚴維摩等書以至淨口業眞言諸種皆無之矣斯乃眞正貴己賤人之
大法門而胡爲乎國之太學所尊奉者乃是支那之孔聖人乎於是傍有聽者大
驚大笑而問曰如予之論我韓之成均館大成殿當奉弘儒文昌以下東方諸賢
而五聖十哲以至宋朝七賢之牌位祀典不可也子將如何論者不能答其外更
又有一種加倍奇思異想之人出妙策而發論曰日本之國好勝於天下莫强於
天下若能全廢漢文幷改片假字另立國文以行於其國則勝者尤勝强者尤强
當無敵於天下矣於是傍有聽者哀其愚而解其惑曰此乃日本所以文明也文
明者勝文明者强此乃日本所以勝而强也日本人之論曰文當以漢文爲主但
秦漢以後字不新製有欠於用也乃爲新製鯛字卽我韓俗稱道味也新製鱈字
卽我韓俗稱大口也諸如此類甚多又製言海一編始終以漢文爲源委綱領以
補漢文之闕此所謂識其大者也識其要者也好善優於天下者也且夫日本之
人以東亞三國爲一家其爲一家者非第以睦隣修好也如是然後鼎足之形成
而可以與他洲抗矣若行國文則只可用於其國而我韓與支那之人除象譯之
外漠然如符籙之字對面而不相識矣苟非漢文則其何能涵三爲一乎論者又
不能答嗚呼不佞之自本報第一號起至第五號而暫止者此又其續也罵漢文

非漢文者如雲興如霞蔚而吾之稱漢文爲亞文 欲保全東亞之全局者如斷雲
之低空如孤霞之捧日衆寡不同强弱不敵而其雲之斷者其霞之孤者雖以彼
之日衆曰强必不能使之磨滅不存也未喪斯文上有天在 (未完)

我韓國文向在

英陵新製時仿明初正韻三十六字母作三十六行所謂牙齒喉舌唇宮商角
徵羽半舌半齒變宮變徵者也其法細而極備今俱失其典型此不可不幷加釐
正容俟續陳

◎ 新學과 舊學의 關係 奬學社 二一九號, 〈대동학회월보〉 제2호, 1908.3. (학문론, 신구학)

大凡時의 變遷홈을 因ᄒ야 物이 零落枯槁의 狀을 顯示ᄒ면 新物의
生來홈이 有ᄒ고 又其從來로 生存치 못ᄒᄂ 者가 或은 生出ᄒᄂ 事도
有ᄒᄂ니 故로 改新을 求ᄒᄂ 바ᄂ 實노 人事의 推測키 難ᄒ니 文學에
至ᄒ야도 亦然ᄒ지라 隨時變易ᄒ야 新舊二學의 區別이 生ᄒ니 曰新學
은 文化稍開ᄒ고 人智漸進일ᄉᆡ 時勢의 得宜와 慧寶의 運用으로써 文明
ᄒ 氣를 應ᄒ야 實用的 學業을 修進ᄒ고 實狀的 理致를 証據ᄒ야 世人
의 醉心을 惺ᄒ며 夢境을 破ᄒ야 虛誕ᄒ 風俗을 背斥ᄒ고 虛靈의 智覺
을 穩全히 ᄒ야 學而習之ᄒ고 究而行之라 文學이 日加ᄒ고 智識이 年增
ᄒ야 現今文明의 大機를 成홈이오 曰舊學은 其來者ㅣ 遠矣니 孔子ᄂ 倫
理와 政治를 首重ᄒ고 孟荀은 仁義를 崇尙ᄒ며 楊墨은 哲理를 主ᄒ고
管商은 理財를 說ᄒ며 申韓은 刑名을 論ᄒ고 孫吳ᄂ 兵法을 談홈이 醇
駁不一은 雖有ᄒᄂ 新理를 發明ᄒ고 新說을 唱道홈은 後世의 裨益이
如何哉아 自漢以來로 學問의 道가 一變爲訓詁ᄒ고 再變爲淸談ᄒ며 三
變爲詩賦文章ᄒ고 四變爲性命理氣之說ᄒ며 五變爲考證之學ᄒ야 琢磨

ㅎ는 新工이 頓無ㅎ고 古人의 遺緒만 株守할식 世人의 學業이 詩을 崇尙ㅎ고 浮華를 務修홀 뿐이니 文學이 衰頹ㅎ고 學者의 風氣가 幾絶ㅎ야 莫知所返이라 是로 以ㅎ야 釘鉬糟粕이 陳陳相依ㅎ야 迂腐頹敗홈을 未免ㅎ니 舊學의 本意가 安在오 然則二學의 關係가 似無ㅎ느 然ㅎ느 隱然한 中에 車輪鳥翼과 如히 兩者가 相須得完홈이 有ㅎ니 孔子曰溫古而知新이라 ㅎ시니 此는 舊問新得이 開進資益ㅎ는 道를 云홈이오 張子曰舊見을 洗ㅎ고 新見을 生홈이 是可다 ㅎ니 此亦治政得要면 舊染惟新홈을 謂홈이니 此言을 潛究ㅎ면 曰新曰舊가 雖有先後느 本無二者라 事는 今을 師ㅎ고 理는 古을 師ㅎ야 相須併行이오 不可偏廢라 惟我大韓이 蒿目時艱ㅎ야 泰西의 新學을 博採ㅎ고 舊學을 固奉ㅎ야 更加發明홈은 國民思想을 一新케 홈이어늘 或者ㅣ其源을 莫究ㅎ고 惟新을 是圖코져 ㅎ니 反覆不思홈이 若是甚焉고 本人이 魚豕之惑이 不無ㅎ야 其關係極大者를 能薄才譾의 嫌을 冒ㅎ고 淺短한 識見과 拙澁한 文字로 蕘說을 略述ㅎ노라.

◎ 學無新舊, 申箕善, 〈대동학회월보〉 제5호, 1908.6.
(학문론, 신구학)

▲ 제5호

今世之言學者必曰舊學問也新學問也有若新穀之代舊穀判爲二物者然學果有新舊之別乎曰不然新學卽舊學也舊學卽新學也夫堯舜禹湯文武周孔之經顔曾思孟濂洛關閩之書三禮三春秋二十一代之史與凡漢唐宋明及我 朝諸儒諸子著述編輯之文字此非所謂舊學問乎雖充棟汗牛而究其要則不過大學之三綱八條中庸之達道達德書之六府三事五事八政之類而已天文地理物理學心理學倫理學哲學政治學經濟民法刑法憲法國際法社會學筭學醫學工業藝術商業農業林業與凡世界萬國之圖誌歷史此非所謂新學

問乎雖縹緗滿架蟹字堆雲而要其歸則不過天人事物之理日用需生之方國家人民維持發達之法而已夫天人事物之理大學格致門之所包括也日用需生之方禹謨之利用厚生箕疇之食貨司空已提其綱矣至於國家人民維持發達之法論孟中許多政論書禮中許多法規盖皆粲然而垂揭如曰生民有欲無主乃亂者即今之國家政治學之本原也如曰富而教之 如曰五畝之宅樹之以桑百畝之田勿奪其時之類即今之財産經濟說之權輿也禮之秋官書之康誥呂刑纖悉諄複者豈非今之刑法之本意乎司徒之職掌戴記之節文間見錯出者豈非今之民法之類例乎爵人於朝與衆共之刑人於市與衆共之國人皆曰賢然後用之國人皆曰不可然後去之豈非今之所謂憲法之意諦乎同人于野麗澤講習豈非今之所謂社會之原理乎辨土壤而勸耕耨時斧斤而征不毛通工惠商阜貨平市之政豈多讓於今日農工商之務乎家塾黨庠州序國學詩書禮樂之教詠歌舞蹈之節豈有遜於今日學校教育之規乎但人種日滋風俗日漓則一切事爲不得不古簡而今繁古畧而今詳又或古今異宜不得不有損益更張而東亞則自周衰以後凡於人生日用需生之方國家人民維持發達之法更不研究而增進墨守二千年前舊規陳迹又非徒墨守而已并與其時良法美規可行於今者而太半闕廢日趨汙下而今之所謂新學者出自歐洲歐洲之人數千年來竭其聰明才力晝夜研究祖孫繼述發明極致日新月盛必適時代之宜而衛性命殖財産安國家普益人民之方靡不用極較之東亞二千年前則不啻如殷周之視燧巢時代爲吾亞人者苟不以禹謨箕疇爲不易之訓則已倘以舜禹箕孔之心爲心而欲衛性命殖財産安國家普益人民則何可不講此書籍乎至若天人事物之理則三代之時固有未盡明者地 圖之說僅見於大戴記孔曾問答而他無標見則況八行星衆星世界等之理何由而著乎風氣未闢雖聖賢不能先天而開也泰西之於是時尤爲草昧曆算之學不及亞土而周末以後亞土則研究不力了無增進而泰西則心測足遍眞積力久歷數千年至于今日而太陽行星地毬萬界之象昭晰無餘如指諸掌爲吾亞人者苟不以堯之欽天曆象孔曾之格物致知爲不易必遵之謨訓則已苟欲窮天人事物之理則何可不講此書乎孔孟在於二千年前故此等書不出於孔孟之手也使孔孟生於漢唐宋明之世則此書之出於亞土久矣使孔孟生於今世則必躬先閱覽而教人

講習矣然則何可以此等書籍謂之新學問而區別於舊學問乎(未完)

▲ 제6호

新學之書固以天人事物之理日用需生之方國家人民維持發達之法爲大部分然其於倫理道德未嘗不尊尙勉勵政治法律之千條萬緒無不根於天理傳之德義而哲學一門又極本窮源盡心知性之學也雖其倫理之細節道德之名義或有少異於東亞聖賢之訓然此由於風氣習尙之差殊而其大綱大要則無不暗合而同揆夫地之東西相隔累數萬里也古昔時代車航不通人文書籍初不流傳而道德倫理之本領如是相符何也天地之理一而已人所賦之性亦一而已故初無東西黃白之殊陸象山曰東海有聖人出此心此理同也西海有聖人出此心此理同也正謂此也故是道德倫理者建諸天地質諸鬼神體物不遺而爲萬事之本未有無倫無理非道不德而能立政濟事者也然則大學之三網八條中庸之達道達德亦泰西學之所尊所本也何可以東亞經籍謂之舊學問而區別於新學問乎由是言之新學舊學一串貫來 本非二物譬之草木舊學其根株也新學其枝葉花實也未有徒有根株而無枝葉花實者未有無根株而能生枝葉花實者又不可以根株與枝棄花實分爲二物也又以經籍喩之舊學乃經文也新學乃註疏也古代簡質經文不過寥寥幾句而已後世人文日闢則不得不有註以解之註而又不能詳則不得不有疏以釋之以古之數篇簡策而今之五車四庫之書然詎可以經文與註疏截爲二物而互相排詆乎此理甚明而今之治舊學者或啜糟爬靴買櫝還珠其於聖賢之微辭奧旨吾道之全體大用茫然未窺其藩籬而泥於陳迹膠於偏見故創聞新學以爲非聖之書不復攷究而遠之如淫聲焉治新學者或全抛經傳好新喜奇以爲古所未有前所未開之名論妙諦吾能知之遂謂昔之人無聞知而東亞古聖賢之書皆爲腐敗無用之物也往往自放於名敎繩墨之外此何異於徒擁根株而欲狀其枝葉但賞枝葉而不培其根株者乎良由治舊學而不求其實治新學而不探其源故也如是者舊學非舊學也新學非新學也惟治舊學而兼知新學之不可不講然後始可謂能舊學者矣治新學而先知舊學之不可不本然後始可謂能新學者矣然則

學一而已新舊之名不當立也或曰如子之言則舊學都不可變而新學亦皆一一可用乎曰此固有說焉舊學之不可變者三綱五常之彝倫也明德新民之大道也其可變者節文制度也節文制度之因時損益 已有聖訓非變也乃時措之宜也但拘儒不解耳新學之可用者尙且人種滋殖風氣淆漓之時不得不有此細發明細規則其言大抵皆可用也然其間亦豈無東西風俗習尙之殊乎雖在泰西不容無因時制宜之種種變幻況於絶遠之亞土乎此不可無權衡參酌耳要之孔門敎人必曰博之以文約之以禮文也者節文制度之許多書籍也禮也者本原權衡之一副道理也不博於文則無以盡時代事物之理不約以禮則無以臻至善中庸之域今之新學皆文之不可不博者也不博乎此則面墻而立都不識時代事物之理烏可哉但博于新學而不約之以舊學則無本原無權衡徒法不能自行曾申商之不若又豈可哉故今之不可不講新學者卽博之以文之功也不可不以舊學爲本者卽約之以禮之意也我宣祖大王嘗御經筵語李文成公曰顔子曰博我以文此時有何文字文成對曰已有六經且楚左史倚相讀三墳五典九邱八索此時固有文字但不如後世之多耳孔顔之時則墳典邱索爲可博之文不博乎此則無以究當時事物之理也今之時則泰西書籍及東亞有用之書爲可博之文不博乎此則無以究今世事物之宜也然書籍百倍於古代則東亞之書除經禮史及經濟諸子之書外凡尋常詞翰文章實無傍及之暇而歐人之有用文字皆不可不講也聖人曰吾道一以貫之一者譬則索也所貫者譬則珠也徒索而無珠則索將焉用有珠而 無索則散而不可收博以文者貯珠之多也約以禮者索以貫之也是焉有彼此新舊之可別乎故我學會之講新學也不曰新學問而曰新書籍也講舊學也不曰舊學問而曰經典也以學無二致故也 (完)

◎ 論正學及新知, 元泳義,〈대동학회월보〉제6호, 1908.7.
  (학문론, 신구학)

  有客이 訪余于白鹿山房ᄒᆞ야 見案上에 有大東學會月報ᄒᆞ고 指其題目

之闡明正學而評之曰 正學은 卽 所謂道學也ㅣ라. 今之說道學者는 人皆
以守舊頑固로 目之ᄒ야 嘲笑擯斥에 不得容於當世ᄒ니 道學이 從此將
絶矣라. 誰能闡明乎아 ᄒ고 且指開發新知曰 新知는 卽 新學問也아 近有
說新學問者는 徒尙浮薄夸張ᄒ야 無補於世ᄒ니 所謂新知는 皆無實也라
焉用開發乎아 今大東學會에 以無實之新知와 將絶之正學으로 欲爲自任
而闡明開發云者ㅣ 何其迂也오 余曰 否否라 易繫에 不云乎아 太極이 是
生兩儀오 兩儀ㅣ 是生四象이오 四象이 是生八掛라 ᄒ니 盖 太極肇判에
先有生生之理 故로 人物之生이 林林總總ᄒ야 其類有萬而物之出類者는
飛鳥之鳳凰과 走獸之麒麟과 鱗介之龜龍이 皆其靈也而靈於萬物者는 人
也ㅣ라. 人之類ㅣ 億兆其生而又有出乎其類者ㅣ 爲億兆之君師ᄒ야 相承
相繼ㅣ 如百川四瀆之有淵源과 千絲萬縷之有統緖ᄒ야 貫天地亘萬古而
不絶ᄒ니 此는 伏羲神農黃帝堯舜禹湯文武周孔顔曾思孟之聖이 所以生
生而相傳其道也ㅣ라. 然而 周公以上은 上而爲君故로 其道ㅣ 爲政而行
於當世ᄒ고 周公以下는 下而爲臣故其道ㅣ 爲學而詔于後世ᄒ니 當此之
時ᄒ야 繼往聖開來學者는 孔子也ㅣ라 孔子之道ㅣ 一以貫之而爲人極ᄒ
야 傳至孟氏러니 孟氏沒而泯其傳焉이라 自是而縱橫功利의 一切異端이
歷世盛行者ㅣ 千有餘年而淵源之伏流와 統緖之伏線은 恒存乎天地之中
이 如重坤純陰之剝盡群陽而未嘗無陽 故로 復陽이 生焉이라 宋時之七賢
과 我韓陞廡之十六賢이 寔可謂有繼絶開後之功而古今異宜ᄒ고 趨向殊
塗ᄒ야 當今之時에 卽使七賢十六賢으로 復生於今日이라도 必不爲其時
七賢十六賢之道學事功이라 當必審一世之趨向ᄒ야 救其弊而明其道也
ㅣ며 卽使孔孟으로 復生於今日이라도 夏時商輅之外에 有所取舍ᄒ야
要以救時作法이니 不然이면 不足謂孔孟也ㅣ며 不足謂七賢十六賢也ㅣ
라. 噫라 聖賢이 遠矣오 氣數ㅣ 變矣라 滔滔天下에 曰敎曰學이 一何多
歧오 惟我 儒敎는 卽 一太極也ㅣ라 天下之異說이 雖百端伺隙而其生生
之理則貫天地亘萬古而恒存ᄒ니 謂其道學之暫衰云爾언뎡 豈有永爲泯
絶之理乎아 客曰 然則只可闡明正學而已라. 復何屑屑於開發新知也리오
余曰 否否라 子不聞論語溫故而知新之義乎아 夫泥於古而不通於今則豈

不欲行結繩於書契之後며 局於今而不達於古則豈不欲成方圓於規矩之外
리오 人之常情이 莫不好生而泥於古者는 千年鬼簿之生活이오 局於今者
는 一日蜉蝣之生活이라 惡在其爲生ㅣ리오 由此觀之컨딕 但聞今日之事
而不聞昨日之事則是猶無生於昨日이오 但記昨日之事而不記今日之事則
是猶無生於今日이오 旣不能記昨日之事ᄒ고 不能聞今日之事則是猶無
生於世也ㅣ라. 奚啻不如朝菌之不知旬朔也ㅣ리오 世界人生이 旣爲當世
之人則不可不知當世之事오 日用人事ㅣ 必自前世之人則不可不知前世
之事라 然則旣有生矣라 不能無事오 旣有事矣라 不能無知니 此所以人皆
有良知良能也ㅣ라 盖良知良能之理氣는 天地ㅣ 賦而與之ᄒ고 良知良能
之形體는 父母ㅣ 全而生之ᄒ시니 窮格其理氣ᄒ며 活潑其形體는 皆在我
之事也ㅣ라. 雖然이나 欲知古今之事ᆫ딕 豈足踐目擊於古今世界然後에
能也哉아 其所可知之道ㅣ 布在方冊ᄒ야 自有不出戶牖而能知者ᄒ니 其
惟學也乎ᆫ뎌 夫 學者는 亦非强求於良知良能之外라. 特因其本然之具而
擴充其無窮之用이니 烏可已乎學也ㅣ리오. 欲學前世之事則先聖忘理와
四庫之全書ㅣ 昭揭日月ᄒ고 欲學當世之事則新學之發明과 万國之書籍
이 炳若丹靑ᄒ니 苟能學於此而習其舊聞ᄒ고 新有所得ᄒ야 日就而月將
則豈特通古今而已哉아 千歲之日至를 亦將可坐而致也ㅣ라. 夫如是則 人
生이 雖以百歲爲期而其生이 可謂與天地相終始矣라 奚但爲當世之人而
止哉아 是以로 闡明正道而溫故焉ᄒ고 開發新知而知新焉ᄒ야 使大東人
士로 不失本領而共躋文明之域이 卽是學會月報之旨義也ㅣ니 君其歸而
閱覽이면 庶有領會于心也夫ᆫ뎌 客이 唯唯而退어늘 遂撤其問答之顚末
而識之ᄒ노라.

◎ 新學六藝說, 金允植, 〈대동학회월보〉 제6호, 1908.7.
　(학문론, 신구학)

國家久失敎育之道以詞章功令取士才不適用事業不興因循委靡以至于

今自數 十年以來科弊百出遂成劇戲之場向日功令之士亦不可得見而時事
大變國隨傾危敎育之關於國之盛衰如此緊切有識之士所以痛恨而太息者
也今廟堂諸公博觀寰宇之勢內顧邦國之憂思欲培植人才扶顚持危奉承 明
詔廣設中外學校授以新學此誠今日之急先務而尙恨晚矣讀書好古之士猶
嘐嘐然排之曰今之學非古之學也異端也外道也禁其子弟使不入學鄉中自
好者望學校之門輒回而過之小民從而效之而又甚焉日者本郡學校敎師率
其徒過余試步伐于庭中村人男婦環視駭嘆隣婆至有戰慄涕泣者曰是將欲
奪我兒去乎畏之如豺虎魍魎甚矣俗之難曉也讀書人謬固猶如此於村婦何
責焉夫所謂古之學非三代敎人之法乎三代敎人之法不出於六藝之外夫男
子生而將有事于四方非欲坐談空理老死牖下也六藝者古今需用之具也其
目有六而無所不包道德仁義理也六藝器也道德仁義皆從六藝中出故曰下
學而上達若舍器言理理將焉附今讀書之士皆自謂聖門之徒六藝之學而察
其所業則與六藝絶不相近是則非徒不解新學問之爲何物幷不知聖門所以
敎人者爲何事可勝歎哉請論古今六藝之義夫守國行政不失其民之謂禮晋
女叔 齊語 揖讓周旋之謂儀 鄭子大叔語 二者通稱爲禮今新學之政治法律
經濟諸學皆禮之善物也至如五倫五禮之節文儀則東西洋沿習之俗各自不
同外國人儀節 雖欠觀瞻至於尊俎之間玉帛之會恭敬歡洽之意則未嘗不同
而質直簡易反有勝於東洋之文具此非禮之藝乎古者太學敎人之法惟在於
樂以中和之音養其性情作成髦俊列于庶位舉天地盡在春風和氣之中惟樂
爲然後世樂道大崩時君世主專好靡曼之樂噍殺之音上行下效一往不返以
致人才銷落百姓愁苦亂亡相尋西人審知其故敎人之法尤重音學必使冲融
平和雄渾發揚令人生活潑自由之想增堅忍獨立之志其裨益政治實爲不少
此非樂之藝乎古者以弓矢爲制勝威敵之具自鎗砲出而弓矢廢今日男子之
所當習者在於鎗砲此非射之藝乎古者乘馬駕車御之以節今馬車之外陸有
汽車水有火船世界競爭之大務於是乎在非有專門之學實地經驗不能駕駛
此非御之藝乎古者以六書敎人僅行於東亞大陸謂之同文之國今焉萬國交
通梯航相續不習其言語文字安能交涉故六書之外各國國文不可不學此非
書之藝乎古者九章之術啓其大略而已且布算滿盤不勝其煩今焉以寸餘之

鉛掌大之紙積萬累千纖毫不差其精蘊之理推捷之法日新月增發前未發此非數之藝乎今之新學敎人者皆此術也此卽六藝之學烏睹所謂異端外道者乎其有藝術之古今不同時勢使然合於萬世之用則一也捨此則爲仙佛世外之敎獨自修鍊不以民國爲念雖不修六藝可也此之謂異端外道也春秋之時鄕士大夫入則治官出則將兵其小民入則服耒出則荷戈當時貴賤上下無人不被學校之敎育可知也孔門弟子七十人皆以六藝成名其見於傳記者如子路之治賦冉求之藝樊須之弱而能御有若之列于死土公西華之嫺於賓禮是也若夫子則博學而無所不能集大成而不專一名盖以生知之聖不勉而能然猶謙謙自卑誘掖後進曰吾嘗終日不食終夜不寐以思無益不如學也學者何也謂讀其書而執其業也故曰詩書執禮皆雅言也又曰吾執御乎執射乎記曰不學操縵不能安絃不學雜服不能安禮古人於六藝之學必蚤夜服習執勞而確有所得然後施之於事故漆雕開辭仕曰吾斯之未能信未能信者何也謂於六藝之旨未能精熟故不願仕也夫宗廟會同非禮樂不能儐相戎陳戰伐非射御不能禦賊處煩理劇非書數不能辦務故無學之人不可以從政六藝之謂也今之人尊慕虛名厭聞其實以黌堂爲聖廟每歲春秋以敗籩壞豆酸酒腐肉草草奠酌而止以爲尊聖之道於斯至矣未聞其講一藝隷一業而反斥他人實藝之學何其誤也嗚呼孰謂夫子而歆此無名之祀哉願世之讀書君子平心徐究酌量時宜若家傳通行之禮儀宜講明而遵守之其他則舍短取長寔事求是使子弟人人皆成有用之器可以興邦國可以扶吾道可以保身家母徒是古而非今未知今焉知古母遽自是而非人百世之下自有公論

◎ 欲學新學先學舊學, 成樂賢, 〈대동학회월보〉 제20호, 1909.9.
    (학문론, 신구학)

根固之木은 其 葉이 必茂ᄒ고 源深之水는 其 流ㅣ 必長ᄒᄂ니 故로
種水者ㅣ 必先栽培 其 根이라야 千枝萬葉이 鬱鬱蒼蒼ᄒ야 可以 糸雲霄
之上이오 導水者ㅣ 必先疏瀹其源이라야 西派東流가 汪汪洋洋ᄒ야 可以

達河海之外니 根之弱者는 不風自倒ᄒᆞ고 源之殘者는 不旱自涸이 此 乃 理勢之必然이라.

凡 天下事ㅣ 各有 本末始終ᄒᆞ니 知所先後而不失其次序則如潔領而毛順ᄒᆞ고 擧綱而目張ᄒᆞ야 大小難易가 未有不就緒ㅣ니 故로 曾傳에 曰 其本이 亂而末治者ㅣ 否矣라 ᄒᆞ고 鄒經에 曰 不揣其本而齊其末이면 方寸之木도 可使高於岑樓라ᄒᆞ니 本末이 倒錯ᄒᆞ고 先後가 紊亂이면 非但事功之不立이라. 反有灾害之幷臻이니 可不戒哉아.

今 所謂 新舊之學을 譬之水木則舊是根也源也ㅣ오 新是葉也流也ㅣ라. 旣欲學新而不先學舊면 是無異於不培其根而望枝葉之茂ᄒᆞ고 不發其源而思派流之長이니 余窃以爲非愚則妄也ㅣ라 ᄒᆞ노라.

蓋 夫學問은 學其爲人之道而一平生應用之資也ㅣ라. 究其爲學之要컨ᄃᆡ 欲其通古達今ᄒᆞ고 明體適用ᄒᆞ야 俾世道로 得以弬隆而弘功芳譽가 垂諸後來니 故로 先知ㅣ 覺後知ᄒᆞ고 先覺이 覺後覺ᄒᆞ야 交相勉勵에 期圖進就니 固無新舊之歐別이어늘 比近 以來로 新學舊學이 各立名目ᄒᆞ야 泥於舊者는 排斥其新ᄒᆞ야 請之浮華無實이라ᄒᆞ고 趨於新者는 嘲笑其舊ᄒᆞ야 謂之腐敗無用이라ᄒᆞ야 互相誹謗에 駸駸然有偏黨明比之漸ᄒᆞ니 嗟乎偏黨之於人國也에 其爲害ㅣ固不淺哉이라.

漢之黨錮와 宋之朔蜀과 明之東林이 非不皆爲君子之人이로ᄃᆡ 終不免黨比之流禍ᄒᆞ야 至於家國危亡에 莫可收拾ᄒᆞ고 以我國觀之라도 所謂 東西黨派가 各自 分立ᄒᆞ야 曰 是 曰 非에 互相傾軋ᄒᆞ야 于玆 二百有餘年에 國是靡定ᄒᆞ고 公權未張ᄒᆞ야 以致世敎陵夷ᄒᆞ고 俗綱頹敗ᄒᆞ니 證諸古史에 前鑑이 不遠이오 糸之目格에 後車를 可戒어늘 乃於 今日에 又 見新舊學之各相分派ᄒᆞ니 斯豈非學界之不幸者歟아

窃以愚意로 推之컨ᄃᆡ 學之新舊가 只是一理오 原悲二致니 交湏而幷行ᄒᆞ야 不可以偏廢者也ㅣ라 何以言之오 舊學은 是我東洋四千載敦尙之敎也ㅣ라 堯舜禹湯文武의 傳授之心法이오 周孔顔曾思孟의 繼開之統緖ㅣ니 四書六經이 無非載道之文이오 諸子百家ㅣ 盡是記事之迹이라. 格物致知之工은 講修於大學ᄒᆞ고 位育參賛之化는 玩索於中庸ᄒᆞ며 過欲存理

之旨는 專心於孟子ᄒ고 爲己求仁之要는 着力於論語ᄒ며 感善懲惡之情
은 諷誦於詩經ᄒ고 經邦治民之法은 深察於尙書ᄒ며 陰陽消長之理는
尋繹於義易ᄒ고 節文儀則之度는 溯考於戴禮ᄒ며 誅亂戒暴ᄂᆫ 義는 探
究於春秋ᄒ고 歷代帝王의 興亡盛衰之事는 涉獵於史記니 皆所以啓發智
識ᄒ야 隨機達變之道而苟究其要則不出乎道德範圍之中이오

新學은 是 英吉利 佛蘭西 美利堅 日耳曼列邦의 富國强兵之奇策이오
華盛頓拿破崙卑斯麥瑪志尼諸雄의 立功建業之餘緒ㅣ라 亦莫非天人事
物之理오 日用常行之具ㅣ니 法律學之防閑規模와 經濟學之綜理措劃과
理化學之開物成務와 商工學之利用厚生과 算學之應變極數와 語學之交
涉機關과 與夫興廢沿革之歷史學과 山川道里之地誌學과 金融通行之財
政學과 人民組合之曾社學과 以至飛砲巨礮之武備와 植物礦産之利源과
一隣千里之電機와 萬里只尺之傐輪等諸般學術이 皆所以鞏固國力ᄒ고
養成材器ᄒ야 蒸蒸然日上於文明之域者ㅣ니 其 範圍之廣大와 修理之精
詳과 維持之秩序와 進化之程度가 可謂 無所不備에 能奪造化之權而槩論
其實則不過乎技藝之精妙ㅣ也라

然則 涵養道德ᄒ야 變化氣質은 東亞之舊學也ㅣ오 透得技藝ᄒ야 進就
富强은 泰西之新學也ㅣ니 非舊學之道德이면 孝悌忠信之義가 掃地而盡
ᄒ야 便同禽獸之愚오. 非新學之技藝면 凌侮厭制之患이 式日斯至ᄒ야
不免魚肉之慘이니 此 吾 所謂 交須幷行ᄒ야 不可偏廢也ㅣ라. 新何必
囂囂然非古며 舊何必嘐嘐然非今ᄒ야 以致各立旗幟ᄒ고 分列門戶哉아.

然이ᄂ 舊學은 本也ㅣ오 新學은 末也ㅣ니 末固可擧어니와 本當尤先
이니 必湏先學奮學ᄒ야 以明父子君臣의 萬古綱常之道然後에 又 學新學
ᄒ야 以達理化法律의 世界通行之規면 可以發前人之所未發ᄒ고 擴奮日
之所未擴ᄒ야 知益明而道益存ᄒ고 才日進而德日起ᄒ야 勃然與起之效
와 蔚然進就之氣가 必如有根之木의 榮茂其枝葉이오 有源之水의 發達其
派流ᄒ야 沛然莫之能禦니 嗟我靑年學生은 各相勉戒ᄒ야 毋失先後本末
之序를 是所厚望이로다.

◎ 新舊學의 關係, 李鍾麟, 〈대한협회회보〉 제4호, 1908.7. (학문론, 신구학)

不識時宜ᄒ고 惟古是好를 曰 固ㅣ오. 不較長短ᄒ고 惟新卽從을 曰 惑也니 噫과 今好舊者ㅣ 於新學에 或有暗合於理宜ᄒ며 的當於時務者ᄂ 暗暗稱可로ᄃᆡ 語人則必曰 非吾所學이라 ᄒ며 果利於事爲ᄒ며 果便於動作者ᄂ 躬自先行ᄒ며 語人則必曰 非吾所爲라 ᄒ며 惟新者ㅣ 於舊學에 雖有的合於今日ᄒ며 切當於此事라도 曰 此乃古人陳跡이라 不足爲用於今日이라 ᄒ야 自相矛盾ᄒ야 不思其團合而資益焉ᄒ니 何乃膠柱之爲也오. 果如惟古是宜라 홀진ᄃᆡᆯ 堯舜之宮闕이 恐非巢皇之結搆며 湯武之兵戈가 亦非唐虞之干羽ㅣ오. 后稷之播穀이 實非上古之食實이며 子貢之桔橰가 亦非中古之灌瓮이니 然則 堯舜之嵬嵬와 湯武之烈烈이 當處於何道ㅣ며 后稷之弘功과 子貢之美業이 亦當歸於何事오. 今君所居之室이 果搆木之爲乎아 今君所食之物이 果木實之爲歟아. 曰 非則子何處焉고 果如惟新是從이라 홀지ᄃᆡᆫ 頭上之昭昭ㅣ가 今果更洗之天歟아 足下之平平이 今果更闢之地歟아. 曰 非也라. 東走之決決이 曾是西歸之水歟아 北根之叢叢이 曾是南來之山歟아. 曰 非也라. 然則 子何不一新之ᄒ야 足天而頂地ᄒ며 幻水而易山ᄒ고 何乃戞逐於區區絲毛之小技歟아. 自古英達之士ㅣ 亦非別人이라. 事理를 通達ᄒ며 時宜를 參酌ᄒ야 彼 長을 作爲我長ᄒ며 彼 短을 認爲我短ᄒ야 使之酌合於其時其事之如何而已로다. 余ㅣ 於固惑兩者에 聊以一說로 折之ᄒ노니 雖上古之事라도 若合於時宜어든 勿謂陳跡이라 ᄒ야 參酌而用之ᄒ며 雖 今日之學이라도 不合於事理어든 勿謂別件이라 ᄒ야 量度而試之홀지니 蓋 今日之汽車火帆이 卽 古之舟車라. 變而使之速也오. 古代之汚樽坏飮이 亦今之盃樽이라. 但巧之不及也니 何乃不思之甚也오. 目今 天地가 震蕩於砲煙彈雨之中ᄒ고

人物이 憔悴於刀山釰水之間ᄒ야 黃雀이 在後ᄒ며 弓矢가 當前之時에 若一 失眄이면 家國이 不知落在於何坎이라. 賊寇逼門에 是何弟兄之異 心가 試一回頭어다 試一回頭어다.

◎ 新學問의 不可不修, 呂炳鉉, 〈대한협회회보〉, 1908.11.
 (학문론, 신구학)

先聖有言曰 苟日新日日新이라 ᄒ며 又 曰 溫故而知新이라 ᄒ며 宋儒 曰 新知培養轉沈深이라 ᄒ얏스니 蓋以學問之道無窮ᄒ야 苟非新機日關 이면 學難爲學也라. 試觀今日世界之大勢컨디 東西列強之稱爲一等國者 ㅣ 如西洋之英美法德俄義와 東洋之日本은 其所以敎民之道ㅣ 無不因時 制宜ᄒ며 參古酌今ᄒ야 無論男女貴賤ᄒ고 年至六七歲則使皆入學케 ᄒ 니 三年 或 四年之間에 修業初等ᄒ고 幷入高等ᄒ야 修業三年ᄒ니 此乃 業務敎育之規制也오. 從玆以後로 入于大學 或 于專門之事ᄂ 任其志願 而不用強制ᄒ며 若論其敎科則皆以實學爲主ᄒ되 分以四科ᄒ니 曰經學 과 曰法學과 曰智學과 曰醫學인디 經學者ᄂ 論敎化之事ᄒ고 法學者ᄂ 論古今治體之得失과 各種法律之利害ᄒ고 智學者ᄂ 論格致性理之微顯 과 言語文字之異同ᄒ고 醫學者ᄂ 論人畜之臟腑經絡과 藥品之分析配製 와 用器解部之事ᄒ니 造成人材ᄒ야 需用於世者ㅣ 不外乎此四科也라 以 之修身齊家ᄒ며 以之經邦安民ᄒ며 以之富強於一世ᄒ며 以之雄視於四 方ᄒ고 至若印度南緬甸埃及等數國이 或見倂呑ᄒ며 或被鉗制於強隣者 ᄂ 是乃不務新學之害也라. 我韓은 數千年 以來로 而家而鄕而郡而都에 莫不有齋塾庠校ᄒ야 勸之以孝悌忠信ᄒ며 敎之以詩書禮樂故로 宏儒碩 彦이 後先想望ᄒ야 或以功業或以風節或以行義或以道學으로 著名當世 者ㅣ 不可指屈일식 其於經學에 或謂蔚興矣러니 後來로 世降學衰ᄒ야 讀書之士ㅣ 專尙詞章ᄒ고 不務實學ᄒ니 筆下에 雖有千言이나 胷中에 實無一策이란 嘲笑를 烏可得免乎아. 嗚呼라 試見我國之現狀컨디 二千

萬靈慧民衆은 將未免他族의 驅使之奴隷之ᄒ고 十三道神聖疆土ᄂᆫ 亦難
逃隣邦의 蹂躪之呑噬之ᄒ니 其 咎가 亶在乎導民不以其宜ᄒ며 敎民不變
其舊之故也라. 今日京鄕人士之口中舌端에 便成慣語者ᄂᆫ 卽國權回復과
自主獨立等句也라. 然이나 其所行者ᄂᆫ 前日之舊習이오 其所言者ᄂᆫ 前
日之舊學이며 所以訓子敎孫者ᄂᆫ 亦前日之舊習舊學이니 以是而能回復
國權ᄒ며 以是而能自主獨立乎아 吾知其必不成也로다. 臨淵羡魚가 不如
退而結網이라 ᄒ얏스니 凡我同胞之有志於國權回復과 自主獨立者ᄂᆫ 不
如勤修新學ᄒ야 凡於士農工商之事에 不待外人之指導而能自辦自立然
後에야 可達其目的이니 勉之哉어다.

◎ 新舊同義, 邊昇基,〈호남학보〉제2호, 1908.7.
　（학문론, 신구학）

　昔先王이 建官立師ᄒ야 以敎萬民ᄒ야 使之家有塾州有序國有學ᄒ니
而人生八歲에 入小學ᄒ며 十五에 入大學ᄒ야 其所以爲學은 學爲爲人
之當職ᄒ고 學爲爲人之實業ᄒ야 推以至於濟世安民之道와 開物成務之
理ᄒ야 莫不由學問而得焉ᄒᄂ니 至矣哉라. 學問也여. 夫人之生世에 耳
目은 視聽而已오 手足은 運動而已오 口腹은 食飽而已니 苟無學問以達
其智識이면 則其肉身之慾이 與禽獸相遠者幾希矣라. 是故로 聖人이 有
憂之ᄒ사 設爲學校ᄒ야 使天下人人으로 囿之於敎育之中ᄒ야 行其當職
ᄒ며 修其實業ᄒ고 亦使卽物而窮其理ᄒ야 以達其智識焉ᄒ니 舜之敎敍
五倫과 周之賓興三物과 吾夫子之設立四科ㅣ 皆是也라. 及自漢唐以來로
聖遠道廢ᄒ야 所謂敎育者ᄂᆫ 失其立敎之本義ᄒ고 學問者ᄂᆫ 昧於爲學之
主旨ᄒ야 凡爲人之當職實業과 及夫窮理格致之工엔 初不講習硏究ᄒ고
徒取古人之紙上遺墨ᄒ야 以記誦詞章으로 爲學問準的ᄒ고 演釋章句로
爲學問極致ᄒ야 上下數千年間에 諸家學說이 紛紛傾世ᄒ야 可謂家家孔
孟이오 人人韓柳로ᄃᆡ 其道益衰ᄒ고 其俗益渝ᄒ야 馴致於近世而極矣라.

嗚呼라. 我東盛時에 敎育範圍와 學問程度ㅣ 實無愧於三代ᄒᆞ니 于時也則俊傑이 登庸ᄒᆞ고 名碩이 輩出ᄒᆞ야 以禮義文明으로 有辭於天下矣러니 駸駸然尙文日久ᄒᆞ야 久面生弊ᄒᆞ야 遂致腐文僞學이 染汚國俗ᄒᆞ고 傾敗士習ᄒᆞ야 日馳於貿貿ᄒᆞ되 莫之挽回ᄒᆞ며 亦莫之省悟ᄒᆞ야 其云道學者ᄂᆞᆫ 以曰理 曰氣 曰性 曰命으로 爲畢生名業ᄒᆞ야 閉門養望ᄒᆞ고 隱德自處ᄒᆞ니 朝廷이 待之若神明ᄒᆞ며 人民이 仰之若山斗로되 至於國之休戚과 民之疾苦ᄒᆞ야ᄂᆞᆫ 都無預焉ᄒᆞ며 其云科學者ᄂᆞᆫ 以曰詩 曰賦 曰表 曰策으로 爲當時巨擘ᄒᆞ야 名譽喧嚇타가 及參宦籍ᄒᆞ야 求之政治上應用이면 則甘苦不調ᄒᆞ야 滿腹黃卷이 終歸無效ᄒᆞ며 其云文學者ᄂᆞᆫ 以五言 七言 長篇 短篇으로 祖述三唐ᄒᆞ야 月露粧撰과 花鳥粉飾이 盡精極美ᄒᆞ야 偶得一句면 則輒以詞宗詩仙으로 膾炙當世로되 求之經濟上實業이면 則菽麥不辨ᄒᆞ야 滿口麗藻ㅣ 終歸無用矣라. 此三者種學問이 豈嘗與先王立敎之義로 所可彷彿哉아.

嗟我湖南諸君子ᄂᆞᆫ 試觀今日之學校ᄒᆞ라. 其設立規模ㅣ 與三代及我東盛時로 同一其揆로되 而但其敎育方法과 講習課程이 因時制宜ᄒᆞ야 自有古略今詳之不同ᄒᆞ니 此理勢固然也라. 今之設學이 有小學中學大學之分等ᄒᆞ니 此卽家塾州序國學之同規也오 有官立私立之名稱ᄒᆞ니 此則鄕校養士齋賜額院之同義也오 其爲學은 則有 地誌 歷史 法律 政治 物理 化學 體操 運動 算術 語學 等 課程ᄒᆞ니 今若以地誌 歷史로 爲異書而不讀이면 則書之禹貢과 詩之國風이 固無可讀矣而孔子ㅣ 無所作春秋오 朱子ㅣ 無所著綱目矣며 若以法律 政治로 爲異道而不講이면 則皐陶ㅣ 必不用法이오 而周公이 應不行政矣며 若以物理 化學으로 爲異術而不究면 則周易之窮神贊化와 大學之格物致知ㅣ 果非聖學耶아. 若以體操 運動으로 爲異業而不習이면 則小學之詠歌舞蹈와 戴禮之周旋折旋이 果非儒業耶아. 今之習砲ᄂᆞᆫ 卽古之學射也오 今之通語ᄂᆞᆫ 卽古之譯文也니 若以習砲로 謂非學問之事면 則辟雍에 行大射禮ᄒᆞ고 鄕學에 有鄕射禮者ㅣ 抑何意歟며 若以通語로 謂非學問之事면 則外國之文를 亦當勿通也니 然則

漢文를 何事翻譯乎아. 若於鎖國域民之日이면 則猶之可也어니와 當此萬國開通之世界ㅎ야 强弱相乘ㅎ고 交涉頻繁ㅎ니 民不知兵이면 無以衛國이오 民不通語면 無以交隣也라. 就以利害論之라도 彼以兵器오 我以徒身이면 是自束手足也며 彼能通語ㅎ고 我則不通이면 是自去耳口也니 自束手足ㅎ며 自去耳口오 而求欲生活이면 尙可得乎아. 由此觀之컨디 今日之學校設立이 謂之急務ㅣ 可乎아 謂之不及이 可乎아 謂之當務ㅣ 可乎아 謂之不當이 可乎. 凡此諸般課程이 皆原於先王立教之本意ㅎ야 而其於人民之當職實業과 格物致知之上에 確是眞做底工夫也라. 惟願諸君子는 切勿痼蔽於舊習ㅎ고 猛然反省ㅎ야 痛祛昨非면 則恍然如醒ㅎ야 頓覺今是矣리니 書에 曰 舊染汚俗을 咸與維新이라 ㅎ고 大學註에 曰 革其舊染ㅎ야 自新新民이라 ㅎ니 革舊從新이 亦非聖學中出來語耶아. 使爲人父兄者로 知得此意ㅎ며 爲人子弟者로 學得是工이면 則孰不曰 學校之爲急務當務乎아. 然後에 **舊學新學이 同歸一轍ㅎ야 頑固習慣이 不燒而自灰ㅎ고 開明程度ㅣ 不鞭而自進矣라.** 如我不信커든 質諸經傳ㅎ라. 愚言이 若妄則己어니와 如其不妄이면 則吾邦之興學이 豈不汲汲乎며 吾省之興學이 亦豈不汲汲乎아. 諸公은 其勉旃乎ㄴ뎌.

◎ 新舊學의 原委, 閔種默, 〈기호흥학회월보〉 제2호, 1908.9.
　　(학문론, 신구학)

客有問焉曰顧惟舊學新學之說尙嘐然譁然其要趣有何主見僕對曰余知舊學新學本無二致子觀夫現行普通學科程則居可知也至若要旨若擧鄕學之原委師道之肯綮爲演之大凡人而無學天下無邦學必有師而苟非其人如無焉其難乎哉是故世界上國與國相師之道以取其所長相觀而善爲長策西國百年前原無官設鄕學聽民自理布國方垂敗有深思之士進言于君曰請先自鄕學始仍佈令國中民間子弟無不誦讀行之幾十年布强法屈快復隣仇遂稱帝號法人憤之倣布之學制而亟施英美二國一時踵行於是乎列强舊張歸

首功於鄉學以布國爲先導其相師之道可謂不俟終日也我邦府郡若干公立
學校亦謂之鄉學然不究學驗之彰微徒事程式則精神無所照綴宗旨無所歸
趣如人入大野之中能辨歧路者鮮矣盖民爲邦本廣爲栽培自有聽悟才藝之
士出乎其中以備使用況顓蒙之茅 塞既開則入營者愈爲勁旅作工者愈進巧
思農商者才明理透愈加勒奮而國家因而強盛矣此則實力之彰而勃然興作
也夫文風興則民之起居服用雖不富饒亦不至湔陋鄉里誦讀者非盡求仕進
盖力耕之餘繼以學問其可樂天而知命人皆知法自免愆尤鄙俗消除感化日
形敦厚矣賈誼治安策所云絶惡於未萌起敎於微渺使日遷善遠罪而不自知
與老氏所云虛其心實其腹使民無知無欲者殆未可同日語也라 此則至理之
微而自然化淳也實力感化其成效一也是可稱高尚學校殆近焉此之謂至微
至彰者也京學之官私設學彬彬然可觀居人姿性通脫聞見漸廣忠篤內蘊華
美外颺者種種有之窄窄都城一學地不過如人之眉目也至全體之振興文明
在於鄉學人孰不知鄉學爲重而論明原委者要之益其重視也師道也者孟子
曰人之患在好爲人師盖造詣能爲師者每難其選卽品學兼優而不善於訓誨
亦不足爲初學之師夫蒙稚知識未開惟以先人爲主非成人聰明漸啓可以問
難質疑是授經者有不宜於啓蒙也西國因廣設蒙館以敎民間子弟復設師道
館以習敎授之術除習其所素學之業尤主嫺於開導之法約束之規可謂循循
善誘矣每歲學滿而爲師者比生徒約居其半是爲良法通國互相則效以圖自
強竊想本會之刱置起見其取旨也大而遠又養成近百人員以備師資寔倣師
範學之意而卽與民間師道館之規一致也顧名思義變館爲會選本土文識品
行人以習敎授之術自各郡支會中措施此亦次第件事也伏願

　　僉君子出謀殫慮始終勉勵章美事功是所厚望焉

　　　*한문 논설임

◎ 學有新舊辨其虛實,
　崔炳憲, 〈기호흥학회월보〉 제4호, 1908.11. (신구학)

　學術의 程度는 古今이 不同ᄒ고 物理辨論은 虛實이 各異ᄒ야 衆形諸
聲之字와 編簡畵韋之文이 屢變爲現行書ᄒ니 民智發達과 物理格致도 亦
爲維新ᄒ야 古今學術이 懸如霄壤ᄒ니 不可同庚以語矣라. 若以天文家言
之라도 東亞古代之人은 謂以天圓地方에 天動地靜이라ᄒ며 東海之東에
有扶桑ᄒ고 西海之西에 有盤木ᄒ야 爲日月出入之路라 ᄒ며 有窮后羿
之妻嫦娥竊藥奔月ᄒ야 遂爲蟾蜍라ᄒ고 又 日月中桂樹를 吳剛이 常斫
ᄒ듸 樹瘡隨合ᄒ며 月中白兎는 常爲搗藥이라 ᄒ고 堯時에 十日이 幷出
ᄒ야 草木枯焦어늘 堯使有窮后羿로 射日中九烏而死라 ᄒ고 日月蝕은
謂以天狗所食이라 ᄒ야 官民이 鳴鑼擊鼓ᄒ야 避其災害ᄒ며 風媧는 鍊
五色石以補天故天勢가 南低라 ᄒ며 七月七日則 牛女雙星이 渡銀에 烏
鵲이 成橋라ᄒ니 此皆無稽杜撰之虛說이로다.
　泰西古人之論이 亦甚怪誕ᄒ야 或以日月로 爲夫婦ᄒ며 或爲兄妹라ᄒ
니 如美洲極北苗人愛士吉莫之言에 日 上古에 有一女子赴宴席時에 一人
이 立背後 密語호듸 我愛爾欲娶之라ᄒ니 時當昏暮에 不知爲誰라 女子
以爐烟으로 自汚其手ᄒ야 汚其密語者一顀ᄒ야 爲記暗號러니 及其上燈
時注視則乃是其兄이라 驚奔天涯ᄒ야 躍人蒼空化爲日ᄒ니 其兄이 亦追
至躍上化爲月이라 常逐日而行ᄒᄉᆞᆯ시 有時月體現其黑形은 卽以日之所汚
顀로 向地故也라 ᄒ고 又 云 日月이 皆爲子요 星宿는 皆爲月之子女라
太初之時에 日亦多子女러니 其後에 日月이 會議曰我等이 光熱이어늘
合群星則光太熱ᄒ야 人不堪苦矣라 不如滅此群星이라 ᄒ고 乃議定吞其
子女러니 月은 詭藏之ᄒ고 日은 卽吞之故로 白晝는 無星辰이라 月見日
之吞其子女ᄒ고 卽復放其子女ᄒ니 日怒見欺ᄒ야 每逐月欲殺之ᄒᄉᆞᆯ시 逐
至相近ᄒ야 日欲咬月則爲月蝕云ᄒ니 其荒誕不經이 亦何異於東亞哉아
西曆一千五百年間에 叩配尼庫始言地球環日運行ᄒ며 日居中不動이라
ᄒ고 一千六百年間에 嘎利利歐以鏡窺測ᄒ야 始知月中有山ᄒ고 赫惡勒

은 造出大遠鏡ᄒ야 發明天王及天河小星ᄒ고 一千四百四十年間에 叩侖布始悟地圓之理ᄒ야 得南北美洲ᄒ니 自是之後로 新學이 增進ᄒ고 風潮一變ᄒ야 有八行星恒星之別ᄒ며 太陽은 大於地球一百二十六萬倍라ᄒ야 到今 三百餘年之間에 學術이 愈精愈微ᄒ니 東西諸說을 匯而論之컨딕 上古人所見은 槪多臆說故失於荒誕ᄒ고 當世人所論은 測其實體ᄒ며 硏其眞理ᄒ야 使學者로 期於一目瞭然ᄒ니 如月輪이 在於地球太陽之間ᄒ야 直線相對則爲日蝕ᄒ고 地球在於太陽月輪之間則爲月蝕云者ㅣ 百勝於陰陽相迫ᄒ며 天狗欲呑之說矣라 伏願畿湖學界에 靑年同胞ᄂ 盡棄上古時虛誕無稽之說ᄒ고 潛心於現世界維新眞實的學術이 是所厚望焉이로라.

◎ 學問은 不可不 參互 新舊,
　　李起澧(*), 〈기호흥학회월보〉 제6호, 1909.1. (신구학)

　僕은 終南의 一迂儒라. 性質이 鹵劣ᄒ고 識見이 孤陋ᄒ야 學界上의 程度를 不敢妄論이나 請以所見者로 言之ᄒ노라. 一日에 一村塾을 過ᄒ니 有兩個人이 互相爭詰에 言論이 激切일식 傍聽者ㅣ 雲集이라. 余亦注目而側耳ᄒ니 一人은 峩冠博帶와 高髻長鬚로 芸床下에 塊坐ᄒ니 是ᄂ 好古翁이오 一人은 衣黑絨帽中山ᄒ고 長靴短杖으로 藤椅上에 箕踞ᄒ니 此ᄂ 維新子라. 好古翁이 謂維新子曰 我國의 宗敎ᄂ 孔孟이 是已라. 家家而尊崇ᄒ고 人人而誦法ᄒ야 片言隻字ᄂ 莫非先聖의 糟粕이오 彝倫常行은 俱是後生의 茶飯일식 百世를 俟ᄒ야도 不惑ᄒ고 萬世를 爲ᄒ야 太平ᄒ지라. 猗我.
　列聖朝文明之治와 作成之化가 此 學問의 效力이거늘 奈之何君之所學은 是何等學問이건딕 曰孔曰孟者를 目之以頑固ᄒ고 歸之以腐敗ᄒ야 擯不與幷齒ᄒ고 聖經賢傳은 屬之高閣ᄒ야 使不得接眼케 ᄒ며 服外國之服而語外國之語ᄒ고 講磨ᄒᄂ 者ᄂ 新書籍이오 硏習ᄒᄂ 者ᄂ 新法

律而已니 舊日宗教는 即 不足法而然歟아. 舊를 捨호고 新만 圖호면 本領을 已失호지라 餘不足觀이니 竊爲慨惜호노라. 維新子ㅣ 聽未畢에 放杖而笑라가 拍案而叫호야 曰 二十世紀 新天地에도 尙有此黑洞洞中에 昏夢齁齁者호니 喚醒홀 者ㅣ 是誰런고 即 畿湖學會가 是라. 今我會員이 均是先王化育中物이라 豈不知扶植宗教호고 闡明斯道ㅣ리오마는 但 競爭時代를 當호야 曰心性이니 曰理氣라 호고 自修自强홀 方略은 全昧호면 是는 平城을 圍홀 時에 干戚을 舞홈과 如호지라. 吾所以排斥舊學者는 其道를 排斥홈이 아니라 其人이 時變을 不知호야 虛文만 專尙호고 實踐이 絶無혼 故也라. 試看今日之局勢호라 歐米列強이 虎視鯨呑으로 大洲에 雄據호야 學術의 精要홈과 民志의 團結홈과 器械의 便利와 財源의 豊裕홈이 剖判以來로 歷史에 所無혼 者ㅣ라 迨此時호야 不思所以研究模範호고 舊規만 株守호면 民族의 殄滅은 迫在呼吸이니 唇舌이 弊호야도 此言을 難罄이오 腔血을 灑호야도 此憂를 難瀉ㅣ라. 是以로 同志諸賢이 學會를 另設호야 書籍을 廣搜호며 聰俊을 旁招호야 或講究於校內호고 或遊覽於海外호야 未開혼 智識을 開케 호고 未進혼 步就를 進케 호면 忠君愛國之誠도 由是而出호고 富國強兵之術도 從此而生호리니 蓋 國權의 興復은 民智에 在호고 民志의 團結은 社會에 在호니 社會上 先務는 教育이 是耳라. 教育이 發達호면 團體力이 自在호니 何事業을 不做홀가 吾儕之熱誠於此者ㅣ 意豈徒然이리오. 願컨딕 神斧를 將호야 如君輩의 頑腦를 劈호고 警鍾을 打호야 如君輩의 塵聾을 破혼 後에 新空氣를 吸取호야 便便大腹中에 滿載호면 世界의 大勢와 個人의 義務를 恍然得之호리라. 好古翁이 垂頭而不敢言호니 嗚呼라 好新者ㅣ 厭舊호고 泥古者ㅣ 非今은 人之常也로딕 目今新舊之學이 互爲葛藤호야 便成黨派호고 轉生學海之風潮호니 是豈共躋之義哉아. 欽惟我.

皇上이 屢降 勅教호사 若曰 監于先王成憲호고 參以各國新式호라 호시니 大哉라. 皇言이여 此實今學者의 要領이니 學問의 道는 無他라 參酌古今호야 合於時宜홈이 第一 好結果ㅣ니 必以舊學으로 立志호고 新學으로 潤色호야 德行과 才藝가 完備호면 國家의 棟樑이오 生民의 標準

이니 不揆荒拙ᄒ고 警告我同胞ᄒ노라.

◎ 學 無新舊로 勸告 不學諸公,
  李輔相, 〈기호흥학회월보〉 제7호, 1909.2. (신구학)

　學者ᄂ 將以有爲也라. 故로 欲爲農者ᄂ 有農學ᄒ고 欲爲工者ᄂ 有工學ᄒ야 人事ㅣ 萬殊ᄒ고 百工이 叢集ᄒ야 則非學이면 不能行ᄒᄂ니 雖知大聖이 如孔子라도 尙能學琴於師襄ᄒ시고 往齊而始聞韶ᄒ사 不知肉味ᄒ시니 假如孔子ㅣ 不遇師襄ᄒ시면 琴必不能學ᄒᆯ 것이오. 不往齊ᄒ얏스면 韶必不能知ᄒ얏스리니 故로 世未有不學而能ᄒ고 不聞而知者也라.

　然이나 熟不知此理리오마ᄂ 其所以以學으로 看作雲外之物者ᄂ 食前方丈과 錦繡羅綾이 便作爲學之魔障ᄒ니 昔之權貴家ㅣ 是也오 堆金積玉ᄒ야 以手摸賳ᄒ면 靑紅的 紙錢也ㅣ隨手流出ᄒ야 便作爲學之魔障ᄒ니 今之富厚家ㅣ 是也오 寒屋塵冠에 排火危坐ᄒ야 口誦孔孟ᄒ고 心存飢飽ᄒ야 爲爲學之魔障ᄒ니 今之學者家是ㅣ也오 春耕秋穫ᄒ고 捆屨織席ᄒ야 石廩이 高積ᄒ면 自謂得計ᄒ야 謂其子弟曰如是足矣라 ᄒ야 爲爲學之魔障ᄒ니 今之鄕富家ㅣ 是也라 然則爲爲學之魔障은 如是其多ᄒ고 爲爲學之開牖ᄂ 頓無其路ᄒ니 焉得開全國之文明ᄒ야 以亨其幸福乎아 是以로 仁人志士ㅣ 設爲 學校ᄒ야 以爲直接之敎育ᄒ고 設立學會ᄒ야 以爲間接之敎育ᄒ야 稍有知識者ㅣ莫不曰敎育 敎育이라 ᄒ나

　但文明之風潮가 尙未普及ᄒ고 爲學之熱心이 尙未膨脹ᄒ야 有泥舊學而訾新學者ᄒ고 樂書塾而厭學校ᄒ야 獨不念文明之發達이 寔在於學校之興替ᄒ니 不佞이 縱不敢曰新學이 優於舊學이오 學校가 勝於書塾이라 ᄒ나 敢以學無新舊의 四個字로 告之ᄒ노니

　今之論舊學者ㅣ莫不曰禮樂射御書數가 爲聖人之事라 ᄒ나 吾未見乃公中에 有能射者ᄒ며 能御者ᄒ며 能書者ᄒ며 能數者也로다 有欲射者ᄒ면 乃公輩ㅣ必訾之曰汝ㅣ將爲閑良輩ᄒ야 取武科乎아ᄒ고 有欲御者

ᄒ면 必讐之曰士大夫ㅣ安能作馬上事業也리오ᄒ고 有欲書者ᄒ면 必讐
之曰君子ᄂᆞᆫ 讀書己焉이라 何必爲刀筆工耶아ᄒ고 有欲數者ᄒ면 必讐
之曰士大夫ㅣ安得躬親牙籌ᄒ야 與商賈吏胥輩로 同歸乎아ᄒ고 至於樂ᄒ
야ᄂᆞᆫ 我國의 宗廟雅樂과 行軍樂及念民樂은 皆 世宗祖께셔 欽定ᄒ심인
즉 宜其鳳凰이 來儀ᄒ고 神人이 庶悅이어니와 外此之樂은 皆佛樂이라.
我國之學者諸公이 皆以所謂斥邪扶正으로 作爲平生口實ᄒ야 如道佛之
一字ᄒ야도 斥之不容口ᄒ다가 及其爲鄕飮酒禮와 士相見禮ᄒ야ᄂᆞᆫ 獨奏
佛樂ᄒ고 以爲聖人之樂ᄒ니 窃恐爲識者所笑오 如或以佛樂으로 爲不信
인ᄃᆞᆯ 不佞이 請質之ᄒ리니 今之樂章이 不過靈山初, 中, 終三章과 靈山
回上及道度里二章이니 其 所謂 靈山이 非佛場乎아 世傳然則諸公의 曰
樂曰射曰御曰書曰數가 都無一能이오 尙曰學者 學者라 ᄒ니 乃公所學
이 樂射御書數之外에 更有所學耶아 抑如樂射御書數ᄂᆞᆫ 鄙不爲之ᄒ고 更
學高此一層者耶아

今諸公의 所云云이 不過禮而已라 諸公所云云者를 僕이 決不敢曰利
國便民也로다.

不佞이 代爲公輩ᄒ야 說其所謂爲學ᄒ리라. 尋章摘句에 雕蟲小技ᄂᆞᆫ
學之大者也오 工於筆札ᄒ고 嫺於酬應ᄒ면 學之中者也오. 艱讀祝文ᄒ고
僅卜族譜ᄒ야도 亦免無識之大者也라.

以今日의 學校敎育으로 觀之ᄒ면 威儀肅肅ᄒ고 學規井井은 禮之大
者也오 唱愛國之歌ᄒ고 習音樂之科ᄒ야 愉快其心志ᄒ고 動盪其身體ᄒ
야 使愛國之心으로 油然而生ᄒ고 觀感之化를 不期而生이면 豈非樂之
大者耶아 團練其身體ᄒ야 以爲體操ᄒ야 居而身體康健ᄒ고 行而規律整
齊가 非其所謂射御者耶아 速寫筆記로 作爲學科ᄒ야 雖河決之緯이라도
傾刻起草ᄒ야 不遺一辭ᄒ니 其 書法이 何如也며 句股方田과 望海幾何
之學을 靡不硏究ᄒ야 以至貫徹이 非其數之大者也아

然則今日之新學은 禮樂射御書數ㅣ件件皆備ᄒ고 公輩則無一毫近似
者ᄒ니 以今之新學으로 爲聖人之道ᄂᆞᆫ 可커니와 公輩所謂의 聖賢之學
은 吾不知其謂何라. 今靑年學生이 行公輩所不爲者ᄒ야 欲復聖人之道어

늘 公輩之訾는 何也오 故로 學無古今ᄒ고 又 無新舊어늘 乃以新舊로
別而訾之ᄒ야 以至不學無識也로다.

觀於舊學컨ᄃᆡ 其 讀書傳也에 至於朞三百ᄒ야는 必却之ᄒ야 曰此는
不可知者라 ᄒ고 讀詩傳也에 至十月之交章ᄒ야는 又 必却之ᄒ야 曰此
는 不可知者라 ᄒ니 抑其不究不讀ᄒ야 置諸外者耶아

如論今日之新學컨ᄃᆡ 上自天文地理와 下至萬初에 送人于明ᄒ야 學樂
이러니 明人이 始敎燕山寺佛樂이러라.

事萬物로 靡不硏究ᄒ야 以窮天下之理ᄒ고 以達天下之事者也라 故로
天動地靜者는 言其體也오. 天圓地方者는 言其德也어늘 以此爲本然之體
라 ᄒ고 不知皇極經中에 亦有地動之說ᄒ고 十二度의 分列과 八大星의
分度가 俱爲三百六十四分度之一은 一也오 指一而言이면 爲五行ᄒ고
散之而言則爲七十二原素ᄒ야 見汽電之作用ᄒ면 知水火之功用ᄒ고 見
礦物之學ᄒ면 知金工之甚厚ᄒ고 見樹藝之學ᄒ면 知樹木之培養ᄒ고 深
耕易耨ᄒ야 千倍其數ᄒ면 知地理의 甚厚且富ᄒ야 與古人의 五行之說
로 相爲表裡호ᄃᆡ 顧諸公이 不知也라.

至若學校之制ᄒ야도 自小而中ᄒ고 自中而大ᄒ야 循序而進ᄒ야 各有
次第ᄒ니 卽公輩所謂庠序學校의 小學大學之制어늘 公乃塞耳不聽ᄒ니
其 將棄三代之學ᄒ고 好古ㅣ 甚焉ᄒ야 將行盤古氏時代之學耶아 余ㅣ 嘗
有時曰儒生이 好談古ᄒ야 言必稱唐虞라 倘生三代前이면 所說이 竟何
如오 ᄒ얏더니 公輩는 欲爲三代以上人耶아

然則諸公의 所謂聖人之道는 不過裒然無知之謂오 吾輩의 所謂新學은
無非千知萬能之本이니 其 將以裒然無知者로 作爲上等人耶아 以千知萬
能으로 作爲上等人耶아

今全國之學徒ㅣ 將萬餘矣라 日就月將ᄒ야 漸見無量之增長ᄒ니 然則
公輩는 向隅跼蹐ᄒ야 不敢作一聲氣ᄒ리니 獨不憐乎아

吾儕가 不忍獨進文明ᄒ고 使公輩로 仍在黑暗鄕中이오 且當今日競爭
之時ᄒ야 以今日小數之學生으로는 誠難一蹴到文明域ᄒ야 大聲學界ᄒ
오니 幸勿以房突之溫煖으로 爲樂ᄒ고 章句之尋摘으로 爲工ᄒ야 實事

294

求是ᄒ고 實業求是ᄒ며 實學求是ᄒ고 實地求是ᄒ야 同我泰平ᄒ고 同我文明을 竊有望焉ᄒ노라.

*신구학 모두＝애국심

◎ 新舊學辨, 朴海遠, 〈대학학회월보〉 제2호, 1908.3. (신구학)

*신구학의 절충과 참고작금

客이 有過而問曰 近世爲學者ㅣ 言必稱新舊ᄒ니 未知커라. 此 說之顚末를 可得聞乎아. 余應之曰 此ᄂ 無乃古人溫故知新之義歟아. 客曰 否라. 吾ᄂ 聞之人ᄒ니 新學派之論舊學也에 歸之以頑痼ᄒ고 舊學派之言新學也에 目之以開化ᄒ야 互相 攻擊ᄒ니 吾所問者ᄂ 卽 此也로라. 余ㅣ 蹙然動容曰 有是哉라. 子之問也여 蓋人之生也에 飽食煖衣ᄒ야 逸居而無敎면 與禽獸同일싀 設庠序校塾ᄒ야 自小學灑掃進退之節로 以至大學格致修齊治平之道히 使之敎而學焉ᄒ야 聞見焉廣博ᄒ며 才德焉擴充ᄒ야 渙然氷釋ᄒ고 怡然理順ᄒ야 一人이 振作에 十人에 感發ᄒ고 百人이 鼓動에 萬人이 興起ᄒ야 東漸西被에 捷於影響ᄒ야 日月所照와 霜露所墜와 舟車所通과 人力所到에 無往不適ᄒ야 驅一世之民而躋之以敎化之域ᄒᄂ니 此 則 東亞性理的 舊學也오 設大中小學校ᄒ야 自化物地史普通科로 以至軍法政農工商 等 專攻部ᄒ야 使之學而習之ᄒ야 知識焉發達ᄒ며 技術焉精妙ᄒ야 諸般 器械가 精益精焉ᄒ며 新益新焉ᄒ야 無線之電과 輕球之行이 能發見天下情形ᄒ며 能採取地中産物ᄒ야 厚生利用之道ㅣ 無不完備라 上而國家社會 則 有憲法統治之權ᄒ고 下而人民社會 則 有民法自由之力ᄒ야 視國如家에 以圖進就ᄒᄂ니 此 則 西洋物質的 新學也라 ᄒ노라. 客 曰 誠如子言인된 新舊學之效力이 同歸一轍이어늘 區之以性理ᄒ며 別之以物質은 何也오 余黽勉應之曰 此ᄂ 非余淺見薄識

에 所能盡也라.

然이나 若 擧一二 則 性理者는 卽 遏存的 主義也니 溫良自持ᄒ며 謙讓自退ᄒ야 不在其位ᄒ야ᄂ 不謀其政이라 ᄒ야 視國如秦瘠ᄒ야 只事蹈襲타가 及 其 末境 則 民心惰怠ᄒ고 國力耗廢ᄒ야 乃 至垂亡ᄒᄂ니 古之夏殷周를 可鑑也요 物質者는 卽 形氣的 主義也니 共濟以和ᄒ며 競爭以進ᄒ야 政府之過를 民能矯焉ᄒ야 以革舊刷新으로 開前進之路ᄒ야 今日之良規가 爲明日之廢法 故로 去益富强ᄒᄂ니 今之英德法를 可證也라 ᄒ노라. 客 曰 物久 則 必朽ᄒ고 法久 則 生弊는 理之常也니 安知後日에 新學之弊가 甚於舊學乎아. 余 曰 此 則 未來之事也니 以俟後之高明者어니와 余之渴望於今日者는 新舊學家ㅣ 當幷用折衷的 手段ᄒ야 參古酌今ᄒ고 較長論短ᄒ야 東方之道ㅣ 斷斷無疑於彛倫者는 服取膺之ᄒ고 西國之學이 節節有益於資生者는 販而用之ᄒ야 以作傾厦之棟而無至還珠之櫝焉ᄒ노라. 客이 唯唯而退어늘 因以記焉ᄒ야 以爲新舊學說之辨ᄒ노라.

| 소년인 | 제4권 제2호 | 王學 提唱에 對하야 | 학문론 | 양명학 |

◎ 哲學과 科學의 範圍, 李昌煥, 〈대한학회월보〉 제6호, 1908.6. (철학)

哲學이라 흠은 形而上 卽 無形ᄒ 思想과 心理學과 갓튼 거시오, 科學이라 흠은 形而下 卽 有形ᄒ 物理學과 理化學과 가튼 거시니 上古 學術이 發達치 못ᄒ얏슬 時代에ᄂ 宇宙의 所有ᄒ 現象은 極히 神奇ᄒ고 極히 異常ᄒ야 凡人의 知識으로ᄂ 能히 解釋치 못ᄒᆯ 줄노만 知ᄒ야 物理學과 化學 갓튼 것도 一種의 哲學으로만 知ᄒᄂ지라. 假令 譬喩ᄒᆯ진ᄃᆡ 火

가 燃燒홈도 人의 智識으로 知치 못홀 神秘的 現象이라 ᄒ더니 近世 科學의 進步됨을 因ᄒ야 火가 燃燒홈은 炭素라ᄂ 것과 酸素라ᄂ 거시 化合혼 거시라고 解得홈과 如히 百般의 現象이 神秘的 或은 哲學的 說 明을 脫ᄒ야 科學的 說明을 得홈이라. 過去 二三世紀에 歐洲 智識發達 의 歷史를 究見혼즉 特히 科學이 哲學에 比ᄒ면 幾十倍ᄂ 進步되ᄂ 줄 을 確信홀지로다. 從來 哲學의 部類에 屬ᄒ야 잇던 거시 科學의 發達됨 을 從ᄒ야 分岐홈이 非常히 多大ᄒ니 此로 因ᄒ야 觀홀진딕 哲學者ᄂ 一家의 主婦와 如히 一家 內 事務를 總히 處理ᄒ다가 其后 漸漸 該事務 分擔의 有能力者 續出ᄒ야 各其 料理ᄂ 或 裁縫을 分割 專任홈과 갓치 從來 哲學者가 統轄 研究ᄒ던 現象을 各種 專門學者가 一部分式 分擔ᄒ 여쓰니 然則 哲學의 範圍ᄂ 科學의 分擔을 因ᄒ야 狹小케 되야다 云홀 지로다. 然이ᄂ 科學의 依ᄒ야 說明치 못홀 部分이 無限ᄒ니 假量 比較 ᄒ야 말홀진딕 家庭에서 下男下女가 各其 料理ᄂ 裁縫이ᄂ 其他 諸般 勞働은 홀지라도 家庭 一切 事務를 다한다고 못홀지니 그 나머지 事務 ᄂ 主婦가 主掌 處理홈과 갓치 科學에서 說明치 못홀 거슨 다 哲學의 領分이 되ᄂ 고로 科學의 進步를 因ᄒ야 哲學의 範圍가 狹小타 ᄒ기보담 차라히 哲學이 科學의 母라 홈을 得홀지로다. 然而 希臘 文明의 常時로 브터 近世에 至ᄒ도록 天然現象과 精神現象(卽 科學과 哲學)을 全然히 區別ᄒ야 研究ᄒ야쓰ᄂ 十九世紀初로브터 學術의 進步됨을 ᄯ라 哲學 과ᄂ 非常히 密接혼 關係가 生홈이라. 假量 말홀진딕 哲學者가 其研究 를 確實히 ᄒ기 爲ᄒ야 科學으로 基礎를 삼고 或은 科學者가 但히 科學 으로마는 滿足히 解釋치 못홀 거슨 哲學者로 ᄒ여곰 解釋홈을 得홈과 如ᄒ도다. 然則 科學은 卽 機械的으로 說明홀 만혼 物理學이ᄂ 化學과 가튼 거시요, 哲學은 卽 機械的으로 說明치 못홀 思想이ᄂ 心理學 가튼 거슨 確然히 知홀지로다. 以上 陳述홈과 如히 科學의 進步홈을 從ᄒ야 益益히 範圍가 擴張된다고 云홈을 得홀지로다.

◎ 學界譿說, 劉禧烈, 〈호남학보〉 제3호, 1908.8.
(계몽 담론, 교육, 학회)

　　*학문의 필요성, 학제 시행 문제, 학회의 중요성 등을 논의한 논설임

▲ 제3호

今欲擴張敎育ᄒ야 養成人才ᄀ되 莫若先從學界ᄒ야 痛革舊弊ᄒ고 確立精神이니 何謂舊弊也오. 一則鄕塾學究ㅣ 擧皆迂愚라 無廉恥嗜飮食ᄒ고 不曉時務ᄒ야 不識六洲名義ᄒ며 未解八星恒行ᄒ며 四史ᄅ 未上口ᄒ며 六藝ᄅ 未卒業ᄒ니 相與接語에 蠢陋猥賤ᄒ야 不可嚮邇라. 吾同胞之才之學之智識之志氣ᄅ 消磨於此等學究之手者ㅣ 可能勝道리오. 幸而免者蓋萬數中에 不得兩三也라. 故로 欲救天下ᄀ되 先自學究始라.

一則其所敎法이 一反於古ᄒ야 彼童子ㅣ 未嘗識字어늘 而卽授以童蒙先習 等書ᄒ고 未嘗辨訓이어늘 而卽授以大學中庸 等書ᄒ니 蓋若五倫訓詁에 親義別友恭誼等之說은 非扶床之孫의 所可解者也오. 明德 二字ᄂ 漢儒ㅣ 據爾雅ᄒ고 宋賢이 襲佛典ᄒ야 動數千言이로되 未能懸解也오. 天命 二字ᄂ 又 無聲臭者니 此豈髫齡學童之所克有事乎아. 以是而授之ᄒ야 希其萬一之能解也ㅣ 誠是大愚也오. 知其必不能解而猶且授之면 驅人子弟ᄒ야 使以學爲苦而疾其師長也오.

一則毁齒執業에 輒施扑楚ᄒ야 或 破頭顱ᄒ고 或 潰血肉ᄒ니 國家立法에 七年曰 悼라. 罪且減等이온 何物小子가 受此苦刑고. 噫라. 其施之也ㅣ 悖ᄒ고 其求之也ㅣ 拂ᄒ니 又何其至愚也오.

一則讀書執業이 無有定時ᄒ야 其 惰者ᄂ 日夕嬉遊ᄒ고 其 勤者ᄂ 罔知節制ᄒ니 夫學童稚年에 腦質이 未强ᄒ고 幹肉이 未充ᄒ니 操業之時ᄅ

蓋 當減少어를 今之敎者ㅣㄴ 如獄史之監囚徒ㅎ야 未嘗晷刻相舍ㅎ고 剝
傷和氣ㅎ며 縛束身心ㅎ야 使小子輩로 不勝厭苦케 ㅎ야 對卷茫然ㅎ고
更無生趣ㅎㄴ니 以是而求製造人材ㄴ딘 豈可得乎아. 子曰 循循然善誘人
이라 ㅎ시고 孟氏曰 敎亦多術이라 ㅎ야늘 今之所謂學究ㅣ 果知此而敎
導否아. 顧炎武曰 有亡國ㅎ며 有亡天下라 ㅎ니 愚曰 外交 大▨鄕愿이
擧無足以亡天下오. 惟學究가 足以亡天下라 ㅎ노라. (未完)

▲ 제4호

　或者ㅣ 曰 天下之亡이 其原不一ㅎ니 或以惡政虐法과 或以外賊內寇와
或以權奸巫卜ㅎ야 於是에 馴致社稷之邱墟ㅎ고 而見人族之沈淪者ㅣ古
今歷史上에 班班可攷로딕 然未嘗聞以學究로 與於其間也어늘 今子ㅣ 獨
罪於彼ㄴ 何也오. 今夫鄕黨之稱學究者ㅣ 其 知識이 雖有長短ㅎ고 而人
品雖有淸濁이나 皆學前賢ㅎ고 而襲古法者也라. 若其執見이 或迂愚而無
廉恥ㄴ 各隨氣質ㅎ야 不能無偏者也오 若其敎法이 或乖繆而無條規ㄴ 蓋
因傳習ㅎ야 不能通變者也오 若其日施扑楚者ㄴ 非此면 則放佚를 莫可阻
遏也오 若其讀無定時者ㄴ 非此면 則堅忍을 莫可做得也니 皆敎科上에
出於不得已之勢者也라. 其砇砇孜孜ㅎ야 爲敎之道가 可謂苦且勞矣어늘
今不賞其功ㅎ고 而遽加其罪ㅎ니 豈肯屈首ㅎ야 而無辭乎아. 愚曰 噫嘻
라. 吾子之曲護學究也에 其 意ㅣ 則雖善且美나 而不知弊源之痼結과 學
理之原委ㄹ식 請爲吾子解之호리라. 書曰 作之君作之師라 ㅎ고 記曰 人
其父生而師敎之라. 是以로 民生於三에 事之如一이라 ㅎ니 其 重也ㅣ 如
此홈이 非苟焉而已라. 古者ㅣ 學校ㄴ 皆國家所立이오 敎師ㄴ 皆朝廷所
用이라. 故로 大戴七屬에 言學則任師라 ㅎ고 周官九兩에 言以賢得民이
라 ㅎ고 而學記一篇에 乃專標誨人之術ㅎ야 以告天下之爲人師者ㅣ니 然
則 師範學校之制가 其文雖闕이니 若乃其意를 則可推以測矣로다. 後世
學校를 旣廢ㅎ고 國君이 不復養士ㅎ니 於是敎師之權이 散於下어늘 巖
穴鉅子ㅣ 各以其學으로 倡焉이라가 及其衰也에 乃至叔孫通之講學은 敎

以面諛ᄒᆞ고 徐遵明之教徒ᄂᆞᆫ 利其修脯ᄒᆞ니 師道之弊ㅣ 極於是矣라. 坐是謬種流傳홈이 每下愈況이라 風氣日以下ᄒᆞ고 學術이 日以壞ᄒᆞ고 人才ㅣ 日以亡ᄒᆞ니 則天下國家가 獨能自存乎아. 況今天下之變이 日亟ᄒᆞ야 彼文明列邦이 如旭日方昇ᄒᆞ야 虎視耽耽은 惟是教學之法이 幷井日新故耳라. 嗚呼라. 我韓은 開港三十年間에 猶眠桃源ᄒᆞ야 曹曹然不知風潮之日漲ᄒᆞ며 競爭之日劇ᄒᆞ고 猶恃此等學究之學問教方ᄒᆞ야 以爲極則ᄒᆞ야 相率而踵襲之ᄒᆞ니 今夫山木을 有擇에 必恃大匠ᄒᆞ고 美錦이 在御에 不使學製ᄂᆞᆫ 懼其有棄材也오 中人之家에 聘師誨子ᄒᆞ되 必擇其良은 懼子弟之失學也라. 蓋人才者ᄂᆞᆫ 帝王之所與共天下也라. 其 貴也ㅣ 非直大木美錦이오 其 重且大也ㅣ 過於中人之家之子弟之萬萬也어ᄂᆞᆯ 今乃委諸不通六藝ᄒᆞ고 不讀四史ᄒᆞ고 不知五洲ᄒᆞ고 不識八星之人으로 使之圭臬之ᄒᆞ며 刑琢之ᄒᆞ고 欲於此間에 求人才ᄒᆞ니 烏可得也리오. 此 愚ㅣ 所以疾視而痛罵者也로다. (未完)

▲ 제6호

所謂 確立精神者ᄂᆞᆫ 何也오. 蓋 春秋萬法이 託於始ᄒᆞ고 宇宙萬象이 起於點ᄒᆞ고 人生百年이 立於幼學이니 幼學之時에 一段精神을 可不確立哉아. 夫人之生也에 有大小二腦ᄒᆞ야 大腦ᄂᆞᆫ 主悟性ᄒᆞ고 小腦ᄂᆞᆫ 主記性이라. 小腦ᄂᆞᆫ 一成而難變ᄒᆞ고 大腦ᄂᆞᆫ 愈濬而愈深ᄒᆞᄂᆞ니 故로 數童子者ㅣ 導之以悟性은 甚易ᄒᆞ고 强之以記性은 甚難이니 其 故ᄂᆞᆫ 何也오. 悟性은 主往이라 以銳入爲主ᄒᆞ야 其 事 順ᄒᆞ고 其 道 通ᄒᆞᄂᆞ니 通故로 靈ᄒᆞ고 記性은 主回라 如返照然ᄒᆞ야 其 事 逆ᄒᆞ고 其 道 塞ᄒᆞᄂᆞ니 塞故로 鈍이니 是故로 生而備二性者ᄂᆞᆫ 上智오. 苟不▨兼이면 則 與其强記론 不如其善悟니 夫人之所以異於物者ᄂᆞᆫ 爲其有大腦▨▨▨▨以能悟로 爲人道之極點이니 縱有記性이라도 亦當求悟也니 爲其無所記면 則 無以爲悟也라. 悟贏而記絀者ᄂᆞᆫ 其所記ㅣ 恒足以佐其所悟之用ᄒᆞ고 記贏而悟絀者ᄂᆞᆫ 蓄積이 難多나 皆爲棄材니 惟其順也通也靈也라. 故로 專以悟

性導人者는 其 記性이 亦必隨之而增ᄒᆞ고 惟其逆也塞也鈍也라. 故로 專以記性强人者는 其 悟性이 亦必隨之而減ᄒᆞᄂᆞ니 近世西人新學之所以敎法이 偏於悟性者ㅣ 良有以也라. 故로 觀煎罐ᄒᆞ고 而悟汽機之妙ᄒᆞ며 觀引芥ᄒᆞ고 而悟輕重之力ᄒᆞ며 觀樹葉石子ᄒᆞ고 而得談天之道ᄒᆞ니 此皆大腦之愈瀋愈深之明證也라. 若煎所謂鄕塾學究所以敎人之法은 不解此理ᄒᆞ야 凡於古訓詁古名物에 希夷而遠大者를 曾不諄諄提耳孜孜指掌ᄒᆞ고 惟便苦口呆讀ᄒᆞ야 必求背誦而後已ᄒᆞ니 所得이 非不堅定이나 然或有悟性自足而記性不足者는 適足以逆塞而馴致鈍質ᄒᆞ야 窒其慧竇ᄒᆞ며 摼其茁苗ᄒᆞᄂᆞ니 豈不痛心哉아.

古之敎學者를 不可得見矣로ᄃᆡ 顧其爲道ㅣ 散見於七十子後學所記者ᄒᆞ니 若曲禮少儀保傳學記弟子職等書에 何其詳也오. 嘗覽西人幼學之書ᄒᆞ니 分功課爲一百分ᄒᆞ야 而由家中敎授者ㅣ 居七十二分이오 由同學薰習者ㅣ 居九分이오 由師長傳授者ㅣ 不過 十九分耳라. 兒童幼時에 父與母日用飮食과 歌唱嬉戱와 眼前事物을 隨機指點ᄒᆞ고 因勢利導ᄒᆞ야 引譬以喩ᄒᆞ이 何在非學이며 何事非敎리오. 孟母遷室에 敎子俎豆ᄒᆞ이 奚獨專美於古리오. 故로 近年美國嬰兒學塾에 改用婦人ᄒᆞ야 以委敎事는 以其閒靜細密ᄒᆞ고 且能與兒童相親故也오 及其就學於校塾也에 其道也ㅣ 必先識字ᄒᆞ고 次辨音讀ᄒᆞ고 次造句語ᄒᆞ고 次成文法ᄒᆞ야 不使躐等也오. 識字之始에 必從眼前名物ᄒᆞ야 指點曉諭ᄒᆞ야 不使紆難也오 如鳥獸草木花實根葉 等 現狀과 如天地日月山川烟雲 等 淺理와 如演戱蹴踘弄丸說鼓吹竽 等 雜書ᄒᆞ야 使童子로 樂觀樂知케 ᄒᆞ며 必敎以國文言語는 童子舌本이 未强ᄒᆞ야 易於學也오 必敎以算數는 百業所必用也오 多爲歌謠는 易於上口也오 多爲俗語는 易於索曉也오 必習音樂은 使無厭苦ᄒᆞ며 且和其氣血也오 必習體操는 强其筋骨ᄒᆞ야 且使人人可爲兵也오 日授學이 不過三時는 使無過勞ᄒᆞ야 而致畏難也오 不妄施朴楚는 使無傷腦氣ᄒᆞ고 且養其廉恥也오 父母ㅣ 不得溺愛荒學ᄒᆞ야 使無棄材也오 學究는 必由師範學堂ᄒᆞ야 使習於敎術ᄒᆞ야 深知其意也라. 故로 西童이 出就外

傳ᄒ야 四年之間에 其欲爲士者ᄂ 即可以入中學ᄒ며 仞專門而名其家ᄒ고 其欲爲農工商兵者라도 亦可以略識天地人物之理와 中外古今之跡ᄒ야 其 學이 足以爲事育ᄒ고 稍加閱歷ᄒ면 而即可以致富貴ᄒᄂ니 可謂用力少而蓄積多ᄒ야 數歲之功을 終身而不可勝用也라.

嗚呼라. 今舍此不爲ᄒ고 而必敢其不能解者ᄒ야 而逼之以强記ᄒ니 此正學記所謂苦其難而不知其益也라. <u>蓋西敎ᄂ 則 導腦也오 吾敎ᄂ 則 窒腦也라. 導腦者ᄂ 腦日强ᄒ고 窒腦者ᄂ 腦日傷ᄒᄂ니 腦强ᄒ면 則 精神이 旺ᄒ고 腦傷ᄒ면 則 精神이 萎ᄒᄂ니</u> 精神이 旺者ᄂ 萬事를 可以鑄造오 精神이 萎者ᄂ 一身이 已成死尸라 他何暇論哉아. 故로 曰 敎育之道ᄂ 以確立精神으로 爲第一義也라 ᄒ노라. (未完)

▲ 제7호

嘗觀世界之運이 由亂而進於平ᄒ고 勝敗之原이 由力而趨於智라. 故로 春秋三世에 據亂世ᄂ 以力勝ᄒ고 昇平世ᄂ 以智力互勝ᄒ고 太平世ᄂ 以智勝ᄒ니 此所以古今世界에 未嘗無一時而非競爭也라. 競爭이 無ᄒ면 則 進化之力이 絶ᄒ고 而人之類ㅣ 滅이 久矣라. 是以로 今言自强其國者ㅣ 莫不以開民智로 爲第一義라.

夫 智를 奚以開오 開於學ᄒ고 學을 奚以貴오 貴於敎ᄒᄂ니 <u>敎之原素ᄂ 其惟學校라</u>. 學校之制ㅣ 其在東洋ᄒ야ᄂ 則 支那三代에 最備ᄒ야 與今之泰西新學으로 大略相符ᄒ니 蓋家塾黨庠術序國學은 皆學之等也오 八歲入小學ᄒ고 十五就太學은 皆學之齡也오 六年이어든 敎之數與方名ᄒ고 九年이어든 敎之數日ᄒ고 十年이어든 學書記ᄒ고 十有三年이어든 學樂誦詩ᄒ고 成童이어든 學射御ᄒ고 二十이어든 學禮ᄂ 皆學之序也오. 比年入學ᄒ고 中年考校ᄒ야 以離經辨志로 爲始事ᄒ고 以智類通達로 爲大成은 皆學之程也오 大學一篇은 言大學堂之事也오 學記一篇은

言師範學堂之事也오 內則一篇은 言女學堂之事也오 管子一篇은 言農工商之事니 是農工商皆有學堂也오 孔子言以不教民戰이면 是謂棄民也라ᄒ시고 晋文이 始入而教民以兵ᄒ야 三年乃用ᄒ고 句踐이 棲於會稽ᄒ야 教訓十年ᄒ니 是兵學有堂也오 其有專務他業ᄒ야 不能就學者면 猶以十月事訖로 父老教於校室ᄒ고 有不師教者면 則 鄉官이 簡以告之ᄒ야 其視學之重과 督學之嚴이 如此라. 故로 凡爲國民者ㅣ 無一人不受教오 無一人不知學ᄒ니 是以로 兎苴野人이 可備捍城이오 小戎女子ㅣ 可敵王愾오 販牛鄭商이 可退敵兵이오 斷輪齊工이 可言治道오 輿人之誦이 可定覇業이오 鄉校之議ㅣ 可聞政策ᄒ니 此三代之所以人才蔚興ᄒ고 而享國長久者也라. 而其規模也와 節次也與今日新學之制로 不爽累黍로ᄃᆡ 但其眞旨秘藏을 今不得見也라. 然東洋之學은 如人之年高朽衰ᄒ야 不能自振ᄒ고 西來之新學은 如曉漲風潮ㅣ 捲地拍天ᄒ야 勢不可遏ᄒ니 於是乎 取舍之分이 定矣라.

或曰 我東洋三代學規ㅣ 旣備且詳ᄒ고 而作成人材ㅣ 如彼盡善也어늘 眞旨秘藏이 胡爲不見ᄒ야 以致衰朽不振之境ᄒ야 而至使今日之國家로 崇拜異域之新學이 如是汲汲也오. 曰 噫라. 先王은 欲其民智오 後世는 欲其民愚ᄒ야 或以設制藝尙浮文ᄒ야 使民不必讀書求理호ᄃᆡ 亦能取選進身焉ᄒ며 或至燔詩書坑儒生ᄒ야 而禁其挾書寓語焉ᄒ니 其故何也오. 蓋出於人主一時私慾之所誤也라. 其意以爲天下旣定ᄒ고 敵國外患旣息ᄒ니 其所慮者는 惟草澤之豪傑堀起와 與議論之士ㅣ 援古非今이라. 於是乎 廢學校ᄒ고 雖有學校나 禁其實學ᄒ고 專尙浮華ᄒ야 使天下之學者로 俛而從之라. 故로 世之論者ㅣ 以秦皇之焚書籍明太祖之設制藝ㅣ 遙遙兩心이 千載同揆ᄒ야 皆所以愚黔首重君體ᄒ며 弭內亂而馭天下故耳라. 譬若富室이 慮其僮僕이 竊其貨寶ᄒ야 束而縛之ᄒ야 拘留嚴室ᄒ야 而加鑰鎖焉ᄒ고 以爲高枕安臥ᄒ야 秋毫不損矣러니 强寇忽至ᄒ야 入門無門ᄒ고 入閨無閨ᄒ야 受攫所有ᄒ야 肤篋負壑而去之호ᄃᆡ 人縛之人이 徒相對咋舌ᄒ야 見其主人之難而無以爲救也라. 此所以三代以後에

亂亡相尋이 皆由廢學之故也라. (未完)

▲ 제8호

嗚呼라. 今日之士學者ㅣ 卽 他日에 佐天子ᄒ야 共天祿者也라. 其所責任이 顧不重且大歟아. 其所學之階가 自有二種ᄒ니 一曰 政學이오 二曰 藝學이라. 政學之成은 較易ᄒ고 藝學之成은 較難ᄒ며 又 政學之用은 較廣ᄒ고 藝學之用은 較狹ᄒ니 其 故ᄂ 何也오. 使國家로 有政才而無藝才면 則 行政之人이 振興藝事ᄂ 易矣오 使國家로 有藝才而無政才면 則 絶技가 雖多나 執政者ㅣ 不知所以用之之道면 其終也에 必爲他人之所用也ᄒ리니 二學之重輕緩急을 於斯可辨矣로다. 且夫師範學者ᄂ 最是今日之急先務也라. 自京師로 以及各道州郡ᄒ야 徧設學校ᄒ야 欲其革舊獘采新學ᄒ야 以敎多士면 則 其摠敎習은 當用數十人이오 而分敎習은 亦當用數百人ᄒ리니 試問邦內之士ᄒ노니 其足以與斯選者ㅣ 爲何等人也오. 嘗聞歐米尋常師範學校之制ᄒ니 其所敎者ㅣ 有十五事ᄒ니 一 修身 二 敎育 三 國語 四 史志 五 地理 六 數學 七 物理化學 八 博物(指全體學動植物學)九 習字 十 圖畵 十一 音樂 十二 體操 十三 農業 十四 商業 十五 工藝니 今日 我邦이 略依其制ᄒ야 而損益之ᄂᆡᆫ 須以六經으로 爲經ᄒ고 以西人公理公法之書로 輔之ᄒ야 以求治天下之道ᄒ며 以歷朝掌故로 爲緯ᄒ고 以萬國史績으로 輔之ᄒ야 以求古人治天下之法ᄒ고 揣摩時宜ᄒ야 參之各國近政近事ᄒ야 以求今日之所當否ᄒ야 使條理萬端으로 燭照數計ᄒ야 成竹在胸ᄒ야 如是而進步면 眞可謂今日救時之良算也니 易曰 正其本ᄒ면 萬事ㅣ 理라. 失之毫釐ᄒ면 繆之千里라 ᄒ니 學界正鵠을 苟或不立이면 則 乃是蒸砂作飯이라. 竟難有就ᄒ리니 豈不可懼歟아.

或曰 今欲奬勵敎育ᄒ야 亟亟然振興學校ᄒ며 選擇敎師ᄒ고 製定課規
ᄒ은 旣聞命矣어니와 若其學會 刱設은 雖復略見於趣旨로디 其與敎育
으로 有密接關係之與否ᄂ 尙此昧昧ᄒ야 不能瞭然ᄒ니 願聞其說ᄒ노라.

曰 噫라. 會之原義를 苟不能曉면 則 有此疑點이 誠不怪然이로다. 蓋會
者ᄂ 團體而合群之謂也라. 譬如大廈ᄂ 非一木一石之家搆오 重裘ᄂ 非
一縷一毛之可織也라. 天下萬事가 無論巨細ᄒ고 非一人之力으로 所可拮
据而措辦者也라. 夫婦가 相會然後에 家族이 成ᄒ고 隣比가 相會然後에
鄕黨이 保ᄒ고 君民이 相會然後에 國家가 立ᄒᄂ니 故로 人類ᄂ 以團合
으로 爲其責者ㅣ 皎然矣로다.

虎豹獅猊象駝馬牛가 雖復龐大傀碩이ᄂ 人能檻之駕之ᄂ 惟不能合群
故也오 非洲 黑人과 印度 棕人과 南洋 紅人이 所佔之地가 非不廣矣오
所有之數가 非不夥焉이로디 歐人이 能剖之鈐之를 若檻獅象駕駝馬ᄒ은
亦 有不能團合故耳라. 彼歐美人者ㅣ 早能覺悟하야 行於其邦者ㅣ 三也
니 國群曰 議院이오 商群曰 公司오 士群曰 學會라 ᄒᄂ 議院之公論과
公司之藝業이 罔不由於學ᄒ니 故學會者ㅣ 爲二者之母也니라.

或曰 然則 學會ᄂ 實做乎西人之法而起乎아. 曰 否라. 亦曰 方以類聚
라ᄒ고 子曰 以文會友라ᄒ시고 若子夏之西河와 曾子之武城과 若鹿洞
鵝湖東林復社 等이 豈非泰東聖哲歷代之前模乎아. 況乎昨年十月月에 我
大皇帝陛下 親幸成均館ᄒᄉ 謁 先聖先師ᄒ시고 招進諸生ᄒᄉ 勉以新
學ᄒᄉ 玉音이 宣琅ᄒ시고 聖意가 懇摯ᄒ시와 特命部臣ᄒ야 亟設學會
ᄒ야 以奬敎育ᄒ라신 敕敎가 申重ᄒ옵시니 凡厥臣民者ㅣ 孰不奔走奉
承哉아.

況今日之以敎育으로 爲第一急務者ㅣ 若思想也와 若精神也가 又 非區區如彼議院公司之可比者ㅣ 存於言外乎아.

且聞西人之興學也에 凡有一學이면 卽 有一會ᄒ니 故로 農有農學會ᄒ고 礦有礦學會ᄒ고 又 有商學會 工藝學會 法學會 天學會 地學會 農學會 化學會 電學會 聲學會 光學會 重學會 力學會 數學會 熱學會 醫學會 動植學會 敎務學會 等ᄒ고 至於照像丹靑浴堂之細瑣라도 莫不有會ᄒ야 會員이 集至數百萬人ᄒ고 會資가 募至數千萬金ᄒ고 會中에 有書ᄒ야 以便繙閱ᄒ고 有機械ᄒ야 以便試驗ᄒ고 有會報ᄒ야 以便佈知新藝新工ᄒ고 有師友ᄒ야 以便講求賾義深理ᄒ며 有任員ᄒ야 以行敎育之事務ᄒ며 有議員ᄒ야 以發學校之進機ᄒᄂ니 故敎育이 非學會則無以成實力이오 學會가 非敎育이면 無以見效果ᄒᄂ니 其 密接ᄒ 關係가 如體用之不可偏廢오 如根莖之不可偏絶者也라. 嗚呼라. 我湖南全省之同胞諸君子ㅣ 可不警省者乎아. (未完)